Podlech-Trappmann **BRAGO-Basiswissen**

KANZLEI intern
DeutscheAnwaltAkademie

# BRAGO-Basiswissen

Von Bernd Podlech-Trappmann
Rechtsanwalt

2. Auflage 1999

DeutscherAnwaltVerlag

Die Deutsche Bibliothek – CIP-Einheitsaufnahme

**Podlech-Trappmann, Bernd:**
BRAGO-Basiswissen / von Bernd Podlech-Trappmann. – 2. Aufl. –
Bonn: Dt. Anwaltverl., 1999
(Kanzlei intern)
ISBN 3-8240-0280-9


Satz und Druck Richarz Publikations-Service, Sankt Augustin
Titelgestaltung D sign Korn, Solingen
ISBN 3-8240-0280-9

## Vorwort zur ersten Auflage

Das Buch BRAGO-Basiswissen erscheint als unterrichtsbegleitendes Lehrbuch für den Fachkundeunterricht an den Berufsbildenden Schulen sowie zur Vorbereitung auf die Abschlußprüfung im Rahmen der Berufsausbildung zur/zum Rechtsanwalts-Fachangestellten.
Es soll den Auszubildenden die Möglichkeit geben, ihr in Praxis und Theorie erworbenes Wissen zu vertiefen und sich gezielt auf die Prüfung vorzubereiten. Mithin beinhaltet es nicht alle denkbaren Detailprobleme des Gebührenrechts, sondern es vermittelt das nach Ansicht des Autors erforderliche BASISWISSEN. Es ist daher auch geeignet für berufsanfangende Kolleginnen und Kollegen.
Insoweit sei mir der Hinweis erlaubt, daß die aus Vereinfachungsgründen gewählte Formulierung „Rechtsanwalt = RA“ sich als geschlechtsspezifisch neutral versteht.
Danken möchte ich an dieser Stelle meiner Mitarbeiterin Frau Elke Lagerin sowie Frau Ulrike Speckmann, welche die Herstellung von BRAGO-Basiswissen durch ihre überaus fleißige Mitarbeit ermöglichten.
**Gewidmet meiner Familie** und meinem Kollegenfreund Herrn Rechtsanwalt Dr. Udo Große Wentrup.

## Vorwort zur zweiten Auflage

Nach Fertigstellung der zweiten Auflage des Buches BASISWISSEN für Rechtsanwaltsfachangestellte, das ebenfalls im Deutschen Anwaltverlag erscheint, habe ich die Erstauflage von BRAGO-BASISWISSEN überarbeitet.
Auch an dieser Stelle sei der Hinweis erlaubt, daß die aus Vereinfachungsgründen gewählte Formulierung „Rechtsanwalt = RA“ sich als geschlechtsspezifisch neutral versteht. Ebenfalls aus Vereinfachungsgründen wird bei den Rahmengebühren grundsätzlich die Mittelgebühr in Rechnung gestellt.
Danken möchte ich dem Kollegen Herrn Rechtsanwalt Wolfgang Madert sowie dem Vorsitzenden Richter am OLG Koblenz Herrn Hans Helmut Bischof für deren Anwaltsgebührenrecht-Intensivkurs, der mir eine wertvolle Hilfe für die eigene gebührenrechtliche Entwicklung war und dazu geführt hat, daß ich mit dem Kollegen Madert nunmehr den Aufbaukurs Anwaltsgebührenrecht (Deutsche Anwaltakademie) veranstalten darf. Dank sage ich auch Frau Ulrike Speckmann und meiner langjährigen Mitarbeiterin Frau Elke Lagerin, die in fleißiger Mitarbeit das Manuskript geschrieben haben.

58454 Witten, Wullener Feld 6 a
im November 1998 *Bernd Podlech-Trappmann*

# Inhaltsverzeichnis

# 1. Kapitel

## Die Bundesgebührenordnung für Rechtsanwälte (BRAGO) und das Gerichtskostengesetz (GKG), die Angelegenheit und der Auftrag

### 1. Das Wesen des Vergütungsanspruchs und seine gesetzlichen Grundlagen

Die Stellung des Rechtsanwalts und seine Befugnisse ergeben sich aus den Vorschriften der Bundesrechtsanwaltsordnung (BRAO). Er ist ein unabhängiges Organ der Rechtspflege, übt einen freien Beruf, jedoch kein Gewerbe aus. Der RA ist der unabhängige Berater und Vertreter seiner Mandantschaft. Er hat insbesondere das Recht, in Rechtsangelegenheiten aller Art vor Gerichten, Schiedsgerichten oder Behörden aufzutreten. Seine Vergütung (Gebühren und Auslagen) bestimmt sich nach den Vorschriften der Bundesrechtsanwaltsgebührenordnung (§ 1 I BRAGO). Diese Vorschriften finden jedoch keine Anwendung, soweit der RA in bestimmter Eigenschaft (z.B. Vormund, Konkursverwalter, Nachlaßverwalter, Testamentsvollstrecker) tätig wird (§ 1 II BRAGO).

### 2. Der Gegenstandswert als Grundlage zur Ermittlung der Anwaltsgebühren und § 11 BRAGO mit Gebührentabelle

Aus § 11 BRAGO entnehmen wir den Begriff der vollen Gebühr, den **Mindestbetrag** einer Gebühr und die Tatsache, **Mindestbetrag**

**Pfennigbeträge**
**Mindestbetrag**
**Gebührentabelle**

daß **Pfennigbeträge** auf zehn Deutsche Pfennig aufzurunden sind (§ 11 II BRAGO). Der **Mindestbetrag** einer Gebühr ist **20,00 DM**; die volle Gebühr bei einem Gegenstandswert bis 600,00 DM beträgt 50,00 DM. Eine **Gebührentabelle** für Gegenstands-/Streitwerte bis 1 Millionen Deutsche Mark ist der BRAGO als Anlage zu § 11 beigefügt. Ist der Gegenstandswert/Streitwert bekannt, so ergibt sich der Geldbetrag, den der RA für die volle Gebühr in Rechnung stellen kann, aus dieser Gebührentabelle.

- **Beispiel 1**

*Bei einem Gegenstandswert bis 8.000,00 DM beträgt die volle Gebühr in der ersten Instanz (10/10) 485,00 DM.*

**Gebührensprung**

Liegt der Gegenstandswert/Streitwert zwischen zwei Beträgen (**Gebührensprung**), so muß der nächsthöhere Wert zugrunde gelegt werden.

- **Beispiel 2**

*Bei einem Streitwert von 8.350,00 DM ist der nächsthöhere Betrag (9.000,00 DM) zugrunde zu legen und die volle Gebühr in der ersten Instanz (10/10) beträgt 540,00 DM.*

**Kostentafel**

Für die Erstellung von Kostenrechnungen gibt die Gebührentabelle als Anlage 1 zu § 11 BRAGO nicht viel her. Es empfiehlt sich daher die Anschaffung einer **Kostentafel**, aus der sich neben der vollen Gebühr auch die DM-Beträge für weitere Gebührensätze (3/10 5/10 7,5/10 13/10 15/10 13/20) ergeben.

**Berufungs-/ Revisionsverfahren**

Die volle Gebühr in der ersten Instanz beträgt **10/10**. Im **Berufungs- und Revisionsverfahren** erhöhen sich die Beträge der vollen Gebühr um 3/10 auf **13/10**. Im Revisionsverfahren erhöht sich die **Prozeßgebühr** jedoch um 10/10 auf **20/10**, soweit sich die Parteien nur durch einen beim Bundesgerichtshof zugelassenen Rechtsanwalt vertreten lassen können (§ 11 I 4, 5 BRAGO).

## 3. Der Begriff der Angelegenheit

### a. Einleitung

Aus § 13 BRAGO ergibt sich der Abgeltungsbereich der Gebühren. Die Gebühren entgelten, soweit die BRAGO nichts anderes bestimmt, die gesamte Tätigkeit des Rechtsanwalts vom Auftrag bis zur Erledigung der **Angelegenheit** (§ 13 I BRAGO). **Angelegenheit**

Der Rechtsanwalt kann die Gebühren in derselben Angelegenheit nur einmal fordern. Im gerichtlichen Verfahren kann er die Gebühren in jedem **Rechtszug** fordern (§ 13 II BRAGO). **Rechtszug**

Es ist daher stets darauf zu achten, ob eine Angelegenheit oder mehrere Angelegenheiten im gebührenrechtlichen Sinn vorliegen. Wenn mehrere Angelegenheiten gegeben sind, kann der RA auch mehrfach, für jede Angelegenheit gesondert, Gebühren berechnen.

Obwohl dem Begriff der Angelegenheit eine große Bedeutung zukommt, hat der Gesetzgeber (wohl bewußt) davon abgesehen, eine Legaldefinition vorzunehmen. Die BRAGO definiert den Begriff nicht, er wird allerdings im Gesetz vielfach verwendet, z. B. in §§ 6, 7, 12, 13, 16, 38–41, 58, 118 BRAGO.

Zu bedenken ist, daß es keinen allgemeinen Grundsatz gibt, für die Beurteilung der Frage, wann dieselbe Angelegenheit und wann verschiedene Angelegenheiten vorliegen, denn die in Betracht kommenden Lebensverhältnisse sind zu vielseitig.

Mangels einer Legaldefinition ist es daher der **Rechtsprechung** überlassen, den Begriff zu konkretisieren. Die Rechtsprechung steht allerdings vor denselben Schwierigkeiten, wie der Gesetzgeber. Den Begriff der Angelegenheit hat der BGH für den Geltungsbereich der **außergerichtlichen Tätigkeit** des RA wie folgt formuliert:

> „Die Angelegenheit bedeutet den **Rahmen** innerhalb dessen sich die anwaltliche Tätigkeit abspielt, wobei im allge-

meinen der dem Anwalt erteilte **Auftrag** entscheidet. Als **Gegenstand** wird das Recht oder Rechtsverhältnis angesehen, auf das sich auftragsgemäß die jeweilige anwaltliche Tätigkeit bezieht."

Zutreffend wird man sagen können, daß eine Angelegenheit vorliegt, soweit jeweils ein

- Auftrag
- Rahmen für die Tätigkeit
- innerer Zusammenhang

gegeben ist.

### b. Der (einheitliche) Auftrag

**Auftrag**

Der dem RA erteilte **Auftrag** entscheidet, ob gebührenrechtlich eine Angelegenheit vorliegt oder mehrere Angelegenheiten gegeben sind.

Erhält der RA den Auftrag, die Ansprüche in getrennten Verfahren geltend zu machen, liegen mehrere Angelegenheiten vor.

- **Beispiel 3**

*Die Geschädigten A und B beauftragen den RA, die jeweiligen Schadensersatzansprüche aus einem Verkehrsunfall für jeden gesondert geltend zu machen. Mithin liegen zwei Angelegenheiten vor und die Gebühren entstehen jeweils nach dem Wert, der für den einzelnen Anspruchsteller geltend gemachten Ansprüche, so daß weder eine Erhöhung gemäß § 6 I BRAGO, noch eine Addition der Gegenstandswerte nach § 7 II BRAGO Anwendung findet.*

Wird demgegenüber der RA beauftragt, die Ansprüche gemeinschaftlich geltend zu machen, liegt eine Angelegenheit vor.

- **Beispiel 4**

*Die Geschädigten beauftragen den RA ihre Schadensersatzansprüche aus dem Verkehrsunfall gemeinschaftlich geltend zu machen. Nunmehr liegt eine Angelegenheit vor. Der Gebührenanspruch richtet sich nach dem Wert der insgesamt geltend gemachten Ansprüche, die zu addieren sind (§ 7 II BRAGO).*

- Anmerkung

Bei den zuletzt genannten Beispielen soll die Anwendung des DAV-Abkommens außer Betracht bleiben.

Entscheidend ist also nicht, wie der RA die Ansprüche behandelt, ob er sie z. B. in getrennten Schreiben geltend macht, sondern der dem RA erteilte **Auftrag**. Lautet dieser, mehrere Ansprüche in einem Verfahren geltend zu machen, so kann der RA nicht durch die Geltendmachung der einzelnen Ansprüche in getrennten Verfahren mehrere Angelegenheiten im gebührenrechtlichen Sinn daraus machen. Demnach hat man festzustellen, daß die **Mandantschaft** grundsätzlich frei entscheiden kann, ob sie dem RA einen Auftrag zur gemeinschaftlichen Geltendmachung oder der getrennten Geltendmachung ihrer Einzelansprüche erteilt. Zumeist wird sich die Mandantschaft diesbezüglich überhaupt keine Gedanken machen, so daß der RA über die **Gebührenfolgen** zu belehren hat. Insbesondere wird er zu berücksichtigen haben, daß es sinnvoll ist, Ansprüche, die auf denselben Lebenssachverhalt zurückzuführen sind, in einer Klage geltend zu machen. Dies insbesondere unter dem Gesichtspunkt, daß die Geltendmachung in verschiedenen Prozessen zu einer zeitlichen Verzögerung führt und es zu Problemen bei der **Kostenerstattung** kommen kann, weil hierdurch entstandene **Mehrkosten** grundsätzlich nicht erstattungsfähig im Sinne des § 91 ZPO sind und ein Ersatz dieser Kosten nur dann verlangt werden kann, soweit vertretbare Gründe für die getrennte Geltendmachung der Ansprüche vorliegen.

**Kostenerstattung**

Wird der RA, nachdem er in einer Angelegenheit tätig geworden ist, beauftragt, in derselben Angelegenheit weiter tätig zu werden, so erhält er nicht mehr an Gebühren, als er erhalten würde, wenn er von vornherein hiermit beauftragt worden wäre (§ 13 V 1 BRAGO).

- **Beispiel 5**

*Aus einer Gesamtforderung von 50.000,00 DM erteilt der Mandant den Auftrag, zunächst 15.000,00 DM geltend zu machen. Nachdem dieser Auftrag erledigt ist, wird der Auftrag erteilt, die Restforderung durchzusetzen. Der RA kann eine Geschäftsgebühr (§ 118 I Nr. 1 BRAGO) zzgl. Auslagen und Mehrwertsteuer bezogen auf den Gesamtbetrag von 50.000,00 DM in Rechnung stellen.*

Daraus folgt, daß es gebührenrechtlich unerheblich ist, ob zur Erledigung der Angelegenheit dem RA hintereinander mehrere **Einzelaufträge** erteilt wurden, oder er den Auftrag erhielt, den gesamten Anspruch geltend zu machen.

**Einzelaufträge**

Ist der frühere Auftrag seit mehr als zwei Kalenderjahren erledigt, gilt die weitere Tätigkeit als neue Angelegenheit (§ 13 V 2 BRAGO).

- **Beispiel 6**

*Sachverhalt wie Beispiel 5.*
*Der Auftrag, die restlichen 35.000,00 DM geltend zu machen wird allerdings erst nach Ablauf von zwei Jahren erteilt. Hier kann der RA zwei Kostenrechnungen erstellen und zwar jeweils eine Geschäftsgebühr (§ 118 I Nr. 1 BRAGO) zzgl. Auslagen und Mehrwertsteuer nach den Gegenstandswerten von 15.000,00 DM und 35.000,00 DM.*

Zu beachten ist, daß jeder Auftrag bis zu seiner vollständigen **Erledigung** dieselbe Angelegenheit darstellt. Der vom Auftraggeber erstrebte Erfolg ist hierbei nicht entscheidend.

- **Beispiel 7**

*Wird zunächst der Auftrag erteilt, den Schuldner außergerichtlich zur Zahlung aufzufordern gegenüber dem später erteilten Auftrag, die Forderung nunmehr klageweise durchzusetzen, weil im außergerichtlichen Verfahren der Schuldner der Zahlungsaufforderung nicht nachgekommen ist, liegen zwei Angelegenheiten vor.*

Hier wird deutlich, warum der Gesetzgeber in § 118 II

BRAGO dafür Sorge getragen hat, daß soweit die in § 118 Absatz 1 Nr. 1 BRAGO bestimmte **Geschäftsgebühr** für eine Tätigkeit außerhalb eines gerichtlichen oder behördlichen Verfahrens entsteht, sie auf die entsprechenden Gebühren für ein anschließendes gerichtliches oder behördliches Verfahren anzurechnen ist, wo hingegen eine **Anrechnung** bezogen auf die Besprechungs- und Beweisaufnahmegebühr (§ 118 I Nr. 2 u. Nr. 3 BRAGO) nicht stattfindet.

**Geschäftsgebühr**

**Anrechnung**

### c. Einheitlicher Rahmen

Bei der außergerichtlichen Tätigkeit ist die Frage nach dem **Rahmen** oft schwierig zu beantworten, soweit der Auftrag sich auf einen einheitlichen Lebensvorgang bezieht.

- **Beispiel 8**

*Der durch einen Verkehrsunfall Geschädigte beauftragt den RA, sämtliche Rechte aus dem Unfall geltend zu machen.*

Hier hilft die Kontrollfrage, ob die Rechte in demselben gerichtlichen Verfahren geltend gemacht werden können oder nicht. Der zivilrechtliche Schaden kann im **Zivilrechtsstreit,** die Rechte als **Nebenkläger** aber nur im **Strafverfahren** geltend gemacht werden, wobei die Möglichkeit eines Adhäsionsverfahrens außer Betracht bleibt, so daß zwei Angelegenheiten vorliegen.

Zu bedenken ist, daß eine **Rechtschutzanfrage** gebührenpflichtig ist. Der RA, der auftragsgemäß die Korrespondenz mit der Rechtsschutzversicherung des Mandanten führt, z. B. eine **Deckungszusage** einholt, Kostenvorschüsse anfordert, Durchschriften übermittelt, erhält hierfür eine gesonderte **Geschäftsgebühr** (§ 118 I Nr. 1 BRAGO). Als **Gegenstandswert** ist der Betrag der **Kosten** anzunehmen, von denen der Mandant befreit werden will. Besteht Anlaß, mit einem **Zivilprozeß** zu rechnen, dann sind Gegenstandswert für die Deckungszusage die eigenen und die dem Gegner erwachsenen **Verfahrenskosten** sowie die **Gerichtskosten.**

**Rechtschutzanfrage**

**Gegenstandswert**

**Verfahrenskosten**
**Gerichtskosten**

Die für die Einholung einer Deckungszusage entstandene Gebühr aus § 118 BRAGO ist weder vom Schädiger noch vom Rechtschutzversicherer zu ersetzen. Um einen Streit mit dem Auftraggeber zu vermeiden, empfiehlt es sich, den Auftraggeber darauf hinzuweisen, daß durch das Besorgen der Deckungszusage besondere Kosten anfallen, die vom Auftraggeber zu zahlen und die nicht erstattungsfähig sind, es sei denn, es liegt **Verzug** der Rechtschutzversicherung vor.

Nach § 49 b BRAO besteht für den Rechtsanwalt allerdings die Möglichkeit, auf diesen Gebührenanspruch zu verzichten, denn im Einzelfall darf der RA im Rahmen der außergerichtlichen Tätigkeit besonderen Umständen in der Person des Auftraggebers, insbesondere dessen Bedürftigkeit, Rechnung tragen durch **Ermäßigung** oder **Erlaß** von Gebühren oder Auslagen nach Erledigung des Auftrags.

### d. Innerer Zusammenhang

Für das Vorliegen einer Angelegenheit muß schließlich auch die dritte Voraussetzung gegeben sein, daß die verschiedenen Gegenstände innerlich zusammengehören.

**Wettbewerbssachen**

Ein innerer Zusammenhang fehlt etwa zwischen vorgerichtlichem **Abmahnschreiben** in **Wettbewerbssachen** und dem späteren **Abschlußschreiben**, die daher gesonderte Angelegenheiten im gebührenrechtlichen Sinn darstellen.

- **Beispiel 9**

*Auftragsgemäß mahnt der RA außergerichtlich ein Konkurrenzunternehmen wegen eines wettbewerbsrechtlichen Verstoßes ab. Die Gegenseite kommt der Aufforderung, eine strafbewehrte Unterlassungserklärung abzugeben, nicht nach, so daß nunmehr der RA beauftragt wird, eine einstweilige Verfügung zu erwirken. Diese wird ohne mündliche Verhandlung erlassen. Ein Widerspruch wird nicht eingelegt. Nunmehr fordert der RA mit Abschlußschreiben die Anerkennung des in der einstweiligen Verfügungssache ergangenen Beschlusses als*

*endgültige, rechtswirksame Entscheidung. Daraufhin gibt der Gegner die geforderte Erklärung ab.*
*Vorliegend sind zwei Angelegenheiten im gebührenrechtlichen Sinn gegeben. Die* ***erste Angelegenheit*** *umfaßt die Abmahnung und das einstweilige Verfügungsverfahren. Entstanden sind für die Abmahnung die Geschäftsgebühr (§ 118 I Nr. 1 BRAGO) sowie Auslagen und Umsatzsteuer. Die Geschäftsgebühr ist auf die im nachfolgenden einstweiligen Verfügungsverfahren entstandene Prozeßgebühr anzurechnen (§ 118 II BRAGO); im einstweiligen Verfügungsverfahren ist eine 10/10 Prozeßgebühr (§§ 31 I Nr. 1, 40 BRAGO) zzgl. Auslagen und Mehrwertsteuer entstanden. Da die vorstehende Geschäftsgebühr anzurechnen ist, kann der RA vorliegend nur die Prozeßgebühr berechnen.*
*Die* ***zweite Angelegenheit*** *bildet das Abschlußschreiben. Hier sind entstanden eine Geschäftsgebühr (§ 118 I Nr. 1 BRAGO) sowie Auslagen und Umsatzsteuer. Insoweit findet keine Anrechnung statt, so daß der RA diese Geschäftsgebühr zzgl. neben der Prozeßgebühr für das einstweilige Verfügungsverfahren berechnen kann.*
*Gibt aber der Gegner die geforderte Abschlußerklärung nicht ab und kommt es zum Hauptprozeß, geht die Geschäftsgebühr für das Abschlußschreiben in die Prozeßgebühr für den Hauptprozeß nach § 118 II BRAGO auf.*

Zwei verschiedene Angelegenheiten sind es auch, soweit der RA sich nach einem Verkehrsunfall zunächst an die **Haftpflichtversicherung** des Gegners und später an die eigene **Kaskoversicherung** wendet.

**Kaskoversicherung**

- **Beispiel 10**

*Nachdem der RA bei der Haftpflichtversicherung des Unfallgegners einen Sachschaden in Höhe von 15.000,00 DM geltend gemacht hat, wendet er sich hinsichtlich des Differenzbetrages von 7.000,00 DM an die Kaskoversicherung des Mandanten.*
*Hier kann der RA für beide Angelegenheiten die Geschäftsgebühr bezogen auf den jeweiligen Gegenstandswert zzgl. Auslagen und Mehrwertsteuer in Rechnung stellen.*

### e. Differenziere Angelegenheit und Gegenstand

Gemäß § 7 II BRAGO werden in derselben Angelegenheit die Werte mehrerer Gegenstände zusammengerechnet.

**Angelegenheit Gegenstand**

Daraus folgt, daß die Begriffe **Angelegenheit** und **Gegenstand** nicht identisch sind und daher nicht verwechselt werden dürfen.

Abschließend folgende ausdrückliche gesetzliche Regelungen, welche die Anwendung des Angelegenheitsbegriffs erleichtern:

- In gerichtlichen Verfahren wird jeder Rechtszug als besondere Angelegenheit behandelt (§ 13 II 2 BRAGO).

- Das Verfahren vor und nach Verweisung oder Abgabe bleibt gemäß § 14 S. 1 und 2 BRAGO grundsätzlich derselbe Rechtszug und damit dieselbe Angelegenheit. Nur bei Verweisung / Abgabe an ein Gericht eines niedrigeren Rechtszugs ist das weitere Verfahren eine neue Angelegenheit.

- Bei Zurückverweisung ist das weitere Verfahren eine neue Angelegenheit, jedoch unter Umständen Anrechnung der Prozeßgebühr (§ 15 I BRAGO).

- Das Verfahren über den Einspruch gegen ein Versäumnisurteil gilt nach § 38 I BRAGO als besondere Angelegenheit, jedoch wird die Prozeßgebühr angerechnet.

- Arrest, einstweilige Verfügung sowie einstweilige Anordnungen sind gegenüber der Hauptsache besondere Angelegenheiten (§§ 40, 41 BRAGO).

- In der Zwangsvollstreckung gilt jede einzelne Vollstreckungsmaßnahme als besondere Angelegenheit, wenn sie nicht nur eine weitere Vollstreckungshandlung vorbereitet. § 58 I, II BRAGO zählt diejenigen Maßnahmen auf, die zur

Zwangsvollstreckung gehören, aber keine besonderen Angelegenheiten sind, während § 58 III BRAGO die Verfahren nennt, die besondere Angelegenheiten der Zwangsvollstreckung darstellen und daher einen gesonderten Gebührenanspruch begründen.

## 4. Der Auftrag

Der dem RA erteilte **Auftrag** entscheidet darüber, welcher Gebührenanspruch anfällt. **Auftrag**

Wird dem RA der Auftrag zur außergerichtlichen Rechtsverfolgung erteilt, so entstehen Gebühren nach §§ 118 ff BRAGO.

Erteilt der Mandant dem RA einen **Prozeßauftrag** (unbedingter Klageauftrag) so fallen Gebühren nach §§ 31 ff BRAGO an. **Prozeßauftrag**

### a. Auftrag zur außergerichtlichen Tätigkeit

Liegt dem RA ein Auftrag zur **außergerichtlichen Rechtsverfolgung** vor, so kann er hierfür Gebühren gemäß §§ 118 ff BRAGO berechnen. **außergerichtliche Rechtsverfolgung**

• **Beispiel 11**
*Der RA fordert auftragsgemäß die Gegenseite durch ein anwaltliches Aufforderungsschreiben zur Zahlung von 10.000,00 DM auf. Als der Gegner nicht fristgemäß zahlt, ruft er diesen an. Nach eingehender Erörterung der Sach- und Rechtslage im Rahmen dieses Telefonats zahlt der Gegner den gesamten Betrag sowie unter dem Gesichtspunkt des Verzuges auch die Anwaltskosten, die wie folgt berechnet werden:*

| | |
|---|---|
| *Gegenstandswert: 10.000,00 DM* | |
| *7,5/10 Geschäftsgebühr* | |
| *§§ 11, 12, 118 I Nr. 1 BRAGO* | *446,30 DM* |
| *7,5/10 Besprechungsgebühr* | |
| *§§ 11, 12, 118 I Nr. 2 BRAGO* | *446,30 DM* |
| *Auslagen § 26 BRAGO* | *40,00 DM* |
| *Zwischensumme netto* | *932,60 DM* |
| *zzgl. MwSt. (§ 25 II BRAGO)* | |

### b. Prozeßauftrag (unbedingter Klageauftrag)

**Klageauftrag**

Wurde dem RA hingegeben **Prozeßauftrag** (unbedingter **Klageauftrag**) erteilt, sind die Besprechungen mit dem Gegner oder einem Dritten mit der **Prozeßgebühr** (§ 31 I Nr. 1 BRAGO) abgegolten (§ 37 Nr. 1 u. Nr. 2 BRAGO). Eine Besprechungsgebühr (§ 118 I Nr. 2 BRAGO) kann für den Fall einer außergerichtlichen Besprechung dann nicht mehr entstehen.

- **Beispiel 12**

*Auftragsgemäß erhebt der RA Klage über 10.000,00 DM. Nach Zustellung des Klageschriftsatzes ruft der Beklagte bei dem RA des Klägers an. Nach ausführlicher Erörterung der Sach- und Rechtslage erklärt sich der Beklagte bereit, die Klageforderung zu zahlen und die Anwaltskosten zu übernehmen.*
*Der RA kann folgende Gebühren berechnen:*

| | |
|---|---|
| *Streitwert: 10.000,00 DM* | |
| *10/10 Prozeßgebühr* | |
| *§§ 11, 31 I Nr. 1 BRAGO* | *595,00 DM* |
| *Auslagen § 26 BRAGO* | *40,00 DM* |
| *Zwischensumme netto* | *635,00 DM* |
| *zzgl. MwSt. (§ 26 II BRAGO)* | |

### c. Bedingter Prozeßauftrag

Wird dem RA der Auftrag erteilt, den Gegner zunächst außergerichtlich zur Zahlung aufzufordern und nur für den Fall, daß dieser nicht innerhalb der Zahlungsfrist der Aufforderung nachkommt, Klage zu erheben (**bedingter Klageauftrag**), so entstehen bis zum Eintritt der Bedingung Gebühren nach §§ 118 ff BRAGO, für die Tätigkeit danach fallen Gebühren nach §§ 31 ff BRAGO an.

**bedingter Klageauftrag**

Die im Rahmen des Auftrages zur außergerichtlichen Rechtsverfolgung entstandene **Geschäftsgebühr** (§ 118 I Nr. 1 BRAGO) ist auf die in derselben Angelegenheit später entstandene **Prozeßgebühr** (§ 31 I Nr. 1 BRAGO) anzurechnen. Nicht anzurechnen ist die einmal entstandene **Besprechungsgebühr** (§ 118 I Nr. 2 BRAGO).

- **Beispiel 13**

*Der RA erhält den Auftrag, außergerichtlich die Gegenseite zur Zahlung von 10.000,00 DM aufzufordern und für den Fall, daß der Gegner sich weigerlich hält, Klage zu erheben. Auftragsgemäß fordert der RA zur außergerichtlichen Zahlung auf. Als die Gegenseite sich fernmündlich meldet, wird die Angelegenheit zwischen dem RA und dem Gegner ausführlich besprochen. Da der Gegner nicht fristgemäß zahlt, wird auftragsgemäß Klage erhoben. Nach streitiger Verhandlung und Beweisaufnahme verkündet das Gericht ein Urteil. Es sind folgende Gebühren entstanden:*

- *Außergerichtliche Tätigkeit*

| | |
|---|---|
| *Gegenstandswert: 10.000,00 DM* | |
| *7,5/10 Geschäftsgebühr* | |
| *§§ 11, 12, 118 I Nr. 1 BRAGO* | *446,30 DM* |
| *7,5/10 Besprechungsgebühr* | |
| *§§ 11,12, 118 I Nr. 2 BRAGO* | *446,30 DM* |
| *Auslagen § 26 BRAGO* | *40,00 DM* |
| *Zwischensumme netto* | *932,60 DM* |
| *zzgl. MwSt. (§ 25 II BRAGO)* | |

- *Klageverfahren*

| | |
|---|---|
| *Streitwert: 10.000,00 DM* | |
| *10/10 Prozeßgebühr* | |
| *§§ 11, 31 I Nr. 1 BRAGO* | *595,00 DM* |
| *10/10 streitige Verhandlungsgebühr* | |
| *§§ 11, 31 I Nr. 2 BRAGO* | *595,00 DM* |
| *10/10 Beweisgebühr* | |
| *§§ 11, 31 I Nr. 3 BRAGO* | *595,00 DM* |
| *Auslagen § 26 BRAGO* | *40,00 DM* |
| | *1.825,00 DM* |
| *zzgl. MwSt. (§ 25 II BRAGO)* | |

*Die entstandene Geschäftsgebühr ist auf die Prozeßgebühr anzurechnen, nicht jedoch die Besprechungsgebühr (§ 118 I Nr. 2, II BRAGO). Mithin kann der RA folgende Kostenrechnung erstellen:*

- *Außergerichtliche Tätigkeit*

| | |
|---|---|
| *Gegenstandswert: 10.000,00 DM* | |
| *7,5/10 Besprechungsgebühr* | |
| *§§ 11, 12, 118 I Nr. 2 BRAGO* | *446,30 DM* |
| *Auslagen § 26 BRAGO* | *40,00 DM* |

- *Klageverfahren*

| | |
|---|---|
| *Streitwert: 10.000,00 DM* | |
| *10/10 Prozeßgebühr* | |
| *§§ 11, 31 I Nr. 1 BRAGO* | *595,00 DM* |
| *10/10 streitige Verhandlungsgebühr* | |
| *§§ 11, 31 I Nr. 2 BRAGO* | *595,00 DM* |
| *10/10 Beweisgebühr* | |
| *§§ 11, 31 I Nr. 3 BRAGO* | *595,00 DM* |
| *Auslagen § 26 BRAGO* | *40,00 DM* |
| *Zwischensumme netto* | *2.311,30 DM* |
| *zzgl. MwSt. (§ 25 II BRAGO)* | |

# 2. Kapitel

## Höhe der Gerichtskostenvorauszahlung und das Kostenverzeichnis des Gerichtskostengesetzes

In bürgerlichen Rechtsstreitigkeiten wird die Klageschrift erst nach Zahlung des erforderlichen Gebührenbetrages für das Verfahren im allgemeinen zugestellt (**Gerichtskostenvorschuß** § 65 I 1 GKG).

**Gerichtskosten-vorschuß**

Aufgrund des Kostenrechtsänderungsgesetzes gilt seit dem 01.07.1994, daß gemäß der Anlage 1 zu § 11 I GKG, Zif. 1201 für das Verfahren im allgemeinen **drei volle Gebühren** zu verauslagen sind.

Eine **Gebührentabelle** für Gegenstands-/Streitwerte bis eine Millionen Deutsche Mark ist dem **Gerichtskostengesetz** als Anlage 2 zu § 11 II GKG beigefügt.

**Gebührentabelle Gerichts-kostengesetz**

- **Beispiel 14**

*Bei einem Streitwert bis 10.000,00 DM beträgt die volle Gebühr 235,00 DM. Klagt A auf Zahlung von 9.500,00 DM, so hat er bei diesem Streitwert bis 10.000,00 DM drei volle Gerichtsgebühren und daher 235,00 DM x 3 = 705,00 DM zu verauslagen. In diesem Betrag sind die Kosten für die Zustellungen von Schriftsätzen (insbesondere der Klageschrift) mitenthalten. Die Kosten für eine Zustellung belaufen sich auf 11,00 DM. Soweit die **Zustellungskosten** in einem Verfahren den Betrag von **100,00 DM** übersteigen, werden sie gesondert in Rechnung gestellt.*

**Zustellungskosten**

# 3. Kapitel

## Entstehung, Fälligkeit, Berechnung und Vereinbarung der Vergütung

### 1. Entstehung und Fälligkeit des Vergütungsanspruchs

Der Vergütungsanspruch des RA umfaßt Gebühren und Auslagen. Grundlage ist ein Geschäftsbesorgungsvertrag (§ 675 BGB), der als Auftrag (**Mandat**) bezeichnet wird.

**Mandat**

#### a. Entstehung

Der Anspruch des RA entsteht, sobald die erste, den jeweiligen Gebührentatbestand auslösende Tätigkeit vollzogen ist.

**Auslagen** (§ 26 BRAGO) sind erst entstanden, wenn der RA sie erbracht hat.

**Auslagen**

#### b. Fälligkeit (§ 16 BRAGO)

Die **Vergütung** wird fällig, wenn

**Vergütung**

- der Auftrag erledigt
- die Angelegenheit beendigt

ist.

Wird der RA in einem gerichtlichen Verfahren tätig, so ist die Vergütung fällig, wenn

- eine Kostenentscheidung ergangen
- der Rechtszug beendigt ist
- das Verfahren länger als drei Monate ruht.

Der Auftrag ist erledigt,
- bei Kündigung durch den Auftraggeber
- Niederlegung des Mandates
- Tod des Mandanten
- Verweisung an ein Gericht, vor dem der beauftragte RA zuständigkeitshalber nicht auftreten kann.

Demgegenüber ist die Angelegenheit beendigt bei tatsächlicher Beendigung (z. B. Zahlung).

**Kostenentscheidung Vergütungsanspruch**

Ist der Rechtsanwalt in einem **gerichtlichen Verfahren** tätig, so wird die Vergütung fällig, wenn eine **Kostenentscheidung** ergangen oder der Rechtszug beendigt ist. Darüber hinaus wird der **Vergütungsanspruch** fällig, wenn das Verfahren länger als drei Monate ruht. Ein Beschluß nach § 251 I ZPO ist nicht erforderlich; es muß allerdings in der Angelegenheit länger als drei Monate tatsächlich nichts geschehen sein.

**Verjährung**

Der Gebührenanspruch des RA **verjährt** ab dem Zeitpunkt der Fälligkeit (nicht ab Rechnungsstellung) in **zwei Jahren**. Die Frist beginnt am Ende des Jahres, in dem der Anspruch fällig geworden ist (§§ 196 I Nr. 15, 201 BGB).

## 2. Vorschuß (§ 17 BRAGO)

**Vorschuß**

Der Zeitraum zwischen Entstehung und Fälligkeit des Vergütungsanspruchs wird durch den anwaltsüblichen **Vorschuß** überbrückt. Der RA kann einen angemessenen Vorschuß von seinem Auftraggeber fordern (§ 17 BRAGO).

Die Höhe des Vorschusses richtet sich nach der voraussichtlichen Höhe, der dem Rechtsanwalt entstehenden Gebühren, wobei es unerheblich ist, ob die Gebühren bereits angefallen sind oder erst in Zukunft anfallen. Die Entstehung der Gebühren muß aber zu erwarten sein.

Der Vorschuß kann in jedem Stadium des Verfahrens verlangt, es kann sogar die Übernahme des Mandats von einem Vorschuß abhängig gemacht werden.

Ist der RA dem Mandanten im Wege der **Prozeßkostenhilfe** oder als Pflichtverteidiger beigeordnet, so richtet sich der Vorschußanspruch gegen die **Staatskasse** (§§ 97, 127 BRAGO).

**Prozeßkostenhilfe Staatskasse**

Der Gebührenvorschuß ist auf die später entstandenen Gebühren und Auslagen zu verrechnen. Zuviel bezahlte Beträge kann der Vorschußleistende zurückfordern.

Vorschußberechtigt sind auch der
- Verkehrsanwalt (§ 52 BRAGO)
- Unterbevollmächtigte (§ 53 BRAGO)
- Beweisanwalt (§ 54 BRAGO).

## 3. Gebührenvereinbarung (§ 3 BRAGO)

Es ist dem RA gestattet, mit seinem Auftraggeber eine vom Gesetz abweichende Vergütung zu vereinbaren.

Grundsätzlich ist es unzulässig, geringere Gebühren und Auslagen zu vereinbaren oder zu fordern, als die Bundesgebührenordnung für Rechtsanwälte (BRAGO) es vorsieht. Im Einzelfall darf der Rechtsanwalt besonderen Umständen in der Person des Auftraggebers, insbesondere dessen Bedürftigkeit, Rechnung tragen durch Ermäßigung oder **Erlaß** von Gebühren oder Auslagen nach Erledigung des Auftrages (§ 49 I b BRAO).

**Gebührenerlaß**

Der Anwalt hat jedoch stets zu beachten, daß jeder Verdacht unzulässigen Werbens um Klienten vermieden wird, denn ein solches Verhalten wäre ein grober Verstoß gegen das **Standesrecht**.

**Standesrecht**

Demgegenüber ist die Vereinbarung höherer als der gesetzlichen Gebühren zulässig, soweit Rechtsanwalt und Auftragge-

**Honorar-vereinbarung**

ber eine schriftliche **Honorarvereinbarung** (vgl. 18. Kapitel) treffen, welche jedoch nicht in der Vollmacht oder in einem Vordruck, der noch andere Erklärungen enthält, mitenthalten sein darf.

**Erfolgshonorar**

Die Vereinbarung eines **Erfolgshonorars** ist gesetzwidrig; dies gilt vor allem für Strafsachen. Unzulässig ist es auch, sich einen Teil des zu erstreitenden Betrages als Vergütung auszubedingen (§ 49 b II BRAO).

Der zur Kostentragung verurteilte Gegner hat nur die gesetzlichen Gebühren zu erstatten.

# 4. Kapitel

## Merkmale der Pausch-/Wert-/Rahmen- sowie Hebegebühr und der Ersatz von Auslagen

### 1. Einleitung

Zu unterscheiden sind:
- Pausch-
- Wert-/Fest-
- Rahmen-
- Hebegebühren.

Darüber hinaus besteht für den RA ein Ersatzanspruch auf die von ihm getätigten Auslagen.

Der Vergütungsanspruch des Rechtsanwalts richtet sich nicht nach Umfang und Schwierigkeit der erledigten Arbeit. Es gilt vielmehr ein besonderes Bewertungssystem. Die Tätigkeit wird zum einen pauschal vergütet, zum anderen richtet sich die Höhe der Vergütung nach dem Wert des Gegenstandes (Gegenstandswert/Streitwert). Bei den **Rahmengebühren** ist § 12 BRAGO zu beachten. **Rahmengebühren**

### 2. Pauschgebühr

Nicht jedes Schreiben, jede Besprechung mit dem Mandanten, jedes Auftreten in Verhandlungs- oder Beweisterminen, sondern jeweils **Tätigkeitsgruppen** werden vergütet. **Tätigkeitsgruppen**

**Pauschgebühren** stellen daher eine Gegenleistung für einen bestimmten Verfahrensabschnitt, für einen bestimmten Akt der **Pauschgebühren**

rechtsanwaltlichen Tätigkeit dar. Das Wesen der Pauschgebühr ist, daß sie nur einmal entsteht und den gesamten Tätigkeitsakt abgilt, ohne daß es auf die Höhe der angewandten Mühe ankommt (vgl. §§ 13, 37, 87 BRAGO).

**Prozeßgebühr**

Im gerichtlichen Verfahren erhält der RA z. B. die **Prozeßgebühr** (§ 31 I Nr. 1 BRAGO) für das Betreiben des Geschäfts einschließlich der Information nur einmal. Sie entsteht bereits, soweit der RA von seinem Mandanten zum Prozeßbevollmächtigten bestellt worden ist und eine dementsprechende Tätigkeit ausgeübt hat.

**Prozeßbevollmächtigter**

Grundsätzlich entsteht die Prozeßgebühr für den Prozeßbevollmächtigten der klagenden bzw. beklagten Partei gegenüber dem Mandanten bereits mit Entgegennahme der ersten Information durch den Mandanten, soweit der RA als **Prozeßbevollmächtigter** im weiteren Verlauf ein Tatbestandsmerkmal des § 32 I BRAGO (Vorzeitige Beendigung des Auftrags) verwirklicht. Endigt demgegenüber der Auftrag, bevor der RA die Klage, den ein Verfahren einleitenden Antrag oder einen Schriftsatz, der **Sachanträge**, die Zurücknahme der **Klage** oder die Zurücknahme des Antrags enthält, eingereicht oder bevor er für seine Partei einen **Termin** wahrgenommen hat, so erhält der RA gemäß § 32 I BRAGO nur eine halbe, je nach Instanz 5/10 13/20 Prozeßgebühr.

Für die volle (erstinstanzlich 10/10) Prozeßgebühr ist es daher erforderlich, daß der RA des Klägers nach Entgegennahme der ersten Information, den **Klageschriftsatz** bei Gericht einreicht, so daß in diesem Moment die volle Prozeßgebühr entstanden ist und zwar unabhängig von dem Umfang der zuvor geleisteten Tätigkeit, wie das Anfertigen von Schreiben, Besprechungen mit dem Mandanten, Einsicht in die Gerichts- und Behördenakten (§§ 37 Nr. 1 u. Nr. 2 BRAGO).

Für den Prozeßbevollmächtigten der beklagten Partei entsteht die volle Prozeßgebühr nach denselben Grundsätzen, so daß es ebenfalls erforderlich ist, daß der RA ein Tatbestandsmerkmal des § 32 I BRAGO positiv verwirklicht, z. B. den Schriftsatz mit **Klageabweisung** bei Gericht einreicht oder für den

Beklagten einen Termin zur mündlichen Verhandlung wahrnimmt.

Auch die übrigen Gebühren des § 31 I BRAGO
- (streitige) Verhandlungsgebühr (§ 31 I Nr. 2 BRAGO)
- Beweisgebühr (§ 31 I Nr. 3 BRAGO)
- Erörterungsgebühr (§ 31 I Nr. 4 BRAGO)

gelten den jeweiligen Tätigkeitsakt pauschal ab.

## 3. Wertgebühr/Festgebühr

**Wertgebühr/ Festgebühr**

Die Begriffe **Wertgebühr/Festgebühr** sind identisch. Sie werden nach dem jeweiligen Gegenstandswert/Streitwert berechnet.

**Gebührensatz**

Die Höhe der einzelnen Gebühr, der **Gebührensatz** z. B.

**Gebühren-tatbestand**

- 3/10 5/10 10/10 ist in dem jeweiligen **Gebührentatbestand** festgelegt.

**Gebührentabelle**

Sind Gegenstandswert/Streitwert und Gebührensatz bekannt, so ergibt sich der Geldbetrag, den man in Rechnung stellt, aus der **Gebührentabelle** (Anlage zu § 11 BRAGO).

Bei den Festgebühren ist der RA an den Gebührensatz gebunden und kann hiervon nicht abweichen. Ergibt sich aus der anzuwendenden Vorschrift ein Gebührensatz von z. B. 10/10, so muß der RA eine 10/10 Gebühr nach dem jeweiligen Gegenstandswert/Streitwert berechnen. Da Gegenstandswert/Streitwert und Gebührensatz festgelegt sind, werden diese Gebühren Wertgebühren/Festgebühren genannt.

## 4. Rahmengebühr

**Betrags-/ Satzrahmen-gebühr**

Zu unterscheiden sind:
- **Betragsrahmengebühren**
- **Satzrahmengebühren**.

Anders als bei den Festgebühren bestimmt das Gesetz hier nicht die endgültige Höhe der Gebühr, sondern die untere und obere Grenze des Gebührenrahmens. Innerhalb dieser Grenze bestimmt der RA die Höhe der Gebühr, im Einzelfall unter Berücksichtigung aller Umstände, insbesondere der Bedeutung der Angelegenheit, des Umfanges und der Schwierigkeit der anwaltlichen Tätigkeit sowie der **Vermögens-/Einkommensverhältnisse** des Auftraggebers nach billigem Ermessen (§ 12 I 1 BRAGO)

**Vermögens-/Einkommens-verhältnisse**

## a. Betragsrahmengebühr

Zu den Betragsrahmengebühren gehören die Gebühren in
- Strafverfahren (§§ 83–103 BRAGO)
- Bußgeldverfahren (§ 105 BRAGO)
- Sozialgerichtsverfahren (§ 116 I BRAGO).

Ist die Angelegenheit von durchschnittlicher Bedeutung, wobei die Kriterien des § 12 I BRAGO, Bedeutung der Angelegenheit, Umfang und Schwierigkeit der anwaltlichen Tätigkeit sowie Vermögens- und Einkommensverhältnisse des Auftraggebers bedeutungsvoll sind, wird bei **Durchschnittsangelegenheiten** grundsätzlich eine Vergütung mittlerer Höhe nach der **Mittelgebühr** abgerechnet.

**Mittelgebühr**

Die Mittelgebühr errechnet sich aus der Hälfte der Summe von **Mindestgebühr** und **Höchstgebühr**.

**Mindest-/Höchstgebühr**

- **Beispiel 15**

*Rechtsanwalt A vertritt die Hausfrau B in einer Bußgeldsache sowohl vor der Verwaltungsbehörde als auch im gerichtlichen Verfahren vor dem Amtsgericht. Gegen die Mandantin war ein Bußgeldbescheid mit Verhängung eines Fahrverbotes von zwei Monaten ergangen. Es soll eine Angelegenheit von durchschnittlicher Bedeutung angenommen werden, so daß der RA folgende Gebühren in Rechnung stellen kann:*

*§ 105 I BRAGO*

*Mindestgebühr Höchstgebühr*

$$\frac{50{,}00\,DM + 650{,}00\,DM}{2} = \frac{700{,}00\,DM}{2} = 350{,}00\,DM \text{ Mittelgebühr}$$

*§ 105 II BRAGO*

*Mindestgebühr Höchstgebühr*

$$\frac{100{,}00\,DM + 1.300{,}00\,DM}{2} = \frac{1.400{,}00\,DM}{2} = 700{,}00\,DM \text{ Mittelgebühr}$$

*Die Kostenrechnung sieht daher wie folgt aus:*

| | |
|---|---:|
| *§§ 12, 105 I BRAGO* | *350,00 DM* |
| *§§ 12, 105 II BRAGO* | *700,00 DM* |
| *Auslagen § 26 BRAGO* | *30,00 DM* |
| *Zwischensumme netto* | *1.080,00 DM* |
| *zzgl. MwSt. (§ 25 II BRAGO)* | |

Zu beachten ist, daß die **Rechtsschutzversicherer** bei den **Rahmengebühren** in **Bußgeldverfahren** und **Strafverfahren** (§§ 105, 83, 84 BRAGO) oftmals pauschal den Einwand erheben, daß der Ansatz der **Mittelgebühr** ungerechtfertigt sei und geringere Gebühren ausgleichen wollen.

Dem ist entgegenzuhalten, daß ausschließlich dem Rechtsanwalt das **Bestimmungsrecht** aus § 12 I BRAGO zusteht. **Bestimmungsrecht** Danach bestimmt der Rechtsanwalt bei Rahmengebühren die Höhe der Gebühr im Einzelfall unter Berücksichtigung aller Umstände, insbesondere der Bedeutung der Angelegenheit, des Umfangs und der Schwierigkeit der anwaltlichen Tätigkeit sowie der Vermögens- und Einkommensverhältnisse des Auftraggebers, nach billigem **Ermessen**. Ist die Gebühr von einem Dritten zu ersetzen, so ist die von dem Rechtsanwalt getroffene Bestimmung nicht verbindlich, wenn sie unbillig ist. Dies kann nur der Fall sein, soweit der RA eine Gebührenhöhe bestimmt, die außerhalb des Gebührenrahmens liegt. Insoweit liegt die Behauptungs- und **Beweislast** beim Dritten und Zweifel gehen **Beweislast** zu dessen Lasten. Zu bedenken ist, daß ein Rechtsschutzversicherer nicht Dritter im Sinne des § 12 I BRAGO ist, weil der Wortlaut „zu ersetzen" im Sinne von „zu erstatten" zu verstehen ist.

Sind im konkreten Einzelfall sämtliche Tatbestandsmerkmale des § 12 I BRAGO durchschnittlicher Natur (**Durchschnittsangelegenheit**), ist es nicht unbillig, von der **Mittelgebühr** auszugehen.
Vertritt die Rechtsschutzversicherung die Ansicht, es sei der Ansatz der Mittelgebühr nicht gerechtfertigt, so obliegt dem Rechtsschutzversicherer die Beweislast, warum weniger als die Mittelgebühr in Ansatz gebracht werden soll. Es empfiehlt sich aber erfahrungsgemäß ein kurzes **Begleitschreiben** an den Rechtsschutzversicherer mit dem Hinweis, daß und warum die in Ansatz gebrachte Mittelgebühr nicht unbillig ist. Ein Begleitschreiben empfiehlt sich insbesondere dann, soweit ein höherer Betrag als die Mittelgebühr in Rechnung gestellt wird, weil z. B. die Angelegenheit wegen des besonderen Umfanges, der besonderen Schwierigkeit oder wegen der Bedeutung der Angelegenheit für den Auftraggeber eine höhere Vergütung als die Mittelgebühr rechtfertigt, wobei die Bewertungskriterien nicht nebeneinander vorliegen müssen, um im Einzelfall die Mittelgebühr, bzw. einen höheren Gebührenanspruch zu rechtfertigen.

**Satzrahmengebühr**

### b. Satzrahmengebühr

**Mindest-/ Höchstsatz**

Hier bewegt sich der Gebührensatz in einem bestimmten Rahmen (**Mindestsatz/Höchstsatz**). Bei den Wert-/Festgebühren werden auch die Satzrahmengebühren nach dem Gegenstandswert berechnet.
Unter Beachtung des § 12 BRAGO gilt auch hier bei Durchschnittsangelegenheiten, daß grundsätzlich eine

- Mittelgebühr $= \dfrac{\text{Mindestsatz + Höchstsatz}}{2}$

in Rechnung zu stellen ist.

- **Beispiel 16**

*Rechtsanwalt A macht in einer Verkehrsunfallangelegenheit einen Sachschaden in Höhe von 15.000,00 DM geltend. Es soll von einer durchschnittlichen Angelegenheit und einem Gebührenanspruch des RA gemäß § 118 I Nr. 1 BRAGO ausgegangen werden, so daß der RA folgenden Gebührensatz in Rechnung stellen kann:*

*Mindestsatz + Höchstsatz*

$$\frac{(5/10) + (10/10)}{2} = 7{,}5/10 \text{ Mittelgebühr}$$

*Die Kostenrechnung sieht daher wie folgt aus:*
*Gegenstandswert: 15.000,00 DM*

| | |
|---|---|
| *7,5/10 §§ 11,12, 118 I Nr. 1 BRAGO* | *603,80 DM* |
| *Auslagen § 26 BRAGO* | *40,00 DM* |
| *Zwischensumme netto* | *643,80 DM* |
| *zzgl. MwSt. (§ 25 II BRAGO)* | |

## 5. Hebegebühr

Leistet der Schuldner oder ein Dritter Zahlungen an den RA, die er an seinen Mandanten weiterzuleiten hat, ist die **Hebegebühr** (§ 22 BRAGO) zu beachten.

**Hebegebühr**

Sie kann aber nur beansprucht werden, soweit die Tätigkeit des RA (die Entgegennahme und Weiterleitung des Geldbetrages) einen **Verwahrungscharakter** aufweist und ein entsprechender Auftrag vorliegt. Hierzu reicht eine gewöhnliche Prozeßvollmacht nicht aus, da sie den RA nur berechtigt, die Kosten vom erstattungspflichtigen Gegner entgegenzunehmen.

**Verwahrungscharakter**

Mithin kann die Hebegebühr nur entstehen, soweit dem RA von seinem Auftraggeber **Inkassovollmacht** erteilt wurde und er nicht nur die Kosten, sondern auch den **Streitgegenstand** in Empfang nehmen darf. Außerdem muß die Zahlung an den RA erfolgen, ohne daß er zur Zahlung an sich aufgefordert hat.

**Inkassovollmacht**
**Streitgegenstand**

Die Höhe des Anspruchs ergibt sich aus einem **Prozentsatz** des weiterzuleitenden Geldbetrages wie folgt:

**Prozentsatz**

- bei Beträgen bis zu 5.000,00 DM → 1,00 %

- vom Mehrbetrag bis zu 20.000,00 DM → 0,50 %
- vom Mehrbetrag über 20.000,00 DM → 0,25 %.

Unbare Zahlungen stehen baren Zahlungen gleich. Der RA ist berechtigt, bei Auszahlung des vereinnahmten Betrages die Hebegebühr direkt von dem auszuzahlenden Betrag in Abzug zu bringen (§ 22 I 2, 3 BRAGO).

**Mindestgebühr**

Wird das Geld in Teilbeträgen aus-/zurückgezahlt, so wird die Gebühr von jedem Betrag gesondert erhoben (§ 22 II BRAGO). Die **Mindestgebühr** beträgt 1,00 DM (§ 22 III BRAGO)

Neben der Hebegebühr kann der RA auch seine Auslagen (§ 26 BRAGO) und die Mehrwertsteuer (§ 25 II BRAGO) in Rechnung stellen.

## 6. Auslagenersatz (§§ 25–30 BRAGO)

### a. Einleitung

**Geschäftskosten**

Mit den Gebühren werden auch die allgemeinen Geschäfts(un)kosten entgolten (§ 25 I BRAGO). Zu den **Geschäftskosten** gehören z. B. Miete, Gehälter, Büromaterial.

Demgegenüber können gesondert in Rechnung gestellt werden:

- Umsatzsteuer/Mehrwertsteuer (§ 25 II BRAGO)
- Auslagen (§ 26 BRAGO)
- Schreibauslagen (§ 27 BRAGO)
- Geschäftsreisen (§ 28 BRAGO).

### b. Mehrwertsteuer (§ 25 II BRAGO)

**Umsatz-/ Mehrwertsteuer**

Der RA hat einen Anspruch auf Ersatz der auf seine Vergütung entfallenden **Umsatzsteuer/Mehrwertsteuer**, sofern diese nicht nach § 19 I des UStG (Umsatzsteuergesetzes) unerhoben bleibt (§ 25 II BRAGO).

Zu beachten ist, daß durchlaufende Gelder
- Gerichtskosten
- beigetriebene Forderungen

nicht umsatzsteuerpflichtig sind.

Vertritt der RA einen Mandanten, der nicht vorsteuerabzugsberechtigt ist, so kann die Mehrwertsteuer auch dem Gegner gegenüber in Rechnung gestellt und im **Kostenfestsetzungsverfahren** geltend gemacht werden.

**Kostenfestsetzungsverfahren**

Ist demgegenüber die Mandantschaft vorsteuerabzugsberechtigt, so hat die Gegenseite lediglich den **Nettobetrag** zu erstatten. Der vorsteuerabzugsberechtigte Mandant muß dem RA die Mehrwertsteuer vergüten und kann diesen Betrag beim Finanzamt geltend machen. Mit Wirkung ab dem 01. 04. 1998 beträgt die **gesetzliche Mehrwertsteuer** 16 % und wird aus den **Rechtsanwaltsgebühren** und **Auslagen** berechnet, so daß die Mehrwertsteuer stets am Ende der Kostenrechnung anzuführen ist.

**Nettobetrag**

**gesetzliche Mehrwertsteuer**

- **Beispiel 17**

*Der nicht vorsteuerabzugsberechtigte Mandant erteilt dem RA den Auftrag, 15.000,00 DM klageweise geltend zu machen. Nach streitiger Verhandlung und Beweisaufnahme wird der Klage stattgegeben. Die Kostenrechnung für die Kostenfestsetzung (§ 104 ff ZPO) einschließlich der verauslagten Gerichtskosten sieht wie folgt aus:*

| | |
|---|---|
| *Streitwert: 15.000,00 DM* | |
| *10/10 Prozeßgebühr* | |
| *§§ 11, 31 I Nr. 1 BRAGO* | *805,00 DM* |
| *10/10 streitige Verhandlungsgebühr* | |
| *§§ 11, 31 I Nr. 2 BRAGO* | *805,00 DM* |
| *10/10 Beweisgebühr* | |
| *§§ 11, 31 I Nr. 3 BRAGO* | *805,00 DM* |
| *Auslagen § 26 BRAGO* | *40,00 DM* |
| *Zwischensumme netto* | *2.455,00 DM* |
| *16 % Mehrwertsteuer (§ 25 II BRAGO)* | *392,80 DM* |
| *Summe* | *2.847,80 DM* |

*Gerichtskostenvorschuß*
*Wert: 15.000,00 DM*
*(drei volle Gebühren = 975,00 DM)*

## c. Postgebühren/Auslagen

Der RA hat einen Anspruch auf Ersatz der bei der Ausführung des Auftrages für Post- und Telekommunikationsdienstleistungen zu zahlenden Entgelte.

**Pauschsatz**
**Pauschalbetrag**

Er kann nach seiner Wahl anstelle der (nachweislich) tatsächlich entstandenen Gebühren einen **Pauschsatz** fordern, der 15 % der ihm entstandenen, gesetzlichen Gebühren beträgt; in derselben Angelegenheit und im gerichtlichen Verfahren dürfen in demselben Rechtszug als **Pauschalbetrag** jedoch höchstens 40,00 DM in Strafsachen und Bußgeldverfahren höchstens 30,00 DM berechnet werden (§ 26 Satz 2 BRAGO).

**Pfennigbeträge**

**Pfennigbeträge** sind auf volle **0,10 DM** aufzurunden (§ 26 Satz 3, § 11 II 2 BRAGO).

**Höchstbetrag Postgebühren-pauschale**

Der **Höchstbetrag** der **Postgebührenpauschale** von 40,00 DM, in Strafsachen und Bußgeldverfahren von höchstens 30,00 DM, ist immer dann erreicht, soweit der RA in Strafsachen und Bußgeldverfahren einen Gebührenbetrag in Höhe von mindestens **200,00 DM** (15 % = 30,00 DM) und in anderen Angelegenheiten mindestens **266,10 DM** (15 % = 40,00 DM) in Rechnung stellen kann.

**Auslagen-pauschale**

Werden diese Gebührenbeträge nicht erreicht, so ist von dem in Rechnung zu stellenden Gebührenbetrag als **Auslagenpauschale** ein 15 %-iger Anteil konkret zu berechnen.

- **Beispiel 18**

*Rechtsanwalt A vertritt seinen Mandanten in einer außergerichtlichen Angelegenheit und kann hierfür einen Gebührenanspruch in Höhe von 250,00 DM verlangen. Die 15 %-ige Auslagenpauschale beträgt 37,50 DM.*
*Beträgt in dem vorgenannten Fall der Gebührenanspruch des RA 400,00 DM, so kann er pauschal den Höchstbetrag von*

*40,00 DM in Rechnung stellen, da dieser Pauschal-Höchstbetrag bereits bei einem Gebührenanspruch von **266,10 DM** erreicht ist.*

## d. Schreibauslagen/Fotokopiekosten (§ 27 BRAGO)

Der RA hat einen Anspruch auf Ersatz der Schreibauslagen für Abschriften und Ablichtungen (**Fotokopiekosten**)

**Fotokopiekosten**

- aus Behörden- und Gerichtsakten, soweit deren Herstellung zur sachgemäßen Bearbeitung der Rechtssache geboten war (§ 27 I Nr. 1 BRAGO)
- für die Unterrichtung von mehr als drei Gegnern oder Beteiligten aufgrund einer Rechtsvorschrift oder nach Aufforderung des Gerichts (§ 27 I Nr. 2 BRAGO)
- im übrigen nur, wenn sie im Einverständnis mit dem Auftraggeber zusätzlich, auch zur Unterrichtung Dritter, angefertigt worden sind (§ 27 I Nr. 3 BRAGO).

Die Höhe der Fotokopiekosten bemißt sich nach den für die gerichtlichen Schreibauslagen im **Gerichtskostengesetz** bestimmten Beträgen (§ 27 II BRAGO), so daß gemäß Nr. 9000 des Kostenverzeichnisses des GKG für die

**Gerichtskosten-gesetz**

- ersten 50 Seiten jeweils 1,00 DM pro Seite
- ab Seite 51 jeweils 0,30 DM für jede weitere Seite

als **Auslagenersatz** verlangt werden kann.

**Auslagenersatz**

Bei der außergerichtlichen Abwicklung eines Verkehrsunfallschadens ist auf das **DAV-Abkommen** hinzuweisen. Bittet die gegnerische Haftpflichtversicherung den RA um Übersendung eines **Aktenauszuges**, so kann der RA neben den **Fotokopiekosten** pauschal 50,00 DM für die Übersendung des Aktenauszuges sowie die Mehrwertsteuer (§ 25 II BRAGO) in Rechnung stellen.

**DAV-Abkommen**

**Aktenauszug**
**Fotokopiekosten**

- **Beispiel 19**

*In einer Verkehrsunfallangelegenheit bittet die gegnerische Haftpflichtversicherung den RA um Übersendung der Ermittlungsakte gegen Erstattung der üblichen Gebühren. Auftragsgemäß werden 35 Seiten der Ermittlungsakte kopiert, die zur sachgemäßen Bearbeitung der Rechtssache der Haftpflichtversicherung übermittelt wurden.*

*Die Kostenrechnung sieht wie folgt aus: Vereinbarte Pauschale*

| | |
|---|---|
| *für Aktenauszug* | *50,00 DM* |
| *Fotokopiekosten § 27 BRAGO* | *35,00 DM* |
| *Zwischensumme netto* | *85,00 DM* |
| *zzgl. MwSt. (§ 25 II BRAGO)* | |

**ergänzender Aktenauszug**

Wird auf Wunsch der Haftpflichtversicherung zusätzlich ein **ergänzender Aktenauszug** dorthin übersandt, so erhält der RA hierfür eine weitere Pauschalgebühr in Höhe von 25,00 DM zuzüglich der Kosten für die gefertigten Kopien und der gesetzlichen Mehrwertsteuer.

**Geschäftsreisen**

### e. Geschäftsreisen (§ 28 BRAGO)

**Reisekosten**
**Fahrtkosten**
**Übernachtungskosten**

Für Geschäftsreisen sind dem RA als **Reisekosten** die **Fahrtkosten** und **Übernachtungskosten** zu erstatten, ferner erhält er ein Tage- und Abwesenheitsgeld.

Eine Geschäftsreise liegt vor, wenn das Reiseziel außerhalb der Gemeinde liegt, in der sich die Kanzlei oder die Wohnung des RA befindet (§ 28 I BRAGO).

**Kraftfahrzeug**
**Parkgebühren**

Benutzt der RA sein eigenes **Kraftfahrzeug** sind zur Abgeltung der Anschaffungs-, Unterhaltungs- und Betriebskosten sowie der Abnutzung des Kraftfahrzeuges **0,52 DM** für jeden gefahrenen Kilometer zzgl. der durch die Benutzung des Kraftfahrzeuges aus Anlaß der Geschäftsreise regelmäßig anfallenden baren Auslagen, insbesondere der **Parkgebühren** zu erstatten (§ 28 II Nr. 1 BRAGO).

**Verkehrsmittel**

Soweit der RA andere **Verkehrsmittel** benutzt, sind die tatsächlich entstandenen Aufwendungen, soweit sie angemessen sind, zu erstatten (§ 28 II Nr. 2 BRAGO).

**Abwesenheitsgeld**

Neben den Fahrtkosten erhält der RA ein Tage- und **Abwesenheitsgeld** für die Zeit, in der er aufgrund der Geschäftsreise kanzleiabwesend ist (§ 28 III BRAGO) und zwar

- bis 4 Stunden → 30,00 DM
- von mehr als 4–8 Stunden → 60,00 DM
- von mehr als 8 Stunden → 110,00 DM.

**Auslandsreisen**

Bei **Auslandsreisen** kann zu diesen Beträgen ein Zuschlag von 50 % berechnet werden. Die Übernachtungskosten sind in Höhe der tatsächlichen Aufwendungen zu erstatten, soweit sie angemessen sind.

**Kostenverteilung**

Bei einer Geschäftsreise, die zur Erledigung mehrerer Geschäfte dient, sind die entstandenen Reisekosten sowie Tage- und Abwesenheitsgelder nach dem Verhältnis der **Kosten zu verteilen**, die bei gesonderter Ausführung der einzelnen Geschäfte entstanden wären (§ 29 BRAGO).

- **Beispiel 20**

*Der RA nimmt eine Geschäftsreise wahr, bei der er zwei Angelegenheiten (A1 und A2) gleichzeitig erledigt. Insgesamt legt er 500 km mit dem eigenen Pkw zurück. Er ist 9 Stunden kanzleiabwesend.*
*Bei gesonderter Erledigung der Angelegenheit A1 hätte er 400 km zurückgelegt, seine Abwesenheit hätte 7 Stunden betragen. Für A2 sind 300 km und eine Abwesenheit von 6 Stunden zugrundezulegen.*

***Tatsächlich entstandene Kosten***

| | |
|---|---|
| *Fahrtkosten (km 500 x 0,52 DM)* | *260,00 DM* |
| *Abwesenheitsgeld (mehr als 8 Stunden)* | *110,00 DM* |
| *tatsächlich entstandene Kosten* | *370,00 DM* |

| | |
|---|---|
| ***Fiktive Gesamtkosten*** | |
| ***A1*** *(eigene Kosten)* | |
| *Fahrtkosten* | |
| *(km 400 x 0,52 DM)* | *208,00 DM* |
| *Abwesenheitsgeld* | |
| *(4–8 Stunden)* | *60,00 DM* |
| *Summe* | *268,00 DM* |
| ***A2*** *(eigene Kosten)* | |
| *Fahrtkosten* | |
| *(km 300 x 0,52 DM)* | *156,00 DM* |
| *Abwesenheitsgeld* | |
| *(4–8 Stunden)* | *60,00 DM* |
| *Summe* | *216,00 DM* |
| ***fiktive Gesamtkosten*** | *484,00 DM* |

*Aus § 29 BRAGO ergibt sich folgende Verteilung:*

*A1 und A2*

$$\frac{\text{eigene Kosten x tatsächlich entstandene Kosten}}{\text{fiktive Gesamtkosten}}$$

$$A1 \quad \frac{268{,}00\,DM \times 370{,}00\,DM}{484{,}00\,DM} = 204{,}88\,DM$$

$$A2 \quad \frac{216{,}00\,DM \times 370{,}00\,DM}{484{,}00\,DM} = 165{,}12\,DM$$

*370,00 DM*

*Dem Mandanten A1 sind 204,88 DM und A2 sind 165,12 DM in Rechnung zu stellen. Addiert ergeben diese Beträge 370,00 DM, mithin den Betrag, den der RA insgesamt in Rechnung stellen darf.*

# 5. Kapitel

# Gegenstandswert

## 1. Einleitung

Zu unterscheiden sind:
- Gegenstandswert
- Streitwert
- Geschäftswert.

Der Begriff **Geschäftswert** dient als Grundlage zur Ermittlung der **Notargebühren**. Die Begriffe Gegenstandswert und Streitwert gehören in den Bereich der BRAGO.

**Geschäftswert**
**Notargebühren**

Von **Gegenstandswert** sprechen wir, soweit der Anwalt in außergerichtlichen Verfahren und in Verfahren der freiwilligen Gerichtsbarkeit tätig wird.

**Gegenstandswert**

Ist über die Angelegenheit ein **Rechtsstreit** anhängig und wird daher gestritten, so ist der zutreffende Begriff der **Streitwert**.

**Rechtsstreit**

**Streitwert**

Soweit die BRAGO nicht ein anderes bestimmt, werden die Gebühren nach dem Wert berechnet, den der Gegenstand der anwaltlichen Tätigkeit hat (Gegenstandswert § 7 BRAGO).
In derselben Angelegenheit werden die Werte mehrerer Gegenstände zusammengerechnet (§ 7 II BRAGO).
Bei einem gerichtlichen Verfahren bestimmt sich der Gegenstandswert/Streitwert nach den für die **Gerichtsgebühren** geltenden Wertvorschriften (§ 8 I 1 BRAGO).
Diese **Wertvorschriften** gelten sinngemäß auch für die anwaltliche Tätigkeit, die einem gerichtlichen Verfahren vorausgeht, soweit der Gegenstand der Tätigkeit auch Gegenstand

**Gerichtsgebühren**

**Wertvorschriften**

eines gerichtlichen Verfahrens sein könnte (§ 8 I 2 BRAGO) und daher insbesondere für

- Zahlungsaufforderungen/Mahnungen
- Kündigungen
- den Versuch einer gütlichen Einigung
- die Vorbereitung einer Klage.

Sind für die Gerichtsgebühren keine Wertvorschriften vorgesehen, so bestimmt sich der Gegenstandswert nach § 8 II BRAGO. Demnach gelten für den Gegenstandswert die §§ 18 II, 19–23, 24 I, II, IV, V, VI, 25,39 II KostO sinngemäß.

- **Beispiel 21**

*Der RA wird beauftragt, einen Mietvertrag von unbestimmter Dauer für die Anmietung von Geschäftsräumen zu entwerfen. Der monatliche Mietzins beträgt 2.000,00 DM. Der Gegenstandswert ergibt sich aus § 25 I 2 KostO, wonach der Wert dreier Jahre maßgebend ist, so daß der Wert des Gegenstandes (2.000,00 DM x 12 x 3 = 72.000,00 DM) beträgt.*

Soweit sich der Gegenstandswert aus diesen Vorschriften nicht ergibt und auch sonst nicht feststeht, ist er nach billigem Ermessen zu bestimmen. In Ermangelung genügender tatsächlicher Anhaltspunkte für eine Schätzung und bei nichtvermögensrechtlichen Streitigkeiten beträgt der **gesetzliche Regelgegenstandswert** 8.000,00 DM (§ 8 II 2 BRAGO).

**Prozeßgericht**

Wird der für die **Gerichtsgebühren** maßgebende Wert festgesetzt, so ist die **Festsetzung** durch das **Prozeßgericht** auch für die Gebühren des RA maßgebend (§ 9 I BRAGO).

**Wertfestsetzung**

**Streitwertbeschwerde**

Im gerichtlichen Verfahren kann der RA aus eigenem Recht die Festsetzung des Wertes beantragen und **Rechtsmittel/Rechtsbehelfe** gegen die **Wertfestsetzung** einlegen (§ 9 II BRAGO). Gemäß § 9 II BRAGO ist gegen einen **Streitwertbeschluß** die **Streitwertbeschwerde** zulässig. Diese ist befristet und nach § 25 III 3 GKG nur zulässig, wenn sie innerhalb der in § 25 II S. 3 GKG bestimmten Frist eingelegt wird, also innerhalb von sechs Monaten, nachdem die Entscheidung in der Hauptsache Rechtskraft erlangt oder das

Verfahren sich anderweitig erledigt hat. Das Verfahren über die Beschwerde ist gebührenfrei. Kosten werden nicht erstattet (§ 25 IV GKG).

Grundlage der Bestimmung des Gegenstandswertes/Streitwertes sind die
- §§ 12 ff GKG
- §§ 3–9 ZPO.

## 2. Streitwert im Zivilprozeß vor den ordentlichen Gerichten

Hier bestimmt sich der **Streitwert** aus §§ 12 ff GKG, die ihrerseits auf §§ 3–9 ZPO verweisen (§ 8 I 1 BRAGO). **Streitwert**

Zu beachten ist, daß die §§ 3–9 ZPO die Wertberechnung zum Zwecke der Ermittlung der sachlichen Zuständigkeit des Gerichts regeln (**prozessualer Wert**). **prozessualer Wert**

Demnach gelten sie für die Bestimmung der Gerichts-/Rechtsanwaltsgebühren nur, soweit die §§ 12 ff GKG sowie die Vorschriften der BRAGO keine vorrangige Regelung treffen (**Subsidiarität**). **Subsidiarität**

- **Beispiel 22**

*A und B streiten um das Bestehen und die Dauer eines Mietverhältnisses. Für die Bestimmung der Anwalts- und Gerichtsgebühren gilt § 16 I GKG, wonach der Betrag des auf die streitige Zeit entfallenden Zinses und, wenn der einjährige Zins geringer ist, dieser Betrag für die Wertberechnung maßgebend ist. Demgegenüber bestimmt sich der prozessuale Wert der Streitigkeit nach § 8 ZPO, wonach der Betrag des auf die gesamte streitige Zeit fallenden Zinses und, wenn der 25-fache Betrag des einjährigen Zinses geringer ist, dieser Betrag für die Wertberechnung entscheidend ist.*

### a. Regelfall

Der Gegenstandswert ergibt sich aus der Höhe des geltend gemachten Anspruchs.

**Klageantrag**

Für die Wertberechnung ist der Zeitpunkt, der die Instanz einleitenden Antragstellung (**Klageantrag**) entscheidend (§ 15 GKG).

- **Beispiel 23**

*A macht klageweise die Herausgabe eines Wertpapiers geltend, welches zum Zeitpunkt der Erhebung der Klage und der Antragstellung einen Wert von 10.000,00 DM hat. Im weiteren Verlauf sinkt der Wert auf 8.000,00 DM. Dieser Kursverfall hat jedoch für die Wertberechnung keinen Einfluß (§ 15 GKG), so daß der Streitwert 10.000,00 DM beträgt.*

**Zinsen**
**Nebenforderungen**

**Zinsen** und Kosten, die als **Nebenforderungen** in Abhängigkeit zur Hauptforderung geltend gemacht werden, bleiben bei der Berechnung des Gegenstandswertes unberücksichtigt (§ 4 I ZPO, § 22 I GKG).

- **Beispiel 24**

*B macht klageweise geltend die Zahlung von 3.000,00 DM (Hauptforderung) nebst 4 % Zinsen hieraus seit Rechtshängigkeit sowie 75,00 DM vorgerichtliche Mahnkosten.*
*Der Streitwert beträgt 3.000,00 DM, denn Zinsen und Kosten werden als Nebenforderungen, in Abhängigkeit zur Hauptforderung geltend gemacht und bleiben daher unberücksichtigt*

Nur für den Fall, daß Nebenforderungen (**Zinsen/Kosten**) unabhängig von der Hauptforderung geltend gemacht werden, haben sie Bedeutung für die Bestimmung des Streitwertes.

- **Beispiel 25**

*C klagt auf Zahlung von 2.500,00 DM nebst 10 % Zinsen hieraus und wegen weiterer Zinsen von 700,00 DM.*
*Der Streitwert beträgt 3.200,00 DM. Der Zinsanspruch 10 % aus der Hauptforderung bleibt bei der Berechnung des Streitwertes unberücksichtigt, denn er wird als Nebenforderung in*

*Abhängigkeit zur Hauptforderung geltend gemacht. Der Zinsanspruch 700,00 DM ist zum Zahlungsanspruch zu addieren, da dieser Zinsanspruch nicht als Nebenforderung geltend gemacht wird und daher einen selbständigen Zahlungsanspruch darstellt, dem die Abhängigkeit zur Hauptforderung fehlt und daher zu addieren ist (§ 7 II BRAGO, § 5 ZPO).*

Ist der Hauptanspruch bereits erloschen und werden nur noch Zinsen oder Kosten geltend gemacht, so bilden diese den Gegenstandswert.

• **Beispiel 26**
*D klagt auf Zahlung rückständiger Zinsen und Kosten in Höhe von 3.000,00 DM. Die Hauptforderung von 25.000,00 DM ist bereits zurückgezahlt. Der Streitwert beträgt 3.000,00 DM.*

## b. Sonderfälle

### (1) Mehrere Ansprüche

Eine Anspruchshäufung kommt in Betracht bei der

- objektiven **Klagenhäufung** (§ 260 ZPO)
- subjektiven Klagenhäufung (§§ 59, 60 ZPO).

**Klagenhäufung**

Werden im Rahmen einer Klage mehrere Ansprüche geltend gemacht, so sind die Ansprüche zusammenzurechnen, soweit sie sich gegen denselben Beklagten richten und für die Ansprüche das angerufene Zivilgericht zuständig ist. Die Anwaltsgebühren richten sich nach dem zusammengerechneten Wert, der in der Klage geltend gemachten Ansprüche (§ 7 II BRAGO, § 5 ZPO).

• **Beispiel 27**
*A klagt nach einem Verkehrsunfall auf Sachschadensersatz in Höhe von 5.000,00 DM und verlangt 3.000,00 DM Schmerzensgeld. Die Höhe der Gerichts- und Anwaltsgebühren richtet sich nach dem zusammengerechneten Wert (5.000,00 DM + 3.000,00 DM = 8.000,00 DM).*

Voraussetzung für die **Addition** ist, daß die in der Klage geltend gemachten mehreren Ansprüche nicht identisch und daher von selbständigem Wert sind. Mehrere in einer Klage geltend gemachte Ansprüche sind daher nicht zu addieren, wenn die einzelnen Ansprüche wirtschaftlich identisch sind und mithin keine Mehrheit von **Streitgegenständen** vorliegt.

**Streitgegenstände**

- **Beispiel 28**

*B klagt nach einem Verkehrsunfall auf Schadensersatz von 7.000,00 DM gegen den Fahrer, Halter und die gegnerische Haftpflichtversicherung. Der Gegenstandswert beträgt 7.000,00 DM. Es liegt zwar eine subjektive Klagenhäufung (mehrere Beklagte) vor, es handelt sich jedoch um einen wirtschaftlich identischen Anspruch von 7.000,00 DM, der gleichzeitig in derselben Klage gegen die Gesamtschuldner geltend gemacht wird, so daß keine Addition stattfindet.*

- **Beispiel 29**

*C klagt auf Zahlung des Kaufpreises von 4.000,00 DM und gleichzeitig auf Herausgabe der Sache, die er unter dem Eigentumsvorbehalt der vollständigen Kaufpreiszahlung an den Käufer bereits übergeben hat. Der Streitwert beträgt 4.000,00 DM; zwar handelt es sich um mehrere Ansprüche, die in einer Klage geltend gemacht werden, jedoch sind die Ansprüche wirtschaftlich identisch, so daß auch hier eine Addition nicht stattfindet.*

### (2) Haupt-/Hilfsantrag

Da jedes Klageverfahren mit dem Risiko des unsicheren Ausganges behaftet ist, wird oftmals neben dem Hauptanspruch hilfsweise ein Anspruch geltend gemacht, über den das Gericht nur entscheiden soll, soweit es den **Hauptanspruch** für unzulässig oder unbegründet erachtet.

**Hauptanspruch**

Ein hilfsweise geltend gemachter Anspruch wird mit dem Hauptanspruch zusammengerechnet, soweit eine Entscheidung über ihn ergeht. Betreffen die Ansprüche denselben Gegenstand, ist nur der Wert des höheren Anspruchs maßgebend (§ 19 I 2, 3 GKG), bzw. bei gleicher Höhe der einfache Wert.

Mithin sind die Werte von **Haupt**- und **Hilfsantrag** zu addieren und die Summe beider Werte ist als Streitwert anzunehmen, soweit über den hilfsweise geltend gemachten Anspruch eine Entscheidung (**Urteil**) ergeht und Haupt- und Hilfsantrag nicht denselben Gegenstand betreffen.

**Haupt-/ Hilfsantrag**

**Urteil**

- **Beispiel 30**

*A klagt auf Zahlung der vereinbarten Werklohnforderung von 35.000,00 DM und hilfsweise, falls das Gericht das Zustandekommen des Werkvertrages verneinen würde, auf Herausgabe des Werkes, das einen Verkehrswert von 50.000,00 DM hat. Das Gericht hält die Werklohnforderung für unbegründet und verurteilt den Beklagten zur Herausgabe des Werkes.*
*Der Streitwert beträgt 85.000,00 DM. Haupt- und Hilfsanspruch sind zusammenzurechnen, da über den hilfsweise geltend gemachten Anspruch eine Entscheidung (Urteil) ergangen ist und die Ansprüche nicht denselben Gegenstand betreffen.*

Nicht zusammengerechnet werden die Werte von Haupt- und Hilfsantrag, soweit sie denselben Gegenstand betreffen und daher eine Deckungsgleichheit der Ansprüche vorliegt. Für diesen Fall ist nur der Wert des höheren Anspruchs, der des Hauptantrages oder des Hilfsantrages maßgeblich, bzw. bei gleicher Höhe der einfache Wert.

- **Beispiel 31**

*B klagt nach einem Verkehrsunfall auf Zahlung einer Schmerzensgeldrente in Höhe von monatlich 200,00 DM und hilfsweise, die Beklagte zu verurteilen, an ihn ein Schmerzensgeld in Höhe von 30.000,00 DM zu zahlen. Das Gericht verneint den Hauptanspruch, weil eine dauernde körperliche Beeinträchtigung nicht zu erwarten sei und verurteilt auf den Hilfsantrag hin, die Beklagte zur Zahlung des begehrten Schmerzensgeldes.*
*Die Werte von Haupt- und Hilfsantrag sind nicht zu addieren, da sie denselben Gegenstand betreffen, so daß nur der Wert des höheren Anspruchs maßgebend ist. Wird wegen der Verletzung des Körpers oder der Gesundheit eines Menschen Schadensersatz durch Entrichtung einer Geldrente verlangt, so ist der fünffache Betrag des einjährigen Bezuges maßgebend,*

*wenn nicht der Gesamtbetrag der geforderten Leistungen geringer ist (§ 17 II 1 GKG). Demnach beträgt der Streitwert des Hauptanspruchs (200,00 DM x 12 x 5 = 12.000,00 DM) und der Wert des hilfsweise geltend gemachten Anspruchs (Zahlung des Schmerzensgeldes 30.0000,00 DM). Der höhere Anspruch ist für die Bestimmung des Streitwertes maßgeblich, so daß vorliegend der Streitwert 30.0000,00 DM beträgt.*

Eine Addition der Werte von Haupt- und Hilfsantrag findet auch dann nicht statt, soweit über den Hilfsantrag keine Entscheidung (kein Urteil) ergeht.

- **Beispiel 32**

*Sachverhalt wie Beispiel 31.*
*Das Gericht spricht dem Kläger die begehrte Schmerzensgeldrente zu. Der Streitwert beträgt 12.000,00 DM, weil über den hilfsweise geltend gemachten Anspruch (Zahlung des Schmerzensgeldes) das Gericht keine Entscheidung getroffen hat.*

**Vergleich**

**Hauptanspruch**
**Hilfsanspruch**

Soweit die Parteien den Rechtsstreit durch einen **Vergleich** erledigen, gilt § 19 IV GKG, wonach § 19 I – III GKG entsprechend anzuwenden sind. Mithin gelten dieselben Grundsätze, so daß ein hilfsweise geltend gemachter Anspruch zu dem **Hauptanspruch** zu addieren ist, soweit der **Hilfsanspruch** im Rahmen des Vergleiches miterledigt wird und Haupt- und Hilfsanspruch *nicht denselben Gegenstand betreffen.*

- **Beispiel 33**

*Sachverhalt wie Beispiel 30.*
*Die Parteien vergleichen sich derart, daß der Beklagte, der hilfsweise auf Herausgabe des Werkes (Wert: 50.000,00 DM) in Anspruch genommen wurde, dieses behalten darf, an den Kläger jedoch 30.000,00 DM zu zahlen hat. Der Streitwert beträgt (35.000,00 DM + 50.000,00 DM = 85.000,00 DM). Zwar hat das Gericht über Haupt- und Hilfsanspruch keine Entscheidung (kein Urteil) getroffen, die Parteien haben den Rechtsstreit jedoch durch Vergleich erledigt, so daß die o. a. Grundsätze entsprechend anzuwenden sind. Vorliegend wurden Haupt- und Hilfsanspruch im Rahmen des Vergleiches miterledigt, so daß die Werte von Haupt- und Hilfsantrag*

*zu addieren sind, da Sie nicht denselben Gegenstand betreffen. Für den Wert der Werklohnforderung sind 35.000,00 DM anzunehmen, da der Gegenstandswert für die Vergleichsgebühr nicht der Betrag ist, auf den sich die Parteien einigen (30.000,00 DM), sondern der Betrag, über den sie sich vergleichen (35.000,00 DM).*

### (3) Klage/Widerklage

Die in einer **Klage** und in einer **Widerklage** geltend gemachte Ansprüche, die nicht in getrennten Prozessen verhandelt werden, sind zusammenzurechnen, soweit sie nicht denselben Gegenstand betreffen (§ 19 I 1, 3 GKG).

**Klage**
**Widerklage**

Betreffen die Ansprüche von Klage und Widerklage denselben Gegenstand, ist auch hier nur der Wert des höheren Anspruchs, bzw. bei gleicher Höhe nur der einfache Wert maßgebend.
Mithin findet eine Addition der Gegenstandswerte von Klage und Widerklage nur in den Fällen statt, soweit Klage und Widerklage verschiedene **Streitgegenstände** betreffen.
Ob dies der Fall ist, ergibt sich aus der **Identitätsformel**.

**Streitgegenstände**
**Identitätsformel**

### aa. Identischer Streitgegenstand

Derselbe Streitgegenstand liegt vor, falls die Anträge von Klage und Widerklage sich gegenseitig derart ausschließen, daß die Zuerkennung des einen Anspruchs die Abweisung des anderen zwingend zur Folge hat.
Falls die Zuerkennung der Klageforderung zwangsläufig die Abweisung der Widerklage zur Folge hat oder die Abweisung der Klageforderung zwangsläufig die Anerkennung der Widerklage, liegt **derselbe Streitgegenstand** vor.
Hier entstehen die Gebühren nach dem höheren Wert, entweder der Klage oder der Widerklage, bzw. bei gleicher Höhe nach dem einfachen Wert.

**derselbe Streitgegenstand**

- **Beispiel 34**

*A klagt auf Herausgabe eines Bildes im Wert von 10.000,00 DM. B verweigert die Herausgabe, beantragt Klageabweisung und widerklagend die Feststellung, daß er Eigentümer des Bildes sei. Klage und Widerklage betreffen denselben Streitgegenstand, so daß die Ansprüche nicht zusammengerechnet werden, denn sie schließen einander aus. Die Begründetheit der Klage würde zwingend die Unbegründetheit der Widerklage und umgekehrt zur Folge haben. Betreffen die Ansprüche einer Klage und einer Widerklage, die nicht in getrennten Prozessen verhandelt werden, denselben Gegenstand, ist nur der Wert des höheren Anspruchs von Klage oder Widerklage maßgebend. Da vorliegend die Ansprüche identisch sind, berechnen sich die Gebühren nach dem einfachen Wert, weil eine Addition nicht stattfindet, so daß der Streitwert 10.000,00 DM beträgt.*

Ist der Gegenstandswert der Klage höher als der Gegenstandswert der Widerklage oder umgekehrt, so ist der höhere Wert maßgebend.
Mithin bildet § 19 GKG eine Ausnahme zu § 5 ZPO, wonach mehrere in einer Klage geltend gemachte Ansprüche zusammengerechnet werden, dies aber (grundsätzlich) nicht für den Gegenstand der Klage und Widerklage gilt.

**Verschiedene Streitgegenstände**

### bb. Verschiedene Streitgegenstände

Betreffen Klage und Widerklage nicht denselben Streitgegenstand, indem die Zuerkennung der Klageforderung nicht zwangsläufig die Abweisung der Widerklage oder umgekehrt zur Folge hat, weil die Ansprüche von Klage und Widerklage auf unterschiedlichen Anspruchsgrundlagen beruhen, sind die Gegenstandswerte von Klage und Widerklage zu addieren.

- **Beispiel 35**

*B klagt nach Beendigung eines Pachtverhältnisses auf Zahlung von 4.000,00 DM. Er behauptet hierzu, C sei verpflichtet, die notwendigen Renovierungskosten zu zahlen. C, der dies bestreitet, verlangt im Wege der Widerklage die Rückzahlung einer dem Kläger überlassenen Kaution in Höhe von 12.000,00 DM. Klage und Widerklage betreffen nicht denselben Streitgegenstand, da sowohl Klage und Widerklage begründet als auch unbegründet sein können. Die Gegenstandswerte sind daher zu addieren (4.000,00 DM + 12.000,00 DM = 16.000,00 DM).*

## (4) Aufrechnungen

### aa. Primäraufrechnung

Ist die Klageforderung unbestritten und wendet der Beklagte nur ein, die an sich berechtigte Klageforderung sei durch Aufrechnung mit einer Gegenforderung erloschen (**Primäraufrechnung**), wird der Streitwert nicht um den Wert der Gegenforderung erhöht, denn der Beklagte hat **nicht hilfsweise** die Aufrechnung geltend gemacht, so daß die notwendigen Voraussetzungen des § 19 III GKG nicht gegeben sind.

**Primäraufrechnung**

- **Beispiel 36**

*A verlangt von B die Zahlung des Kaufpreises in Höhe von 3.900,00 DM. Der Beklagte wendet ein, daß die Klageforderung zwar unbestritten sei, trotzdem verlangt B Klageabweisung und zwar mit der Begründung, ihm stehe gegen den Kläger eine Gegenforderung in Höhe von 5.000,00 DM zu, die der Kläger bestreitet. Das Gericht erläßt ein Urteil, mit dem die Klage abgewiesen wird, weil die Klageforderung durch die Aufrechnung erloschen ist.*
*Der Streitwert beträgt 3.900,00 DM. Die Klageforderung war unbestritten, streitig war lediglich, ob die Gegenforderung bestand und die Klageforderung durch Aufrechnung untergegangen war. Soweit der Klage stattgegeben und in der Urteilsbegründung festgestellt worden wäre, daß die zur Aufrechnung gestellte Gegenforderung unberechtigt sei, bliebe es bei dem Wert von 3.900,00 DM, weil streitig nur der Bestand der Gegenforderung war.*

### bb. Hilfsaufrechnung mit einer Gegenforderung

Macht der Beklagte **hilfsweise** die **Aufrechnung** mit einer bestrittenen Gegenforderung geltend, so erhöht sich der Streitwert um den Wert der Gegenforderung, soweit eine der Rechtskraft fähige Entscheidung über sie ergeht (§ 19 III GKG).

**Hilfsaufrechnung**

Demnach setzt die Erhöhung des Gegenstandswertes der Klage um den Wert der hilfsweise zur Aufrechnung gestellten Gegenforderung voraus, daß die

- Klageforderung bestritten ist,
- Aufrechnung hilfsweise erklärt wird,

- hilfsweise zur Aufrechnung gestellte Gegenforderung ihrerseits bestritten ist,
- über die hilfsweise zur Aufrechnung gestellte Gegenforderung eine der Rechtskraft fähige Entscheidung (**Urteil**) ergeht.

**Urteil**

**Streitwerterhöhung**

Nicht maßgeblich für die **Streitwerterhöhung** ist, ob die Klageforderung und/oder die Gegenforderungen begründet oder unbegründet ist/sind. Es muß aber eine der Rechtskraft fähige Entscheidung (Urteil) über beide Forderungen ergehen, wobei es unerheblich ist, ob das Urteil tatsächlich rechtskräftig ist oder Berufung eingelegt wird.

**Streitwert-begrenzung**

Die Höhe der hilfsweise zur Aufrechnung gestellten Gegenforderung ist jedoch durch den **Streitwert** der **Klage begrenzt** (§ 322 II ZPO), denn nur insoweit ergeht eine der Rechtskraft fähige Entscheidung über die Gegenforderung. Über den, die Klageforderung übersteigenden Betrag, hat das Gericht nicht zu entscheiden, denn der Betrag der hilfsweise zur Aufrechnung gestellten Gegenforderung, in Höhe der Klageforderung reicht aus, um die Klageforderung zu Fall zu bringen.

- **Beispiel 37**

*A klagt gegen B auf Zahlung einerWerklohnforderung in Höhe von 15.000,00 DM. Der Beklagte behauptet, der Kläger habe diesen Anspruch nicht und beantragt daher Klageabweisung. Hilfsweise rechnet B mit einer Gegenforderung aus Schadensersatz in Höhe von 20.000,00 DM auf, deren Berechtigung vom Kläger bestritten wird. Die Klage wird abgewiesen, das Gericht hat ausgeurteilt, daß bereits die Klageforderung unbegründet war. Der Streitwert beträgt 15.000,00 DM. Das Gericht hat mit dem Urteil lediglich über die Klageforderung entschieden. Eine Erhöhung des Streitwertes um den Betrag der Gegenforderung scheidet aus, da über die hilfsweise zur Aufrechnung gestellte Gegenforderung keine der Rechtskraft fähige Entscheidung ergangen ist.*

- **Beispiel 38**

*Sachverhalt wie Beispiel 37.*
*Das Gericht gibt der Klage statt mit der Begründung, daß die Klageforderung berechtigt ist und die Hilfsaufrechnung aus*

*prozessualen Gründen (verspätetes Vorbringen) nicht berücksichtigt werden konnte. Der Streitwert beträgt auch hier 15.000,00 DM. Das Gericht hat mit dem Urteil lediglich über den Klageanspruch entschieden. Die hilfsweise zur Aufrechnung gestellte Gegenforderung blieb unberücksichtigt.*

- **Beispiel 39**

*Sachverhalt wie Beispiel 37.*
*Das Gericht erläßt ein Urteil, wonach die Klage abgewiesen wird. Zur Begründung wird ausgeführt, daß der mit der Klage geltend gemachte Anspruch zwar begründet, jedoch durch die ebenfalls begründete, hilfsweise zur Aufrechnung gestellte Gegenforderung, erloschen ist. Der Streitwert beträgt 30.000,00 DM. Es sind sämtliche Voraussetzungen des § 19 III GKG erfüllt. Gegen die bestrittene Klageforderung rechnet der Beklagte hilfsweise mit einer vom Kläger bestrittenen Gegenforderung auf und über die hilfsweise zur Aufrechnung gestellte, bestrittene Gegenforderung ist eine der Rechtskraft fähige Entscheidung (Urteil) ergangen. Mithin erhöht sich der Streitwert der Klageforderung (15.000,00 DM) um den Wert der bestrittenen, hilfsweise zur Aufrechnung gestellten Gegenforderung. Die Höhe der Gegenforderung ist jedoch durch den Wert des Klageanspruchs (15.000,00 DM) begrenzt (§ 322 II ZPO), denn nur insoweit ergeht eine der Rechtskraft fähige Entscheidung über sie.*

- **Beispiel 40**

*Sachverhalt wie Beispiel 37.*
*Der Klage wird stattgegeben. Aus der Urteilsbegründung folgt, daß der bestrittene Klageanspruch berechtigt und die bestrittene hilfsweise zur Aufrechnung gestellte Gegenforderung des Beklagten dem Grunde nach unberechtigt ist. Der Streitwert beträgt 30.000,00 DM. Auch hier hat das Gericht mit dem Urteil sowohl über den Klageanspruch als auch über die bestrittene, hilfsweise zur Aufrechnung gestellte Gegenforderung in einer der Rechtskraft fähigen Form entschieden. Mithin liegen sämtliche Voraussetzungen des § 19 III GKG vor, so daß sich der Streitwert der Klageforderung um den Wert der Gegenforderung erhöht. Die Rechtskraft wird der Höhe nach*

*bei der zur Aufrechnung gestellten Gegenforderung auf die Höhe des Klageanspruchs beschränkt (15.000,00 DM erhöht um 15.000,00 DM = 30.000,00 DM).*

### cc. Hilfsaufrechnung mit mehreren Gegenforderungen

Der Beklagte kann die hilfsweise Aufrechnung mit mehreren Gegenforderungen erklären. Der Gegenstandswert der Klage ist um jede einzelne Gegenforderung zu erhöhen, soweit über sie eine der Rechtskraft fähige Entscheidung (Urteil) ergeht. Auch hier wird jede Gegenforderung nur in Höhe der Klageforderung berücksichtigt, da nur insoweit eine der Rechtskraft fähige Entscheidung über sie ergeht (§ 322 II ZPO).

- **Beispiel 41**

*A erhebt Zahlungsklage und behauptet einen von B bestrittenen Klageanspruch in Höhe von 7.000,00 DM. Der Beklagte rechnet hilfsweise mit streitigen Gegenforderungen auf und zwar aus Schadensersatz in Höhe von 15.000,00 DM und hilfsweise mit einer weiteren Forderung aus Darlehen in Höhe von 3.000,00 DM. Das Urteil spricht dem Kläger 4.000,00 DM zu und führt zur Begründung aus, daß die bestrittene Klageforderung berechtigt, die hilfsweise zur Aufrechnung gestellte Schadensersatzforderung über 15.000,00 DM unberechtigt ist, die Darlehensforderung in Höhe von 3.000,00 DM als berechtigt anerkannt und auf die Klageforderung angerechnet wurde.*
*Der Streitwert beträgt 17.000,00 DM, denn das Gericht hat in einer der Rechtskraft fähigen Entscheidung sowohl über die streitige Klageforderung (7.000,00 DM), über die hilfsweise zur Aufrechnung gestellte und bestrittene Schadensersatzforderung in Höhe von 15.000,00 DM sowie über die zur Aufrechnung gestellte und bestrittene weitere Gegenforderung (Darlehensforderung von 3.000,00 DM) entschieden. Daher liegen für die zur hilfsweisen Aufrechnung gestellten bestrittenen Gegenforderungen die Voraussetzungen des § 19 III GKG vor, so daß sich der Streitwert der Klageforderung um die einzelnen Werte der bestrittenen Gegenforderungen erhöht und zwar wie folgt:*

- *Klageforderung 7.000,00 DM*
- *Gegenforderung 1 7.000,00 DM*
- *Gegenforderung 2 3.000,00 DM*
- *Streitwerterhöhung auf 17.000,00 DM,*

*da auch hier gilt, daß die Schadensersatzforderung von 15.000,00 DM für die Wertberechnung gemäß § 322 II ZPO der Höhe nach begrenzt wird auf die Höhe der Klageforderung (7.000,00 DM).*

## dd. Prozeßvergleich

Die Erhöhung des Streitwertes der Klageforderung um den Wert der hilfsweise zur Aufrechnung gestellten Gegenforderung findet nach alledem nur statt, soweit **Klageforderung** und **Gegenforderung** ihrerseits **bestritten** und das Gericht sowohl über die Klageforderung als auch über die Gegenforderung in einer der Rechtskraft fähige Form (**Urteil**) entschieden hat.

Prozeßvergleich

Zu beachten ist, daß ein gerichtlich protokollierter Vergleich (**Prozeßvergleich**) keine der Rechtskraft fähige Entscheidung ist, jedoch bestimmt § 19 IV GKG, daß bei einer Erledigung des Rechtsstreits durch Vergleich die Absätze des § 19 I – III GKG entsprechend anzuwenden sind.

Voraussetzung ist, daß die hilfsweise zur Aufrechnung gestellte(n) Gegenforderung(en) vergleichsweise miterledigt werden.

Es gilt auch hier der Grundsatz, daß die hilfsweise zur Aufrechnung gestellte(n) Gegenforderung(en) nur in Höhe der Klageforderung zu berücksichtigen ist/sind (§ 322 II ZPO).

- **Beispiel 42**

*A klagt auf Zahlung von 25.000,00 DM. B bestreitet die Klageforderung und rechnet hilfsweise mit einer Gegenforderung von 30.000,00 DM auf. Der Kläger bestreitet seinerseits die hilfsweise zur Aufrechnung gestellte Gegenforderung. Im Termin zur mündlichen Verhandlung erörtern und verhandeln die Parteien streitig sowohl über die bestrittene Klageforderung als auch über den bestrittenen, hilfsweise zur Aufrechnung gestellten Gegenanspruch des Beklagten. Nach Durchführung der Beweisaufnahme vergleichen sich die Parteien im nächsten Ter-*

*min derart, daß A 5.000,00 DM an B zahlt. Der Streitwert beträgt 50.000,00 DM. Die Voraussetzung, daß sowohl die streitige Klageforderung als auch die hilfsweise zur Aufrechnung gestellte und bestrittene Gegenforderung mitverglichen wurde, begründet die Erhöhung der Klageforderung (25.000,00 DM) um die Höhe der durch den Vergleich miterledigten Gegenforderung, deren Höhe jedoch auf die Höhe der Klageforderung beschränkt wird und daher eine Erhöhung um 25.000,00 DM (nicht 30.000,00 DM) stattfindet.*

Lediglich für den Fall, daß in dem Prozeßvergleich ausdrücklich bestimmt ist, daß sämtliche, gegenseitigen Ansprüche abgegolten sind und mithin die bestrittene, hilfsweise zur Aufrechnung gestellte(n) Gegenforderung(en) sich in vollem Umfang erledigt hat/haben, erhöht sich der Gegenstandswert des Klageanspruchs um den vollen Wert der mitverglichenen, streitigen hilfsweise zur Aufrechnung gestellten Gegenforderung(en).

**Differenz-Prozeßgebühr**

Die Erhöhung des Gegenstandswertes um den vollen Betrag gilt jedoch nur für den Gegenstandswert des Vergleiches und findet Beachtung für die erhöhte Prozeßgebühr, die **Differenz-Prozeßgebühr** (§ 32 BRAGO), aber nicht für den Gegenstandswert der Verfahrensgebühren; diese erhöhen sich um den Teil der hilfsweise zur Aufrechnung gestellten, bestrittenen Gegenforderung(en), welche mitverglichen wird/werden und der Höhe nach die Klageforderung nicht übersteigt/übersteigen (§ 322 II ZPO).

- **Beispiel 43**

*Sachverhalt wie Beispiel 42.*
*In dem Prozeßvergleich wird ausdrücklich bestimmt, daß sämtliche Ansprüche erledigt sind, also auch die hilfsweise zur Aufrechnung gestellte, höhere Gegenforderung in voller Höhe erloschen ist. Der Gegenstandswert für das Verfahren beträgt 50.000,00 DM (Klageanspruch 25.000,00 DM) erhöht um die mitverglichene, hilfsweise zur Aufrechnung gestellte streitige Gegenforderung, die nur in Höhe der Klageforderung (25.000,00 DM) Anwendung findet. Nach diesem Gegenstandswert richten sich sämtliche Verfahrensgebühren.*

*Der Gegenstandswert für den Vergleich beträgt 55.000,00 DM. Er setzt sich zusammen aus dem Wert der Klageforderung (25.000,00 DM) erhöht um den vollen Betrag der hilfsweise zur Aufrechnung gestellten, bestrittenen Gegenforderung (30.000,00 DM), so daß die Vergleichsgebühr über den Gesamtbetrag von 55.000,00 DM entsteht. Der erhöhte Gegenstandswert für den Vergleich ist darüber hinaus noch insoweit beachtlich, als über die Differenz der Streitwerte (55.000,00 DM abzüglich 50.000,00 DM = 5.000,00 DM) gemäß § 32 II BRAGO zuzüglich eine erhöhte Prozeßgebühr (Differenz-Prozeßgebühr) unter Beachtung des § 13 III BRAGO in Rechnung zu stellen ist.*

## (5) Stufenklage

**Unterhaltsklagen/Herausgabeklagen**
**Auskunft**

Bei **Unterhaltsklagen/Herausgabeklagen** muß oftmals, bevor auf Zahlung des konkreten Betrages oder Herausgabe des konkreten Gegenstandes geklagt werden kann, zuvor eine Klage auf **Auskunft**, Rechnungslegung, Vorlegung von Vermögensverzeichnissen oder auf Abgabe einer eidesstattlichen Versicherung erhoben werden.

**Stufenklage**

Soweit der Auskunftsanspruch und der Zahlungs- bzw. Herausgabeanspruch in einer Klage (**Stufenklage**) geltend gemacht werden, ist der Gegenstandswert für die beiden Anträge nicht zusammenzurechnen, sondern es ist für die Wertberechnung nur einer der verbundenen Ansprüche, und zwar der höhere, bzw. bei gleicher Höhe der einfache Wert maßgebend (§ 18 GKG).

**Auskunftsklage**

Der Gegenstandswert der **Auskunftsklage** orientiert sich am Wert des zu erwartenden **Leistungsantrages**. Je weniger die klagende Partei diesbezüglich weiß, um seinen Leistungsantrag spezifizieren zu können, desto höher ist sein Interesse an der Erteilung der Auskunft durch den Beklagten, so daß der Gegenstandswert für die Auskunftsklage zu schätzen ist, wobei die in der Klageschrift vorgebrachten Behauptungen als Grundlage heranzuziehen sind. Der Wert des Auskunftsanspruches wird unterschiedlich angenommen (zum Teil 1/10–1/2 des Unterhaltsanspruches). Vorliegend wird er mit 1/4 des erwarteten Unterhaltsanspruches bestimmt.

• **Beispiel 44**
*Frau A klagt gegen ihren Ehemann auf Auskunfterteilung wegen Unterhalt. In der Klageschrift wird ausgeführt, daß sie das durchschnittliche monatliche Nettoeinkommen auf 4.000,00 DM schätzt und sie monatlich einen Unterhaltsanspruch von 500,00 DM erwartet. Bei Ansprüchen auf Erfüllung einer gesetzlichen Unterhaltspflicht ist der Jahresbetrag der wiederkehrenden Leistungen maßgebend, wenn nicht der Gesamtbetrag der geforderten Leistungen geringer ist (§ 17 I 1 GKG). Das geschätzte monatliche Nettoeinkommen von 4.000,00 DM würde einen monatlichen Unterhaltsanspruch von (12 x 500,00 DM = 6.000,00 DM) ergeben, so daß für das Auskunftsverfahren ein Gegenstandswert von 1/4 = 1.500,00 DM anzunehmen ist.*

Der nach den einseitigen Behauptungen des Klägers ermittelte Gegenstandswert bleibt bestehen, falls sich nach der Auskunftsklage herausstellt, daß die klagende Partei keinen Anspruch auf Unterhaltszahlung hat.

• **Beispiel 45**
*Sachverhalt wie Beispiel 44.*
*Nach dem Verfahren auf Auskunftserteilung stellt sich heraus, daß der Beklagte vermögenslos und ohne Einkommen ist. Der Gegenstandswert für die Auskunftsklage beträgt 1.500,00 DM; der Gegenstandswert für die Unterhaltsklage 6.000,00 DM.*

**Leistungsklage**

Ergibt die Auskunftsklage, daß der Anspruch auf Unterhaltszahlung besteht, dieser aber geringer ist als mit der Auskunftsklage erwartet wurde, so bestimmt sich der Gegenstandswert für die **Leistungsklage** nach dem geringeren Wert.

• **Beispiel 46**
*Sachverhalt wie Beispiel 44.*
*Es stellt sich heraus, daß die Klägerin nur einen monatlichen Unterhaltsanspruch von 400,00 DM hat. Der Wert für die Auskunftsklage bleibt bei 1.500,00 DM. Die Leistungsklage hat einen Streitwert von (12 x 400,00 DM = 4.800,00 DM).*

Stellt sich nach der Auskunftsklage heraus, daß der Kläger höhere Ansprüche auf Unterhalt hat als bei Klageerhebung erwartet, so erhöht sich auch der Gegenstandswert für die **Auskunftsklage** nachträglich, weil § 15 GKG insoweit keine Anwendung findet.

• **Beispiel 47**
*Sachverhalt wie Beispiel 44.*
*Es stellt sich nach Auskunftsklage heraus, daß die Klägerin von ihrem Ehemann einen monatlichen Unterhaltsanspruch von 700,00 DM geltend machen kann. Der Gegenstandswert für die Leistungsklage beträgt 8.400,00 DM (12 x 700,00 DM); der Gegenstandswert für die Auskunftsklage erhöht sich nachträglich auf 1/4 von 8.400,00 DM (2.100,00 DM).*

### (6) Klage auf Herausgabe beweglicher Sachen und Herausgabe von Grundstücken

Der Gegenstandswert bestimmt sich nach dem **Verkehrswert** der Sache/des Grundstücks (§§ 3, 6 ZPO). Dies ist der **Veräußerungswert**, der objektiv für die Sache/das Grundstück auf dem freien Markt zu erzielen ist. Bei Grundstücken sind Belastungen durch Hypotheken oder Grundschulden nicht abzuziehen. **Verkehrswert**

Maßgeblich ist der Wert der Sache/des Grundstücks zum Zeitpunkt der **Klageerhebung** (§ 4 I ZPO, § 15 GKG). Verändert sich der Wert des Gegenstandes / des Grundstücks im Verlauf des Verfahrens, so hat diese Wertveränderung keinen Einfluß auf den Streitwert, da gemäß § 15 GKG für die Wertberechnung der Zeitpunkt, der die Instanz einleitenden Antragstellung entscheidend ist. **Klageerhebung**

• **Beispiel 48**
*A klagt auf Herausgabe eines Grundstücks, das zum Zeitpunkt der Klageerhebung einen Veräußerungswert vom 600.000,00 DM hat und in Abteilung III des Grundbuches mit einer Grundschuld in Höhe von 300.000,00 DM belastet ist. Aufgrund der langen Dauer des Verfahrens steigt der Wert des Grundstücks im weiteren Verlauf auf 800.000,00 DM. Der Streitwert für das Verfahren beträgt 600.000,00 DM. Weder die eingetragene Grundschuld noch die Wertsteigerung bis zur Beendigung der Instanz sind zu berücksichtigen.*

**Herausgabeanspruch**

Wird der **Herausgabeanspruch** wegen der Beendigung eines Miet-, Pacht- oder sonstigen **Nutzungsverhältnisses** geltend gemacht, ergibt sich der Gegenstandswert aus dem einjährigen Miet-/Pachtzins (§ 16 II GKG).

- **Beispiel 49**

*B klagt nach Beendigung des Mietverhältnisses auf Herausgabe des Hausgrundstückes, das einen Verkaufswert von 700.000,00 DM hat. Der monatliche Mietzins, den der Beklagte zu zahlen hatte, belief sich auf 3.000,00 DM. Der Streitwert beträgt (3.000,00 DM x 12 = 36.000,00 DM).*

### (7) Streitigkeiten aus Miet-/Pachtverträgen

Zu differenzieren ist, ob mit der Klage ein
- rückständiger Miet-/Pachtzins
- Feststellungsanspruch
- Räumungsanspruch
- Erhöhungsverlangen

geltend gemacht wird.

#### aa. Rückständiger Miet-/Pachtzins

**Miet-/Pachtzins**

Wird ausschließlich rückständiger **Miet-/Pachtzins** verlangt, ist der mit der Klage geltend gemachte Betrag als Gegenstandswert für die Gerichts- und Anwaltsgebühren zu Grunde zu legen (§ 8 I BRAGO, § 12 I GKG).

- **Beispiel 50**

*A klagt auf Zahlung des rückständigen Mietzinses in Höhe von 7.500,00 DM, so daß der Streitwert sich aus diesem Betrag ergibt.*

#### bb. Feststellungsanspruch

**Feststellungsanspruch**

Ist das Bestehen oder die Dauer eines Miet-, Pacht- oder ähnlichen Nutzungsverhältnisses streitig, so ist der Betrag des auf die streitige Zeit entfallenden Zinses und, falls der einjährige Zins geringer ist, dieser Betrag für die Wertberechnung maßgebend (§ 16 I GKG).

• **Beispiel 51**
*B klagt nach ausgesprochener Kündigung gegen C, der die Kündigung für unbegründet erachtet. Der monatliche Mietzins, den C zu zahlen hat, beträgt 500,00 DM. Der Streitwert beträgt (500,00 DM x 12 = 6.000,00 DM). Es ist das Bestehen des Mietverhältnisses zwischen B und C streitig, so daß der Grundsatz, einjähriger Mietzins, für die Bestimmung des Streitwertes anzunehmen ist.*

• **Beispiel 52**
*Sachverhalt wie Beispiel 51.*
*Der Beklagte zog bereits nach neun Monaten aus. Hier beträgt der Streitwert (500,00 DM x 9 = 4.500,00 DM), da dieser Betrag, der auf die streitige Zeit entfällt, geringer ist als der einjährige Mietzins.*

### cc. Räumungsklage

**Räumungsklage**

Wird wegen der Beendigung eines Miet-, Pacht- oder ähnlichen Nutzungsverhältnisses die Räumung eines Grundstücks, Gebäudes oder Gebäudeteils verlangt, so ist ohne Rücksicht darauf, ob über das Bestehen des Nutzungsverhältnisses Streit besteht, der für die Dauer eines Jahres zu entrichtende Zins (**Nettomietzins**) maßgebend (§ 16 II GKG ), falls sich nicht nach § 16 I GKG ein geringerer Wert ergibt.

**Nettomietzins**

• **Beispiel 53**
*A klagt auf Räumung seines Hauses durch B, weil der Beklagte ihm zwischenzeitlich 5.000,00 DM Mietzins schuldet. Der monatliche Mietzins beträgt 1.000,00 DM. Der Streitwert beträgt (1.000,00 DM x 12 = 12.000,00 DM).*

• **Beispiel 54**
*Sachverhalt wie Beispiel 53.*
*Zwischen A und B war von vornherein vereinbart, daß B das Haus nicht länger als neun Monate bewohnen sollte. Als B mit drei Monatsmieten in Rückstand ist, klagt A auf Räumung. Der Streitwert beträgt 9.000,00 DM. Maßgeblich ist der Betrag des auf die streitige Zeit entfallenden Zinses (9 Monate).*

Macht der Kläger neben dem Räumungsanspruch rückständigen Mietzins geltend, so ist dieser Betrag zu dem Jahresmietzins zu addieren.

- **Beispiel 55**

*Der Beklagte verschuldet einen Mietzinsrückstand von sechs Monaten zu 1.500,00 DM monatlich, so daß der RA sowohl die Räumung des Hauses als auch den rückständigen Mietzins klageweise geltend macht. Der Streitwert für die Räumungsklage beträgt (1.500,00 DM x 12 = 18.000,00 DM); der rückständige Mietzins von (1.500,00 DM x 6 = 9.000,00 DM) ist zu addieren, so daß der Streitwert insgesamt (18.000,00 DM + 9.000,00 DM = 27.000,00 DM) beträgt.*

### dd. Mietzinserhöhungsklage

**Mietzins-erhöhungsklage Wohnraum**

Bei Ansprüchen auf Erhöhung des Mietzinses für **Wohnraum** ist höchstens der Jahresbetrag des zusätzlich geforderten Zinses maßgebend (§ 16 V GKG).

- **Beispiel 56**

*Der RA wird beauftragt, klageweise eine Erhöhung des Mietzinses von monatlich 1.500,00 DM auf monatlich 1.800,00 DM geltend zu machen. Der Streitwert ergibt sich aus dem Jahresbetrag des zusätzlich geforderten Zinses (300,00 DM x 12 = 3.600,00 DM).*

## (8) Regelmäßig wiederkehrende Leistungen

### aa. Gesetzlicher Unterhalt

**Gesetzlicher Unterhalt**

Bei Ansprüchen auf Erfüllung einer gesetzlichen Unterhaltspflicht ist der Jahresbetrag der wiederkehrenden Leistung maßgebend, wenn nicht der Gesamtbetrag der geforderten Leistung geringer ist (§ 8 I 1 BRAGO, §§ 12 I, 17 I GKG).

- **Beispiel 57**

*A verlangt von seinem Vater einen monatlichen Unterhalt von 700,00 DM. Der Streitwert für das Verfahren ergibt sich aus dem Jahresbetrag (700,00 DM x 12 = 8.400,00 DM).*

• **Beispiel 58**
*B verlangt von ihrem geschiedenen Mann für die Dauer von acht Monaten einen monatlichen Unterhalt von 2.000,00 DM. Da der Gesamtbetrag der geforderten Leistung (2.000,00 DM x 8 = 16.000,00 DM) geringer ist als der Jahresbetrag der wiederkehrenden Leistung, beträgt der Streitwert 16.000,00 DM.*

**Rückstände** aus der Zeit vor Klageeinreichung werden hinzugerechnet (§ 17 V GKG).

• **Beispiel 59**
*Der RA wird beauftragt, monatlichen Kindesunterhalt in Höhe von 350,00 DM sowie einen Unterhaltsrückstand von 7.000,00 DM geltend zu machen. Der Streitwert für das Verfahren setzt sich zusammen aus dem Jahresbetrag (350,00 DM x 12 = 4.200,00 DM) zuzüglich des geltend gemachten Rückstandes in Höhe von 7.000,00 DM, so daß der Streitwert 11.200,00 DM beträgt.*

• **Beispiel 60**
*Das noch minderjährige Kind verlangt für die Dauer von sechs Monaten bis zur Vollendung seines achtzehnten Lebensjahres einen monatlichen Unterhalt von 600,00 DM sowie einen Unterhaltsrückstand von 4.200,00 DM. Der Streitwert setzt sich zusammen aus dem Gesamtbetrag der geforderten Leistung (600,00 DM x 6 = 3.600,00 DM) zuzüglich des Zahlungsrückstandes von 4.200,00 DM, so daß der Streitwert insgesamt 7.800,00 DM beträgt.*

**Unterhaltsabänderungsklage**

Bei einer **Unterhaltsabänderungsklage** errechnet sich der Gegenstandswert aus dem Jahresbetrag der Differenz zwischen dem ursprünglichen Unterhalt und dem nunmehr geltend gemachten erhöhten/ermäßigten Betrag.

• **Beispiel 61**
*Das unterhaltsberechtigte Kind klagt wegen veränderter Einkommensverhältnisse des unterhaltsverpflichteten Vaters auf Unterhalt von ehemals 500,00 DM auf nunmehr 700,00 DM monatlich. Der Streitwert beträgt 200,00 DM x 12 = 2.400,00 DM.*

- **Beispiel 62**

*Nachdem das ehemals unterhaltsberechtigte Kind eigenes Einkommen hat, klagt der Vater, der monatlich 600,00 DM Unterhalt zu zahlen hat, auf Abänderung dahingehend, daß er zukünftig keinen Unterhalt mehr zu zahlen habe. Der Streitwert beträgt 600,00 DM x 12= 7.200,00 DM.*

Wird die Abänderung für einen kürzeren Zeitraum verlangt, ist dieser Betrag maßgeblich. Rückstände sind zu addieren (§ 17 I, IV GKG).

- **Beispiel 63**

*Nach rechtskräftiger Ehescheidung verlangt die geschiedene Ehefrau für die Dauer von neun Monaten rückständigen Unterhalt und für weitere zehn Monate nach der Scheidung Unterhalt in Höhe von monatlich 1.500,00 DM.*
*Der rückständige Unterhalt ergibt einen Streitwert von (1.500,00 DM x 9 = 13.500,00 DM). Dieser Betrag ist dem Streitwert hinzuzuaddieren, der sich aus dem geltend gemachten Unterhalt von 1.500,00 DM für die Dauer von zehn Monaten (15.000,00 DM) ergibt, so daß der Streitwert insgesamt 28.500,00 DM beträgt.*

**Widerklage**

**Unterhaltsgegenstand**

Macht der Kläger die Erhöhung eines titulierten Unterhaltsanspruchs und der Beklagte im Wege der **Widerklage** die Herabsetzung des titulierten Betrages geltend, sind die Gegenstandswerte von Klage und Widerklage zu addieren, denn sie betreffen nicht denselben **Unterhaltsgegenstand** (§ 19 I 1 GKG).

- **Beispiel 64**

*A klagt aus einem titulierten Unterhaltsanspruch von monatlich 2.800,00 DM wegen veränderter Einkommensverhältnisse des Unterhaltsverpflichteten auf nunmehr monatlich 3.500,00 DM. Der Beklagte trägt vor, daß seine Einkommensverhältnisse sich nicht verbessert, sondern verschlechtert hätten und verlangt daher Herabsetzung des titulierten Betrages auf monatlich 1.000,00 DM.*
*Der Streitwert für die* ***Klage*** *ergibt sich aus der Differenz zwischen dem titulierten und dem erhöht verlangten Unterhaltsbe-*

*trag, wobei der Jahresbetrag maßgebend ist (3.500,00 DM – 2.800,00 DM = 700,00 DM x 12 = 8.400,00 DM). Zu addieren ist die im Wege der* ***Widerklage*** *geltend gemachte Herabsetzung des Unterhaltsanspruchs. Die Differenz beträgt 1.800,00 DM, so daß der Streitwert der Widerklage (1.800,00 DM x 12 = 21.600,00 DM) und mithin der Streitwert des Verfahrens insgesamt 30.000,00 DM beträgt.*

### bb. Gesetzlicher Unterhalt im einstweiligen Verfügungsverfahren

**einstweilige Verfügung**

Im Rahmen eines **einstweiligen Verfügungsverfahrens** ist der Gegenstandswert zu schätzen (§ 20 I GKG, § 3 ZPO).
Bei Unterhaltsansprüchen wird der Wert maximal nach dem sechsmonatigen Bezug berechnet, mithin der Betrag, der antragsgemäß monatlich für die Dauer von sechs Monaten geltend gemacht wird (§ 20 II 1 GKG).

- **Beispiel 65**

*Das bedürftige, unterhaltsberechtigte Kind beantragt wegen der gebotenen Eile im Wege eines einstweiligen Verfügungsverfahrens gegen den unterhaltsverpflichteten Vater Zahlung von monatlichem Unterhalt in Höhe von 950,00 DM.*
*Entgegen der Vorschrift § 17 I GKG bestimmt sich im einstweiligen Verfügungsverfahren der Streitwert nach dem sechsmonatigen Bezug, so daß der Streitwert für das einstweilige Verfügungsverfahren (950,00 DM x 6 = 5.700,00 DM) beträgt.*

### cc. Rente aus unerlaubter Handlung

**Geldrente**

Ist aufgrund einer unerlaubten Handlung ein Mensch verletzt oder getötet worden und wird Schadensersatz in Form einer **Geldrente** verlangt, so ist der fünffache Betrag des einjährigen Bezuges maßgebend, wenn nicht der Gesamtbetrag der geforderten Leistung geringer ist (§ 17 II 1 GKG).

- **Beispiel 66**

*Nachdem ihr Ehemann bei einem Verkehrsunfall tödlich verunglückt ist, verlangt die Witwe A von der gegnerischen Haftpflichtversicherung eine Geldrente in Höhe von monatlich 3.000,00 DM.*

*Der Streitwert ergibt sich aus dem fünffachen Jahresbetrag des einjährigen Bezuges und beträgt (3.000,00 DM x 12 = 36.000,00 DM x 5 = 180.000,00 DM).*

- **Beispiel 67**

*B klagt nach einem Verkehrsunfall wegen seiner vorübergehenden Arbeitsunfähigkeit auf eine monatliche Geldrente von 800,00 DM für die Dauer von drei Jahren. Hier richtet sich der Streitwert nach dem einjährigen Bezug allerdings nur für die Dauer von drei Jahren, weil dieser geforderte Gesamtbetrag niedriger ist als der fünffache Jahresbetrag, so daß der Streitwert sich wie wie folgt berechnet: 800,00 DM x 12 = 9.600,00 DM x 3 = 28.800,00 DM.*

**Rückstände** sind zu addieren (§ 17 IV GKG).

- **Beispiel 68**

*C wurde im Rahmen einer Schlägerei verletzt. Er verklagt den Schädiger auf Zahlung einer monatlichen Rente von 200,00 DM und macht Rückstände für die Dauer von 10 Monaten geltend. Der Streitwert setzt sich zusammen aus dem fünffachen des einjährigen Bezuges (200,00 DM x 12 = 2.400,00 DM x 5 = 12.000,00 DM) und dem geltend gemachten Rückstand für die Dauer von zehn Monaten (200,00 DM x 10 = 2.000,00 DM), so daß der Streitwert für das Verfahren 14.000,00 DM beträgt.*

# 6. Kapitel

## Mehrvertretungszuschlag/Erhöhung bei mehreren Auftraggebern (§ 6 BRAGO)

Wird der RA in derselben Angelegenheit für mehrere Auftraggeber tätig, so erhält er die Gebühren nur einmal (§ 6 I 1 BRAGO). Daraus folgt, daß der RA in derselben Angelegenheit bei einem Tätigwerden für mehrere Auftraggeber nicht berechtigt ist, jedem Auftraggeber die entstandenen Gebühren gesondert in Rechnung zu stellen.
Ist der Gegenstand der anwaltlichen Tätigkeit derselbe, so erhöhen sich gemäß dem **Wortlaut** des § 6 I 2 BRAGO die

- Geschäftsgebühr (§ 118 I Nr. 1 BRAGO)
- Prozeßgebühr (§ 31 I Nr. 1 BRAGO)

durch jeden weiteren Auftraggeber um **jeweils 3/10**.

**Mehrvertretungszuschlag**

Voraussetzung für den **Mehrvertretungszuschlag** ist demnach, daß der RA

- mehrere Auftraggeber
- in derselben Angelegenheit
- wegen desselben Gegenstandes oder derselben Gegenstände vertritt.

Gesetzgeberisches Motiv ist, daß dem RA grundsätzlich durch mehrere Mandanten zusätzliche Arbeit erwächst. Der Gesetzgeber hat das pauschalierend, d. h. ohne Rücksicht auf das Ausmaß der im Einzelfall tatsächlich entstandenen Mehrarbeit durch die einheitliche Erhöhung berücksichtigt. Deshalb ist nicht zu prüfen, ob im konkreten Fall erhebliche, geringe oder gar keine Mehrarbeit entstanden ist.
Zu beachten ist aber, daß § 6 BRAGO keine Anwendung

findet, soweit durch die Vertretung mehrerer Auftraggeber, wenn auch in derselben Angelegenheit, eine Erhöhung des Streitwertes durch Addition der Gegenstandswerte begründet wird, weil es dann an dem **gemeinschaftlichen Gegenstand** fehlt.

**gemeinschaftlicher Gegenstand**

- **Beispiel 69**

*A, B und C beauftragen den RA, klageweise gegen denselben Beklagten folgende Ansprüche geltend zu machen: A verlangt von dem Beklagten die Zahlung von 15.000,00 DM, B die Zahlung von 27.000,00 DM und C die Herausgabe eines Gegenstandes im Werte von 10.000,00 DM. Die Ansprüche von A, B und C ergeben sich aus demselben Vertrag, der zwischen den Parteien geschlossen worden war.*
*Hier wird der RA zwar in derselben Angelegenheit für mehrere Auftraggeber tätig, allerdings verfolgt er jeweils selbständige vermögensrechtliche Ansprüche, die gemäß § 7 II BRAGO zu addieren sind, so daß bereits durch die Addition der Streitwerte der RA einen erhöhten Gebührenanspruch hat. Eine Erhöhung über § 6 BRAGO findet daher nicht statt, denn § 6 I 2 BRAGO und § 7 II BRAGO schließen einander aus.*
*Nach streitiger Verhandlung und Beweisaufnahme spricht das Gericht A, B und C den jeweiligen Anspruch zu. Die Kostenrechnung des RA sieht wie folgt aus:*

| | |
|---|---|
| *Streitwert: 52.000,00 DM* | |
| *10/10 §§ 11, 31 I Nr. 1 BRAGO* | *1.565,00 DM* |
| *10/10 §§ 11, 31 I Nr. 2 BRAGO* | *1.565,00 DM* |
| *10/10 §§ 11, 31 I Nr. 3 BRAGO* | *1.565,00 DM* |
| *Auslagen § 26 BRAGO* | *40,00 DM* |
| *Zwischensumme netto* | *4.735,00 DM* |
| *zzgl. MwSt. (§ 25 II BRAGO)* | |

Auftraggeber ist nicht, wer den Auftrag tatsächlich erteilt, sondern derjenige, in dessen Namen der RA auftragsgemäß tätig werden soll. **Mehrere Auftraggeber** sind:

**Mehrere Auftraggeber**

- Eheleute (soweit sie in Bezug auf den Gegenstand Gesamtgläubiger / Gesamthandsgläubiger sind)

- Erbengemeinschaft
- BGB-Gesellschaft
- nicht rechtsfähige Vereine (Ausnahme § 50 II ZPO)
- Wohnungseigentümergemeinschaften
  (bei Eheleuten zwei Auftraggeber, auch wenn sie nur Eigentümer einer Wohnung sind)
- GmbH & Co. KG (soweit KG und GmbH gesamtschuldnerisch klagen oder verklagt werden)
- OHG und KG (bestehend aus den persönlich haftenden Gesellschaftern; §§ 124, 161 HGB).

- **Beispiel 70**

*Der RA wird beauftragt, für die Firma Müller oHG, bestehend aus den persönlich haftenden Gesellschaftern, den Kaufleuten Dieter Müller und Andreas Möller, 15.000,00 DM geltend zu machen. Nach streitiger Verhandlung und Beweisaufnahme wird der Klage stattgegeben.*
*Da über § 124 HGB die offene Handelsgesellschaft unter ihrer Firma vor Gericht klagen kann und aus den persönlich haftenden Gesellschaftern besteht, wird der RA für insgesamt drei Mandanten tätig, so daß seine Gebührenrechnung wie folgt aussieht:*

*Streitwert: 15.000,00 DM*

| | |
|---|---|
| *10/10 §§ 11, 31 I Nr. 1 BRAGO* | *805,00 DM* |
| *6/10 §§ 11, 6 BRAGO* | *483,00 DM* |
| *10/10 §§ 11, 31 I Nr. 2 BRAGO* | *805,00 DM* |
| *10/10 §§ 11, 31 I Nr. 3 BRAGO* | *805,00 DM* |
| *Auslagen § 26 BRAGO* | *40,00 DM* |
| *Zwischensumme netto* | *2.938,00 DM* |
| *zzgl. MwSt. (§ 25 II BRAGO)* | |

Wichtig ist, daß die Erhöhung für jeden weiteren Auftraggeber um **jeweils 3/10** nach der jeweiligen **Ausgangsgebühr** zu berechnen ist. Nimmt man bei der **Geschäftsgebühr** des § 118 I Nr. 1 BRAGO eine **Mittelgebühr** an, beträgt die Ausgangsgebühr 7,5/10, so daß bei dem **Erhöhungsfaktor** von **3/10** sich eine Erhöhung für jeden weiteren Auftraggeber von 7,5/10 x 3/10 = 22,5/100 = 2,25/10 ergibt.

**Ausgangsgebühr**

**Erhöhungsfaktor**

- **Beispiel 71**

*Der RA wird von einer Gesellschaft des bürgerlichen Rechts, bestehend aus 5 Personen beauftragt, außergerichtlich einen Zahlungsanspruch in Höhe von 15.000,00 DM durchzusetzen. Aufgrund des Anschreibens zahlt die Gegenseite den gesamten Betrag sowie die Anwaltskosten unter dem Gesichtspunkt des Verzuges, die wie folgt berechnet werden:*

| | |
|---|---|
| *Gegenstandswert: 15.000,00 DM* | |
| *7,5/10 §§ 11, 118 I Nr. 1 BRAGO* | *603,80 DM* |
| *9/10 §§ 11, 6 BRAGO* | *724,60 DM* |
| *Auslagen § 26 BRAGO* | *40,00 DM* |
| *Zwischensumme netto* | *1.368,40 DM* |
| *zzgl. MwSt. (§ 25 II BRAGO)* | |

Die Berechnung der Erhöhungsgebühr wird so vorgenommen, daß der konkrete DM-Betrag (vorliegend 603,80 DM) als 7,5/10 Gebühr aus der Gebührentabelle durch 10 geteilt (60,38 DM) und mit drei (Erhöhungsfaktor) multipliziert; der Betrag (60,38 DM x 3 = 181,14 DM) ist mit der Anzahl der Personen, um die erhöht wird (vorliegend vier Personen) zu multiplizieren, was (181,14 DM x 4 =724,56 DM ergibt). Dieser Betrag ist gemäß § 11 II 2 BRAGO auf zehn Deutsche Pfennig (724,60 DM) aufzurunden.

Bei der **Prozeßgebühr** des § 31 I Nr. 1 BRAGO beträgt die Ausgangsgebühr 10/10, so daß bei dem Erhöhungsfaktor von 3/10 sich eine Erhöhung für jeden weiteren Auftraggeber erstinstanzlich von 10/10 x 3/10 = 30/100 = 3/10 ergibt.

- **Beispiel 72**

*Sachverhalt wie vor. Der Auftrag lautet allerdings, den Zahlungsanspruch klageweise durchzusetzen. Der RA erhebt auftragsgemäß Klage. Im Termin zur mündlichen Verhandlung erscheint von der Gegenseite niemand, so daß der RA den Erlaß eines Versäumnisurteils beantragt, welches ergeht und rechtskräftig wird.*

| | |
|---|---|
| *Streitwert: 15.000,00 DM* | |
| *10/10 §§ 11, 31 I Nr. 1 BRAGO* | *805,00 DM* |
| *12/10 §§ 11, 6 BRAGO* | *966,00 DM* |
| *5/10 §§ 11, 33 I 1 BRAGO* | *402,50 DM* |
| *Auslagen § 26 BRAGO* | *40,00 DM* |
| *Zwischensumme netto* | *2.213,50 DM* |
| *zzgl. MwSt. (§ 25 II BRAGO)* | |

Mehrere Erhöhungen dürfen den Betrag von zwei vollen Gebühren nicht übersteigen. Mithin können aus **Ausgangsgebühr** und **Erhöhungsgebühren** insgesamt höchstens drei volle Gebühren entstehen. Diese Grenze ist immer dann erreicht, soweit der RA für insgesamt **acht Auftraggeber** in derselben Angelegenheit tätig wird; dann ergibt sich ein Anspruch des RA, bestehend aus drei vollen Gebühren, nämlich der Ausgangsgebühr zuzüglich der Erhöhungen, die maximal das Doppelte der Ausgangsgebühr betragen dürfen. **Erhöhungsgebühren**

- **Beispiel 73**

*Sachverhalt wie Beispiel 72. Die Gesellschaft besteht nunmehr aus zehn Gesellschaftern. Die Kostenrechnung sieht wie folgt aus:*

| | |
|---|---|
| *Streitwert: 15.000,00 DM* | |
| *10/10 §§ 11, 31 I Nr. 1 BRAGO* | *805,00 DM* |
| *20/10 §§ 11, 6 BRAGO* | *1.610,00 DM* |
| *5/10 §§ 11, 33 I 1 BRAGO* | *402,50 DM* |
| *Auslagen § 26 BRAGO* | *40,00 DM* |
| *Zwischensumme netto* | *2.857,50 DM* |
| *zzgl. MwSt.( 25 II BRAGO)* | |

Entgegen des Wortlautes gilt die Erhöhungsvorschrift des § 6 BRAGO nicht nur für die

- Prozeßgebühr (§ 31 I Nr. 1 BRAGO)
- Geschäftsgebühr (§ 118 I Nr. 1 BRAGO),

sondern auch für Gebühren, die auf § 31 I Nr. 1 BRAGO Bezug nehmen oder den Charakter einer **Betriebsgebühr** haben, z. B.: **Betriebsgebühr**

- § 43 BRAGO (Mahnverfahren)
- § 48 BRAGO (selbständiges Beweisverfahren)
- § 52 BRAGO (Verkehrs-/Korrespondenzanwalt)
- § 53 BRAGO (Unterbevollmächtigter)
- § 54 BRAGO (Beweisanwalt)
- § 57 BRAGO (Zwangsvollstreckung)
- § 61 BRAGO (Beschwerde-/Erinnerungsverfahren)

| Ausgangsgebühr | Erhöhungs-faktor | Erhöhung bei einem weiteren Auftraggeber | Grenze der Erhöhungsgebühr* | Grenze der Gesamtgebühr* |
|---|---|---|---|---|
| § 31 I Nr. 1 | | | | |
| 1. Instanz<br>10/10 | 3/10 | 30/100 = 3/10 | 20/10 | 30/10 |
| 2. Instanz<br>13/10 | 3/10 | 39/100 = 3,9/10 | 26/10 | 39/10 |
| 3. Instanz<br>20/10<br>(Prozeßgebühr)<br>§ 11 I 5 | 3/10 | 60/100 = 6/10 | 40/10 | 60/10 |
| § 32<br>5/10 | 3/10 | 15/100 = 1,5/10 | 10/10 | 15/10 |
| § 57<br>3/10 | 3/10 | 9/100 = 0,9/10 | 6/10 | 9/10 |
| § 118 I Nr. 1<br>7,5/10 | 3/10 | 22,5/100 = 2,25/10 | 15/10 | 22,5/10 |

* Die Grenze der Erhöhungsgebühr (das Doppelte der Ausgangsgebühr) und die Grenze der Gesamtgebühr (das Dreifache der Ausgangsgebühr) wird erreicht, soweit der RA für insgesamt **acht Auftraggeber** in derselben Angelegenheit tätig wird.

| Ausgangsgebühr | Erhöhung für jeden weiteren Auftraggeber | | | | | | |
|---|---|---|---|---|---|---|---|
| | 2 | 3 | 4 | 5 | 6 | 7 | 8 |
| **§ 31 I Nr. 1**<br>1. Instanz<br>10/10 | 3/10 | 6/10 | 9/10 | 12/10 | 15/10 | 18/10 | 20/10 |
| 2. Instanz<br>13/10 | 3,9/10 | 7,8/10 | 11,7/10 | 15,6/10 | 19,5/10 | 23,4/10 | 26/10 |
| 3. Instanz<br>20/10<br>(Prozeßgebühr) | 6/10 | 12/10 | 18/10 | 24/10 | 30/10 | 36/10 | 40/10 |
| **§ 32**<br>1. Instanz<br>5/10 | 1,5/10 | 3/10 | 4,5/10 | 6/10 | 7,5/10 | 9/10 | 10/10 |
| 2. Instanz<br>13/20 | 1,95/10 | 3,9/10 | 5,85/10 | 7,8/10 | 9,75/10 | 11,7/10 | 13/10 |
| **§ 57**<br>3/10 | 0,9/10 | 1,8/10 | 2,7/10 | 3,6/10 | 4,5/10 | 5,4/10 | 6/10 |
| **§ 118 I Nr. 1**<br>7,5/10 | 2,25/10 | 4,5/10 | 6,75/10 | 9/10 | 11,25/10 | 13,5/10 | 15/10 |

# 7. Kapitel

## Gebühr für Rat und Auskunft

Für einen mündlichen, schriftlichen **Rat** oder eine **Auskunft**, die nicht mit einer anderen gebührenpflichtigen Tätigkeit zusammenhängen, erhält der RA eine Gebühr in Höhe von

**Rat**
**Auskunft**

- 1/10 bis 10/10 der vollen Gebühr (§ 20 I 1 BRAGO).
  Da es sich um eine **Rahmengebühr** handelt, gilt auch hier, daß der RA die Höhe der Gebühr im Einzelfall unter Berücksichtigung aller Umstände, insbesondere der Bedeutung der Angelegenheit, des Umfanges und der Schwierigkeit der anwaltlichen Tätigkeit sowie der Vermögens- und Einkommensverhältnisse des Auftraggebers, nach billigem Ermessen zu bestimmen hat (§ 12 BRAGO).
  Auch hier ist grundsätzlich bei **Durchschnittsangelegenheiten** eine

**Rahmengebühr**

**Durchschnitts-angelegenheiten**

- **Mittelgebühr** 1/10 – 10/10 : 2 = 5,5/10 in Rechnung zu stellen.

**Mittelgebühr**

Ist die Tätigkeit des RA Gegenstand einer **ersten Beratung**, (**Erstberatung**) so kann der RA keine höhere Gebühr als **350,00 DM** fordern.

**Erstberatung**

Diese Beschränkung ist eine **Kappungsgrenze** und bedeutet, daß der RA bei einem entsprechend hohen Gegenstandswert für den Fall einer Erstberatung nicht mehr als 350,00 DM berechnen kann, es sei denn, daß er eine abweichende schriftliche Honorarvereinbarung mit dem Mandanten trifft.

**Kappungsgrenze**

• **Beispiel 74**
*In einer Grundstücksangelegenheit mit einem Gegenstandswert von 250.000,00 DM wird der RA im Rahmen einer ersten Beratung von dem Mandanten beauftragt, eine ausführliche mündliche Beratung vorzunehmen. Nach Durchführung dieser Beratung sieht der Mandant davon ab, die Angelegenheit weiter zu verfolgen und bittet den RA um die Erstellung der Kostenrechnung, die wie folgt aussieht:*
*Gegenstandswert: 250.000,00 DM*
*5,5/10 §§ 11, 12, 20 I 1, 2 BRAGO* *350,00 DM*
*zzgl. MwSt. (§ 25 II BRAGO)*

Ist der Gegenstandswert der Beratung gering und wird die Kappungsgrenze von 350,00 DM nicht erreicht, so hat der RA die tatsächlichen Kosten für die erste Beratung in Rechnung zu stellen.

• **Beispiel 75**
*In einer Angelegenheit mit einem Gegenstandswert von 3.000,00 DM wünscht die Mandantin einen mündlichen Rat. Nach Durchführung der Beratung bittet sie um die Kostenrechnung, die wie folgt aussieht:*
*Gegenstandswert: 3.000,00 DM*
*5,5/10 §§ 11, 12, 20 I 1, 2 BRAGO* *115,50 DM*
*zzgl. MwSt. (§ 25 II BRAGO)*

Geht die anwaltliche Beratung über den Gegenstand einer ersten Beratung hinaus, d. h. wird in derselben Angelegenheit mehrfach (mündlich und / oder schriftlich) beraten, so gilt die Kappungsgrenze nicht.

• **Beispiel 76**
*Sachverhalt wie Beispiel 74.*
*Der Mandant wird in der Grundstücksangelegenheit jedoch mehrfach sowohl mündlich als auch schriftlich beraten. Danach bittet er den RA um die abschließende Kostenrechnung, die nunmehr wie folgt aussieht:*

| | |
|---|---|
| *Gegenstandswert: 250.000,00 DM* | |
| *5,5/10 §§ 11, 12, 20 I 1 BRAGO* | *1.608,75 DM* |
| *Auslagen § 26 BRAGO* | *40,00 DM* |
| *Zwischensumme netto* | *1.648,75 DM* |
| *zzgl. MwSt. (§ 25 II BRAGO)* | |

Bezieht sich der **Rat** oder die **Auskunft** auf strafrechtliche, bußgeldrechtliche oder sonstige Angelegenheiten, in denen die Gebühren nicht nach dem Gegenstandswert berechnet werden, so beträgt die Gebühr 30,00 DM bis 350,00 DM (§ 20 I 3 BRAGO).

Auch hier ist grundsätzlich die

- **Mittelgebühr**

**Mittelgebühr**

$$\frac{\overset{\text{Mindestbetrag}}{30{,}00\text{ DM}} + \overset{\text{Höchstbetrag}}{350{,}00\text{ DM}}}{2} = \frac{380{,}00\text{ DM}}{2} = 190{,}00\text{ DM}$$

anzusetzen.

- **Beispiel 77**

*In einer durchschnittlichen Verkehrs-Ordnungswidrigkeiten-angelegenheit bittet der Mandant den RA nach Erhalt eines Bußgeldbescheides zunächst um einen mündlichen Rat. Nach Durchführung der ersten Beratung entschließt sich die Mandantin, nicht gegen den Bußgeldbescheid vorzugehen und bittet den RA um die Erteilung der Kostenrechnung, die wie folgt aussieht:*

| | |
|---|---|
| *§§ 11,12, 20 I 3 BRAGO* | *190,00 DM* |
| *zzgl. MwSt. (§ 25 II BRAGO)* | |

Die Gebühr, die der RA für die Beratung erhält, ist auf eine Gebühr anzurechnen, die der RA für eine sonstige Tätigkeit erhält, die mit der Raterteilung oder Auskunft zusammenhängt (§ 20 I 4 BRAGO).

**Berufung**
**Revision**

**Rechtsmittel**

Wird der RA, der mit der Angelegenheit noch nicht befaßt gewesen ist, beauftragt, zu prüfen, ob eine **Berufung** oder **Revision** Aussicht auf Erfolg hat, so erhält er eine halbe Gebühr nach § 11 I 4 BRAGO, wenn er von der Einlegung eines Rechtsmittels abrät und ein **Rechtsmittel** durch ihn nicht eingelegt wird (§ 20 II I BRAGO).

- **Beispiel 78**

*Nachdem RA X vor dem Landgericht für seinen Mandanten einen Betrag in Höhe von 35.000,00 DM geltend gemacht hatte und vom Gericht lediglich 15.000,00 DM zugesprochen bekam, bittet der Mandant RA Y, der mit der Angelegenheit noch nicht befaßt war, zu prüfen, ob eine Berufung Aussicht auf Erfolg hat. RA Y rat nach Überprüfung von der Einlegung des Rechtsmittels ab.*

| | |
|---|---|
| *Gegenstandswert: 20.0000,00 DM* | |
| *6,5/10 §§ 11 I 4, 20 II 1 BRAGO* | *614,30 DM* |
| *zzgl. MwSt. (§ 25 II BRAGO)* | |

# 8. Kapitel

## Gebühren in bürgerlichen Rechtsstreitigkeiten und ähnlichen Verfahren, Regelgebühren im Zivilprozeß, Vergleichsgebühr und Differenz-Prozeßgebühr

### 1. Einleitung

Der „Dritte Abschnitt" (§§ 31–67 BRAGO) regelt vor allem den Gebührenanspruch des RA in seiner Eigenschaft als **Prozeßbevollmächtigter** in bürgerlichen Rechtsstreitigkeiten vor den ordentlichen Gerichten. Hier insbesondere den eigentlichen **Zivilprozeß** (§§ 31 ff BRAGO) und in ähnlichen Verfahren wie

**Prozeßbevollmächtigter**
**Zivilprozeß**

- einstweilige Verfügungen und Anordnungen (§§ 40, 41 BRAGO)
- Mahnverfahren (§ 43 BRAGO)
- selbständiges Beweisverfahren (§ 48 BRAGO)
- Verfahren über die Bewilligung von Prozeßkostenhilfe (§ 51 BRAGO) – nach Bewilligung von Prozeßkostenhilfe gelten §§ 121 ff BRAGO
- Gebührenanspruch des Verkehrsanwalts, Unterbevollmächtigten, Beweisanwalts (§§ 52–54 BRAGO)
- den Bereich der Zwangsvollstreckung (§§ 57, 58 BRAGO)
- Arbeitssachen (§ 62 BRAGO).

Ferner regelt der Dritte Abschnitt den Gebührenanspruch „in ähnlichen Verfahren", das sind unter anderem die FGG-Angelegenheiten nach § 621 ZPO, soweit es sich um **Scheidungsfolgesachen** handelt (§ 31 III BRAGO).

**Scheidungsfolgesachen**

Die Vorschriften des Dritten Abschnitts finden aber keine Anwendung auf eine Tätigkeit des RA in den Verfahren nach dem Gesetz über die freiwillige Gerichtsbarkeit (FGG), die mit einigen Ausnahmen nach § 118 BRAGO vergütet werden

## 2. Art und Höhe der Gebühren

**Pauschgebühren**

Es sind Wert-Pauschalgebühren, d. h. **Pauschgebühren**, die nach dem **Gegenstandswert/Streitwert** berechnet werden. Diese entgelten die Tätigkeit des RA in dem gesamten Verfahren, einem Verfahrensabschnitt oder in einer besonderen Tätigkeitsgruppe.

**Rechtszug**

Zu beachten ist § 37 BRAGO (**Rechtszug**), der bestimmt, welche Tätigkeiten des RA in seiner Eigenschaft als Prozeßbevollmächtigter zum Rechtszug gehören. Diese Vorschrift unterscheidet zwischen

- vorbereitenden Handlungen (§ 37 Nr. 1, 2 BRAGO),
- Handlungen vor und im Prozeßverfahren (§ 37 Nr. 3, 4, 5 BRAGO),
- Handlungen, die nach dem Ende des Verfahrens anfallen (§ 37 Nr. 6, 6a, 7 BRAGO).

**Vergleichsverhandlungen**

Ist der RA zum Prozeßbevollmächtigten bestellt und führt er mit der Gegenseite außergerichtliche **Vergleichsverhandlungen** oder entwickelt sonstige Tätigkeiten zur Vorbereitung der Klage, so folgt aus § 37 Nr. 1, 2 BRAGO, daß für diese Tätigkeiten keine besondere Vergütung anfällt, weil diese außergerichtlichen Tätigkeiten für den Prozeßbevollmächtigten bereits zum Rechtszug gehören und daher nicht gesondert vergütet werden.

**selbständiges Beweisverfahren**

Aus § 48 BRAGO folgt, daß der RA im **selbständigen Beweisverfahren** die in § 31 BRAGO bestimmten Gebühren erhält.

Dieser Gebührenanspruch ist unabhängig davon, ob die Hauptsache anhängig ist oder nicht, denn das selbständige Beweisverfahren hat gerade das Ziel, einen Rechtsstreit zu vermeiden.

Ist der RA sowohl im Rahmen des selbständigen Beweisverfahrens als auch im späteren Rechtsstreit beteiligt, so stellt § 37 Nr. 3 BRAGO klar, daß das selbständige Beweisverfahren zum **Rechtszug** (**Hauptsache**) gehört und daher für die an beiden Verfahren beteiligten Rechtsanwälte eine gebührenrechtliche Angelegenheit darstellt. Die Gebühren des § 31 BRAGO können zwar in jedem der beiden Verfahren entstehen, aus § 13 II BRAGO folgt allerdings die **Begrenzung**, daß sie in jedem Rechtszug nur einmal gefordert werden können. Das bedeutet, daß die bereits im selbständigen Beweisverfahren gemäß § 48 BRAGO entstandenen Gebühren nicht zusätzlich zu den gleichen im Rechtsstreit wegen desselben Gegenstandes erneut entstehenden Gebühren gefordert werden können.

**Rechtszug**

- **Beispiel 79**

*Auftragsgemäß leitet der RA ein selbständiges Beweisverfahren für seinen Mandanten (Antragsteller und Kläger) ein mit dem Vortrag, der bei der Gegenseite (Antragsgegner und Beklagten) angekaufte PKW sei bereits zum Zeitpunkt der Übergabe des Fahrzeugs mit Mängeln behaftet, welche die Wandlung des Kaufvertrages begründen würden. Er beantragt die Einholung eines Sachverständigengutachtens und trägt hierzu vor, daß der zu einem Kaufpreis von 15.000,00 DM angekaufte PKW mit Mängeln behaftet sei, deren ordnungsgemäße Behebung einen Kostenbetrag von mindestens 10.000,00 DM begründen würden. Das im selbständigen Beweisverfahren eingeholte Sachverständigengutachten bestätigt den Vortrag des Antragstellers. Der RA erhebt Klage und beruft sich wegen der behaupteten Mangelhaftigkeit des Fahrzeuges auf das bereits vorliegende Sachverständigengutachten. Im Termin zur mündlichen Verhandlung über die Hauptsache wird die Sach- und Rechtslage ausführlich erörtert. Unter Bezugnahme auf das bereits vorliegende Sachverständigengutachten wird der Klage stattgegeben und der Streitwert auf 15.000,00 DM festgesetzt. Der RA des Antragstellers/Klägers kann folgende Gebühren in Rechnung stellen:*

| | |
|---|---|
| *Streitwert: 15.000,00 DM* | |
| *10/10 Prozeßgebühr* | |
| *§§ 11, 31 I Nr. 1, 37 Nr. 3, 48 BRAGO* | *805,00 DM* |
| *10/10 Beweisgebühr* | |
| *§§ 11, 31 I Nr. 3, 37 Nr. 3, 48 BRAGO* | *805,00 DM* |
| *10/10 Erörterungsgebühr* | |
| *§§ 11, 31 I Nr. 4, 37 Nr. 3, 48 BRAGO* | *805,00 DM* |
| *Auslagen § 26 BRAGO* | *40,00 DM* |
| *Zwischensumme netto* | *2.455,00 DM* |
| *zzgl. MwSt. (§ 25 II BRAGO)* | |

**Prozeßkostenhilfe**

**Klageverfahren**

**Landeskasse**

Ebenso wie das selbständige Beweisverfahren gehört auch das Verfahren über die **Prozeßkostenhilfe** gemäß § 37 Nr. 3 BRAGO zum Rechtszug. Das bedeutet, daß der RA, der sowohl im Verfahren über die Prozeßkostenhilfe (§ 51 BRAGO) als auch in dem sich daran anschließenden **Klageverfahren** nach Bewilligung der Prozeßkostenhilfe (§§ 121 ff BRAGO) die Gebühren (in derselben Angelegenheit) nur einmal fordern kann (§ 13 II BRAGO). Wird Prozeßkostenhilfe bewilligt, so richtet sich der **Vergütungsanspruch** des RA gegen die **Landeskasse** (§ 121 BRAGO). Der beigeordnete RA kann Ansprüche auf Vergütung gegen die Partei nicht geltend machen (§ 122 I Nr. 3 ZPO). Die Gebühren des RA werden bei einem Gegenstandswert von mehr als 6.000,00 DM anstelle der vollen Gebühr (§ 11 I 1, 2 BRAGO) mit niedrigeren Beträgen vergütet (§ 123 BRAGO).

- **Beispiel 80**

*Auftragsgemäß reicht der RA für den bedürftigen Mandanten einen Schriftsatz bei Gericht ein, mit dem Antrag, dem Mandanten Prozeßkostenhilfe für ein sich anschließendes Klageverfahren über 8.000,00 DM zu bewilligen. Der RA wird beigeordnet. Im sich anschließenden Klageverfahren wird streitig verhandelt und nach Beweisaufnahme wird die Klage abgewiesen. Die Gebührenrechnung des RA gegenüber der Landeskasse sieht wie folgt aus:*

*Streitwert: 8.000,00 DM*

| | |
|---|---|
| *10/10 §§ 11, 31 I Nr. 1, 123 BRAGO* | *405,00 DM* |
| *10/10 §§ 11, 31 I Nr. 2, 123 BRAGO* | *405,00 DM* |
| *10/10 §§ 11, 31 I Nr. 3, 123 BRAGO* | *405,00 DM* |
| *Auslagen § 26 BRAGO* | *40,00 DM* |
| *Zwischensumme netto* | *1.255,00 DM* |
| *zzgl. MwSt. (§ 24 II BRAGO)* | |

Als **Gebührensätze** kommen in Betracht die volle Gebühr (10/10 in der ersten Instanz)

oder Bruchteile der vollen Gebühr z. B. 3/10 bzw. 5/10 aus § 43 I Nr. 2, 3 BRAGO.

**Berufungsverfahren**

Im **Berufungsverfahren** erhöhen sich sämtliche Gebühren des Prozeßbevollmächtigten auf 13/10.

**Revisionsverfahren**

**Bundesgerichtshof**

Im **Revisionsverfahren** erhöht sich die **Prozeßgebühr** jedoch um 10/10 auf 20/10, soweit sich die Parteien nur durch einen beim **Bundesgerichtshof** zugelassenen Rechtsanwalt vertreten lassen können (§ 11 I 4, 5 BRAGO).

| Instanz | I. | II. | III. |
|---|---|---|---|
| Prozeßgebühr § 31 I Nr. 1 BRAGO | 10/10 | 13/10 | 20/10 |
| Verhandlungsgebühr § 31 I Nr. 2 BRAGO oder/und § 31 II BRAGO Erörterungsgebühr § 31 I Nr. 4 BRAGO | 10/10 | 13/10 | 13/10 |
| Beweisgebühr § 31 I Nr. 3 BRAGO | 10/10 | 13/10 | – |
| Vergleichsgebühr (Prozeßvergleich) § 23 I 3 BRAGO | 10/10 | 13/10 | 13/10 |

## 3. Gebühren des Prozeßbevollmächtigten

Der Gebührenanspruch des zum **Prozeßbevollmächtigten** bestellten RA ergibt sich aus den **Grundgebühren** des § 31 BRAGO, der die verschiedenen Tätigkeiten des RA im **Zivilprozeß** und „ähnlichen Verfahren" wie folgt zusammenfaßt:

**Prozeßgebühr**

- **Prozeßgebühr** (§ 31 I Nr. 1 BRAGO) für das Betreiben das Geschäfts einschließlich der Information

**Verhandlungsgebühr**

- **Verhandlungsgebühr** (§ 31 I Nr. 2 BRAGO) für die (streitige) mündliche Verhandlung zur Hauptsache

**Beweisgebühr**

- **Beweisgebühr** (§ 31 I Nr. 3 BRAGO) für die Vertretung im Beweisaufnahmeverfahren oder bei der Anhörung bzw. Vernehmung einer Partei nach § 613 ZPO (Parteivernehmung)

**Erörterungsgebühr**

- **Erörterungsgebühr** (§ 31 I Nr. 4 BRAGO) für die Erörterung der Sache, auch im Rahmen eines Versuchs zur gütlichen Beilegung.

An dieser Stelle ist darauf hinzuweisen, daß Erörterungsgebühren und (streitige / nichtstreitige) Verhandlungsgebühren, die denselben Gegenstand betreffen und in demselben Rechtszug entstehen, gemäß § 31 II BRAGO aufeinander **anzurechnen** sind, so daß in der ersten Instanz bei einer Erörterung der Sach- und Rechtslage sowie streitiger / nichtstreitiger Antragstellung über denselben Streitwert/Gegenstandswert nicht mehr in Rechnung gestellt werden kann als insgesamt eine 10/10 Gebühr (§§ 31 I Nr. 2, Nr. 4, 33 I 1, 31 II BRAGO).

- **Beispiel 81**

*Auftragsgemäß erhebt der RA Klage über 6.000,00 DM. Im Termin zur mündlichen Verhandlung erörtert die Vorsitzende die Sach- und Rechtslage mit den Parteien. Nach streitiger Verhandlung und Beweisaufnahme wird der Klage stattgegeben. Der Klägervertreter kann folgende Gebühren in Rechnung stellen:*

| | |
|---|---|
| *Streitwert: 6.000,00 DM* | |
| *10/10 §§ 11, 31 I Nr. 1 BRAGO* | *375,00 DM* |
| *10/10 §§ 11, 31 I Nr. 2, Nr. 4, II BRAGO* | *375,00 DM* |
| *10/10 §§ 11, 31 I Nr. 3 BRAGO* | *375,00 DM* |
| *Auslagen § 26 BRAGO* | *40,00 DM* |
| *Zwischensumme netto* | *1.165,00 DM* |
| *zzgl. MwSt. (§ 25 II BRAGO)* | |

## 4. Vorzeitige Beendigung des Auftrags

Der Anwendungsbereich des § 32 I BRAGO ist der gleiche, wie der des § 31 BRAGO. Die Vorschrift bezieht sich auf den Prozeßbevollmächtigten der klagenden bzw. beklagten Partei oder eines Streitgehilfen. Sie gilt unmittelbar auch für den **Verkehrsanwalt** (§ 52 BRAGO) und für alle Verfahren, bei denen die sinngemäße Anwendung vorgeschrieben ist (z. B. § 43 III BRAGO).

**Verkehrsanwalt**

Wurde der RA von seinem Auftraggeber bevollmächtigt, ihn in einem **Rechtsstreit** zu vertreten, mithin als **Prozeßbevollmächtigter** der klagenden bzw. der beklagten Partei tätig zu sein, so erwirbt der RA den vollen Gebührenanspruch (10/10 in der ersten Instanz) erst dann, soweit er eine der in § 32 I BRAGO aufgezählten Tätigkeiten positiv verwirklicht hat.

**Rechtsstreit**
**Prozeßbevollmächtigter**

• **Beispiel 82**

*Auftragsgemäß erhebt der RA Klage über 5.000,00 DM. Nach Eingang des Klageschriftsatzes bei Gericht meldet sich der Mandant und teilt mit, daß die Gegenseite den gesamten Betrag gezahlt hat. Der RA nimmt die Klage auftragsgemäß zurück und übermittelt der Mandantschaft folgende Kostenrechnung:*

| | |
|---|---|
| *Streitwert: 5.000,00 DM* | |
| *10/10 §§ 11, 31 I Nr. 1 BRAGO* | *320,00 DM* |
| *Auslagen § 26 BRAGO* | *40,00 DM* |
| *Zwischensumme netto* | *360,00 DM* |
| *zzgl. MwSt. (§ 25 II BRAGO)* | |

**Kündigungserklärung**

Der Zeitpunkt, in dem die Erledigung des Auftrags eintritt, ist bei Kündigung der Zugang der **Kündigungserklärung**. Im übrigen gilt der Auftrag gemäß §§ 674, 675 BGB zu Gunsten des RA als solange fortbestehend, bis dieser von dem Erlöschen Kenntnis erlangt hat oder hätte Kenntnis erlangen müssen. Wenn der RA nach vorzeitiger Beendigung des Auftrags aber noch vor Kenntniserlangung oder vor dem Kennenmüssen eine der in § 32 BRAGO aufgezählten Tätigkeiten vornimmt, kann er erstinstanzlich eine 10/10 Prozeßgebühr beanspruchen.

- **Beispiel 83**

*Der RA reicht den Klageschriftsatz ein, obwohl der Beklagte an den Kläger bereits gezahlt hat, was dem RA nicht bekannt war.*

- **Beispiel 84**

*Der RA des Beklagten beantragt schriftsätzlich, die Klage kostenpflichtig abzuweisen, obwohl der Kläger bereits zuvor die Klage zurückgenommen hatte, was der RA des Beklagten weder wußte, noch hätte wissen müssen.*

In beiden Fällen ist für die Prozeßbevollmächtigten die volle (10/10) Prozeßgebühr entstanden, da jeweils ein Tatbestandsmerkmal des § 32 I BRAGO positiv verwirklicht wurde.

**Sachanträge**

Folgende **Sachanträge** begründen den Anspruch auf eine volle Prozeßgebühr:

- die Hauptsache für erledigt zu erklären
- ein schriftlich angekündigtes Anerkenntnis
- der Antrag den Rechtsstreit zu verweisen
- Klageabweisungsantrag.

**Anzeige der Verteidigungsabsicht**

Demgegenüber ist die **Anzeige der Verteidigungsabsicht** durch den Prozeßbevollmächtigten des Beklagten kein Sachantrag und begründet daher für den Fall, daß nach Anzeige der Verteidigungsabsicht der Rechtsstreit vorzeitig beendet wird, nur eine 5/10 Prozeßgebühr.

- **Beispiel 85**

*Nach Eingang des Klageschriftsatzes mit dem Antrag, den Beklagten zu verurteilen, an den Kläger 15.000,00 DM zu zahlen, ordnet das Gericht das schriftliche Vorverfahren an. Auftragsgemäß meldet sich der Beklagtenvertreter und zeigt die Verteidigungsabsicht des Beklagten an. Im weiteren Verlauf einigen sich die Parteien ohne Mitwirkung der Anwälte. Da der Beklagtenvertreter keinen Schriftsatz, der einen Sachantrag enthält, bei Gericht eingereicht hat, und mithin eine vorzeitige Beendigung des Auftrags vorliegt, sieht seine Kostenrechnung wie folgt aus:*

| | |
|---|---|
| *Streitwert: 15.000,00 DM* | |
| *5/10 vorzeitige Beendigung* | |
| *§§ 11, 32 I BRAGO* | *402,50 DM* |
| *Auslagen § 26 BRAGO* | *40,00 DM* |
| *Zwischensumme netto* | *442,50 DM* |
| *zzgl. MwSt. (§ 25 II BRAGO)* | |

Ein anderer Fall der vorzeitigen Beendigung des Auftrags ist der, daß der **Klägervertreter** bereits **Klageauftrag** erhalten hat und bevor er den **Klageschriftsatz** bei Gericht einreicht die Gegenseite zahlt. Teilt der Mandant dies mit, bevor der Klageschriftsatz bei Gericht eingegangen ist, erhält der RA nach dem Wert des erledigten Gegenstandes lediglich eine halbe (erstinstanzlich 5/10) Prozeßgebühr.

**Klageauftrag**
**Klageschriftsatz**

- **Beispiel 86**

*Der RA wird beauftragt, klageweise 25.000,00 DM geltend zu machen. Er fertigt den Klageschriftsatz. Bevor er ihn bei Gericht einreicht, teilt der Mandant mit, daß die Gegenseite zwischenzeitlich gezahlt hat und bittet um die Kostenrechnung, die wie folgt aussieht:*

| | |
|---|---|
| *Streitwert: 25.000,00 DM* | |
| *5/10 §§ 11, 32 I BRAGO* | *512,50 DM* |
| *Auslagen § 26 BRAGO* | *40,00 DM* |
| *Zwischensumme netto* | *552,50 DM* |
| *zzgl. MwSt. (§ 25 II BRAGO)* | |

Wird nur teilweise gezahlt (**teilweise vorzeitige Beendigung**) und wegen des Restbetrages Klage erhoben, so entsteht die halbe (erstinstanzlich 5/10) Prozeßgebühr (§ 32 I BRAGO) über den gezahlten Betrag und daneben die volle (erstinstanzlich 10/10) Prozeßgebühr (§ 31 I Nr. 1 BRAGO) nach dem Wert, über den das Verfahren weiter betrieben wird. Auch hier kann der RA bei verschiedenen Gegenstandswerten (**Teilzahlung/Restbetrag**) verschiedene Gebührensätze (5/10 und 10/10) in Rechnung stellen, jedoch nicht mehr als die aus dem Gesamtbetrag der Wertteile nach dem höchsten Gebührensatz (10/10) berechnete Gebühr (§ 13 III BRAGO).

**Teilzahlung Restbetrag**

- **Beispiel 87**

*Der RA erhält den Auftrag, klageweise 15.000,00 DM geltend zu machen. Dennoch schreibt er die Gegenseite zunächst außergerichtlich an. Aufgrund des Anschreibens reagiert die Gegenseite und meldet sich fernmündlich bei dem RA. Im Rahmen des Telefonats wird die Sach- und Rechtslage eingehend erörtert. Daraufhin zahlt die Gegenseite 5.000,00 DM. Über den Restbetrag erhebt der RA nunmehr Klage. Nach streitiger Verhandlung und Beweisaufnahme ergeht ein klagestattgebendes Urteil.*

*Der Klägervertreter möchte wissen, welcher Gebührenanspruch entstanden ist. Insoweit ist zu bedenken, daß aufgrund des bereits vorliegenden Klageauftrages ein Gebührenanspruch nach § 118 BRAGO ausscheidet, so daß keine Besprechungsgebühr (§ 118 I Nr. 2 BRAGO) entstehen kann. Der Gebührenanspruch des RA richtet sich ausschließlich nach §§ 31, 32 BRAGO, so daß die Kostenrechnung wie folgt aussieht:*

| | | |
|---|---|---|
| • *außergerichtliche Tätigkeit* | | |
| *Gegenstandswert: 5.000,00 DM* | | |
| *5/10 §§ 11, 32 I BRAGO* | | *160,00 DM* |
| *Auslagen § 26 BRAGO* | | *40,00 DM* |
| • *Klageverfahren* | | |
| *Streitwert: 10.000,00 DM* | *160,00 DM* | |
| *10/10 §§ 11, 31 I Nr. 1 BRAGO* | *595,00 DM* | |
| | *755,00 DM* | *595,00 DM* |

*(Grenze 10/10 aus 15.000,00 DM = 805,00 DM*
*§§ 11, 32 I, 31 I Nr. 1, 13 III BRAGO)*

| | |
|---|---|
| *10/10 §§ 11, 31 I Nr. 2 BRAGO* | *595,00 DM* |
| *10/10 §§ 11, 31 I Nr. 3 BRAGO* | *595,00 DM* |
| *Auslagen § 26 BRAGO* | *40,00 DM* |
| *Zwischensumme netto* | *2.025,00 DM* |
| *zzgl. MwSt. (§ 25 II BRAGO)* | |

## 5. Die vier Grundgebühren des Prozeßbevollmächtigten

### a. Prozeßgebühr (§ 31 I Nr. 1 BRAGO)

Der zum Prozeßbevollmächtigten bestellte RA erhält in jeder Instanz (§ 13 II 2 BRAGO) die **Prozeßgebühr** als volle Gebühr (10/10 13/10 20/10) für das Betreiben des Geschäfts einschließlich der Information (§ 31 Nr. 1 BRAGO). Sie umfaßt die Entgegennahme der Information, Besprechungen mit der Partei, die Fertigung und Einreichung der **Klageschrift** und weitere Schriftsätze, die der Erledigung der Korrespondenz mit Behörden und dem Mandanten sowie die Führung des Prozesses bis hin zum Urteil beinhalten (**Pauschgebühr**). Welche Tätigkeiten des RA zum **Rechtszug** gehören, ergibt sich aus der **Ergänzungsvorschrift** des § 37 BRAGO.

**Prozeßgebühr**

**Klageschrift**

**Rechtszug**

Die Prozeßgebühr des **Klägervertreters** entsteht gegenüber dem **Mandanten**, sobald dieser dem RA **Klageauftrag** erteilt hat mit der Entgegennahme der ersten Information durch den Mandanten. Allerdings ist für das Entstehen der vollen (erstinstanzlich 10/10) Prozeßgebühr erforderlich, daß der RA ein Tatbestandsmerkmal des § 32 I BRAGO positiv verwirklicht, z. B. den **Klageschriftsatz** bei Gericht einreicht.

**Klageauftrag**

Die Prozeßgebühr des **Beklagtenvertreters** entsteht gegenüber dem Mandanten nach den o. a. Grundsätzen, sobald der RA den Auftrag erhalten hat, den Mandanten als beklagte

**Rechtsstreit**

Partei in einem **Rechtsstreit** zu vertreten mit Entgegennahme der Information. Auch für den Beklagtenvertreter ist erforderlich, daß er ein Tatbestandsmerkmal des § 32 I BRAGO positiv verwirklicht wird, z. B. der Beklagtenvertreter den **Schriftsatz** bei Gericht mit dem Antrag einreicht, die Klage kostenpflichtig abzuweisen (**Klageabweisungsantrag**).

**Termin**

Die volle Prozeßgebühr kann auch dadurch entstehen, daß der RA für seine Partei einen **Termin** wahrnimmt, ohne zuvor einen Schriftsatz, der Sachanträge enthält, bei Gericht eingereicht zu haben.

- **Beispiel 88**

*Der Mandant beauftragt den RA, ihn in einem Klageverfahren als beklagte Partei zu vertreten. Der Mandant legt die Klageschrift vor, in der beantragt ist, ihn zur Zahlung von 20.000,00 DM zu verurteilen. Der RA nimmt am nächsten Tag den Termin zur mündlichen Verhandlung für den Beklagten wahr, ohne sich zuvor schriftsätzlich gemeldet zu haben. Nach eingehender Erörterung der Sach- und Rechtslage rät die Vorsitzende dem Beklagtenvertreter, den Anspruch anzuerkennen. Hierzu ist der Beklagtenvertreter nicht bereit. Vielmehr läßt er sich dahingehend ein, das er keinen streitigen Antrag stelle. Antragsgemäß ergeht ein Versäumnisurteil, das im weiteren Verlauf rechtskräftig wird. Die Kostenrechnung des Beklagtenvertreters sieht wie folgt aus:*

| | |
|---|---|
| *Streitwert 20.000,00 DM* | |
| *10/10 Prozeßgebühr* | |
| *§§ 11, 31 I Nr. 1 BRAGO* | *945,00 DM* |
| *10/10 Erörterungsgebühr* | |
| *§§ 11, 31 I Nr. 4 BRAGO* | *945,00 DM* |
| *Auslagen § 26 BRAGO* | *40,00 DM* |
| *Zwischensumme netto* | *1.930,00 DM* |
| *zzgl. MwSt.* | |

**Gebührenstreitwert**

Der **Streitwert** für die Prozeßgebühr (§§ 7, 8 I BRAGO) richtet sich nach dem **Gebührenstreitwert** (§§ 12–22 GKG). Für die **Wertberechnung** ist der Zeitpunkt der die Instanz einleitenden **Antragstellung** entscheidend (§ 15 GKG), mithin der Betrag, der klageweise geltend gemacht wird, wobei es nur auf den mit der Klage geltend gemachten **Hauptantrag** ankommt und Früchte, Nutzungen, **Zinsen** sowie Kosten unberücksichtigt bleiben, wenn sie als **Nebenforderungen** in Abhängigkeit zu der Hauptforderung geltend gemacht werden (§ 4 I ZPO, § 22 GKG).

**Hauptantrag**

- **Beispiel 89**

*Der Kläger verlangt mit der Klage 15.000,00 DM nebst 4 % Zinsen hieraus seit Rechtshängigkeit. Der Streitwert beträgt 15.000,00 DM.*

Nur für den Fall, daß **Zinsen** oder andere **Kosten** unabhängig von der Hauptforderung als **selbständiger Zahlungsanspruch** geltend gemacht werden, sind sie zur Hauptforderung zu addieren (§ 7 II BRAGO, § 5 ZPO).

**Zinsen**
**Kosten**

- **Beispiel 90**

*Der Kläger verlangt 12.000,00 DM nebst 4 % Zinsen hieraus seit Rechtshängigkeit sowie 150,00 DM Zinsen aus einem anderen Rechtsgrund und unabhängig hiervon weitere 200,00 DM sonstige Kosten. Der Streitwert beträgt 12.350,00 DM.*

Durch § 15 GKG ist klargestellt, daß für die Wertberechnung es auf den Zeitpunkt der **Klageerhebung** ankommt. Eine spätere **Wertsteigerung** bzw. ein **Wertverfall** hat für den Streitwert keinen Einfluß.

**Klageerhebung**

- **Beispiel 91**

*Der Kläger verlangt die Herausgabe eines Wertpapiers, dessen Wert zum Zeitpunkt der Klageerhebung 15.000,00 DM beträgt. Aufgrund eines Kursverfalls sinkt der Wert im Laufe des Prozesses auf 10.000,00 DM. Dennoch können die beteiligten Anwälte Gebühren nach einem Streitwert von 15.000,00 DM berechnen, da § 15 GKG eindeutig festlegt, daß es für die Wertberechnung nur auf den Zeitpunkt, der die Instanz einleitenden Antragstellung (Zeitpunkt der Klageerhebung) ankommt.*

Kann der Kläger zum Zeitpunkt der Klageerhebung keine genauen Angaben machen und schätzt er den Wert des herausverlangten Gegenstandes auf einen Betrag von z. B. 40.000,00 bis 50.000,00 DM zum Zwecke der vorläufigen Streitwertbestimmung und der Einzahlung des Gerichtskostenvorschusses, so ist das Gericht befugt, den Wert nach freiem Ermessen festzusetzen; es kann eine beantragte Beweisaufnahme sowie von Amts wegen die Einnahme des Augenscheins und die Begutachtung durch Sachverständige anordnen (§ 3 ZPO).

**Gebührenstreitwert**

**Verfahrensstreitwert**

Für die Bestimmung des **Gebührenstreitwertes** gilt, daß gemäß § 8 I BRAGO zunächst die Vorschriften der §§ 12 ff GKG zu überprüfen sind. Wird hier kein **Sonderfall** gefunden, ist auf die §§ 5–9 ZPO und zuletzt auf § 3 ZPO zurückzugreifen. Insoweit ist beachtlich, daß der **Streitwert** für die Prozeßgebühr (§§ 7, 8 I BRAGO) sich nach dem **Gebührenstreitwert** (§§ 12–22 GKG) richtet, wohingegen die §§ 3–9 ZPO Bestimmungen bezogen auf den **Verfahrensstreitwert** darstellen. Der Verfahrensstreitwert betrifft die **sachliche Zuständigkeit** und ist ferner von Bedeutung für die Rechtsmittel-Beschwer. Nach dem **Gebührenstreitwert** werden demgegenüber die Gerichtsgebühren und die Rechtsanwaltsgebühren berechnet (**Gegenstandswert**). Zu beachten ist, daß beide Werte nicht immer identisch sind.

- **Beispiel 92**

*A klagt gegen B vor dem Amtsgericht auf Zahlung von 5.000,00 DM in Form einer Teilklage.*

*B erhebt Widerklage auf Feststellung, daß dem A, der sich in der Klageschrift eines höheren Gesamtanspruches (12.000,00 DM) berühmt hat, der Restbetrag von 7.000,00 DM nicht zusteht und beantragt die Verweisung des Rechtsstreits an das zuständige Landgericht.*

*Nach § 5 ZPO (sachliche Zuständigkeit) werden die Wert von Klage und Widerklage nicht zusammengerechnet. Wenn das Amtsgericht isoliert für Klage und Widerklage zuständig wäre, so bleibt das Amtsgericht auch zuständig, wenn beide Klagen in einem Prozeß zusammengefaßt werden.*

*Für den Gebührenstreitwert gilt, daß die Gegenstände von Klage (5.000,00 DM) und Widerklage (7.000,00 DM), die nicht denselben Gegenstand betreffen und nicht in getrennten Prozessen verhandelt werden, zusammenzurechnen sind (§ 19 I 1 GKG). Der Gebührenstreitwert beträgt daher 12.000,00 DM.*

Für die **Prozeßgebühr** gilt, daß sie sich nach dem **höchsten Wert** berechnet, der in dem Verfahren vor Gericht anhängig war.

- **Beispiel 93**

*Der RA macht klageweise 8.000,00 DM geltend. Nach streitiger Verhandlung und Beweisaufnahme erhöht er die Klage um 2.000,00 DM auf 10.000,00 DM. Der Anspruch des RA aus § 31 I Nr. 1 BRAGO (Prozeßgebühr) berechnet sich nach dem höchsten Wert, der nach Klageerhöhung 10.000,00 DM beträgt.*

**Klagerücknahme**

Eine spätere Ermäßigung der Klageforderung durch **Klagerücknahme** hat auf den Streitwert für die Prozeßgebühr keinen Einfluß mehr.

- **Beispiel 94**

*Der RA macht 7.000,00 DM klageweise geltend. Im Termin zur mündlichen Verhandlung erhöht er die Klage um 5.000,00 DM auf 12.000,00 DM. Nach Durchführung der Beweisaufnahme nimmt er die Klage um 8.000,00 DM auf 4.000,00 DM zurück.*
*Der Streitwert für die Prozeßgebühr (§ 31 I Nr. 1 BRAGO) richtet sich nach dem höchsten Wert, der im Verfahren anhängig war, nämlich nach Klageerhöhung 12.000,00 DM.*

## b. Verhandlungsgebühr für die streitige Verhandlung (§ 31 I Nr. 2 BRAGO)

Der zum Prozeßbevollmächtigten bestellte Rechtsanwalt erhält eine volle Gebühr (10/10 13/10) für die mündliche Verhandlung (Verhandlungsgebühr § 31 I Nr. 2 BRAGO).
Die mündliche Verhandlung wird dadurch eingeleitet, daß die Parteien ihre Anträge stellen (§ 137 ZPO).

**streitige Anträge Hauptsache**

Die Verhandlungsgebühr gemäß § 31 I Nr. 2 BRAGO entsteht allerdings nur für den Fall, daß die Parteien **streitige Anträge** zur **Hauptsache** stellen.

- **Beispiel 95**

*Der RA des Klägers beantragt, den Beklagten kostenpflichtig zu verurteilen 6.000,00 DM nebst 4 % Zinsen hieraus seit Rechtshängigkeit zu zahlen. Der RA des Beklagten beantragt, die Klage kostenpflichtig abzuweisen.*

**streitige Verhandlungsgebühr**

*Für beide Rechtsanwälte ist eine volle Gebühr (erstinstanzlich 10/10) gemäß § 31 I Nr. 2 BRAGO (**streitige Verhandlungsgebühr**) entstanden.*

**nichtstreitige Verhandlung**

Demgegenüber regelt § 33 BRAGO den Gebührenanspruch des Prozeßbevollmächtigten für eine **nichtstreitige Verhandlung** sowie für die Übertragung des mündlichen Verhandelns auf einen anderen Rechtsanwalt.

**Prozeßgericht**

Eine streitige Verhandlung kann nur in einem **Termin** stattfinden, den das Gericht anberaumt hat. Grundsätzlich wird die mündliche Verhandlung vor dem **Prozeßgericht** stattfinden. Hier entsteht die streitige Verhandlungsgebühr durch die Stellung der Anträge, wobei es gleichgültig ist, ob die beteiligten Rechtsanwälte den schriftsätzlich angekündigten Antrag verlesen oder auf diesen Bezug genommen wird.

**Hauptsache Prozeßvoraussetzungen**

Zu beachten ist, daß sich widersprechende Anträge zur **Hauptsache** vorliegen müssen. Insoweit löst auch der Streit über **Prozeßvoraussetzungen** eine volle Verhandlungsgebühr aus.

- **Beispiel 96**

*Der RA des Beklagten bestreitet die örtliche Zuständigkeit des angerufenen Gerichts und beantragt daher, die Klage als unzulässig zu verwerfen.*
*Für die beteiligten Rechtsanwälte ist die volle (erstinstanzlich 10/10) Verhandlungsgebühr entstanden.*

Auch für die streitige Verhandlungsgebühr gelten die Grundsätze, daß der Rechtsanwalt diese Gebühr in derselben Angelegenheit nur einmal fordern kann; in gerichtlichen Verfahren kann er die Gebühr in jedem **Rechtszug** gesondert fordern (§ 13 II BRAGO).

**Rechtszug**

Aus § 35 BRAGO (**Entscheidung ohne mündliche Verhandlung**) folgt, daß soweit in einem Verfahren, für das mündliche Verhandlung vorgeschrieben ist, im Einverständnis mit den Parteien (§ 128 II ZPO) oder gemäß §§ 128 III, 307 II, 331 III, 495 a ZPO ohne mündliche Verhandlung entschieden wird, der RA die gleichen Gebühren wie einem Verfahren mit mündlicher Verhandlung erhält.

**Entscheidung ohne mündliche Verhandlung**

- **Beispiel 97**

*Auftragsgemäß klagt der RA 1.000,00 DM ein. Der Beklagtenvertreter beantragt schriftsätzlich, die Klage kostenpflichtig abzuweisen.*
*Gemäß § 128 III ZPO entscheidet das Gericht im schriftlichen Verfahren und weist die Klage kostenpflichtig ab. Der Beklagtenvertreter kann folgende Gebühren zur Festsetzung anmelden:*

| | |
|---|---|
| *Streitwert: 1.000,00 DM* | |
| *10/10 Prozeßgebühr* | |
| *§§ 11, 31 I Nr. 1 BRAGO* | *90,00 DM* |
| *10/10 streitige Verhandlungsgebühr* | |
| *§§ 11, 31 I Nr. 2, 35 BRAGO* | *90,00 DM* |
| *Auslagen § 26 BRAGO* | *27,00 DM* |
| *Zwischensumme netto* | *207,00 DM* |
| *zzgl. MwSt. (§ 25 II BRAGO)* | |

Der **Streitwert** für die (streitige) Verhandlungsgebühr richtet sich nach dem Betrag, über den streitig verhandelt wird. Wird über mehrere Ansprüche streitig verhandelt, so richtet sich der Streitwert für die Verhandlungsgebühr nach dem höchsten Wert, so daß eine Addition der einzelnen Streitwerte zu erfolgen hat (§ 7 II BRAGO).

**Streitwert**

- **Beispiel 98**

*Der RA macht klageweise einen Anspruch über 5.000,00 DM Schmerzensgeld sowie 17.000,00 DM Sachschaden geltend. In*

*der mündlichen Verhandlung beantragt er, den Beklagten zur Zahlung der Gesamtforderung zu verurteilen. Der Beklagtenvertreter beantragt Klageabweisung.*
*Der Streitwert richtet sich nach dem Gesamtanspruch (5.000,00 DM + 17.000,00 DM = 22.000,00 DM).*

Ist die **Verhandlungsgebühr** in voller Höhe entstanden, fällt sie nicht für die Fälle weg, in denen im weiteren Verlauf des Prozesses eine abweichende Antragstellung oder gar ein Fallenlassen der Anträge erfolgt.

- **Beispiel 99**

*Im Termin zur mündlichen Verhandlung beantragt der RA des Klägers, den Beklagten kostenpflichtig zur Zahlung von 25.000,00 DM nebst 4 % Zinsen seit Rechtshängigkeit zu verurteilen. Der RA des Beklagten beantragt, die Klage kostenpflichtig abzuweisen.*
*Nach durchgeführter Beweisaufnahme erkennt der RA des Beklagten den klägerischen Anspruch insgesamt an. Hier verbleibt es bei der 10/10 Verhandlungsgebühr bezogen auf den Streitwert von 25.000,00 DM.*

**Klagerücknahme**

Diese Grundsätze gelten auch bei einer **Klagerücknahme**.

- **Beispiel 100**

*Sachverhalt wie vor. Nach durchgeführter Beweisaufnahme nimmt der Klägervertreter die Klage um 10.000,00 DM zurück. Es verbleibt bei der streitigen Verhandlungsgebühr aus 25.000,00 DM.*

**Teilbeträge**

Wird über verschiedener **Teilbeträge** (Teile des Gegenstands) streitig sowie nichtstreitig verhandelt, sind für die jeweiligen Teile des Gegenstandes verschiedene Gebührensätze (erstinstanzlich)

- 10/10 (streitige Verhandlungsgebühr § 31 I Nr. 2 BRAGO)
- 5/10 (nicht streitige Verhandlungsgebühr § 33 I 1 BRAGO)

anzuwenden.

Der RA kann sowohl die Kosten für die streitige als auch für die nichtstreitige Verhandlung in Rechnung stellen. Der **Gebührenanspruch** des RA wird jedoch begrenzt, indem nicht mehr in Rechnung gestellt werden darf als die sich aus dem **Gesamtbetrag = Gesamtstreitwert** nach dem **höchsten Gebührensatz** (erstinstanzlich 10/10) berechnete Gebühr (§ 13 III BRAGO).

- **Beispiel 101**

*Der RA verlangt klageweise 35.000,00 DM. Im Termin zur mündlichen Verhandlung erkennt der Prozeßbevollmächtigte des Beklagten sofort 20.000,00 DM an. Über den Restbetrag wird streitig verhandelt. Nach Beweisaufnahme wird der Klage stattgegeben.*

| | | |
|---|---|---|
| *Streitwert 35.000,00 DM* | | |
| *10/10 §§ 11, 31 I Nr. 1 BRAGO* | | *1.185,00 DM* |
| *Gegenstandswert 20.000,00 DM* | | |
| *5/10 §§ 11, 33 I 1 BRAGO* | *472,50 DM* | *472,50 DM* |
| *Streitwert 15.000,00 DM* | | |
| *10/10 §§ 11, 31 I Nr. 2, 13 III BRAGO* | *805,00 DM* | |
| | *1.277,50 DM* | |
| *(Grenze 10/10 aus 35.000,00 DM = 1.185,00 DM)* | *1.185,00 DM* | |
| | *./. 472,50 DM* | |
| | *712,50 DM* | *712,50 DM* |
| *10/10 §§ 11, 31 I Nr. 3 BRAGO* | | *805,00 DM* |
| *Auslagen § 26 BRAGO* | | *40,00 DM* |
| *Zwischensumme netto* | | *3.215,00 DM* |
| *zzgl. MwSt. (§ 25 II BRAGO)* | | |

### c. Beweisgebühr (§ 31 I Nr. 3 BRAGO)

#### (1) Einleitung

Der zum Prozeßbevollmächtigten bestellte RA erhält eine volle Gebühr und daher je nach Instanz (10/10 13/10) für die Vertretung im **Beweisaufnahmeverfahren** und bei Anhörung oder Vernehmung einer Partei (§ 613 ZPO)

**Beweisaufnahmeverfahren**

- **Beweisgebühr** (§§ 31 I Nr. 3 BRAGO).

**Beweisgebühr**

Hierdurch wird der Mehraufwand abgegolten, der an Zeit und Tätigkeit für den RA anfällt. Die Beweisaufnahme erfolgt grundsätzlich vor dem **Prozeßgericht** (Unmittelbarkeit der Beweisaufnahme) und findet statt, soweit zwischen den Parteien des Prozesses Tatsachenbehauptungen streitig und diese streitigen Tatsachenbehauptungen für die Entscheidung des Rechtsstreits erheblich sind.

**Prozeßgericht**

Die Beweisgebühr kann sowohl erstinstanzlich (10/10) als auch in der **Berufungsinstanz** (13/10) entstehen, aber nicht in der Revisionsinstanz, da das Revisionsgericht nur überprüft, ob eine Gesetzesverletzung vorliegt und insoweit der Tatbestand des angefochtenen Urteils unabänderlich feststeht.

**Berufungsinstanz**

Die Entstehung der Beweisgebühr setzt voraus, daß objektiv ein Beweisaufnahmeverfahren stattfindet und der RA an diesem Verfahren mitgewirkt hat (subjektive Voraussetzung).

#### (2) Objektive Voraussetzungen

**Beweisaufnahme**

Unter **Beweisaufnahme** ist die Tätigkeit des Gerichts innerhalb eines gerichtlichen Verfahrens zu verstehen, mit deren Hilfe beweisbedürftige (als des Beweises bedürftig angesehene) erhebliche Umstände mittels der gesetzlichen Beweismittel zu klären, soweit es sich um Tatsachen handelt, die zwischen den Parteien streitig sind.

**Beweismittel**

Hierzu muß sich das Gericht (grundsätzlich das **Prozeßgericht**) der fünf **Beweismittel** der ZPO (§§ 371–455 ZPO) bedienen:

- Augenschein (§§ 371–372 a ZPO)
- Zeugenbeweis (§§ 373–401 ZPO)
- Beweis durch Sachverständige (§§ 402–414 ZPO)
- Urkunden (§§ 415–444 ZPO)
- Parteivernehmung (§§ 445–455 ZPO).

**Glaubhaftmachung**

Von diesen Beweismitteln ist die **Glaubhaftmachung** (§ 294 ZPO) zu unterscheiden. Wird die Glaubhaftmachung einer Tatsachenbehauptung verlangt (z. B. § 920 II ZPO), genügt es, daß die behauptete Tatsache mit hinreichender Sicherheit als wahrscheinlich angenommen werden kann, indem die Partei an Eides statt versichert, daß die Behauptung wahr ist.

### aa. (Förmlicher) Beweisbeschluß

**Beweisbeschluß**

Im Zivilprozeß wird das Beweisverfahren durch einen förmlichen **Beweisbeschluß** (§ 359 ZPO) eingeleitet, der enthalten muß:

- Beweisthema
- Beweismittel
- Beweisführer.

Wurde ein Beweisbeschluß erlassen, so entsteht für den Prozeßbevollmächtigten die Beweisgebühr nicht erst für die Tätigkeit im Termin zur Beweisaufnahme, sondern bereits vorher, indem der RA den **Beweisbeschluß** in Empfang nimmt, ihn überprüft und an den Mandanten weiterleitet. Ist die Beweisgebühr so entstanden, bleibt sie auch bestehen für den Fall, daß die in dem Beweisbeschluß angegebene Art der Beweisaufnahme nicht mehr durchgeführt wird.

- **Beispiel 102**

*Der RA reicht Klage über 25.000,00 DM ein. Im Termin wird streitig verhandelt. Im Anschluß daran erläßt das Gericht einen Beweisbeschluß, den der RA zur Kenntnis nimmt, überprüft und an den Mandanten weiterleitet. Zur Beweisaufnahme kommt es nicht mehr, da nach Zugang des Beweisbeschlusses der Kläger den RA bittet, die Klage zurückzunehmen und ihm die Kostenrechnung zu erstellen.*

| | |
|---|---|
| *Streitwert:25.000,00 DM* | |
| *10/10 §§ 11, 31 I Nr. 1 BRAGO* | *1.025,00 DM* |
| *10/10 §§ 11, 31 I Nr. 2 BRAGO* | *1.025,00 DM* |
| *10/10 §§ 11, 31 I Nr. 3 BRAGO* | *1.025,00 DM* |
| *Auslagen § 26 BRAGO* | *40,00 DM* |
| *Zwischensumme netto* | *3.115,00 DM* |
| *zzgl. MwSt. (§ 25 II BRAGO)* | |

Andererseits ist für das Entstehen der Beweisgebühr nicht erforderlich, daß ein förmlicher Beweisbeschluß (§ 358 ZPO) erlassen wurde, soweit objektiv eine Beweisaufnahme stattfindet, an welcher der RA subjektiv teilgenommen hat.

- **Beispiel 103**

*Der RA klagt für seinen Mandanten 9.000,00 DM vor dem Amtsgericht ein. Der Beklagte beantragt, die Klage abzuweisen. Der vorsorglich geladene Zeuge X wird vernommen. Danach wird der Klage stattgegeben. Die Kostenrechnung sieht wie folgt aus:*

| | |
|---|---|
| *Streitwert 9.000,00 DM* | |
| *10/10 §§ 11, 31 I Nr. 1 BRAGO* | *540,00 DM* |
| *10/10 §§ 11, 31 I Nr. 2 BRAGO* | *540,00 DM* |
| *10/10 §§ 11, 31 I Nr. 3 BRAGO* | *540,00 DM* |
| *Auslagen § 26 BRAGO* | *40,00 DM* |
| *Zwischensumme netto* | *1.660,00 DM* |
| *zzgl. MwSt. (§ 25 II BRAGO)* | |

### bb. Einzelne Beweismittel

**Beweislast**
**Strengbeweis**

Es wurde bereits dargelegt, daß der beweisbelasteten Partei **Beweislast**) für den Beweis einer streitigen beweiserheblichen Tatsache die fünf Beweismittel der ZPO **Strengbeweis**) zur Verfügung stehen. In Einzelfällen gibt es Probleme, die erörterungsbedürftig sind:

**Augenschein**

- Der Beweis durch **Augenschein** wird durch die Bezeichnung des Gegenstandes des Augenscheins und durch die

Angabe der zu bewertenden Tatsachen angetreten (§ 371 ZPO). Ordnet daraufhin das Gericht die Vornahme des Augenscheins an, so liegt **Beweisaufnahme** durch **Inaugenscheinnahme** vor, denn die gerichtliche Anordnung der Einnahme des Augenscheins von Amts wegen (§ 144 ZPO) ist Beweisaufnahme.

- **Beispiel 104**

*Der Vorsitzende ordnet die Inaugenscheinnahme der Unfallstelle an, um den streitigen Unfallhergang vor Ort zu klären, insbesondere die streitige Frage, ob die Unfallörtlichkeit übersichtlich ist.*

**Ortstermine**

Insoweit ist zu bedenken, daß **Ortstermine** nicht nur zur Inaugenscheinnahme bestimmt sein müssen, sondern auch des besseren Verständnisses des Parteivortrages dienen können.

**Zeugenvernehmung**

**Beweisthema**

- **Zeugenvernehmung** ist stets Beweisaufnahme und beginnt mit der Vernehmung des Zeugen zur Person (§ 395 ZPO). Auch die Vernehmung eines Zeugen zum Zwecke der Information ist Beweisaufnahme, denn eine nur informatorische Anhörung von Zeugen ist der ZPO fremd. Wird ein Zeuge befragt, ob er zum Beweis für das **Beweisthema** in Frage kommt, liegt bereits Beweisaufnahme vor.

- **Beispiel 105**

*Der RA des Klägers stellt im Termin zur mündlichen Verhandlung einen Zeugen. Das Gericht vernimmt den Zeugen zur Person und befragt ihn, ob er für das Beweisthema in Frage komme, was der Zeuge nunmehr verneint. Für die beteiligten Rechtsanwälte ist die Beweisgebühr entstanden, weil auch ohne förmlichen Beweisbeschluß bei Anhörung des Zeugen stets eine Beweisaufnahme vorliegt.*

**Parteianhörung**
**Parteivernehmung**

**Parteianhörung** (§ 141 ZPO) läßt die Beweisgebühr nicht entstehen, wohl aber die **förmliche Parteivernehmung** (§§ 445 ff ZPO), die gemäß § 450 I 1 ZPO einen förmlichen **Beweisbeschluß** erfordert.

**Ehesachen**

In **Ehesachen** folgt aus § 613 I ZPO, daß das Gericht das persönliche Erscheinen der Ehegatten anordnen und sie anhören soll oder als Partei vernehmen kann. Aus dem Wortlaut des § 31 I Nr. 3 BRAGO folgt, daß bei einer Anhörung oder Vernehmung einer Partei (§ 613 ZPO) der RA, der subjektiv an dieser Form der Beweisaufnahme teilnimmt, für die Vertretung seines Auftraggebers die Beweisgebühr erhält. Ausreichend ist, soweit die Anhörung der Partei erfolgt, um dem Gericht einen Eindruck von den Parteien und ihrer **Scheidungsabsicht** zu verschaffen. Es genügt eine Bezugnahme auf die unstreitige, gemeinsame Scheidungsabsicht (dazu später zu § 33 I 2 Nr. 3 BRAGO), wobei es auf den Umfang und den Inhalt der Anhörung nicht ankommt.

**Scheidungsabsicht**

- **Beispiel 106**

*In einem (isolierten) Ehescheidungsverfahren stimmt der RA der Antragsgegnerin dem Scheidungsbegehren des RA des Antragstellers zu. Das Gericht fragt die Parteien persönlich, ob sie geschieden werden wollen. Dies wird bejaht. Danach wird durch Urteil die Ehe geschieden und der Wert für das Scheidungsverfahren auf 15.000,00 DM festgesetzt. Die Gebührenrechnungen der Verfahrensbevollmächtigten sehen wie folgt aus:*

| | |
|---|---|
| *Gegenstandswert: 15.000,00 DM* | |
| *10/10 §§ 11, 31 I Nr. 1 BRAGO* | *805,00 DM* |
| *10/10 §§ 11, 33 I 2 Nr. 3 BRAGO* | *805,00 DM* |
| *10/10 §§ 11, 31 I Nr. 3 BRAGO* | *805,00 DM* |
| *Auslagen § 26 BRAGO* | *40,00 DM* |
| *Zwischensumme netto* | *2.455,00 DM* |
| *zzgl. MwSt. (§ 25 II BRAGO)* | |

### cc. Vorlegung von Urkunden und Beiziehung von Akten oder Urkunden (§ 34 BRAGO)

Die Vorschrift des § 34 BRAGO ergänzt § 31 I Nr. 3 BRAGO, indem klargestellt wird, wann der subjektiv beteiligte RA für die

Urkunden
Akten

- Vorlegung von **Urkunden**
- Beiziehung von **Akten** oder Urkunden

die Beweisgebühr erhält, bzw. nicht erhält.
Der RA erhält die Beweisgebühr nicht, wenn die Beweisaufnahme lediglich in der Vorlegung der in den Händen des Beweisführers oder des Gegners befindlichen Urkunden besteht (§ 34 I BRAGO).

- **Beispiel 107**

*Der RA klagt für seinen Mandanten 40.000,00 DM ein. Der Mandant hat vorgetragen, das Geld habe er dem Beklagten als Darlehen zur Verfügung gestellt und er legt eine Urkunde vor, aus der sich ergibt, daß das Geld bereits zur Rückzahlung fällig ist. Im Termin zur mündlichen Verhandlung wird streitig verhandelt. Der Beklagte legt eine Urkunde vor, aus der sich ergibt, daß er das Geld bereits an den Kläger zurückgezahlt hat. Daraufhin wird die Klage abgewiesen. Der RA kann dem Kläger folgende Kosten in Rechnung stellen:*

| | |
|---|---|
| *Streitwert: 40.000,00 DM* | |
| *10/10 §§ 11, 31 I Nr. 1 BRAGO* | *1.265,00 DM* |
| *10/10 §§ 11, 31 I Nr. 2 BRAGO* | *1.265,00 DM* |
| *Auslagen § 26 BRAGO* | *40,00 DM* |
| *Zwischensumme netto* | *2.570,00 DM* |
| *zzgl. MwSt. (§ 25 II BRAGO)* | |

Beweisbeschluß

Werden Akten oder Urkunden beigezogen, so erhält der RA die Beweisgebühr nur, wenn die Akten oder Urkunden durch **Beweisbeschluß** oder sonst erkennbar zum Beweis herbeigezogen oder als Beweis verwertet werden (§ 34 II BRAGO).

- **Beispiel 108**

*In einer Verkehrsunfallangelegenheit verlangt der RA für seinen Mandanten klageweise 6.000,00 DM Sachschaden sowie 1.000,00 DM Schmerzensgeld. Die Beklagten beantragen, die Klage kostenpflichtig abzuweisen. Im Termin zur mündlichen Verhandlung beschließt das Gericht, die vorliegende*

*Ermittlungsakte zu Beweiszwecken beizuziehen und verkündet, daß eine Entscheidung am Schluß der Sitzung ergeht.*

| | |
|---|---|
| *Streitwert: 7.000,00 DM* | |
| *10/10 §§ 11, 31 I Nr. 1 BRAGO* | *430,00 DM* |
| *10/10 §§ 11, 31 I Nr. 2 BRAGO* | *430,00 DM* |
| *10/10 §§ 11, 31 I Nr. 3 BRAGO* | *430,00 DM* |
| *Auslagen § 26 BRAGO* | *40,00 DM* |
| *Zwischensumme netto* | *1.330,00 DM* |
| *zzgl. MwSt. (§ 25 II BRAGO)* | |

Hier ist jedoch zu beachten, daß die Beweisgebühr bei der Beiziehung oder Verwertung von Akten gemäß §§ 31 I Nr. 3, 34 II BRAGO nur dann entsteht, wenn die Beiziehung oder Verwertung von Akten oder Urkunden zum Beweis, also hinsichtlich streitiger (entscheidungserheblicher) Tatsachen erfolgt.

### (3) Subjektive Voraussetzung

Der RA muß die Partei im Beweisaufnahmeverfahren oder bei der Anhörung oder Vernehmung einer Partei (§ 613 ZPO) vertreten haben (subjektive Voraussetzung).

**Pauschgebühr**

Auch bei der Beweisgebühr als **Pauschgebühr** kommt es nicht auf den Umfang der anwaltlichen Tätigkeit an, so daß grundsätzlich jede, nach Erlaß des Beweisbeschlusses entfaltete Tätigkeit des Prozeßbevollmächtigten den Gebührenanspruch aus § 31 I Nr. 3 BRAGO begründet.

- **Beispiel 109**

*Der RA des Beklagten überprüft den Beweisbeschluß auf dessen Vollständigkeit der Beweisanordnungen sowie die eventuelle Notwendigkeit etwaiger Ergänzungsanträge und leitet den Beschluß an den Mandanten weiter.*
*Zu der angeordneten Beweisaufnahme kommt es nicht mehr, weil der Klägervertreter die Klage zurück nimmt. Dennoch hat der RA des Beklagten die volle (erstinstanzlich 10/10) Beweisgebühr verdient.*

Ausreichend sind auch Besprechungen mit der Partei über das Vorgehen im **Beweisaufnahmeverfahren**.

**Beweisaufnahmeverfahren**

- **Beispiel 110**

*Im Termin zur mündlichen Verhandlung stellt der Klägervertreter einen Zeugen. Das Gericht beschließt, den Zeugen über die streitigen Tatsachenbehauptungen zu vernehmen. Vor der Beweisaufnahme bittet der Beklagtenvertreter um eine kurze Unterbrechung, um das weitere Vorgehen mit der Partei zu besprechen. Aufgrund der Besprechung mit dem Beklagten erkennt der Beklagtenvertreter auftragsgemäß den gesamten Klageanspruch an, so daß es zur Zeugenvernehmung nicht mehr kommt. Für die beteiligten Prozeßbevollmächtigten ist jeweils eine volle Beweisgebühr entstanden.*

Zu beachten ist, daß nicht nur für den Prozeßbevollmächtigten, sondern auch für den **Verkehrsanwalt** (§ 52 BRAGO), den **Terminvertreter = Unterbevollmächtigter** (§ 53 BRAGO) sowie für den **Beweisanwalt** (§ 54 BRAGO) eine Gebühr für die Vertretung in der Beweisaufnahme entstehen kann (hierzu später im 10. Kapitel).

**Verkehrsanwalt**
**Unterbevollmächtigter**
**Beweisanwalt**

Hierbei muß sorgfältig zwischen der Entstehung des Gebührenanspruches und der **Kostentragungspflicht** unterschieden werden.

**Kostentragungspflicht**

- **Beispiel 111**

*Der Prozeßbevollmächtigte leitet nach pflichtgemäßer Überprüfung den Beweisbeschluß an den Verkehrsanwalt weiter, der denselben ebenfalls pflichtgemäß überprüft und dem Mandanten mit der Bitte zuleitet, das weitere Vorgehen im Beweisaufnahmeverfahren mit ihm zu besprechen. Bereits zu diesem Zeitpunkt ist für die beteiligten Rechtsanwälte die volle Beweisgebühr entstanden.*

Abschließend ist zu bedenken, daß **nach Abschluß** des Beweisaufnahmeverfahrens eine Vertretung im Beweisaufnahmeverfahren (subjektives Tatbestandsmerkmal) nicht mehr

Beweisergebnis
Beweiswürdigung

möglich ist. Auch eine Einarbeitung in ein vorliegendes **Beweisergebnis** sowie in die **Beweiswürdigung** können die Beweisgebühr nicht mehr auslösen.

### (4) Gegenstandswert

Gegenstandswert

Der **Gegenstandswert** der Beweisgebühr richtet sich nach dem Betrag, über den Beweis erhoben wird. Dieser Wert kann niemals höher sein als der **aktuelle Streitwert**. Wird die Klage wegen eines Teilbetrages vor Durchführung des

Klagerücknahme

**Beweisverfahrens** zurückgenommen (**Klagerücknahme**), so richtet sich die Beweisgebühr nach dem aktuellen Streiwert.

- **Beispiel 112**

*Es werden 80.000,00 DM eingeklagt. Nach Erörterung der Sach- und Rechtslage nimmt der RA die Klage um 40.000,00 DM zurück. Im nächsten Termin wird ein Zeuge vernommen. Im Anschluß daran ergeht ein klagestattgebendes Urteil.*
*Die Prozeßgebühr (§ 31 I Nr. 1 BRAGO) und die Erörterungsgebühr (§ 31 I Nr. 4 BRAGO) richten sich nach dem Streitwert von 80.000,00 DM. Demgegenüber beträgt der Gegenstandswert für die Beweisgebühr (§ 31 I Nr. 3 BRAGO) nach erfolgter Klagerücknahme 40.000,00 DM.*

Klageerhöhung

Die gleichen Grundsätze gelten bei einer **Klageerhöhung**.

- **Beispiel 113**

*Auftragsgemäß werden 15.000,00 DM eingeklagt. Im Termin zur mündlichen Verhandlung und Beweisaufnahme werden Zeugen vernommen. Nach der Vernehmung des ersten Zeugen weist der im Termin anwesende Kläger den RA an, die Klage auf 25.000,00 DM zu erhöhen, was auftragsgemäß geschieht. Nunmehr wird ein zweiter Zeuge vernommen. Nach Abschluß der Beweisaufnahme verhandeln die beteiligten Rechtsanwälte erneut mit streitigen Anträgen auch zum Ergebnis der Beweisaufnahme. Sie können folgende Kosten in Rechnung stellen.*

| | |
|---|---|
| *Streitwert: 25.000,00 DM* | |
| *10/10 §§ 11, 31 I Nr. 1 BRAGO* | *1.025,00 DM* |
| *10/10 §§ 11, 31 I Nr. 2 BRAGO* | *1.025,00 DM* |
| *10/10 §§ 11, 31 I Nr. 3 BRAGO* | *1.025,00 DM* |
| *Auslagen § 26 BRAGO* | *40,00 DM* |
| *Zwischensumme netto* | *3.115,00 DM* |
| *zzgl. MwSt. (§ 25 II BRAGO)* | |

Beweisanordnung

Zu beachten ist, daß maßgebend für die Berechnung der Beweisgebühr der **Gegenstandswert** im Zeitpunkt der **Beweisanordnung** ist. Eine spätere Ermäßigung der Klageforderung ist für die Höhe des Wertes der Beweisgebühr ohne Bedeutung.

- **Beispiel 114**

*Dem RA des Kläger wird im Rahmen eines Klageverfahrens über 18.000,00 DM der Beweisbeschluß zugestellt. Der Klägervertreter überprüft den Beweisbeschluß ordnungsgemäß und leitet ihn an den Mandanten weiter. Nunmehr zahlt der Beklagte einen Teilbetrag von 10.000,00 DM.*

*Die Beweisgebühr wird nach der ursprünglichen Klageforderung (18.000,00 DM) berechnet.*

Teilbetrag

Wird der RA im Beweisaufnahmeverfahren erstmals tätig, als bereits ein **Teilbetrag** gezahlt ist, so berechnet sich die Beweisgebühr für ihn aus dem Gegenstandswert, über den er an der Beweisaufnahme teilnimmt.

- **Beispiel 115**

*Der Kläger klagt vor dem Amtsgericht ohne anwaltliche Vertretung 8.000,00 DM ein. Ihm wird ein Beweisbeschluß zugestellt. Noch bevor er einen RA aufsucht, zahlt der Beklagte 6.000,00 DM. Nunmehr wird der Kläger bei RA Pech vorstellig. Der Kläger legt dem RA den Beweisbeschluß vor und teilt mit, daß zwischenzeitlich der Beklagte 6.000,00 DM gezahlt hat. Der RA überprüft den Beweisbeschluß. RA Pech kann für seine Kostenrechnung bezogen auf die Beweisgebühr nur den Gegenstandswert in Höhe von 2.000,00 DM zugrunde legen.*

## d. Erörterungsgebühr (§ 31 I Nr. 4 BRAGO)

### (1) Einleitung

**Erörterungsgebühr**

Der zum Prozeßbevollmächtigten bestellte Rechtsanwalt erhält eine volle (10/10 13/10) Gebühr für die Erörterung der Sache, auch im Rahmen eines Versuchs zur gütlichen Beilegung (**Erörterungsgebühr** § 31 I Nr. 4 BRAGO).

**Anträge**

Der Grund für die Einführung der Erörterungsgebühr war die gerichtliche Praxis, entgegen § 137 I ZPO, wonach die mündliche Verhandlung dadurch eingeleitet wird, daß die Parteien ihre **Anträge** stellen, das Sach- und Streitverhältnis mit den Parteien und Anwälten vor der formellen Stellung von Anträgen zu erörtern. Ein solcher Vorgang löst keine (streitige / nichtstreitige) Verhandlungsgebühr aus, obwohl die Erörterung der Sache nicht weniger Mühe macht als eine mündliche Verhandlung. Folglich wollte der Gesetzgeber den Prozeßbevollmächtigten für ihre, der mündlichen Verhandlung gleichkommende Tätigkeit, die sich prozessual nicht als mündliche Verhandlung darstellt, eine entsprechende Gebühr zukommen lassen.

**Verfahrensziel**
**Klagerücknahme**

Sind die Prozeßbevollmächtigten beider Parteien zwecks Darlegung ihrer gegensätzlichen Standpunkte erschienen, unterbleibt dann aber eine Antragstellung, weil eine Partei sich nach der Darlegung der Rechtsauffassung durch das Gericht veranlaßt sieht, ihr bisheriges **Verfahrensziel** aufzugeben, wie etwa die Klage zurückzunehmen (**Klagerücknahme**), so ist dies gerade die **Verfahrenssituation**, wegen der die Erörterungsgebühr eingeführt worden ist.

**Erörterung**

Erforderlich für das Entstehen der Erörterungsgebühr ist, daß die Prozeßbevollmächtigten beider Parteien im Termin anwesend sind. Zu beachten ist aber, daß der Begriff der **Erörterung** nicht notwendig ein gewisses Maß an eigener Argumentationstätigkeit des RA zum Gegenstand haben muß, damit für ihn die Erörterungsgebühr entsteht. Die Erörterung verlangt nämlich ebensowenig eine Argumentation wie die Verhandlungstätigkeit. Hat das Gericht bereits deutlich gemacht, daß und aus welchen Gründen es die Rechtsauffassung einer Partei als richtig und diejenige der anderen als unzutreffend erachtet, ist es überflüssig, von jener Partei zu verlangen, nur zwecks Entstehung der Erörterungsgebühr ihre günstige Position noch einmal mit gleichlautenden Argumenten zur präsentieren. Demnach ist die Erörterung ein **Meinungsaustausch** im Sinne eines **Rechtsgesprächs** über streitige, den **Prozeßstoff** betreffende Fragen (die Sache), an dem sich mindestens zwei Personen aktiv beteiligen. Somit verdient der RA die Erörterungsgebühr schon aufgrund des Umstandes, daß er die Argumentation des Gegners und / oder des Gerichts zum Zwecke der Prüfung verfolgt, ob Anlaß für zusätzliche Ausführungen seinerseits oder für eine sonstige Intervention besteht.

**Meinungsaustausch**
**Rechtsgespräch**
**Prozeßstoff**

- **Beispiel 116**

*Im Termin zur mündlichen Verhandlung weist die Vorsitzende darauf hin, daß sie die Klage für unbegründet erachtet. Es findet ein Meinungsaustausch zwischen dem Klägervertreter und dem Gericht statt, an dem der Beklagtenvertreter nicht aktiv teilnimmt. Im Anschluß daran nimmt der Klägervertreter die Klage zurück. Auch für den Beklagtenvertreter ist die Erörterungsgebühr entstanden.*

### (2) Gegenstand der Erörterung

Damit die Erörterungsgebühr anfällt, müssen in Verfahren vor dem Landgericht oder des höheren Rechtszuges die Prozeßbevollmächtigten beider Parteien (**Klägervertreter/Beklagtenvertreter**) im Termin zur mündlichen Verhandlung anwesend sein.

**Kläger-/Beklagtenvertreter**

- **Beispiel 117**

*Im Hauptverhandlungstermin sind sowohl der Klägervertreter als auch der Beklagtenvertreter erschienen. Der Vorsitzende der Kammer erörtert mit den Prozeßbevollmächtigten und den anwesenden Parteien die Sach- und Rechtslage eingehend und gibt dem Klägervertreter zu verstehen, daß er den mit der Klage geltend gemachten Anspruch über 18.000,00 DM für nicht begründet erachte. Daraufhin nimmt der Klägervertreter auftragsgemäß die Klage zurück.*
*Die Kostenrechnungen der beteiligten Rechtsanwälte sehen wie folgt aus:*

| | |
|---|---|
| *Streitwert 18.000,00 DM* | |
| *10/10 §§ 11, 31 I Nr. 1 BRAGO* | *875,00 DM* |
| *10/10 §§ 11, 31 I Nr. 4 BRAGO* | *875,00 DM* |
| *Auslagen § 26 BRAGO* | *40,00 DM* |
| *Zwischensumme netto* | *1.790,00 DM* |
| *zzgl. MwSt. (§ 25 II BRAGO)* | |

**Gericht**

Für die **Entstehung** der Erörterungsgebühr ist Voraussetzung, daß die Erörterung im Rahmen einer mündlichen Verhandlung vor **Gericht** stattfindet, wohingegen eine Erörterung außerhalb eines Gerichtstermins nicht ausreicht.

- **Beispiel 118**

*Rechtsanwalt A (Klägervertreter) und Rechtsanwalt B (Beklagtenvertreter) treffen sich zufällig bei Gericht in der Kantine. Dort ist auch der Vorsitzende der Kammer anwesend, vor der die Prozeßbevollmächtigten A und B für ihre Parteien einen Rechtsstreit führen. Es kommt dazu, daß die anwesenden Anwälte mit dem Vorsitzenden die Sache in der Kantine erörtern. Die Erörterungsgebühr wird hierdurch nicht ausgelöst, weil die Erörterung der Sache nicht im Rahmen eines Gerichtstermins stattgefunden hat.*

**Hauptsache**

Es muß eine Erörterung über die **Hauptsache** stattfinden, über Ansprüche, die im Zeitpunkt der Erörterung bereits zur gerichtlichen Entscheidung gestellt sind.

- **Beispiel 119**

*Im Termin zur mündlichen Verhandlung über einen Anspruch von 15.000,00 DM erörtern die beteiligten Rechtsanwälte mit dem Gericht nur, ob dem Kläger möglicherweise noch andere Ansprüche zustehen könnten, die der Kläger mit 20.000,00 DM beziffert und die noch nicht Gegenstand eines gerichtlichen Verfahrens sind.*
*Eine Erörterungsgebühr ist für die beteiligten Rechtsanwälte nicht entstanden, da die eingeklagten 15.000,00 DM nicht Gegenstand der Erörterung waren und eine Erörterungsgebühr über noch nicht anhängige Ansprüche nicht entstehen kann.*

Unter der Erörterung der Sache ist zu verstehen, daß eine Erörterung bezogen auf den anhängigen Anspruch zu erfolgen hat. Zu bedenken ist aber, daß sich die Erörterung nicht auf materiell rechtliche Fragen beschränken muß. Auch die Erörterung der **sachlichen** oder **örtlichen Zuständigkeit** löst die volle Erörterungsgebühr aus.

**sachliche/örtliche Zuständigkeit**

• **Beispiel 120**

*Auftragsgemäß werden 45.000,00 DM eingeklagt. Im Termin zur mündlichen Verhandlung weist die Vorsitzende der Zivilkammer darauf hin, daß sie Bedenken gegen die örtliche Zuständigkeit des angerufenen Gerichts habe. Ausschließlich diese Problematik wird ausführlich erörtert. Daraufhin beantragt der Klägervertreter die Verweisung an das örtlich zuständige Landgericht. Für die beteiligten Prozeßbevollmächtigten ist die Erörterungsgebühr entstanden, so daß die Verfahrensbevollmächtigten die nachstehend berechneten Gebühren und Auslagen geltend machen können:*

*Streitwert: 45.000,00 DM*

| | |
|---|---|
| *10/10 §§ 11, 31 I Nr. 1 BRAGO* | *1.345,00 DM* |
| *10/10 §§ 11, 31 I Nr. 4 BRAGO* | *1.345,00 DM* |
| *Auslagen § 26 BRAGO* | *40,00 DM* |
| *Zwischensumme netto* | *2.730,00 DM* |
| *zzgl. MwSt. (§ 25 II BRAGO)* | |

Zu bedenken ist, daß die Erörterungsgebühr nicht anfällt, wenn nur die **Prozeß- oder Sachleitung** erörtert wird, weil insoweit keinen Erörterung zur Hauptsache stattfindet. Allerdings erhält der Rechtsanwalt in diesem Fall 5/10 der Verhandlungsgebühr (§ 33 II BRAGO).

**Prozeß-/ Sachleitung**

• **Beispiel 121**

*Im Termin zur mündlichen Verhandlung beantragen die Anwälte übereinstimmend, daß das Ruhen des Verfahrens angeordnet werden soll.*

Auch die Erörterungsgebühr ist eine **Pauschalgebühr**, so daß es weder auf die Dauer der Erörterung noch darauf ankommt, ob sie schwierig oder einfach verlaufen ist, eben-

**Pauschalgebühr**

**Vergleich**

sowenig maßgeblich ist das Ergebnis der Erörterung. Endet diese mit einem **Vergleich** (§ 779 BGB) so entsteht neben der vollen Erörterungsgebühr zusätzliche eine volle (10/10 13/10) Vergleichsgebühr.

- **Beispiel 122**

*Im Termin zur mündlichen Verhandlung über den klageweise geltend gemachten Anspruch von 5.000,00 DM vergleichen sich die Parteien nach eingehender Erörterung der Sach- und Rechtslage dahingehend, daß der Beklagte an den Kläger zur Abgeltung aller Ansprüche 2.500,00 DM zahlt und die Kosten des Rechtsstreits sowie die des Vergleiches gegeneinander aufgehoben werden.*
*Die beteiligten Anwälte können folgende Gebühren in Rechnung stellen:*
*Streitwert: 5.000,00 DM*

| | |
|---|---|
| *10/10 §§ 11, 31 I Nr. 1 BRAGO* | *320,00 DM* |
| *10/10 §§ 11, 31 I Nr. 4 BRAGO* | *320,00 DM* |
| *10/10 §§ 11, 23 I 3 BRAGO* | *320,00 DM* |
| *Auslagen § 26 BRAGO* | *40,00 DM* |
| *Zwischensumme netto* | *1.000,00 DM* |
| *zzgl. MwSt. (§ 25 II BRAGO)* | |

**Streitwert Gegenstandswert**

Der **Streitwert/Gegenstandswert** bezogen auf die Erörterungsgebühr ergibt sich aus dem Betrag, über welchen die Erörterung geführt wird.

- **Beispiel 123**

*Es werden klageweise 35.000,00 DM geltend gemacht. Im Termin zur mündlichen Verhandlung nimmt der Klägervertreter nach Aufruf der Sache die Klage um 20.000,00 DM zurück. Nunmehr wird die Sach- und Rechtslage mit den Parteien ausführlich erörtert. Danach vergleichen sich die Parteien derart, daß der Beklagte zur Abgeltung aller Ansprüche an den Kläger 8.000,00 DM zahlt und die Kosten des Rechtsstreits sowie des Vergleiches gegeneinander aufgehoben werden. Die beteiligten Rechtsanwälte können folgende Kostenrechnungen erstellen:*

| | |
|---|---|
| *Streitwert: 35.000,00 DM* | |
| *10/10 §§ 11, 31 I Nr. 1 BRAGO* | *1.185,00 DM* |
| *Streitwert: 15.000,00 DM* | |
| *10/10 §§ 11, 31 I Nr. 4 BRAGO* | *805,00 DM* |
| *10/10 §§ 11, 23 I 3 BRAGO* | *805,00 DM* |
| *Auslagen § 26 BRAGO* | *40,00 DM* |
| *Zwischensumme netto* | *2.835,00 DM* |
| *zzgl. MwSt. (§ 25 II BRAGO)* | |

### e. Anrechnung von Erörterungsgebühr und Verhandlungsgebühr (§ 31 II BRAGO)

**Erörterungsgebühren** und **Verhandlungsgebühren**, die denselben Gegenstand betreffen und in demselben Rechtszug entstehen, werden aufeinander **angerechnet** (§ 31 II BRAGO). Hinsichtlich desselben Gegenstandes kann in demselben Rechtszug sowohl eine Erörterungsgebühr als auch eine Verhandlungsgebühr entstehen. In diesen Fällen kann der RA insgesamt nur eine volle (erstinstanzlich 10/10) Gebühr in Rechnung stellen (§§ 31 I Nr. 2, Nr. 4, 31 II BRAGO).

**Anrechnungsvorschrift**

- **Beispiel 124**

*Klageweise werden 17.000,00 DM geltend gemacht. Die Parteien stellen streitige Anträge. Nach der Beweisaufnahme wird die Sache mit den Anwälten erörtert. Im Anschluß daran vergleichen sich die Parteien derart, daß der Beklagte an den Kläger 12.000,00 DM zahlt.*

| | |
|---|---|
| *Streitwert: 17.000,00 DM* | |
| *10/10 §§ 11, 31 I Nr. 1 BRAGO* | *875,00 DM* |
| *10/10 §§ 11, 31 I Nr. 2, 4, II BRAGO* | *875,00 DM* |
| *10/10 §§ 11, 31 I Nr. 3 BRAGO* | *875,00 DM* |
| *10/10 §§ 11, 23 I 3 BRAGO* | *875,00 DM* |
| *Auslagen § 26 BRAGO* | *40,00 DM* |
| *Zwischensumme netto* | *3.540,00 DM* |
| *zzgl. MwSt. (§ 25 II BRAGO)* | |

**Streitwert**
**Gegenstandswert**

Falls der **Streitwert** für die streitige Verhandlungsgebühr (§ 31 I Nr. 2 BRAGO) ein anderer ist als der **Gegenstandswert** für die Erörterungsgebühr (§ 31 I Nr. 4 BRAGO) fehlt es an dem Tatbestandsmerkmal desselben Gegenstandes, so daß der RA beide Gebührenansprüche in Rechnung stellen kann, hierbei jedoch zu beachten hat, daß insgesamt nicht mehr berechnet werden darf als die sich aus dem **Gesamtbetrag** der **Wertteile** nach dem **höchsten Gebührensatz** (10/10 13/10) berechnete Gebühr (§ 13 III BRAGO).

**Gesamtbetrag**

- **Beispiel 125**

*Der Klägervertreter macht für seinen Mandanten folgende Beträge klageweise geltend:*
*Forderung 1 5.000,00 DM*
*Forderung 2 2.000,00 DM*
*Forderung 3 8.000,00 DM.*
*Im Termin zur mündlichen Verhandlung erfolgt über die Forderungen 1 und 2 eine Erörterung der Sach- und Rechtslage und die Parteien vergleichen sich derart, daß der Beklagte diesbezüglich 6.000,00 DM an den Kläger zahlt. Im übrigen wird streitig verhandelt. Nach Beweisaufnahme ergeht ein klageabweisendes Urteil. Der Klägervertreter möchte wissen, welche Gebühren er in Rechnung stellen kann.*

| | | | |
|---|---|---|---|
| *Streitwert: 15.000,00 DM* | | | |
| *10/10 §§ 11, 31 I Nr. 1 BRAGO* | | | *805,00 DM* |
| | | | |
| *Gegenstandswert: 7.000,00 DM* | | | |
| *10/10 §§ 11, 31 I Nr. 4 BRAGO* | | | *430,00 DM* |
| *10/10 §§ 11, 23 I 3 BRAGO* | | | *430,00 DM* |
| | | | |
| *Streitwert: 8.000,00 DM* | | | |
| *10/10 §§ 11, 31 I Nr. 2, 13 III BRAGO* | | *485,00 DM* | |
| *(Grenze 10/10 aus 15.000,00 DM = 805,00 DM)* | | *805,00 DM* | |
| | *./.* | *430,00 DM* | |
| | | *375,00 DM* | *375,00 DM* |

| | |
|---|---|
| *10/10 §§ 11, 31 I Nr. 3 BRAGGO* | *485,00 DM* |
| *Auslagen § 26 BRAGO* | *40,00 DM* |
| *Zwischensumme netto* | *2.565,00 DM* |
| *zzgl. MwSt. (§ 25 II BRAGO)* | |

An demselben Gegenstand fehlt es auch, soweit im Termin zur mündlichen Verhandlung über einen **Teilbetrag** nicht streitig und über den **Restbetrag** erörtert wird. Auch insoweit können die beteiligten Rechtsanwälte sowohl für die nichtstreitige Verhandlung als auch für die Erörterung gesonderte Gebühren in Rechnung stellen, wiederum mit der Maßnahme, daß nicht mehr in Rechnung gestellt werden darf als die sich aus dem Gesamtbetrag der Wertteile nach dem höchsten Gebührensatz berechnete Gebühr (§ 13 III BRAGO **Begrenzungsvorschrift**).

**Teilbetrag**
**Restbetrag**

**Begrenzungsvorschrift**

- **Beispiel 126**

*Rechtsanwalt A klagt für seinen Mandanten 14.000,00 DM ein. Schriftsätzlich meldet sich Rechtsanwalt B und kündigt den Antrag an, die Klage kostenpflichtig abzuweisen. Im Termin erkennt der Beklagtenvertreter nunmehr sofort 10.000,00 DM an. Über den Restbetrag wird die Sache mit den Parteivertretern ausführlich erörtert. Die Erörterung bleibt ergebnislos, so daß die Prozeßbevollmächtigten sich widerstreitende Anträge stellen. Nach Beweisaufnahme wird die Klage im übrigen abgewiesen.*
*Die beteiligten Rechtsanwälte können folgende Gebühren berechnen:*

| | | |
|---|---|---|
| *Streitwert: 14.000,00 DM* | | |
| *10/10 §§ 11, 31 I Nr. 1 BRAGO* | | *735,00 DM* |
| *Gegenstandswert: 10.000,00 DM* | | |
| *5/10 §§ 11, 33 I 1 BRAGO* | *595,00 DM* | *595,00 DM* |
| *Streitwert: 4.000,00 DM* | | |
| *10/10 §§ 11, 31 I Nr. 2, 4, II, 13 III BRAGO* | *265,00 DM* | |
| | *860,00 DM* | |

| | | |
|---|---|---|
| *(Grenze 10/10 aus 14.000,00 DM = 735,00 DM)* | *735,00 DM* | |
| | *./. 595,00 DM* | |
| | *140,00 DM* | *140,00 DM* |
| *10/10 §§ 11, 31 I Nr. 3 BRAGO* | | *265,00 DM* |
| *Auslagen § 26 BRAGO* | | *40,00 DM* |
| *Zwischensumme netto* | | *1.775,00 DM* |
| *zzgl. MwSt. (25 II BRAGO)* | | |

## 6. Besonderheiten zur Verhandlungsgebühr

### a. Nichtstreitige Verhandlung (§§ 33, 38 BRAGO)

#### (1) Einleitung

**nichtstreitige Verhandlung**

Für eine **nichtstreitige Verhandlung**
- Anerkenntnis (§ 307 II ZPO)
- Versäumnis (§§ 330 ff ZPO)

erhält der RA eine halbe Verhandlungsgebühr (§ 33 I 1 BRAGO) und mithin je nach Instanz • 5/10 13/20.

**Anerkenntnisurteil**

Wird im Termin zur mündlichen Verhandlung der Anspruch insgesamt anerkannt (**Anerkenntnisurteil** § 307 II ZPO), so entsteht für die Prozeßbevollmächtigten wegen der nichtstreitigen Verhandlung der Gebührenanspruch aus § 33 I 1 BRAGO über den Gesamtbetrag.

- **Beispiel 127**

*Eingeklagt werden 12.000,00 DM. Im Termin zur mündlichen Verhandlung erkennt der Beklagtenvertreter den gesamten Anspruch an.*

| | |
|---|---|
| *Streitwert: 12.000,00 DM* | |
| *10/10 §§ 11, 31 I Nr. 1 BRAGO* | *665,00 DM* |
| *5/10 §§ 11, 33 I 1 BRAGO* | *332,50 DM* |
| *Auslagen § 26 BRAGO* | *40,00 DM* |
| *Zwischensumme netto* | *1.037,50 DM* |
| *zzgl. MwSt. (§ 25 II BRAGO)* | |

Ist im Termin zur mündlichen Verhandlung eine Partei säumig und beantragt die Gegenseite den Erlaß eines Versäumnisurteils (§§ 330 ff ZPO), so kann der RA, der das **Versäumnisurteil** erwirkt hat, für diese Art der nichtstreitigen Verhandlung ebenfalls nur eine halbe Verhandlungsgebühr (5/10 13/20) berechnen. **Versäumnisurteil**

- **Beispiel 128**

*Rechtsanwalt A erhebt Klage über 9.000,00 DM. Im Termin zur mündlichen Verhandlung erscheint von der Gegenseite niemand. Antragsgemäß ergeht Versäumnisurteil, welches rechtskräftig wird.*

| | |
|---|---|
| *Streitwert: 9.000,00 DM* | |
| *10/10 §§ 11, 31 I Nr. 1 BRAGO* | *540,00 DM* |
| *5/10 §§ 11, 33 I 1 BRAGO* | *270,00 DM* |
| *Auslagen § 26 BRAGO* | *40,00 DM* |
| *Zwischensumme netto* | *850,00 DM* |
| *zzgl. MwSt. (§ 25 II BRAGO)* | |

Ausnahmsweise erhält der RA trotz einer nichtstreitigen Verhandlung über §§ 33 I 2 Nr. 1–3 BRAGO eine volle (10/10 13/10) Gebühr, falls

- eine Entscheidung nach Lage der Akten (§ 331 a ZPO) beantragt wird (§ 33 I 2 Nr. 1 BRAGO)
- der Berufungskläger/Revisionskläger ein **Versäumnisurteil** beantragt (§ 33 I 2 Nr. 2 BRAGO)
- der Kläger in Ehesachen oder in Rechtstreitigkeiten über die Feststellung der Rechtsverhältnisse zwischen Eltern und Kind nichtstreitig verhandelt (§ 33 I 2 Nr. 3 BRAGO).

Die Vorschrift des § 33 I 2 Nr. 1–3 BRAGO enthält **Sonderfälle**, in denen dem betroffenen RA anstelle der halben Verhandlungsgebühr eine volle (10/10 13/10) Verhandlungsgebühr entsteht.

**Aktenlage**

Aus § 251 a I, II, ZPO folgt, daß das Gericht nach **Lage der Akten** entscheiden darf, soweit im Termin beide Parteien nicht erscheinen und zuvor in einem früheren Termin mündlich verhandelt worden ist. Gemäß § 331 a ZPO gilt, daß auch beim Ausbleiben einer Partei im Termin zur mündlichen Verhandlung der Gegner anstelle eines Versäumnisurteils eine Entscheidung nach Lage der Akten beantragen kann und dem Antrag zu entsprechen ist, soweit der Sachverhalt für eine derartige Entscheidung hinreichend geklärt erscheint, wobei § 251 a II ZPO (mündliche Verhandlung in einem früheren Termin) entsprechend gilt und insoweit eine zuvor erfolgte nichtstreitige Verhandlung ausreichend ist.

- **Beispiel 129**

*Auftragsgemäß erhebt Rechtsanwalt A Klage für seinen Mandanten über 3.000,00 DM. Im Termin zur mündlichen Verhandlung erscheint der Beklagtenvertreter und erklärt, daß er keinen Antrag stellen werde. Daraufhin stellt auch der Klägervertreter keinen Antrag, weil er die Sache mit dem Kläger nochmals besprechen möchte. Weitere außergerichtliche Verhandlungen zwischen den Parteien bleiben erfolglos. Der Klägervertreter bittet um eine erneute mündliche Verhandlung. Zu diesem Termin erscheint von der Beklagtenseite niemand. Rechtsanwalt A beantragt nunmehr eine Entscheidung nach Lage der Akten. Er kann folgende Gebühren in Rechnung stellen:*

| | |
|---|---|
| *Streitwert: 3.000,00 DM* | |
| *10/10 §§ 11, 31 I Nr. 1 BRAGO* | *210,00 DM* |
| *10/10 §§ 11, 33 I 2 Nr. 1 BRAGO* | *210,00 DM* |
| *Auslagen § 26 BRAGO* | *40,00 DM* |
| *Zwischensumme netto* | *460,00 DM* |
| *zzgl. MwSt. (§ 25 II BRAGO)* | |

Ist der Rechtsstreit bereits in der zweiten/dritten Instanz anhängig, so garantiert § 33 I 2 Nr. 2 BRAGO dem **Berufungskläger/Revisionskläger** für den Antrag auf Erlaß eines Versäumnisurteils ebenfalls eine volle (13/10) Verhandlungsgebühr.

**Berufungskläger Revisionskläger**

• **Beispiel 130**

*Das erstinstanzliche Gericht hat den mit der Klage geltend gemachten Anspruch in Höhe von 12.000,00 DM durch Endurteil abgewiesen. Hiergegen legt der Kläger Berufung ein. In der Berufungsverhandlung erscheint von der beklagten Partei niemand, so daß der Prozeßbevollmächtigte des Berufungsklägers ein Versäumnisurteil beantragt, welches ergeht und rechtskräftig wird.*

| | |
|---|---|
| *Streitwert: 12.000,00 DM* | |
| *13/10 §§ 11, 31 I Nr. 1 BRAGO* | *864,50 DM* |
| *13/10 §§ 11, 33 I 2 Nr. 2 BRAGO* | *864,50 DM* |
| *Auslagen § 26 BRAGO* | *40,00 DM* |
| *Zwischensumme netto* | *1.769,00 DM* |
| *zzgl. MwSt. (§ 25 II BRAGO)* | |

Zu beachten ist, daß diese Vorschrift nur für den Prozeßbevollmächtigten der klagenden Partei (**Berufungskläger**) gilt, da insoweit eine sachliche Entscheidung (§§ 542 II, 557, 331 ZPO) ergehen muß. Mithin findet § 33 I Nr. 2 BRAGO keine Anwendung, soweit der Prozeßbevollmächtigte des **Berufungsbeklagten/Revisionsbeklagten** ein Versäumnisurteil erwirkt.

**Berufungs-/Revisionsbeklagter**

• **Beispiel 131**

*Sachverhalt wie Beispiel 130.*

*In der Berufungsverhandlung erscheint von der klagenden Partei niemand, so daß der Prozeßbevollmächtigte des Berufungsbeklagten ein Versäumnisurteil beantragt, welches ergeht und rechtskräftig wird. Der Prozeßbevollmächtigte des Beklagten kann folgende Gebühren in Rechnung stellen:*

| | |
|---|---|
| *Streitwert: 12.000,00 DM* | |
| *13/10 §§ 11, 31 I Nr. 1 BRAGO* | *864,50 DM* |
| *13/20 §§ 11, 33 I 1 BRAGO* | *432,30 DM* |
| *Auslagen § 26 BRAGO* | *40,00 DM* |
| *Zwischensumme netto* | *1.376,80 DM* |
| *zzgl. MwSt. (§ 25 II BRAGO)* | |

**zweites Versäumnisurteil**

Soweit der Prozeßbevollmächtigte des Berufungsklägers ein **zweites Versäumnisurteil** erwirkt, stehen ihm zwei volle Verhandlungsgebühren zu.

- **Beispiel 132**

*Nachdem das erstinstanzliche Gericht den mit der Klage geltend gemachten Anspruch von 25.000,00 DM nur in Höhe von 20.000,00 DM zuerkannt hat, wird seitens des Klägers Berufung eingelegt. In der Berufungsverhandlung erscheint von der beklagten Partei niemand, so daß der Prozeßbevollmächtigte des Berufungsklägers ein Versäumnisurteil beantragt. Hiergegen läßt der Berufungsbeklagte über seinen Prozeßbevollmächtigten fristgemäß Einspruch einlegen. Im Termin zur Verhandlung über den Einspruch und zur Hauptsache erscheint von der beklagten Seite wiederum niemand, so daß der Prozeßbevollmächtigte des Berufungsklägers ein zweites Versäumnisurteil erwirkt.*

| | |
|---|---|
| *Streitwert: 5.000,00 DM* | |
| *13/10 §§ 11, 31 I Nr. 1 BRAGO* | *320,00 DM* |
| *13/10 §§ 11, 33 I 2 Nr. 2, 38 II BRAGO* | *320,00 DM* |
| *13/10 §§ 11, 33 I 2 Nr. 2 BRAGO* | *320,00 DM* |
| *Auslagen § 26 BRAGO* | *40,00 DM* |
| *Zwischensumme netto* | *1.000,00 DM* |
| *zzgl. MwSt. (§ 25 II BRAGO)* | |

**Ehesachen**

**Scheidungsantrag**

In **Ehesachen** und in Rechtsstreitigkeiten über die Feststellung der Rechtsverhältnisse zwischen Eltern und Kindern entsteht eine volle (10/10 13/10) Verhandlungsgebühr auch dann, soweit nichtstreitig verhandelt wird. Verhandelt der Verfahrensbevollmächtigte des Antragstellers im Ehescheidungsverfahren mit dem **Scheidungsantrag** und stimmt die Gegenseite dem Scheidungsbegehren zu, so erhält der Verfahrensbevollmächtigte des Antragstellers trotz der nichtstreitigen Verhandlung eine volle (erstinstanzlich 10/10) Verhandlungsgebühr.

- **Beispiel 133**

*Der RA vertritt den Mandanten in einem Ehescheidungsverfahren, wobei der Versorgungsausgleich abgetrennt ist. Nach Erörterung der Sach- und Rechtslage wegen des Scheidungsbegehrens sowie nach Anhörung der Parteien gemäß § 613 ZPO stimmt die Antragsgegnerin, die ohne anwaltlichen Beistand erschienen ist, dem Scheidungsantrag der Gegenseite zu. Das Gericht setzt den Gegenstandswert auf insgesamt 15.000,00 DM fest, so daß der Verfahrensbevollmächtigte folgende Gebühren in Rechnung stellen kann.*

| | |
|---|---|
| *Streitwert: 15.000,00 DM* | |
| *10/10 §§ 11, 31 I Nr. 1 BRAGO* | *805,00 DM* |
| *10/10 §§ 11, 33 I 2 Nr. 3 BRAGO* | *805,00 DM* |
| *10/10 §§ 11, 31 I Nr. 3 BRAGO* | *805,00 DM* |
| *Auslagen § 26 BRAGO* | *40,00 DM* |
| *Zwischensumme netto* | *2.455,00 DM* |
| *zzgl. MwSt. (§ 25 II BRAGO)* | |

**Scheidungsverfahren**

Entgegen des Wortlautes des § 33 I 2 Nr. 3 BRAGO erhält auch der **Verfahrensbevollmächtigte** des **Antragsgegners** in einem **Scheidungsverfahren** eine volle (10/10 13/10) Verhandlungsgebühr, auch soweit er nur dem Scheidungsantrag der Gegenseite zustimmt.

- **Beispiel 134**

*Sachverhalt wie Beispiel 133.*
*Auch die Antragsgegnerin ist anwaltlich vertreten. Ihr Verfahrensbevollmächtigter stimmt dem Scheidungsbegehren zu. Das Gericht setzt für dieses Verfahren den Gegenstandswert auf 18.000,00 DM fest. Nunmehr können die beteiligten Rechtsanwälte folgende Gebühren berechnen:*

| | |
|---|---|
| *Gegenstandswert: 18.000,00 DM* | |
| *10/10 §§ 11, 31 I Nr. 1 BRAGO* | *875,00 DM* |
| *10/10 §§ 11, 33 I 2 Nr. 3 BRAGO* | *875,00 DM* |
| *10/10 §§ 11, 31 I Nr. 3 BRAGO* | *875,00 DM* |
| *Auslagen § 26 BRAGO* | *40,00 DM* |
| *Zwischensumme netto* | *2.665,00 DM* |
| *zzgl. MwSt. (§ 25 II BRAGO)* | |

**Passivität**

Eine Verhandlungsgebühr entsteht allerdings nicht bei **Passivität** des RA. Mithin ist Voraussetzung dafür, daß dem RA eine Verhandlungsgebühr erwächst, daß er sich aktiv an der streitigen oder unstreitigen Verhandlung beteiligt. Verhält er sich dagegen in der Verhandlung völlig passiv, erhält er keine Verhandlungsgebühr. Somit reicht die bloße Anwesenheit des RA in einem Verhandlungstermin nicht aus, um die Verhandlungsgebühr entstehen zu lassen. Es ist auch nicht ausreichend, wenn der RA, ohne sonst auf eine sachliche Erörterung des Streitstoffes einzugehen, sich auf die Erklärung beschränkt, Anträge nicht stellen zu wollen.

- **Beispiel 135**

*Klageweise werden 6.000,00 DM geltend gemacht. Im Termin zur mündlichen Verhandlung erklärt der Beklagtenvertreter, daß er die Sach- und Rechtslage vor Wahrnehmung des Termins mit seinem Mandanten noch habe besprechen wollen. Dies sei allerdings nicht möglich gewesen, da seine Partei plötzlich erkrankt sei. Eine entsprechende Mitteilung habe er dem Gericht nicht zukommen lassen, weil er dies nicht für erforderlich gehalten habe. Im Termin wolle er keine Erklärung abgeben, insbesondere nicht die Sach- und Rechtslage erörtern und auch keinen Antrag stellen.*
*Die Vorsitzende wendet sich dem Klägervertreter zu. Dieser erklärt, daß er der Ansicht sei, der klägerische Anspruch sei im vollen Umfang begründet. Es kommt daraufhin zu einer Erörterung der Sach- und Rechtslage zwischen dem Gericht und dem Klägervertreter. Dieser beantragt den Erlaß eines Versäumnisurteils, welches antragsgemäß ergeht und rechtskräftig wird.*

*Die Kostenrechnungen der beteiligten Anwälte sehen wie folgt aus:*

- *Klägervertreter*

| | |
|---|---|
| *Streitwert: 6.000,00 DM* | |
| *10/10 §§ 11, 31 I Nr. 1 BRAGO* | *375,00 DM* |
| *10/10 §§ 11, 31 I Nr. 4, 33 I 1, 31 II, 13 III BRAGO* | *375,00 DM* |
| *Auslagen § 26 BRAGO* | *40,00 DM* |
| *Zwischensumme netto* | *790,00 DM* |
| *zzgl. MwSt. (§ 25 II BRAGO)* | |

- *Beklagtenvertreter*

| | |
|---|---|
| *Streitwert: 6.000,00 DM* | |
| *10/10 §§ 11, 31 I Nr. 1 BRAGO* | *375,00 DM* |
| *Auslagen § 26 BRAGO* | *40,00 DM* |
| *Zwischensumme netto* | *415,00 DM* |
| *zzgl. MwSt. (§ 25 II BRAGO)* | |

### (2) Versäumnisurteil

Soweit in einem Rechtsstreit der Beklagte säumig ist, d. h. im Termin zur mündlichen Verhandlung trotz ordnungsgemäßer Ladung ohne hinreichenden Entschuldigungsgrund nicht erscheint oder erscheint, aber im Termin nicht verhandelt, ergeht antragsgemäß bezogen auf den **Gesamtstreitwert** ein **Versäumnisurteil.** Der **Klägervertreter** erhält anstelle der Gebühr für eine streitige Verhandlung (§ 31 I Nr. 2 BRAGO) für die nichtstreitige Verhandlung eine halbe (erstinstanzlich 5/10) Verhandlungsgebühr (§ 33 I 1 BRAGO). **Versäumnisurteil**

- **Beispiel 136**

*Der RA klagt für seinen Mandanten 14.000,00 DM ein. Im Termin zur mündlichen Verhandlung erscheint von der Beklagtenseite niemand, so daß antragsgemäß ein Versäumnisurteil ergeht, welches rechtskräftig wird.*

| | |
|---|---|
| *Streitwert: 14.000,00 DM* | |
| *10/10 §§ 11, 31 I Nr. 1 BRAGO* | *735,00 DM* |
| *5/10 §§ 11, 33 I 1 BRAGO* | *367,50 DM* |
| *Auslagen § 26 BRAGO* | *40,00 DM* |
| *Zwischensumme netto* | *1.142,50 DM* |
| *zzgl. MwSt. (§ 25 II BRAGO)* | |

Das gleiche gilt für den **Beklagtenvertreter,** soweit der Gegner säumig ist.

- **Beispiel 137**

*A macht klageweise ohne anwaltliche Vertretung 8.000,00 DM gegen B geltend. B bittet Rechtsanwalt X, ihn in dem Termin zur mündlichen Verhandlung zu vertreten. Dort erscheint der Kläger nicht. Nachdem die ordnungsgemäße Ladung des Klägers festgestellt wird, beantragt der Beklagtenvertreter, die Klage durch Versäumnisurteil abzuweisen. Das Versäumnisurteil ergeht antragsgemäß und wird rechtskräftig. Der Prozeßbevollmächtigte des Beklagten kann folgende Gebühren zur Festsetzung anmelden:*

| | |
|---|---|
| *Streitwert: 8.000,00 DM* | |
| *10/10 §§ 11, 31 I Nr. 1 BRAGO* | *485,00 DM* |
| *5/10 §§ 11, 33 I 1 BRAGO* | *242,50 DM* |
| *Auslagen § 26 BRAGO* | *40,00 DM* |
| *Zwischensumme netto* | *767,50 DM* |
| *zzgl. MwSt. (§ 25 II BRAGO)* | |

**Berufungs-/ Revisionsinstanz**

In der **Berufungsinstanz/Revisionsinstanz** gilt für den **Berufungskläger/Revisionskläger** die **Sondervorschrift** (§ 33 I 2 Nr. 3 BRAGO), wonach der RA als Prozeßbevollmächtigter des Berufungsklägers/Revisionsklägers eine volle Gebühr in Rechnung stellen kann, soweit er den Erlaß eines Versäumnisurteils beantragt.

• **Beispiel 138**

*Nach Abweisung der Klage über 4.000,00 DM, läßt der Kläger hiergegen Berufung einlegen. Im Termin zur mündlichen Verhandlung erscheint für den Beklagten niemand. Nachdem die ordnungsgemäße Ladung festgestellt wird, beantragt der Prozeßbevollmächtigte des Berufungsklägers den Erlaß eines Versäumnisurteils, welches antragsgemäß ergeht und rechtskräftig wird. Der Klägervertreter kann folgende Gebühren und Auslagen zur Festsetzung anmelden:*

| | |
|---|---|
| *Streitwert: 4.000,00 DM* | |
| *13/10 §§ 11, 31 I Nr. 1 BRAGO* | *344,50 DM* |
| *13/10 §§ 11, 33 I 2 Nr. 3 BRAGO* | *344,50 DM* |
| *Auslagen § 26 BRAGO* | *40,00 DM* |
| *Zwischensumme netto* | *729,00 DM* |
| *zzgl. MwSt. (§ 25 II BRAGO)* | |

Zu beachten ist, daß soweit über den **Gesamtbetrag** streitig verhandelt und/oder erörtert wird (§ 31 I Nr. 2, Nr. 4 BRAGO), die Gebühr für die nichtstreitige Verhandlung (§ 33 I 1 BRAGO) nicht gesondert entsteht (§ 13 III BRAGO).

• **Beispiel 139**

*Es werden 12.000,00 DM klageweise geltend gemacht. Nachdem im Termin die Sach- und Rechtslage mit dem Gericht erörtert wird und die Parteien ihre streitigen Anträge stellen, erkennt nach durchgeführter Beweisaufnahme der RA des Beklagten den Anspruch an.*

| | |
|---|---|
| *Streitwert: 12.000,00 DM* | |
| *10/10 §§ 11, 31 I Nr. 1 BRAGO* | *665,00 DM* |
| *10/10 §§ 11, 31 I Nr. 2, 4, II, 33 I 1, 13 III BRAGO* | *665,00 DM* |
| *10/10 §§ 11, 31 I Nr. 3 BRAGO* | *665,00 DM* |
| *Auslagen § 26 BRAGO* | *40,00 DM* |
| *Zwischensumme netto* | *2.035,00 DM* |
| *zzgl. MwSt. (§ 25 II BRAGO)* | |

**Teilbetrag**
**Restbetrag**

Wird wegen eines **Teilbetrages** nichtstreitig und wegen des **Restbetrages** streitig verhandelt, können die Gebühren für die Teile des Gegenstandes mit verschiedenen Gebührensätzen gesondert in Rechnung gestellt werden unter Beachtung des § 13 III BRAGO, wonach nicht mehr berechnet werden darf als die aus dem **Gesamtbetrag** der Wertteile nach dem höchsten Gebührensatz (erstinstanzlich sich widerstreitende Gebühren von 5/10 und 10/10) berechnete Gebühr.

- **Beispiel 140**

*Der RA verlangt klageweise für seinen Mandanten 12.000,00 DM. Im Termin zur mündlichen Verhandlung erkennt der Beklagtenvertreter 8.000,00 DM an. Über den Restbetrag wird streitig verhandelt. Nach Beweisaufnahme wird die Klage abgewiesen.*

| | | |
|---|---|---|
| *Streitwert: 12.000,00 DM* | | |
| *10/10 §§ 11, 31 I Nr. 1 BRAGO* | | *665,00 DM* |
| *Streitwert: 8.000,00 DM* | | |
| *5/10 §§ 11, 33 I 1 BRAGO* | *242,50 DM* | *242,50 DM* |
| *Streitwert: 4.000,00 DM* | | |
| *10/10 §§ 11, 31 I Nr. 2, 33 I 1, 13 III BRAGO* | *265,00 DM* | *265,00 DM* |
| | *507,50 DM* | |
| *(Grenze 10/10 aus 12.000,00 DM = 665,00 DM)* | | |
| *10/10 §§ 11, 31 I Nr. 3 BRAGO* | | *265,00 DM* |
| *Auslagen § 26 BRAGO* | | *40,00 DM* |
| *Zwischensumme netto* | | *1.477,50 DM* |
| *zzgl. MwSt. (§ 25 II BRAGO)* | | |

## (3) Einspruch gegen ein Versäumnisurteil (§ 38 BRAGO)

### aa. Einleitung

Grundsätzlich kann der RA die Gebühren des § 31 BRAGO innerhalb eines **Rechtszuges** nur einmal fordern (§ 13 II 2 BRAGO). Dieser Grundsatz wird durch die Vorschrift des § 38 BRAGO teilweise durchbrochen, der den Gebührenanspruch des Prozeßbevollmächtigten im Rechtsstreit regelt, soweit dieser vor Erlaß eines Versäumnisurteils und nach Einspruchseinlegung tätig wird. **Rechtszug**

Zu beachten ist, daß § 38 I BRAGO den Fall regelt, daß der **Einspruch verworfen** oder **zurückgenommen** wird. Mithin konnte der Einspruch keine dauerhaften Wirkungen begründen und der wegen der Zulässigkeit des Einspruchs stattgefundene Termin hat den beteiligten Rechtsanwälten zusätzliche Arbeit verursacht. Somit wird das Verfahren über den Einspruch als **besondere Angelegenheit** behandelt, in dem sämtliche Gebühren des § 31 BRAGO neu erstehen können. Die **Prozeßgebühr** des bisherigen Verfahrens wird jedoch auf die gleiche Gebühr des Verfahrens über den Einspruch angerechnet (§ 38 I 2 BRAGO). **Prozeßgebühr**

Demgegenüber regelt § 38 II BRAGO die Fälle, in denen nach Einspruch zur **Hauptsache** (streitig / nichtstreitig) **verhandelt** oder die Hauptsache **erörtert** wird. **Hauptsache**

Gemäß § 342 ZPO bewirkt der zulässige Einspruch, daß der Prozeß, soweit der Einspruch reicht, in die Lage zurückversetzt wird, in der er sich vor der Versäumnis befand. Mithin ist die Mehrarbeit in dem Einspruchstermin nicht erheblich, weil in diesem Termin über den Einspruch auch über die Hauptsache verhandelt wird. Daher bestimmt § 38 II BRAGO, daß nur der RA, der das Versäumnisurteil erwirkt hat zusätzlich eine halbe Verhandlungsgebühr erhält. In den Fällen des § 33 I 2 Nr. 2 BRAGO erhält er allerdings eine volle Verhandlungsgebühr.

Wichtig ist, daß § 38 I BRAGO und § 38 II BRAGO sich einander ausschließen. Mithin können beide Vorschriften nicht nebeneinander zur Anwendung kommen. Ist zur **Hauptsache** verhandelt oder erörtert worden (§ 38 II BRAGO), kann § 38 I BRAGO nicht mehr angewandt werden, denn in dem Augenblick, in dem zur Hauptsache verhandelt/erörtert wird, entwickelt sich die Angelegenheit von § 38 I BRAGO weg zu § 38 II BRAGO. Wird nach Verhandlung zur Hauptsache der Einspruch zurückgenommen, verbleibt es dabei, daß § 38 II BRAGO Anwendung findet.

- **Beispiel 141**

*Der RA macht klageweise 3.000,00 DM geltend. Im Termin zur mündlichen Verhandlung erscheint von der Beklagtenseite niemand, so daß antragsgemäß ein Versäumnisurteil ergeht. Gegen das Versäumnisurteil läßt der Beklagte durch seinen Anwalt Einspruch einlegen. Im Termin über den Einspruch wird zwischen den beteiligten Anwälten und dem Gericht zur Hauptsache streitig verhandelt und erörtert. Nach der Vernehmung eines Zeugen nimmt der Beklagtenvertreter den Einspruch zurück.*

*Die Kostenrechnungen der beteiligten Anwälte sehen wie folgt aus:*

- *Klägervertreter*

*Streitwert: 3.000,00 DM*

| | |
|---|---|
| *10/10 §§ 11, 31 I Nr. 1 BRAGO* | *210,00 DM* |
| *5/10 §§ 11, 33 I 1, 38 II BRAGO* | *105,00 DM* |
| *10/10 §§ 11, 31 I Nr. 2, 4, II BRAGO* | *210,00 DM* |
| *10/10 §§ 11, 31 I Nr. 3 BRAGO* | *210,00 DM* |
| *Auslagen § 26 BRAGO* | *40,00 DM* |
| *Zwischensumme netto* | *775,00 DM* |
| *zzgl. MwSt. (§ 25 II BRAGO)* | |

- *Beklagtenvertreter*

*Streitwert: 3.000,00 DM*

| | |
|---|---|
| *10/10 §§ 11, 31 I Nr. 1 BRAGO* | *210,00 DM* |
| *10/10 §§ 11, 31 I Nr. 2, 4, II BRAGO* | *210,00 DM* |
| *10/10 §§ 11, 31 I Nr. 3 BRAGO* | *210,00 DM* |
| *Auslagen § 26 BRAGO* | *40,00 DM* |
| *Zwischensumme netto* | *670,00 DM* |
| *zzgl. MwSt. (§ 25 II BRAGO)* | |

### bb. Besondere Angelegenheit (§ 38 I BRAGO)

Wird der **Einspruch** gegen ein Versäumnisurteil **zurückgenommen** oder **verworfen**, so gilt das Verfahren über den Einspruch als besondere Angelegenheit. Die **Prozeßgebühr** des bisherigen Verfahrens wird jedoch auf die gleiche Gebühr des Verfahrens über den Einspruch angerechnet.

**Einspruch**

Mithin können in dem Verfahren über den Einspruch sämtliche Gebühren des § 31 BRAGO (entgegen § 13 II, III BRAGO) erneut entstehen, soweit sie in dem **Einspruchsverfahren** gesondert anfallen.

**Einspruchsverfahren**

- **Beispiel 142**

*Der RA macht klageweise 16.000,00 DM geltend. Im Termin zur mündlichen Verhandlung erscheint von der Beklagtenseite niemand, so daß antragsgemäß ein Versäumnisurteil ergeht. Gegen das Versäumnisurteil läßt der Beklagte durch seinen Anwalt Einspruch einlegen. Der Klägervertreter beantragt schriftsätzlich, den Einspruch als unzulässig zu verwerfen, da er nicht innerhalb der Notfrist des § 339 Abs. 1 ZPO eingelegt worden sei. Im Termin zur mündlichen Verhandlung über den Einspruch wird hinsichtlich der Zulässigkeit des Einspruchs ausführlich erörtert und nach förmlichem Beweisbeschluß wird der Beklagte und Einspruchsführer als Partei vernommen. Das Gericht erläßt ein Prozeßurteil, wonach der Einspruch als unzulässig verworfen wird. Der Klägervertreter kann folgende Kosten in Rechnung stellen:*

- *Klageverfahren*

| | |
|---|---|
| *Streitwert: 16.000,00 DM* | |
| *10/10 §§ 11, 31 I Nr. 1 BRAGO* | *805,00 DM* |
| *5/10 §§ 11, 33 I 1 BRAGO* | *402,50 DM* |
| *Auslagen § 26 BRAGO* | *40,00 DM* |
| *Zwischensumme netto* | *1.247,50 DM* |
| *zzgl. MwSt. (§ 25 II BRAGO)* | |

- *Verfahren nach Einspruch gegen das Versäumnisurteil*

| | |
|---|---|
| *Streitwert 16.000,00 DM* | |
| *10/10 §§ 11, 31 I Nr. 4, 38 I BRAGO* | *805,00 DM* |
| *10/10 §§ 11, 31 I Nr. 3, 38 I BRAGO* | *805,00 DM* |
| *Auslagen § 26 BRAGO* | *40,00 DM* |
| *Zwischensumme netto* | *1.650,00 DM* |
| *zzgl. MwSt. (§ 26 II BRAGO)* | |

**Klageerhöhung**

Soweit nach Einlegung des Einspruchs der Klägervertreter die Klage erhöht (**Klageerhöhung**), kann die Prozeßgebühr für den erhöhten Betrag in Rechnung gestellt werden.

- **Beispiel 143**

*Sachverhalt wie Beispiel 142.*
*Nach Einlegung des Einspruchs durch den Beklagtenvertreter erhöht der RA des Klägers auftragsgemäß die Klage um 5.000,00 DM. Im Termin zur mündlichen Verhandlung über den Einspruch wird hinsichtlich der Zulässigkeit des Einspruchs ausführlich erörtert und nach förmlichem Beweisbeschluß wird der Beklagte und Einspruchsführer als Partei vernommen. Das Gericht erläßt ein Prozeßurteil, wonach der Einspruch als unzulässig verworfen wird. Nunmehr kann der Klägervertreter folgende Kosten in Rechnung stellen:*

- *Klageverfahren*

| | |
|---|---|
| *Streitwert: 16.000,00 DM* | |
| *10/10 §§ 11, 31 I Nr. 1 BRAGO* | *805,00 DM* |
| *5/10 §§ 11, 33 I 1 BRAGO* | *402,50 DM* |
| *Auslagen § 26 BRAGO* | *40,00 DM* |
| *Zwischensumme netto* | *1.247,50 DM* |
| *zzgl. MwSt. (§ 25 II BRAGO)* | |

- *Verfahren nach Einspruch gegen das Versäumnisurteil*

| | | |
|---|---|---|
| *Streitwert 21.000,00 DM* | | |
| *10/10 §§ 11, 31 I, 38 I BRAGO* | *1.025,00 DM* | |
| *(Anrechnung 10/10 aus 16.000,00 DM)* | *./. 805,00 DM* | |
| | *220,00 DM* | *220,00 DM* |
| *10/10 §§ 11, 31 I Nr. 4, 38 I BRAGO* | | *1.025,00 DM* |
| *10/10 §§ 11, 31 I Nr. 3, 38 I BRAGO* | | *1.025,00 DM* |
| *Auslagen § 26 BRAGO* | | *40,00 DM* |
| *Zwischensumme netto* | | *2.310,00 DM* |
| *zzgl. MwSt. (§ 25 II BRAGO)* | | |

### cc. Einspruch und Verhandeln/Erörtern zur Hauptsache (§ 38 II BRAGO)

**Hauptsache**

**Versäumnisurteil**

Wird nach Einspruch zur **Hauptsache** (streitig oder nichtstreitig) verhandelt oder erörtert, so erhält der RA, der das Versäumnisurteil erwirkt hat, die Gebühr für die Verhandlung, soweit auf diese das **Versäumnisurteil** ergangen ist, besonders (§ 38 II BRAGO). Mithin kann ausschließlich der RA, der das Versäumnisurteil erwirkt hat, aufgrund der nichtstreitigen Verhandlung auf die das Versäumnisurteil ergangen ist, eine Gebühr (5/10 13/20) gesondert berechnen, soweit nach **Einspruch** zur Hauptsache verhandelt (streitig/nichtstreitig) oder die Hauptsache erörtert wird.

- **Beispiel 144**

*Der RA macht für seinen Mandanten klageweise 40.000,00 DM geltend. Im Termin zur mündlichen Verhandlung erscheint für den Beklagten niemand, so daß antragsgemäß ein Versäumnisurteil ergeht.*
*Gegen das Versäumnisurteil läßt der Beklagte über seinen RA fristgemäß Einspruch einlegen. Der Klägervertreter beantragt, den Einspruch zurückzuweisen, das Versäumnisurteil aufrecht zu erhalten und dem Beklagten auch die weiteren Kosten des Rechtsstreits aufzuerlegen.*

*Im Termin zur mündlichen Verhandlung wird zur Hauptsache streitig verhandelt. Nach Beweisaufnahme und Erörterung der Sach- und Rechtslage vergleichen sich die Parteien derart, daß der Beklagte an den Kläger 30.000,00 DM zahlt.*
*Die Kostenrechnung des Klägervertreters sieht wie folgt aus:*

| | |
|---|---|
| *Streitwert: 40.000,00 DM* | |
| *10/10 §§ 11, 31 I Nr. 1 BRAGO* | *1.265,00 DM* |
| *5/10 §§ 11, 33 I 1, 38 II BRAGO* | *632,50 DM* |
| *10/10 §§ 11, 31 I Nr. 2, 4, II BRAGO* | *1.265,00 DM* |
| *10/10 §§ 11, 31 I Nr. 3 BRAGO* | *1.265,00 DM* |
| *10/10 §§ 11, 23 I 3 BRAGO* | *1.265,00 DM* |
| *Auslagen § 26 BRAGO* | *40,00 DM* |
| *Zwischensumme netto* | *5.732,50 DM* |
| *zzgl. MwSt. (§ 25 II BRAGO)* | |

Wird nach Einspruch zur Hauptsache **nichtstreitig** verhandelt, so findet § 38 II BRAGO ebenfalls Anwendung.

- **Beispiel 145**

*Sachverhalt wie Beispiel 144.*
*Nach Einspruch durch den Beklagtenvertreter und Antrag des Klägervertreters wie vor, erscheint im Termin zur mündlichen Verhandlung über den Einspruch und zur Hauptsache für den Beklagten erneut niemand, so daß gegen den Beklagten ein zweites Versäumnisurteil ergeht, welches rechtskräftig wird.*
*Der Klägervertreter kann folgende Kosten in Rechnung stellen:*

| | |
|---|---|
| *Streitwert: 40.000,00 DM* | |
| *10/10 §§ 11, 31 I Nr. 1 BRAGO* | *1.265,00 DM* |
| *5/10 §§ 11, 33 I 1, 38 II BRAGO* | *632,50 DM* |
| *5/10 §§ 11, 33 I 1 BRAGO* | *632,50 DM* |
| *Auslagen § 26 BRAGO* | *40,00 DM* |
| *Zwischensumme netto* | *2.570,00 DM* |
| *zzgl. MWSt. (§ 25 II BRAGO)* | |

### (4) Anerkenntnisurteil

Soweit der Beklagte im Termin zur mündlichen Verhandlung den Anspruch insgesamt anerkennt (**Anerkenntnisurteil** § 307 II ZPO), entsteht über § 33 I 1 BRAGO für die beteiligten Rechtsanwälte je nach Instanz eine • 5/10 13/20 (nichtstreitige) Verhandlungsgebühr.

**Anerkenntnisurteil**

• **Beispiel 146**
*Der RA macht für seinen Mandanten klageweise 3.000,00 DM geltend. Im Termin zur mündlichen Verhandlung erkennt der Beklagtenvertreter den Anspruch an. Die Prozeßbevollmächtigten können folgende Kostenrechnungen erstellen:*

| | |
|---|---|
| *Streitwert: 3.000,00 DM* | |
| *10/10 §§ 11, 31 I Nr. 1 BRAGO* | *210,00 DM* |
| *5/10 §§ 11, 33 I 1 BRAGO* | *105,00 DM* |
| *Auslagen § 26 BRAGO* | *40,00 DM* |
| *Zwischensumme netto* | *355,00 DM* |
| *zzgl. MwSt. (25 II BRAGO)* | |

In der **Berufungsinstanz** entsteht für die nichtstreitige Verhandlung in Form des Anerkenntnis eine • 13/20 Gebühr.

**Berufungsinstanz**

• **Beispiel 147**
*Erstinstanzlich wird der Klage über 8.000,00 DM stattgegeben. Hiergegen läßt der Beklagte über seinen Prozeßbevollmächtigten Berufung einlegen. In der Berufungsverhandlung erkennt der Beklagtenvertreter auftragsgemäß die gesamte Forderung an. Nunmehr können die beteiligten Anwälte folgenden Gebührenanspruch für die Berufungsinstanz berechnen:*

| | |
|---|---|
| *Streitwert: 8.000,00 DM* | |
| *13/10 §§ 11, 31 I Nr. 1 BRAGO* | *630,50 DM* |
| *13/20 §§ 11, 33 I 1 BRAGO* | *315,30 DM* |
| *Auslagen § 26 BRAGO* | *40,00 DM* |
| *Zwischensumme netto* | *985,80 DM* |
| *zzgl. MwSt. (§ 25 II BRAGO)* | |

Wurde über den **Gesamtbetrag** zuvor

- streitig verhandelt (§ 31 I Nr. 2 BRAGO) und/oder
- erörtert (§ 31 I Nr. 4 BRAGO),

darf insgesamt nicht mehr in Rechnung gestellt werden als der höchste Gebührensatz (erstinstanzlich 10/10) aus dem Gesamtstreitwert (§ 13 III BRAGO).

- **Beispiel 148**

*Klageweise macht der RA für seinen Mandanten 6.000,00 DM geltend. Nach streitiger Verhandlung und Beweisaufnahme erkennt der Beklagte die gesamte Forderung an.*

| | |
|---|---|
| *Streitwert: 6.000,00 DM* | |
| *10/10 §§ 11, 31 I Nr. 1 BRAGO* | *375,00 DM* |
| *10/10 §§ 11, 31 I Nr. 2, 33 I 1, 13 III BRAGO* | *375,00 DM* |
| *10/10 §§ 11, 31 I Nr. 3 BRAGO* | *375,00 DM* |
| *Auslagen § 26 BRAGO* | *40,00 DM* |
| *Zwischensumme netto* | *1.165,00 DM* |
| *zzgl. MwSt. (§ 25 II BRAGO)* | |

**Teilanerkenntnis**

Wird der Anspruch nur teilweise anerkannt (**Teilanerkenntnis**) und im übrigen streitig verhandelt, so entstehen die Gebühren (erstinstanzlich) aus

- § 31 I Nr. 2 BRAGO (10/10 streitige Verhandlung)
- § 33 I 1 BRAGO (5/10 nichtstreitige Verhandlung)

unter Beachtung des § 13 III BRAGO gesondert.

- **Beispiel 149**

*Klageweise werden 10.000,00 DM geltend gemacht. Im Termin zur mündlichen Verhandlung erkennt der Beklagte 5.000,00 DM an, im übrigen wird streitig verhandelt. Nach Beweisaufnahme ergeht ein klageabweisendes Urteil.*

| | | |
|---|---|---|
| *Streitwert: 10.000,00 DM* | | |
| *10/10 §§ 11, 31 I Nr. 1 BRAGO* | | *595,00 DM* |
| *Gegenstandswert/Streitwert: 5.000,00 DM* | | |
| *5/10 §§ 11, 33 I 1 BRAGO* | *160,00 DM* | *160,00 DM* |
| *10/10 §§ 11, 31 I Nr. 2, 13 III BRAGO* | *320,00 DM* | *320,00 DM* |
| | *480,00 DM* | |
| *(Grenze 10/10 aus 10.000,00 DM = 595,00 DM)* | | |
| *10/10 §§ 11, 31 I Nr. 3 BRAGO* | | *320,00 DM* |
| *Auslagen § 26 BRAGO* | | *40,00 DM* |
| *Zwischensumme netto* | | *1.435,00 DM* |
| *zzgl. MwSt. (§ 25 II BRAGO)* | | |

## b. Anträge nur zur Prozeß- oder Sachleitung und Übertragung des mündlichen Verhandelns

### (1) Einleitung

**Verhandlungsgebühr**

Besondere Vorschriften über die **Verhandlungsgebühr** ergeben sich aus § 33 II, III BRAGO, soweit der RA in der mündlichen Verhandlung Anträge nur zur Prozeßleitung oder Sachleitung stellt (§ 33 II BRAGO), oder als Prozeßbevollmächtigter im Einverständnis mit der Partei die Vertretung in der mündlichen Verhandlung einem anderen RA übertragen hat (§ 33 III BRAGO).

### (2) Anträge nur zur Prozeß- oder Sachleitung (§ 33 II BRAGO)

**Prozeßleitung Sachleitung**

Der RA, der in der mündlichen Verhandlung Anträge nur zur **Prozeßleitung** oder **Sachleitung** stellt, erhält gemäß § 33 II BRAGO 5/10 der Verhandlungsgebühr.
Beantragt der Prozeßbevollmächtigte im Termin zur mündlichen Verhandlung z. B.

- eine Vertagung
- das Ruhen des Verfahrens
- die Verweisung des Rechtsstreits an die Kammer für Handelssachen,

so betreffen diese Anträge nicht die Hauptsache, sondern nur die Prozeß- bzw. Sachleitung.

- **Beispiel 150**

*Auftragsgemäß macht der RA klageweise 4.000,00 DM geltend. Der Mandant ruft den Prozeßbevollmächtigten an und teilt mit, er möge im Termin zur mündlichen Verhandlung das Ruhen des Verfahrens beantragen, da er gedenke, sich mit dem Beklagten außergerichtlich zu einigen. Der Prozeßbevollmächtigte verhält sich auftragsgemäß. Im weiteren Verlauf ruft der Mandant an und teilt mit, der RA möge die Klage zurücknehmen, da er sich zwischenzeitlich mit dem Beklagten geeinigt hat und dieser zusichert, keinen Kostenantrag zu stellen. Er bittet um Übermittlung der Kostenrechnung, die wie folgt aussieht:*

| | |
|---|---|
| *Streitwert: 4.000,00 DM* | |
| *10/10 §§ 11, 31 I Nr. 1 BRAGO* | *265,00 DM* |
| *5/10 §§ 11, 33 II BRAGO* | *132,50 DM* |
| *Auslagen § 26 BRAGO* | *40,00 DM* |
| *Zwischensumme netto* | *437,50 DM* |
| *zzgl. MwSt. (§ 25 II BRAGO)* | |

**Prozeßleitungsgebühr**

**Teilbetrag**

Zu beachten ist, daß die **Prozeßleitungsgebühr** (§ 33 II BRAGO) eine abgestufte Verhandlungsgebühr ist und daher neben einer Verhandlungsgebühr aus dem Wert der Hauptsache grundsätzlich nicht entstehen kann. Entsteht für einen **Teilbetrag** die Prozeßleitungsgebühr und über den Restbetrag eine streitige Verhandlungsgebühr, so kann der RA für die Teile gesondert berechnete Gebühren in Rechnung stellen, jedoch nicht mehr als die aus dem Gesamtbetrag der Wertteile nach dem höchsten Gebührensatz berechnete Gebühr (§ 13 III BRAGO).

• **Beispiel 151**
*Klageweise werden 60.000,00 DM als Sachschadenersatz nach einem Verkehrsunfall geltend gemach. Im Termin findet weder eine Erörterung statt, noch werden Sachanträge gestellt. Der Rechtsstreit wird auf übereinstimmenden Antrag beider Anwälte vertagt. Im Anschluß daran zahlt die hinter dem Unfallverursacher stehende Haftpflichtversicherung 40.000,00 DM. Schriftsätzlich geben die Anwälte übereinstimmende Erledigungserklärungen ab. Im nächsten Verhandlungstermin wird hinsichtlich des Restbetrages streitig verhandelt. Nach Beweisaufnahme wird der Klage stattgegeben.*

| | | |
|---|---|---|
| *Streitwert: 60.000,00 DM* | | |
| *10/10 §§ 11, 31 I Nr. 1 BRAGO* | | *1.565,00 DM* |
| *5/10 §§ 11, 33 II BRAGO* | *782,50 DM* | *782,50 DM* |
| *Streitwert: 20.000,00 DM* | | |
| *10/10 §§ 11, 31 I Nr. 2, 13 III BRAGO* | *945,00 DM* | |
| | *1.727,50 DM* | |
| *(Grenze 10/10 aus 60.000,00 DM = 1.565,00 DM)* | *1.565,00 DM* | |
| *./.* | *782,50 DM* | |
| | *782,50 DM* | *782,50 DM* |
| *10/10 §§ 11, 31 I Nr. 3 BRAGO* | | *945,00 DM* |
| *Auslagen § 26 BRAGO* | | *40,00 DM* |
| *Zwischensumme netto* | | *4.115,00 DM* |
| *zzgl. MwSt. (§ 25 II BRAGO)* | | |

Soweit eine halbe Verhandlungsgebühr für eine nichtstreitige Verhandlung zur **Hauptsache** entstanden ist (§ 33 I 1 BRAGO), kann daneben nicht noch eine 5/10 Verhandlungsgebühr aus § 33 II BRAGO beansprucht werden.

**Hauptsache**

• **Beispiel 152**
*Klageweise werden 5.000,00 DM geltend gemacht. Im Termin zur mündlichen Verhandlung erscheint von der Beklagtenseite zunächst niemand, so daß der Klägervertreter eine Vertagung beantragt. Nunmehr erscheint Rechtsanwalt Spät und meldet sich für den Beklagten, erklärt aber gleichzeitig, daß er heute keinen Antrag stellen wird. Antragsgemäß ergeht ein Versäumnisurteil, welches rechtskräftig wird.*
*Der Klägervertreter meldet folgende Gebühren und Auslagen zur Festsetzung an:*

| | |
|---|---|
| *Streitwert: 5.000,00 DM* | |
| *10/10 §§ 11, 31 I Nr. 1 BRAGO* | *320,00 DM* |
| *5/10 §§ 11, 33 I 1, 33 II, 13 II BRAGO* | *160,00 DM* |
| *Auslagen § 26 BRAGO* | *40,00 DM* |
| *Zwischensumme netto* | *520,00 DM* |
| *zzgl. MwSt. (§ 25 II BRAGO)* | |

**Protokoll**

**Protokollantragsrecht**

Die Gebühr entsteht nicht, soweit die Entscheidung über die Prozeß- oder Sachleitung von Amts wegen erfolgt, da stets die Stellung eines Antrages in der mündlichen Verhandlung nötig ist. Der Nachweis wird durch das **Protokoll** geführt. Weil Anträge zur Prozeß- und Sachleitung nicht protokollierungsbedürftig sind, sollte der RA gemäß § 160 IV ZPO darauf drängen, daß protokolliert wird, daß er die Vertagung des Rechtsstreits beantragt hat (**Protokollantragsrecht**).

### (3) Übertragung des mündlichen Verhandelns

**Verhandlungsvertreter/ Unterbevollmächtigter**

Der **Prozeßbevollmächtigte**, der im Einverständnis mit der Partei die Vertretung in der mündlichen Verhandlung einem anderen Rechtsanwalt, dem **Verhandlungsvertreter/Unterbevollmächtigten** (§ 53 BRAGO) übertragen hat, erhält eine Gebühr in Höhe von 5/10 der dem Verhandlungsvertreter/Unterbevollmächtigten zustehenden Verhandlungs- oder Erörterungsgebühr, mindestens jedoch 3/10 der vollen Gebühr.

**Verhandlungsvertreter**

Der Gebührenanspruch des **Verhandlungsvertreters** folgt aus § 53 BRAGO, Vertretung in der mündlichen Verhandlung, Ausführung der Parteirechte, wonach der Verhandlungsvertreter neben der Verhandlungs- oder Erörterungsgebühr eine halbe Prozeßgebühr erhält.
Mithin entstehen für diese Fälle sowohl für den Prozeßbevollmächtigten als auch für den Verhandlungsvertreter gesonderte Gebührenansprüche.

- **Beispiel 153**

*RA X (Prozeßbevollmächtigter) erhebt auftragsgemäß Klage über 15.000,00 DM und bittet RA Y (Unterbevollmächtigter) den Termin zur mündlichen Verhandlung wahrzunehmen. Hier erkennt die Gegenseite den Anspruch insgesamt an. Die Gebührenrechnungen der beteiligten Rechtsanwälte sehen wie folgt aus:*

- *RA X (Prozeßbevollmächtigter)*

| | |
|---|---|
| *Streitwert: 15.000,00 DM* | |
| *10/10 §§ 11, 31 I Nr. 1 BRAGO* | *805,00 DM* |
| *3/10 §§ 11, 33 III BRAGO* | *241,50 DM* |
| *Auslagen § 26 BRAGO* | *40,00 DM* |
| *Zwischensumme netto* | *1.086,50 DM* |
| *zzgl. MwSt. (§ 25 II BRAGO)* | |

- *RA Y (Unterbevollmächtigter)*

| | |
|---|---|
| *Streitwert: 15.000,00 DM* | |
| *5/10 §§ 11, 31 I Nr. 1 BRAGO* | *402,50 DM* |
| *5/10 §§ 11, 33 I 1 BRAGO* | *402,50 DM* |
| *Auslagen § 26 BRAGO* | *40,00 DM* |
| *Zwischensumme netto* | *845,00 DM* |
| *zzgl. MwSt. (§ 25 II BRAGO)* | |

Gemäß § 33 III 2 BRAGO wird die Verhandlungsgebühr des Prozeßbevollmächtigten aus § 33 III 1 BRAGO auf eine Verhandlungs- oder Erörterungsgebühr des Prozeßbevollmächtigten, die er für die Wahrnehmung eines Termins zur mündlichen Verhandlung erhält, angerechnet.

• **Beispiel 154**
*RA X erhebt auftragsgemäß Klage über 15.000,00 DM. Nachdem er an dem ersten Termin zur mündlichen Verhandlung mit Beweisaufnahme teilgenommen hat und im Anschluß hieran wegen weiterer Sachaufklärung erneut einen Termin zur mündlichen Verhandlung anberaumt wird, bittet er Rechtsanwalt Y als Unterbevollmächtigten diesen Termin wahrzunehmen. Hier erkennt die Gegenseite den Anspruch insgesamt an. Die Gebührenrechnung von RA X sieht wie folgt aus:*

| | |
|---|---|
| *Streitwert: 15.000,00 DM* | |
| *10/10 §§ 11, 31 I Nr. 1 BRAGO* | *805,00 DM* |
| *10/10 §§ 11, 31 I Nr. 2, 33 III BRAGO* | *805,00 DM* |
| *10/10 §§ 11, 31 I Nr. 3 BRAGO* | *805,00 DM* |
| *Auslagen § 26 BRAGO* | *40,00 DM* |
| *Zwischensumme netto* | *2.455,00 DM* |
| *zzgl. MwSt. (§ 25 II BRAGO)* | |

### c. Entscheidung ohne mündliche Verhandlung (§ 35 BRAGO)

**Verfahren**

**ohne mündliche Verhandlung**

Wird in einem **Verfahren**, für das mündliche Verhandlung vorgeschrieben ist, im Einverständnis mit den Parteien (§ 128 II ZPO) oder gemäß §§ 128 III, 307 II, 331 III, 495 a I ZPO **ohne mündliche Verhandlung** entschieden, so erhält der Rechtsanwalt die gleichen Gebühren wie einem Verfahren mit mündlicher Verhandlung (§ 35 BRAGO).

**Prozeßgericht**

**Notfrist**

**Verteidigungsabsicht**

Da über den Rechtsstreit gemäß § 128 I ZPO vor dem **Prozeßgericht** grundsätzlich mündlich zu verhandeln ist, regelt § 35 BRAGO die Fälle, in denen ausnahmsweise eine mündliche Verhandlung nicht stattfindet, den Gebührenanspruch so als wäre in einer mündlichen Verhandlung entschieden worden. Ergeht z. B. ein Versäumnisurteil gegen den Beklagten im schriftlichen Vorverfahren (§§ 276, 331 III ZPO), weil der Beklagtenvertreter nicht innerhalb der **Notfrist** (§ 276 I 1 ZPO) seine **Verteidigungsabsicht** angezeigt hat, entsteht für den Klägervertreter für die Erwirkung des Versäumnisurteils über § 35 BRAGO (Entscheidung ohne mündliche Verhandlung) eine halbe (erstinstanzlich) 5/10 Gebühr.

• **Beispiel 155**

*Der RA verlangt klageweise für seinen Mandanten 80.000,00 DM. Das Gericht ordnet das schriftliche Vorverfahren an. Der Beklagte zeigt nicht innerhalb der Notfrist des § 276 I 1 ZPO an, daß er sich gegen die Klage verteidigen will. Antragsgemäß erläßt das Gericht ein Versäumnisurteil, welches rechtskräftig wird.*

| | |
|---|---|
| *Streitwert: 80.000,00 DM* | |
| *10/10 §§ 11, 31 I Nr. 1 BRAGO* | *1.845,00 DM* |
| *5/10 §§ 11, 33 I 1, 35 BRAGO* | *922,50 DM* |
| *Auslagen § 26 BRAGO* | *40,00 DM* |
| *Zwischensumme netto* | *2.807,50 DM* |
| *zzgl. MwSt. (§ 25 II BRAGO)* | |

Soweit die Vorschrift des § 35 BRAGO anordnet, daß für den Fall einer Entscheidung ohne mündliche Verhandlung die beteiligten Rechtsanwälte so gestellt werden sollen, wie in einem Verfahren mit mündlicher Verhandlung, kommt es mithin darauf an, welche **Sachanträge** gestellt werden, ob diese sich widersprechen oder nicht, je nach dem entsteht die volle bzw. die halbe Verhandlungsgebühr. **Sachanträge**

• **Beispiel 156**

*Klageweise werden 1.000,00 DM geltend gemacht. Der Beklagtenvertreter beantragt schriftsätzlich Klageabweisung. Mit Zustimmung der Parteien wird im schriftlichen Verfahren (§ 128 II ZPO) verhandelt. Nach Ablauf der Schriftsatzfrist wird die Klage ohne mündliche Verhandlung kostenpflichtig abgewiesen. Der Beklagtenvertreter meldet folgenden Gebührenanspruch zur Festsetzung an:*

| | |
|---|---|
| *Streitwert: 1.000,00 DM* | |
| *10/10 §§ 11, 31 I Nr. 1 BRAGO* | *90,00 DM* |
| *10/10 §§ 11, 31 I Nr. 2, 35 BRAGO* | *90,00 DM* |
| *Auslagen § 26 BRAGO* | *27,00 DM* |
| *Zwischensumme netto* | *207,00 DM* |
| *zzgl. MwSt. (§ 25 II BRAGO)* | |

Erkennt der Beklagte den Anspruch im schriftlichen Verfahren an (§ 307 II ZPO), entsteht für die beteiligten Rechtsanwälte erstinstanzlich eine 5/10 Gebühr (§§ 33 I, 35 BRAGO).

• **Beispiel 157**

*Klageweise werden 600,00 DM geltend gemacht. Das Gericht ordnet von Amts wegen an, daß schriftlich zu verhandeln ist. Für den Beklagten meldet sich dessen Prozeßbevollmächtigter und teilt mit, daß der Anspruch insgesamt anerkannt wird. Die Kostenrechnungen der beteiligten Anwälte sehen wie folgt aus:*

*Streitwert: 600,00 DM*

| | |
|---|---|
| *10/10 §§ 11, 31 I Nr. 1 BRAGO* | *50,00 DM* |
| *5/10 §§ 11, 33 I 1, 35 BRAGO* | *25,00 DM* |
| *Auslagen § 26 BRAGO* | *11,30 DM* |
| *Zwischensumme netto* | *86,30 DM* |
| *zzgl. MwSt. (§ 25 II BRAGO)* | |

## 7. Vergleichsgebühr und Differenz-Prozeßgebühr (§§ 23, 32 II BRAGO)

### a. Einleitung

**Kostenrechtsänderungsgesetz**
**Vergleichsgebühr**

Durch das **Kostenrechtsänderungsgesetz** (1. Juli 1994) wurde die Vorschrift des § 23 I 1 BRAGO eingeführt, wonach der RA 15/10 der vollen Gebühr (**Vergleichsgebühr**) für die Mitwirkung beim Abschluß eines Vergleiches (§ 779 BGB) erhält. Der RA erhält die Vergleichsgebühr auch, wenn er nur bei den **Vergleichsverhandlungen** mitgewirkt hat, es sei denn, daß seine Mitwirkung für den Abschluß des Vergleiches nicht ursächlich war (§ 23 I 2 BRAGO). Durch die Erhöhung der Vergleichsgebühr auf 15/10 wollte der Gesetzgeber das anwaltliche Bestreben, Streitigkeiten ohne Anrufung der Gerichte und mithin außergerichtlich beizulegen fördern und

**Vergleichsverhandlungen**

belohnen, so daß die erhöhte Vergleichsgebühr sich auch als **Erfolgsgebühr** darstellt. Diese Intention des Gesetzgebers ist nur dann erfüllt, soweit es nicht zu einem gerichtlichen Verfahren kommt. Ist über den Gegenstand des Vergleiches ein **gerichtliches Verfahren** anhängig, erhält der RA die Vergleichsgebühr nur in Höhe einer vollen (10/10 13/10) Gebühr (§ 23 I 3 1. Halbsatz BRAGO); das gleiche gilt, wenn ein Verfahren über die **Prozeßkostenhilfe** (§ 51 BRAGO) anhängig ist (§ 23 I 3 2. Halbsatz BRAGO).

**Erfolgsgebühr**

**Prozeßkostenhilfe**

## b. Definition des Vergleichs (§ 779 BGB)

Nach der **Legaldefinition** ist der Vergleich ein **Vertrag**, durch den der Streit oder die Ungewißheit der Parteien über ein (bereits bestehendes) **Rechtsverhältnis** im Wege gegenseitigen Nachgebens (gleichgültig in welchem Umfang) beseitigt wird. Die Vergleichsgebühr entsteht aber nur, soweit zwischen den Parteien bereits vor Abschluß des Vergleiches ein Rechtsverhältnis bestand, wobei es ausreichend ist, daß eine Partei das Vorliegen eines Rechtsverhältnisses behauptet.

**Legaldefinition**

**Rechtsverhältnis**

- **Beispiel 158**

*A und B wollen eine Mietvertrag schließen. Sie streiten sich über die Höhe des monatlich zu entrichtenden Mietzinses. A (der zukünftige Vermieter) verlangt 3.000,00 DM Mietzins, B (der zukünftige Mieter) will höchstens 2.500,00 DM zahlen. Schließlich einigen sich A und B unter Mitwirkung von RA X darauf, daß monatlich 2.800,00 DM gezahlt werden. RA X kann keine Vergleichsgebühr berechnen, da zwischen den Parteien vor Abschluß des Mietvertrages kein Rechtsverhältnis bestand.*

Für die Entstehung der Vergleichsgebühr ist es aber ausreichend, soweit eine Partei den Bestand eines Rechtsverhältnisses behauptet.

- **Beispiel 159**

*A behauptet, er habe bereits mündlich mit B einen Mietvertrag geschlossen, in dem B sich verpflichtet habe, monatlichen*

*Mietzins von 3.000,00 DM zu zahlen. Unter Mitwirkung von Rechtsanwalt Y einigen sich A und B dahingehend, daß B monatlichen Mietzins in Höhe von 2.700,00 DM an A zahlt. RA Y kann die Vergleichsgebühr berechnen, denn es reicht aus, soweit eine Partei, vorliegend der Vermieter, das Bestehen eines Rechtsverhältnisses behauptet.*

**Vertrag**

Zwischen den Parteien muß Streit oder die Ungewißheit über ein Rechtsverhältnis bestehen. Es ist ausreichend, wenn die Verwirklichung eines Anspruches nicht sicher ist und die Parteien einen **Vertrag** zum Zwecke der Beseitigung der Ungewißheit bzw. des Streites schließen. Ein Vertrag kommt zustande durch Angebot und Annahme (§§ 145 ff BGB), so daß die Parteien sich geeinigt haben müssen. Die Einigung zwischen den Parteien muß derart erfolgen, daß ein gegenseitiges Nachgeben (gleichgültig in welchem Umfang), mithin ein sich Entgegenkommen vorliegt.

- **Beispiel 160**

*Klageweise werden 4.000,00 DM nebst 4 % Zinsen seit Rechtshängigkeit geltend gemacht. Im Termin vergleichen sich die Parteien derart, daß der Kläger auf die Zinsen verzichtet und im übrigen der Beklagte den klageweise geltend gemachten Betrag zahlt. Da für die Entstehung der Vergleichsgebühr es nicht darauf ankommt, in welchem Umfang das gegenseitige Nachgeben besteht, ist die Vergleichsgebühr entstanden.*

Kein Vergleich liegt vor, soweit die in Anspruch genommene Partei der Forderung der Gegenseite insgesamt nachkommt.

- **Beispiel 161**

*Der RA macht für seinen Mandanten außergerichtlich 5.000,00 DM geltend. Die Gegenseite ruft bei dem RA an und teilt mit, daß er an einer weiteren Auseinandersetzung nicht mehr interessiert sei und er daher die gesamte Forderung sowie unter dem Gesichtspunkt des Verzuges auch die Rechtsanwaltskosten zahlen werde.*
*Der RA kann keine Vergleichsgebühr in Rechnung stellen, da ein Vergleich (ein gegenseitiges Nachgeben) nicht vorliegt.*

Bei der außergerichtlichen Regulierung von **Verkehrsunfallschäden** kommt es vor, daß der RA für seinen Mandanten Sachschadensersatzansprüche sowie Schmerzensgeldansprüche geltend macht. Abgesehen von der **Unfallregulierung** nach dem **DAV-Abkommen** (dazu später) ist zu bedenken, daß kein Vergleich vorliegt, soweit der gegnerische **Haftpflichtversicherer** den seitens des RA geltend gemachten Anspruch nicht in voller Höhe begleicht.

**Verkehrsunfallschäden**

**DAV-Abkommen**

- **Beispiel 162**

*Der RA macht außergerichtlich einen Gesamtbetrag von 15.000,00 DM (Sachschaden und Schmerzensgeld) geltend. Der gegnerische Haftpflichtversicherer, der nicht dem DAV-Abkommen angeschlossen ist, zahlt 13.000,00 DM und führt dazu aus, daß nach dortiger Ansicht dieser Betrag ausreichend sei, da das geltend gemachte Schmerzensgeld als überhöht angesetzt betrachtet wird. Nach Rücksprache des RA mit seinem Mandanten, gibt dieser sich mit dem gezahlten Betrag zufrieden.*

*Der RA kann gegenüber dem gegnerischen Haftpflichtversicherer lediglich eine Geschäftsgebühr (§ 118 I Nr. 1 BRAGO) nach einem Gegenstandswert von 13.000,00 DM sowie Auslagen und Mehrwertsteuer verlangen; nicht die Vergleichsgebühr, da ein Vergleich nicht zustande gekommen ist, denn der gegnerische Haftpflichtversicherer hat lediglich die Forderung ausgeglichen, die nach dortiger Ansicht dem Unfallgeschädigten zusteht.*

Nach alledem liegt ein **Vergleich** (§ 779 BGB) vor, soweit

**Vergleich**

- zwischen den Parteien bereits ein Rechtsverhältnis besteht, wobei es ausreichend ist, soweit eine Partei behauptet, ein Rechtsverhältnis sei bereits existent,
- über das Rechtsverhältnis (sei es das behauptete) muß Streit oder eine Ungewißheit der Parteien bestehen,
- dieser Streit bzw. die Ungewißheit muß durch Vertrag zwischen den Parteien beendet werden,
- der Vertrag muß ein gegenseitiges Nachgeben beider Parteien beinhalten.

## c. Mitwirkung bei den Vergleichsverhandlungen

**Vergleichsverhandlungen**

**Erfolgsgebühr**

**Betriebsgebühren**
**Auftrag**

Der Rechtsanwalt erhält die Vergleichsgebühr auch, wenn er nur bei den **Vergleichsverhandlungen** mitgewirkt hat, es sei denn, daß seine **Mitwirkung** für den Vergleichsabschluß nicht ursächlich war (§ 23 I 2 BRAGO). Durch den Wortlaut des Gesetzes wird klargestellt, daß eine Vergleichsgebühr bereits entsteht, soweit der RA bei dem Vergleichsabschluß mitgewirkt hat und sich daher diese Gebühr als **Erfolgsgebühr** darstellt, die niemals für sich allein entstehen kann. Neben ihr muß zumindest die **Prozeßgebühr** (§ 31 I Nr. 1 BRAGO) oder die **Geschäftsgebühr** (§ 118 I Nr. 1 BRAGO) entstehen. Welche dieser allgemeinen **Betriebsgebühren** entsteht, ist abhängig vom **Auftrag**, den der RA vom Mandanten erhält, ob bereits Prozeßauftrag vorliegt oder der RA beauftragt wird, die Ansprüche zunächst außergerichtlich durchzusetzen und nur für den Fall, daß die Gegenseite die Zahlung verweigert, die Ansprüche einzuklagen (bedingter Klageauftrag).

- **Beispiel 163**

*Der RA wird beauftragt, außergerichtlich einen Betrag über 4.000,00 DM nebst Zinsen geltend zu machen. Aufgrund des Aufforderungsschreibens meldet sich die Gegenseite beim RA fernmündlich. In dem Telefonat wird die Sach- und Rechtslage zwischen dem RA und dem Gegner ausführlich erörtert. Die Gegenseite teilt mit, daß sie bereit sei, die Hauptforderung ohne Zinsen zu begleichen. Nach Rücksprache mit dem Mandanten teilt der RA dem Gegner mit, daß so verfahren werden kann.*

*Für den beteiligten RA sind neben der Geschäftsgebühr (§ 118 I Nr. 1 BRAGO) und der Besprechungsgebühr (§ 118 I Nr. 2 BRAGO) auch eine 15/10-Vergleichsgebühr (§ 23 I 1 BRAGO) sowie Auslagen und Mehrwertsteuer entstanden.*

**Klageauftrag**
**Prozeßauftrag**

Für den Fall, daß der RA bereits **Klageauftrag/Prozeßauftrag** hat, richtet sich der Gebührenanspruch des RA nach §§ 31 ff BRAGO.

- **Beispiel 164**

*Auftragsgemäß erhebt der RA Klage über 6.000,00 DM. Nach Zustellung der Klageschrift meldet sich der Beklagte bei ihm und teilt mit, daß er bereit sei, 5.000,00 DM an den Kläger zu zahlen. Daraufhin bespricht der RA dieses Angebot mit dem Kläger, der sich einverstanden erklärt.*
*Der RA kann neben der 10/10 Prozeßgebühr für die Mitwirkung beim Abschluß des Vergleiches, über dessen Gegenstand bereits ein gerichtliches Verfahren anhängig ist, eine volle (erstinstanzlich 10/10) Vergleichsgebühr sowie Auslagen und Mehrwertsteuer berechnen.*

Soweit der RA trotz eines Klageauftrags die Gegenseite außergerichtlich zur Zahlung auffordert und nunmehr der Vergleich vor Einreichung der Klageschrift geschlossen wird, ist über den Gegenstand des Vergleiches noch kein gerichtliches Verfahren anhängig und es liegt eine **vorzeitige Beendigung** des Auftrags (§ 32 BRAGO) vor.

**vorzeitige Beendigung**

- **Beispiel 165**

*Der RA wird beauftragt, 10.000,00 DM einzuklagen. Trotz des Klageauftrags fordert er die Gegenseite außergerichtlich zur Zahlung auf. Der Gegner meldet sich fernmündlich beim RA und teilt mit, er sei bereit, zur Vermeidung des Klageverfahrens, an die Gegenseite 7.000,00 DM zu zahlen. Der RA bespricht das Angebot mit seinem Mandaten, der sich einverstanden erklärt. Der RA kann folgende Kosten in Rechnung stellen:*

| | |
|---|---|
| *Gegenstandswert: 7.000,00 DM* | |
| *5/10 vorzeitige Beendigung des Auftrags* | |
| *§§ 11, 32 I BRAGO* | *215,00 DM* |
| *Gegenstandswert: 10.000,00 DM* | |
| *15/10 Vergleichsgebühr* | |
| *§§ 11, 23 I 1 BRAGO* | *595,00 DM* |
| *Auslagen § 26 BRAGO* | *40,00 DM* |
| *Zwischensumme netto* | *850,00 DM* |
| *zzgl. MwSt. (§ 25 II BRAGO)* | |

**Vergleichsverhandlungen**

Weil es für die Entstehung der Vergleichsgebühr ausreicht, soweit der RA an den **Vergleichsverhandlungen** mitgewirkt hat und seine Tätigkeit für den Abschluß des Vergleiches ursächlich/mitursächlich war, ist es nicht erforderlich, daß der RA den Vergleich selbst abschließt oder beim Abschluß des Vergleiches zugegen ist.

- **Beispiel 166**

*In der Kanzlei des RA erscheint ein neuer Mandant und trägt vor, er könne von der Gegenseite 45.000,00 DM verlangen. Der Gegner verweigere jedoch die Zahlung und habe sich bereits anwaltlicher Hilfe bedient. Der Mandant legt die außergerichtliche Korrespondenz mit dem Anwalt vor. Daraufhin entschließt der RA sich, den gegnerischen Anwalt anzurufen. Im weiteren Verlauf kommt es zu einem Besprechungstermin in der Kanzlei des RA im Beisein des Mandanten sowie der Gegenseite und dessen RA. Die Sach- und Rechtslage wird in dem Gespräch ausführlich erörtert. Man kommt überein, daß die Parteien sich nochmals zusammensetzen sollen. Einige Tage später ruft der Mandant an und teilt dem RA mit, daß man sich geeinigt und die Gegenseite 35.000,00 DM gezahlt habe. Er bittet nunmehr um die Übersendung der Kostenrechnung, die wie folgt aussieht:*

| | |
|---|---|
| *Gegenstandswert: 45.000,00 DM* | |
| *7,5/10 §§ 11, 12, 118 I Nr. 1 BRAGO* | *1.008,80 DM* |
| *7,5/10 §§ 11, 12, 118 I Nr. 2 BRAGO* | *1.008,80 DM* |
| *15/10 §§ 11, 23 I 1, 2 BRAGO* | *2.017,50 DM* |
| *Auslagen § 26 BRAGO* | *40,00 DM* |
| *Zwischensumme netto* | *4.075,10 DM* |
| *zzgl. MwSt. (§ 25 II BRAGO)* | |

## d. Gegenstandswert der Vergleichsgebühr

**Gegenstandswert Rechtsverhältnis**

Der **Gegenstandswert** der Vergleichsgebühr ergibt sich aus dem **Rechtsverhältnis** über das die Parteien sich vergleichen, mithin aus dem Betrag, über den gestritten wird und nicht aus dem Betrag, auf welchen sich die Parteien einigen. Daher bestimmt der **Vergleichswert** sich danach, worüber (nicht worauf) die Parteien sich verglichen haben.

**Vergleichswert**

- **Beispiel 167**

*Im Termin zur mündlichen Verhandlung vergleichen sich die Parteien im Beisein ihrer Anwälte nach Erörterung der Sach- und Rechtslage derart, daß der Beklagte von dem klageweise geltend gemachten Betrag (95.000,00 DM) an den Kläger 60.000,00 DM zahlt und damit sämtliche Ansprüche des Klägers erledigt sind. Die Kosten des Rechtsstreites und des Vergleichs werden gegeneinander aufgehoben. Die Anwälte können folgende Gebühren und Auslagen in Rechnung stellen:*

| | |
|---|---|
| *Streitwert: 95.000,00 DM* | |
| *10/10 §§ 11, 31 I Nr. 1 BRAGO* | *2.125,00 DM* |
| *10/10 §§ 11, 31 I Nr. 4 BRAGO* | *2.125,00 DM* |
| *10/10 §§ 11, 23 I 3 BRAGO* | *2.125,00 DM* |
| *Auslagen § 26 BRAGO* | *40,00 DM* |
| *Zwischensumme netto* | *6.415,00 DM* |
| *zzgl. MwSt. (§ 25 II BRAGO)* | |

Nur für den Fall, daß ein **Teilvergleich** geschlossen wird, richtet sich der Gegenstandswert der Vergleichsgebühr nach dem Betrag, auf den die Parteien sich einigen.

**Teilvergleich**

- **Beispiel 168**

*Der RA klagt für seinen Mandanten 40.000,00 DM ein. Im Termin zur mündlichen Verhandlung wird nach Erörterung der Sach- und Rechtslage ein Vergleich derart geschlossen, daß der Beklagte einen Teilbetrag in Höhe von 20.000,00 DM an den Kläger zahlt. Im übrigen wird streitig verhandelt. Nach Beweisaufnahme wird die Klage abgewiesen.*
*Zu beachten ist, daß für die streitige Verhandlung über den noch ausstehenden Restbetrag in Höhe von 20.000,00 DM keine gesonderte Gebühr gemäß § 31 I Nr. 2 BRAGO entsteht, da bereits eine volle (10/10) Erörterungsgebühr (§ 31 I Nr. 4 BRAGO) über den Streitwert von 40.000,00 DM entstanden*

*ist, so daß unter Anwendung des § 31 II BRAGO die Erörterungsgebühr und die Verhandlungsgebühr, die denselben Gegenstand betreffen (Gesamtbetrag 40.000,00 DM) und die in demselben Rechtszug entstehen, aufeinander anzurechnen sind.*

| | |
|---|---|
| *Streitwert: 40.000,00 DM* | |
| *10/10 §§ 11, 31 I Nr. 1 BRAGO* | *1.265,00 DM* |
| *10/10 §§ 11, 31 I Nr. 4 BRAGO* | *1.265,00 DM* |
| *Streitwert: 20.000,00 DM* | |
| *10/10 §§ 11, 23 I 3 BRAGO* | *945,00 DM* |
| *10/10 §§ 11, 31 I Nr. 3 BRAGO* | *945,00 DM* |
| *Auslagen § 26 BRAGO* | *40,00 DM* |
| *Zwischensumme netto* | *4.460,00 DM* |
| *zzgl. MwSt. (§ 25 II BRAGO)* | |

**Kosten**

**Vergleichswert**

Soweit die **Hauptsache** erledigt ist und die Parteien sich über die **Kosten** vergleichen, ist die Summe der bis zur Erledigung entstandenen gerichtlichen und außergerichtlichen Kosten beider Seiten der **Vergleichswert**.

- **Beispiel 169**

*Auftragsgemäß erhebt der RA Klage über 5.000,00 DM. Es meldet sich der Beklagtenvertreter schriftsätzlich und kündigt Klageabweisungsantrag an. Der Kläger teilt seinem Prozeßbevollmächtigten mit, daß der Beklagte zwischenzeitlich den gesamten Betrag an ihn gezahlt hat. Er bittet den RA, vor Gericht die Hauptsache für erledigt zu erklären, weil man sich mit dem Beklagtenvertreter dahingehend geeinigt hat, daß auch er die Hauptsache für erledigt erklärt und Einigkeit besteht, daß die Kosten des Rechtsstreits und des Vergleiches gegeneinander aufgehoben werden sollen.*
*Der Gegenstandswert für die Vergleichsgebühr ergibt sich aus der Summe, der bis zur Erledigung entstandenen Kosten beider Seiten und berechnet sich wie folgt:*

- *Gerichtskosten*

| | |
|---|---|
| *Streitwert 5.000,00 DM* | |
| *Nr. 1201 Kostenverzeichnis zum Gerichtskostengesetz (Anlage 1 zu § 11 I GKG)* | |
| *3,0 Gebühren* | *480,00 DM* |

- *Rechtsanwaltskosten*

| | |
|---|---|
| *Streitwert 5.000,00 DM* | |
| *10/10 Prozeßgebühr* | |
| *§§ 11, 31 I Nr. 1 BRAGO* | *320,00 DM* |
| *Auslagen § 26 BRAGO* | *40,00 DM* |
| *Zwischensumme netto* | *360,00 DM* |
| *16 % MwSt. (§ 25 II BRAGO)* | *57,60 DM* |
| *Summe* | *417,60 DM* |
| *417,60 DM x 2* | *835,20 DM* |

*Vergleichswert:*
*480,00 DM + 835,20 DM = 1.315,20 DM*

*Die beteiligten Anwälte können folgende Gebühren und Auslagen berechnen:*

| | |
|---|---|
| *Streitwert: 5.000,00 DM* | |
| *10/10 §§ 11, 31 I Nr. 1 BRAGO* | *320,00 DM* |
| *Gegenstandswert: 1.315,20 DM* | |
| *10/10 §§ 11, 23 I 3 BRAGO* | *130,00 DM* |
| *Auslagen § 26 BRAGO* | *40,00 DM* |
| *Zwischensumme netto* | *490,00 DM* |
| *zzgl. MwSt. (§ 25 II BRAGO)* | |

## e. Widerrufsvergleich (§ 23 II BRAGO)

Für die Mitwirkung bei einem unter einer aufschiebenden Bedingung oder unter dem Vorbehalt des Widerrufs geschlossenen Vergleich (**Widerrufsvergleich**) erhält der RA die **Widerrufsvergleich**

Vergleichsgebühr, wenn die Bedingung eingetreten ist oder der Vergleich nicht mehr widerrufen werden kann (§ 23 II BRAGO).

• **Beispiel 170**

*Der RA macht klageweise für seinen Mandanten 9.000,00 DM geltend. Nach Erörterung der Sach- und Rechtslage vergleichen sich die Parteien derart, daß der Beklagte an den Kläger 7.000,00 DM zahlt und die Kosten des Rechtsstreits sowie des Vergleiches gegeneinander aufgehoben werden.*

| | |
|---|---|
| *Streitwert: 9.000,00 DM* | |
| *10/10 §§ 11, 31 I Nr. 1 BRAGO* | *540,00 DM* |
| *10/10 §§ 11, 31 I Nr. 4 BRAGO* | *540,00 DM* |
| *10/10 §§ 11, 23 I 3 BRAGO* | *540,00 DM* |
| *Auslagen § 26 BRAGO* | *40,00 DM* |
| *Zwischensumme netto* | *1.660,00 DM* |
| *zzgl. MwSt. (§ 25 II BRAGO)* | |

**Widerrufsfrist**

Wird der Vergleich innerhalb der **Widerrufsfrist** widerrufen, kann die Vergleichsgebühr nicht in Rechnung gestellt werden.

• **Beispiel 171**

*Sachverhalt wie Beispiel 170, nur mit der Abänderung, daß der Vergleich widerrufen wird. Im anschließenden Termin zur mündlichen Verhandlung stellen die Parteien streitige Anträge. Das Gericht verkündet ein Urteil, wonach der Klage stattgegeben wird. Die Prozeßbevollmächtigten können folgende Gebühren in Rechnung stellen:*

| | |
|---|---|
| *Streitwert: 9.000,00 DM* | |
| *10/10 §§ 11, 31 I Nr. 1 BRAGO* | *540,00 DM* |
| *10/10 §§ 11, 31 I Nr. 2, 4, II BRAGO* | *540,00 DM* |
| *Auslagen § 26 BRAGO* | *40,00 DM* |
| *Zwischensumme netto* | *1.120,00 DM* |
| *zzgl. MwSt. (§ 25 II BRAGO)* | |

### f. Außergerichtlicher Vergleich (§ 23 I 1 BRAGO)

Durch das **Kostenrechtsänderungsgesetz** mit der Einführung des § 23 I 1 BRAGO entsteht die Vergleichsgebühr in Höhe von 15/10, soweit über den Gegenstand des Vergleiches kein gerichtliches Verfahren anhängig ist. Dadurch wurde der Gebührenanspruch des RA von 10/10 auf 15/10 für den Abschluß **außergerichtlicher Vergleiche** erhöht. Gesetzgeberisches Motiv war, daß der RA bestrebt sein sollte, Streitigkeiten ohne Anrufung der Gerichte beizulegen und somit die Justiz durch Förderung der außergerichtlichen Streitbeilegung zu entlasten. Die erhöhte Vergleichsgebühr stellt sich daher auch als **Erfolgsgebühr** dar.

**Kostenrechtsänderungsgesetz**

**außergerichtliche Vergleiche**

**Erfolgsgebühr**

- **Beispiel 172**

*Auftragsgemäß fordert der RA den Gegner außergerichtlich zur Zahlung von 12.000,00 DM auf. Aufgrund des anwaltlichen Aufforderungsschreibens ruft die Gegenseite den RA an. Im Rahmen des Telefonats wird die Sach- und Rechtslage ausführlich erörtert. Der Gegner wendet ein, daß er nicht bereit sei, den gesamten Betrag zu zahlen, da er den Anspruch lediglich in Höhe von 6.000,00 DM für begründet erachte. Den Inhalt des Telefonats teilt der RA dem Mandanten mit, der sich mit dem Vorschlag der Gegenseite zufrieden gibt. Vereinbarungsgemäß zahlt der Gegner 6.000,00 DM. Der RA kann folgende Gebühren und Auslagen in Rechnung stellen:*

| | |
|---|---|
| *Gegenstandswert: 12.000,00 DM* | |
| *7,5/10 §§ 11, 12, 118 I Nr. 1 BRAGO* | *498,80 DM* |
| *7,5/10 §§ 11, 12, 118 I Nr. 2 BRAGO* | *498,80 DM* |
| *15/10 §§ 11, 23 I 1 BRAGO* | *997,50 DM* |
| *Auslagen § 26 BRAGO* | *40,00 DM* |
| *Zwischensumme netto* | *2.035,10 DM* |
| *zzgl. MwSt. (§ 25 II BRAGO)* | |

## g. Gerichtliches Verfahren (Prozeßvergleich § 23 I 3 BRAGO)

**gerichtliches Verfahren**

Soweit über den Gegenstand des Vergleiches ein **gerichtliches Verfahren** anhängig ist, vermindert sich der Gebührenanspruch des RA bezogen auf die Vergleichsgebühr derart, daß er nur noch eine volle (erstinstanzlich 10/10) Gebühr erhält (§ 23 I 3 1. Halbsatz BRAGO). Eine Verminderung des Gebührenanspruches tritt bereits dann ein, soweit über den Gegenstand des Vergleiches ein Verfahren über die **Prozeßkostenhilfe** anhängig ist. Daraus folgt, daß der Begriff des gerichtlichen Verfahrens nicht beschränkt ist auf ein **Klageverfahren**, sondern auch für andere gerichtliche Verfahren, wie das Prozeßkostenhilfeverfahren, das **selbständige Beweisverfahren** (§ 37 Nr. 3 BRAGO) und für ein einstweiliges Rechtsschutzverfahren gilt.

**Prozeßkostenhilfe**
**Klageverfahren**

**selbständiges Beweisverfahren**

Ein Klageverfahren ist gerichtsanhängig, wenn die **Klageschrift** bei Gericht eingeht (§ 270 III ZPO).

- **Beispiel 173**

*Nach erfolgloser außergerichtlicher Korrespondenz erhebt der RA auftragsgemäß Klage über 18.000,00 DM für den rechtsschutzversicherten Mandanten. Der Prozeßbevollmächtigte hatte zuvor mit dem Rechtsschutzversicherer abgeklärt, daß auch die Kosten für einen eventuellen Vergleichsabschluß übernommen werden, insbesondere unter dem Gesichtspunkt der Vermeidung weiterer Gebühren. Nach Einreichung des Klageschriftsatzes bei Gericht teilt der Kläger dem RA fernmündlich mit, daß der Beklagte, dem die Klageschrift noch nicht zugestellt wurde, sich wegen der außergerichtlichen Korrespondenz bei ihm gemeldet und man sich verglichen habe, indem der Beklagte an den Kläger 15.000,00 DM gezahlt hat. Auftragsgemäß soll die Klage zurückgenommen und gegenüber dem Rechtsschutzversicherer abgerechnet werden.*

| | |
|---|---|
| *Streitwert: 18.000,00 DM* | |
| *10/10 §§ 11, 31 I Nr. 1 BRAGO* | *875,00 DM* |
| *10/10 §§ 11, 23 I 3 1. Hs BRAGO* | *875,00 DM* |
| *Auslagen § 26 BRAGO* | *40,00 DM* |
| *Zwischensumme netto* | *1.790,00 DM* |
| *zzgl. MwSt. (§ 25 II BRAGO)* | |

**Berufungsinstanz**

In der **Berufungsinstanz** beträgt die volle Gebühr 13/10 (§ 11 I 3 BRAGO).

• **Beispiel 174**

*Der klageweise geltend gemachte Anspruch von 9.000,00 DM wurde erstinstanzlich abgewiesen.*
*Auftragsgemäß legt der RA hiergegen das Rechtsmittel der Berufung ein. Nach Eingang der Berufungsschrift teilt der Mandant dem RA mit, daß der Beklagte sich ihm gegenüber bereit erklärt habe, 5.000,00 DM zu zahlen und er einverstanden sei. Die Kostenrechnung für die Berufungsinstanz soll an die Rechtsschutzversicherung übermittelt werden, die bereits die Kosten für das erstinstanzliche Verfahren erstattet hat.*

| | |
|---|---|
| *Streitwert: 9.000,00 DM* | |
| *13/10 Prozeßgebühr* | |
| *§§ 11, 31 I Nr. 1 BRAGO* | *540,00 DM* |
| *13/10 Vergleichsgebühr* | |
| *§§ 11, 23 I 3 1. Hs BRAGO* | *540,00 DM* |
| *Auslagen § 26 BRAGO* | *40,00 DM* |
| *Zwischensumme netto* | *1.120,00 DM* |
| *zzgl. MwSt. (§ 25 II BRAGO)* | |

### h. Vergleich nach Abschluß eines gerichtlichen Verfahrens

Gemäß dem Wortlaut des § 23 I 3 BRAGO erhält der RA die Vergleichsgebühr nur in Höhe einer vollen Gebühr

(10/10 13/10), soweit über den Gegenstand des Vergleiches ein gerichtliches Verfahren anhängig **ist**. Es stellt sich daher die Frage, ob der Rechtsanwalt eine 15/10 Vergleichsgebühr erhält, soweit über den Gegenstand des Vergleiches ein gerichtliches Verfahren anhängig **war**, dieses Verfahren abgeschlossen und nunmehr ein Vergleich zwischen den Parteien geschlossen wird, an dem der RA mitgewirkt hat. Hierbei kommt es auf den jeweiligen Einzelfall an.

### (1) Verfahren über die Prozeßkostenhilfe und das selbständige Beweisverfahren

**Prozeßkostenhilfeprüfungsverfahren**

Soweit über den Gegenstand des Vergleiches ein Verfahren über die Prozeßkostenhilfe (**Prozeßkostenhilfeprüfungsverfahren** § 51 BRAGO) anhängig ist und in diesem Verfahren unter Mitwirkung des RA ein Vergleich geschlossen wird, bestimmt § 23 I 3 2. Halbsatz BRAGO, daß die Vergleichsgebühr nur in Höhe einer vollen Gebühr entsteht.

Die Höhe der vollen Gebühr richtet sich danach, in welcher Instanz der Vergleich geschlossen wird. Wird im Prozeßkostenhilfeprüfungsverfahren unter Mitwirkung des RA ein Vergleich geschlossen über den Gegenstand eines in Aussicht stehenden Klageverfahrens, so entsteht eine 10/10 Vergleichsgebühr.

- **Beispiel 175**

*Der RA reicht für seinen Mandanten einen Antrag auf Bewilligung von Prozeßkostenhilfe für ein begehrtes Klageverfahren wegen eines Streitwertes von 8.000,00 DM ein. Für den Antragsgegner meldet sich dessen RA und beantragt schriftsätzlich, das PHK-Gesuch zurückzuweisen. Im Termin zur mündlichen Verhandlung im Verfahren über die Prozeßkostenhilfe wird die Sach- und Rechtslage mit den beteiligten Anwälten ausführlich erörtert. Im Anschluß daran schließen die Parteien einen Vergleich, wonach der Antragsgegner an den Antragsteller 5.000,00 DM zahlt. Des weiteren vereinbaren die Parteien, daß sämtliche Kosten auch die des Vergleiches gegeneinander aufgehoben werden.*

| | |
|---|---|
| *Gegenstandswert: 8.000,00 DM* | |
| *5/10 §§ 11, 31 I Nr. 1, 51 BRAGO* | *242,50 DM* |
| *5/10 §§ 11, 31 I Nr. 4, 51 BRAGO* | *242,50 DM* |
| *10/10 §§ 11, 23 I 3 BRAGO* | *485,00 DM* |
| *Auslagen § 26 BRAGO* | *40,00 DM* |
| *Zwischensumme netto* | *1.010,00 DM* |
| *zzgl. MwSt. (§ 25 II BRAGO)* | |

**Prozeßkostenhilfe Berufungsverfahren**

Begehrt die Partei **Prozeßkostenhilfe** für die Durchführung des **Berufungsverfahrens** und wird in diesem Prozeßkostenhilfeprüfungsverfahren unter Mitwirkung des RA ein Vergleich geschlossen, so entsteht eine 13/10 Vergleichsgebühr. Darüber hinaus erhält der RA 5/10 der in § 31 BRAGO bestimmten Gebühren, die sich nunmehr auf 6,5/10 erhöhen.

- **Beispiel 176**

*Dem Kläger war erstinstanzlich Prozeßkostenhilfe bewilligt und ihm RA X beigeordnet worden. Der Klage über 10.000,00 DM wurde in Höhe von 6.000,00 DM stattgegeben. Auftragsgemäß legt RA X hiergegen Berufung ein unter der Voraussetzung, daß dem Kläger auch für das Berufungsverfahren Prozeßkostenhilfe bewilligt wird. Für den Antragsgegner meldet sich RA Y und beantragt, das PKH-Gesuch zurückzuweisen. Im Termin zur mündlichen Verhandlung wird die Sach- und Rechtslage erörtert und die Parteien vergleichen sich derart, daß der Beklagte weitere 2.000,00 DM an den Kläger zahlt und sämtliche Kosten der zweiten Instanz gegeneinander aufgehoben werden. Die beteiligten Anwälte können folgende Gebührenrechnungen erstellen:*

| | |
|---|---|
| *Gegenstandswert: 4.000,00 DM* | |
| *6,5/10 §§ 11, 31 I Nr. 1, 51 BRAGO* | *172,30 DM* |
| *6,5/10 §§ 11, 31 I Nr. 4, 51 BRAGO* | *172,30 DM* |
| *13/10 §§ 11, 23 I 3 BRAGO* | *344,50 DM* |
| *Auslagen § 26 BRAGO* | *40,00 DM* |
| *Zwischensumme netto* | *729,10 DM* |
| *zzgl. MwSt. (§ 25 II BRAGO)* | |

Aus § 51 I 2 BRAGO folgt, daß im Prozeßkostenhilfeprüfungsverfahren die Vorschriften des §§ 32, 33 I, II BRAGO nicht gelten. Dadurch will der Gesetzgeber verhindern, daß dem RA, der beauftragt ist, für seinen Mandanten das Verfahren über die Prozeßkostenhilfe einzuleiten für den Fall einer **vorzeitigen Beendigung** des Auftrags, bzw. einer **nichtstreitigen Verhandlung** im **Prozeßkostenhilfeprüfungsverfahren** lediglich eine 2,5/10 Gebühr entsteht. Mithin erhält der RA erstinstanzlich 5/10 der vollen Gebühr, soweit der Auftrag endigt, bevor der RA des Antragstellers den **Prozeßkostenhilfeantragsschriftsatz** bei Gericht eingereicht hat.

**vorzeitige Beendigung**

**Prozeß-kostenhilfe-antrags-schriftsatz**

• **Beispiel 177**

*Der RA erhält den Auftrag, für ein beabsichtigtes Klageverfahren über 10.000,00 DM ein Verfahren über die Prozeßkostenhilfe einzuleiten.*

*Bevor er den Schriftsatz bei Gericht einreicht, setzt der RA sich fernmündlich mit dem Gegner in Verbindung. Im Rahmen des Telefonates wird die Sach- und Rechtslage ausführlich erörtert. Daraufhin erklärt der Gegner, er sei bereit, vergleichsweise 6.000,00 DM zu zahlen. Der RA bespricht diesen Vorschlag mit dem Mandanten, der damit einverstanden ist, so daß der Vergleich zustande kommt und der RA gegenüber dem Mandanten folgende Gebühren berechnen kann:*

| | |
|---|---|
| *Gegenstandswert: 10.000,00 DM* | |
| *5/10 §§ 11, 31 I Nr. 1, 51 I BRAGO* | *297,50 DM* |
| *10/10 §§ 11, 23 I 3 BRAGO* | *595,00 DM* |
| *Auslagen § 26 BRAGO* | *40,00 DM* |
| *Zwischensumme netto* | *932,50 DM* |
| *zzgl. MwSt. (§ 25 II BRAGO)* | |

Eine Minderung des Gebührenanspruchs des RA im Verfahren über die Prozeßkostenhilfe findet auch dann nicht statt, soweit hier nur eine **nichtstreitige Verhandlung** stattfindet (§ 51 I 2 BRAGO).

**nichtstreitige Verhandlung**

• **Beispiel 178**

*Auftragsgemäß reicht der RA einen Schriftsatz bei Gericht ein mit dem Begehren, für ein in Aussicht stehendes Klageverfahren mit einem Streitwert von 20.000,00 DM Prozeßkostenhilfe zu bewilligen. Der RA des Antragsgegners bestellt sich und trägt schriftsätzlich vor, daß er zu dem Prozeßkostenhilfebegehren keine Erklärung abgeben werde. Im Termin zur mündlichen Verhandlung beantragen die beteiligten Rechtsanwälte das Ruhen des Verfahrens anzuordnen, da zwischen den Parteien Vergleichsverhandlungen anhängig sind. Im weiteren Verlauf teilt der RA des Antragstellers dem Gericht mit, daß das Verfahren sich erledigt habe und nimmt den Prozeßkostenhilfeantrag zurück. Die beteiligten Rechtsanwälte können jeweils folgende Gebühren und Auslagen in Rechnung stellen:*

| | |
|---|---|
| *Gegenstandswert: 20.000,00 DM* | |
| *5/10 §§ 11, 31 I Nr. 1, 51 I BRAGO* | *472,50 DM* |
| *5/10 §§ 11, 33 II, 51 I BRAGO* | *472,50 DM* |
| *10/10 §§ 11, 23 I 3 BRAGO* | *945,00 DM* |
| *Auslagen § 26 BRAGO* | *40,00 DM* |
| *Zwischensumme netto* | *1.930,00 DM* |
| *zzgl. MwSt. (§ 25 II BRAGO)* | |

**selbständiges Beweisverfahren**

**Rechtszug**

Im **selbständigen Beweisverfahren** erhält der RA die in § 31 BRAGO bestimmten Gebühren. Aus § 37 Nr. 3 BRAGO folgt, daß neben dem Verfahren über die Prozeßkostenhilfe auch das selbständige Beweisverfahren zum **Rechtszug** gehört. Damit steht fest, daß beide Verfahren (selbständiges Beweisverfahren und Klageverfahren) nebeneinander dieselbe Angelegenheit darstellen und mithin der in beiden Verfahren beteiligte RA die Gebühren nur einmal fordern kann (§§ 48, 37 Nr. 3, 13 I, II BRAGO).

• **Beispiel 179**

*A hat von dem Gebrauchtwagenhändler B ein Fahrzeug zu einem Preis von 25.000,00 DM erworben. Es stellt sich heraus, daß der Wagen mit Fehlern behaftet ist, die den Wert bzw. die Tauglichkeit derart mindern, daß A die Wandlung des Kaufver-*

*trages begehrt. A beauftragt den RA mit der Einleitung eines selbständigen Beweisverfahrens zum Zwecke der Feststellung, welche Mängel an dem Fahrzeug gegeben sind. Auftragsgemäß reicht der RA einen Schriftsatz ein mit dem Antrag, die schriftliche Begutachtung durch einen Sachverständigen zu veranlassen. Das Gutachten ergibt, daß das Fahrzeug mit Fehlern behaftet ist, welche die Tauglichkeit zu dem gewöhnlichen oder dem nach dem Vertrag vorausgesetzten Gebrauch um 12.000,00 DM mindern. Das Gericht setzt den Streitwert für das selbständige Beweisverfahren daher auf 12.000,00 DM fest.*
*Unter Vorlage des Gutachtens fordert der RA den B mit einem außergerichtlichen Schreiben nach Abschluß des Beweisverfahrens zur Wandlung des Kaufvertrages auf. Weil B sich weigerlich hält, wird er klageweise in Anspruch genommen. B erscheint im Termin zur mündlichen Verhandlung nicht und läßt sich auch nicht anwaltlich vertreten, so daß gegen ihn ein Versäumnisurteil ergeht, welches rechtskräftig wird.*
*Der in beiden Verfahren beteiligte RA kann folgende Gebühren und Auslagen zur Kostenfestsetzung anmelden:*

| | |
|---|---|
| *Gegenstandswert/Streitwert: 12.000,00 DM* | |
| *10/10 §§ 11, 31 I Nr. 1, 48 BRAGO* | *665,00 DM* |
| *10/10 §§ 11, 31 I Nr. 3, 48 BRAGO* | *665,00 DM* |
| *5/10 §§ 11, 33 I BRAGO* | *332,50 DM* |
| *Auslagen § 26 BRAGO* | *40,00 DM* |
| *Zwischensumme netto* | *1.702,50 DM* |
| *zzgl. MwSt. (§ 25 II BRAGO)* | |

**Vergleichsgebühr**

Im Gegensatz zu einem Verfahren über die Prozeßkostenhilfe wird das selbständige Beweisverfahren bezogen auf die **Vergleichsgebühr** in § 23 I 3 BRAGO nicht ausdrücklich erwähnt. Mithin stellt sich die Frage, ob der RA eine 10/10 oder 15/10 Vergleichsgebühr berechnen kann, für die Mitwirkung beim Abschluß eines Vergleiches, den die Parteien nach Durchführung eines selbständigen Beweisverfahrens zur Vermeidung eines Klageverfahrens schließen.

In § 23 I 3 BRAGO findet sich keine Gleichstellung wie beim Prozeßkostenhilfeprüfungsverfahren wegen der Höhe der Vergleichsgebühr, allerdings wird über § 37 Nr. 3 BRAGO bestimmt, daß sowohl das Verfahren über die Prozeßkostenhilfe als auch das selbständige Beweisverfahren bereits zum **Rechtszug** gehören. Schließen die Parteien nach Durchführung eines selbständigen Beweisverfahrens, das bereits zum Rechtszug gehört, einen Vergleich, so ist zwar kein gerichtliches Verfahren mehr anhängig und der Wortlaut des § 23 I 3 BRAGO beschränkt den Gebührenanspruch bezogen auf die Vergleichsgebühr auf eine volle Gebühr, soweit ein gerichtliches Verfahren, bzw. ein Verfahren über die Prozeßkostenhilfe anhängig **ist** und nicht anhängig war. Diese Argumentation liefe allerdings der Intention der Neuregelung des § 23 I BRAGO zuwider, der den Erfolg des RA belohnen will, durch einen **außergerichtlichen Vergleich** ein gerichtliches Verfahren überhaupt zu vermeiden.

**Rechtszug**

**außergerichtlicher Vergleich**

Da das selbständige Beweisverfahren gemäß § 37 Nr. 3 BRAGO bereits zum Rechtszug gehört und mithin ein gerichtliches Verfahren anhängig war, ist entsprechend den Ausführungen beim **Prozeßkostenhilfeverfahren** nur eine volle (erstinstanzlich 10/10) Vergleichsgebühr anzunehmen, soweit der RA an einem Vergleichsabschluß nach Durchführung eines selbständigen Beweisverfahrens mitgewirkt hat und seine Mitwirkung für den Abschluß des Vergleiches ursächlich/mitursächlich war.

**Prozeßkostenhilfeverfahren**

• **Beispiel 180**

*Sachverhalt wie Beispiel 179.*

*Auf das außergerichtliche Anschreiben meldet sich der Verfahrensbevollmächtigte des B beim RA und teilt mit, daß Bereitschaft bestehe, die Angelegenheit zum Zwecke der Vermeidung eines Klageverfahrens derart zu beenden, daß B an den A eine Kaufpreisrückerstattung in Höhe von 11.000,00 DM zahlt und sämtliche Kosten gegeneinander aufgehoben werden. Der Vergleichsvorschlag wird mit dem Mandanten besprochen. A erklärt sich mit der in Aussicht gestellten Minderung einverstanden. Die Kostenrechnung des Verfahrensbevollmächtigten des A sieht nunmehr wie folgt aus:*

| | |
|---|---|
| *Gegenstandswert/Streitwert: 12.000,00 DM* | |
| *10/10 §§ 11, 31 I Nr. 1, 48 BRAGO* | *665,00 DM* |
| *10/10 §§ 11, 31 I Nr. 3, 48 BRAGO* | *665,00 DM* |
| *10/10 §§ 11, 23 I 3 BRAGO* | *665,00 DM* |
| *Auslagen § 26 BRAGO* | *40,00 DM* |
| *Zwischensumme netto* | *2.035,00 DM* |
| *zzgl. MwSt. (§ 25 II BRAGO)* | |

### (2) Einstweiliges Verfügungsverfahren

**einstweilige Verfügung**

**Hauptsacheverfahren**

**besondere Angelegenheiten**

Das Verfahren über einen Antrag auf Anordnung, Abänderung oder Aufhebung eines Arrestes oder einer **einstweiligen Verfügung** gilt als besondere Angelegenheit (§ 40 I BRAGO). Das Verfahren über einen Antrag auf Abänderung oder Aufhebung eines Arrestes oder einer einstweiligen Verfügung bildet mit dem Verfahren über den Antrag auf Anordnung des Arrestes oder der einstweiligen Verfügung eine Angelegenheit (§ 40 II BRAGO). Dadurch ist gesetzlich geregelt, daß der RA, der für seinen Mandanten eine einstweilige Verfügung erwirkt und in dem sich daran anschließenden **Hauptsacheverfahren** ebenfalls beteiligt ist, für beide Verfahren gesonderte Gebühren in Rechnung stellen kann, da es sich um **besondere Angelegenheiten** handelt (§ 40 I BRAGO). Demnach gilt das einstweilige Verfügungsverfahren hinsichtlich der sich anschließenden Hauptsache **nicht** zum **Rechtszug** gehörig, so daß der RA in beiden gerichtlichen Verfahren die Gebühren gesondert fordern kann (§ 13 II BRAGO).

- **Beispiel 181**

*Auftragsgemäß macht der RA einen Unterlassungsanspruch im Wege einer einstweiligen Verfügung bei Gericht anhängig. Da sowohl der Verfügungsanspruch als auch der Verfügungsgrund mittels eidesstattlicher Versicherung des Antragstellers glaubhaft gemacht worden sind, erläßt das zuständige Gericht die einstweilige Verfügung ohne mündliche Verhandlung und setzt den Verfahrenswert auf 90.000,00 DM fest. Über seinen Verfahrensbevollmächtigten läßt der Antragsgegner Widerspruch erheben. Das Gericht beraumt Termin zur mündlichen Verhandlung an, in der streitig verhandelt wird und prä-*

*sente Zeugen vernommen werden. Im Anschluß daran wird die einstweilige Verfügung durch Urteil bestätigt. Nunmehr macht der Verfahrensbevollmächtigte des Antragstellers auftragsgemäß die Hauptsache beim erstinstanzlichen Gericht anhängig. Das Gericht setzt den Wert für das Hauptsacheverfahren auf 160.000,00 DM fest. Im Termin wird die Sach- und Rechtslage zwischen den Parteien im Beisein der Anwälte mit dem Gericht ausführlich erörtert. Im Anschluß daran wird ein Vergleich geschlossen, wonach der Beklagte zur Abgeltung sämtlicher Ansprüche an den Kläger 100.000,00 DM zahlt und sämtliche Verfahrenskosten sowie die Kosten des Vergleiches gegeneinander aufgehoben werden. Der Verfahrensbevollmächtigte des Antragstellers/Klägers kann die nachfolgenden Gebühren und Auslagen in Rechnung stellen:*

- *Einstweilige Verfügung*

| | |
|---|---|
| *Streitwert: 90.000,00 DM* | |
| *10/10 §§ 11, 31 I Nr. 1, 40 I BRAGO* | *1.985,00 DM* |
| *10/10 §§ 11, 31 I Nr. 2, 40 I BRAGO* | *1.985,00 DM* |
| *10/10 §§ 11, 31 I Nr. 3, 40 I BRAGO* | *1.985,00 DM* |
| *Auslagen § 26 BRAGO* | *40,00 DM* |
| *Zwischensumme netto* | *5.995,00 DM* |
| *zzgl. MwSt. (§ 25 II BRAGO)* | |

- *Hauptsacheverfahren*

| | |
|---|---|
| *Streitwert: 160.000,00 DM* | |
| *10/10 §§ 11, 31 I Nr. 1 BRAGO* | *2.445,00 DM* |
| *10/10 §§ 11, 31 I Nr. 4 BRAGO* | *2.445,00 DM* |
| *10/10 §§ 11, 23 I BRAGO* | *2.445,00 DM* |
| *Auslagen § 26 BRAGO* | *40,00 DM* |
| *Zwischensumme netto* | *7.375,00 DM* |
| *zzgl. MwSt. (§ 25 II BRAGO)* | |

Unterstellt, die Parteien hätten unter Mitwirkung des Verfahrensbevollmächtigten des Antragstellers nach Durchführung des einstweiligen Verfügungsverfahrens zur Vermeidung der Hauptsache einen **Vergleich** geschlossen, so ist zu diesem Zeitpunkt kein gerichtliches Verfahren mehr anhängig und **Vergleich**

**außergerichtlicher Vergleich**

durch den Vergleich wird ein weiteres gerichtliches Verfahren, das Hauptsacheverfahren vermieden. Damit liegt ein **außergerichtlicher Vergleich** vor, so daß eine 15/10 Vergleichsgebühr anfällt. Diese Argumentation läßt sich auch mit dem Hinweis bestärken, daß der Gegenstand eines einstweiligen Verfügungsverfahrens und der Gegenstand des sich anschließenden Hauptsacheverfahrens nicht identisch sein müssen. Dadurch wird klargestellt, daß über den Gegenstand der Hauptsache, die durch den Vergleich vermieden wird, kein gerichtliches Verfahren anhängig ist.

- **Beispiel 182**

*Sachverhalt wie Beispiel 181.*
*Nachdem durch Urteil die einstweilige Verfügung bestätigt wurde, erteilt der Mandant dem RA den Auftrag, vor Einleitung der Hauptsache sich mit dem Gegner außergerichtlich in Verbindung zu setzen. Auf das außergerichtliche Aufforderungsschreiben meldet sich der RA des Antragsgegners fernmündlich. Die Sach- und Rechtslage wird eingehend erörtert. Die Verfahrensbevollmächtigten sind sich einig, daß zur Vermeidung der Hauptsache deren Wert einvernehmlich mit 160.000,00 DM angenommen wird, ein Vergleich geschlossen werden sollte und der Antragsgegner an den Antragsteller zur Abgeltung sämtlicher Ansprüche 100.000,00 DM zahlt. Die Kosten des Verfahrens und des Vergleiches sollen gegeneinander aufgehoben werden. Nach Rücksprache mit den Parteien kommt der Vergleich zustande. Die Kostenrechnung der beteiligten Anwälte sehen wie folgt aus:*

- *Einstweilige Verfügung*

*Streitwert: 90.000,00 DM*

| | |
|---|---|
| *10/10 §§ 11, 31 I Nr. 1, 40 I BRAGO* | *1.985,00 DM* |
| *10/10 §§ 11, 31 I Nr. 2, 40 I BRAGO* | *1.985,00 DM* |
| *10/10 §§ 11, 31 I Nr. 3, 40 I BRAGO* | *1.985,00 DM* |
| *Auslagen § 26 BRAGO* | *40,00 DM* |
| *Zwischensumme netto* | *5.995,00 DM* |
| *zzgl. MwSt. (§ 25 II BRAGO)* | |

- *Außergerichtliches Verfahren zur Vermeidung der Hauptsache Gegenstandswert: 160.000,00 DM*

| | |
|---|---|
| *7,5/10 §§ 11, 12, 118 I Nr. 1 BRAGO* | *1.833,80 DM* |
| *7,5/10 §§ 11, 12 118 I Nr. 2 BRAGO* | *1.833,80 DM* |
| *15/10 §§ 11, 23 I BRAGO* | *3.667,50 DM* |
| *Auslagen § 26 BRAGO* | *40,00 DM* |
| *Zwischensumme netto* | *7.375,10 DM* |
| *zzgl. MwSt. (§ 25 II BRAGO)* | |

*(Eine Anrechnung der Geschäftsgebühr gemäß § 118 II BRAGO findet nicht statt, da sich vorliegend ein gerichtliches Verfahren nicht anschließt, weil das einstweilige Verfügungsverfahren als besondere Angelegenheit der außergerichtlichen Tätigkeit vorangegangen ist).*

### (3) Außergerichtliche Vergleichsverhandlungen zwischen den Instanzen

Führt der RA auftragsgemäß nach Abschluß der ersten Instanz außergerichtliche Vergleichsverhandlungen zwischen den Instanzen zur Vermeidung eines **Berufungsverfahrens**, so ist fraglich, ob er eine 10/10, 13/10 oder 15/10 Vergleichsgebühr beanspruchen kann, wenn seine Mitwirkung für den Abschluß des Vergleiches ursächlich/mitursächlich war.

**Berufungsverfahren**

Hierzu wird die Ansicht vertreten, daß bei einer kostenrechtlichen Betrachtung jede Instanz eine selbständige Angelegenheit darstelle (§ 13 II BRAGO), so daß im Anschluß an eine gerichtliche Instanz jeweils eine selbständige, außergerichtliche Angelegenheit folge, die keine der in § 37 BRAGO (Rechtszug) genannten **Nebenhandlungen** darstelle, und daher diese neue Tätigkeit jedenfalls nicht mehr zur erstinstanzlichen Angelegenheit gehöre. Sie sei auch noch nicht Angelegenheit der Berufungsinstanz, da noch kein Berufungsauftrag (auch kein bedingter) erteilt sei. Die Vorschrift des § 23 I 3 BRAGO müsse als **Kostenvorschrift** so ausgelegt werden, daß die Erhöhung der Vergleichsgebühr auf 15/10 anzunehmen sei, weil das gesetzgeberische Ziel, durch den Vergleich jeglichen Prozeß zu vermeiden, erfüllt wird, soweit wenigstens eine

**Nebenhandlungen**

**Kostenvorschrift**

gerichtliche Instanz, nämlich die Berufung, vermieden wird. Außergerichtliche Vergleichsverhandlungen zwischen den Instanzen stellen sich daher als **sonstige Angelegenheit** (§ 118 BRAGO) dar, so daß neben der 15/10 **Vergleichsgebühr** (§ 23 I 1 BRAGO) in der neuen Angelegenheit (Auftrag zur außergerichtlichen Vergleichsverhandlung) für die beteiligten Rechtsanwälte noch die weiteren Gebühren des § 118 I Nr. 1 BRAGO (**Geschäftsgebühr**) sowie § 118 I Nr. 2 BRAGO (**Besprechungsgebühr**) in Betracht kommen. Eine Anrechnung gemäß § 118 II BRAGO findet demnach nicht statt, da hier die gerichtliche Tätigkeit der Tätigkeit nach § 118 BRAGO nicht folgt und Voraussetzung für die Anrechnung der in § 118 I Nr. 1 BRAGO bestimmten Geschäftsgebühr ist, daß diese für eine Tätigkeit außerhalb eines gerichtlichen oder behördlichen Verfahrens entsteht und sich nach außergerichtlicher Tätigkeit nunmehr ein gerichtliches oder behördliches Verfahren anschließt (§ 118 II BRAGO).

**sonstige Angelegenheit**
**Vergleichsgebühr**

**Geschäftsgebühr**
**Besprechungsgebühr**

- **Beispiel 183**

*Der Beklagte wurde in der ersten Instanz nach streitiger Verhandlung und Beweisaufnahme zur Zahlung von 9.000,00 DM verurteilt. Er ist sich nicht schlüssig, ob er gegen das Urteil das Rechtsmittel der Berufung einlegen soll und beauftragt den RA, der ihn bereits in der ersten Instanz vertreten hat, sich mit dem Prozeßbevollmächtigten des Klägers außergerichtlich in Verbindung zu setzen. Die beteiligten Anwälte handeln im Rahmen einer Besprechung einen Vergleich aus, wonach der Beklagte an den Kläger 7.000,00 DM zahlt und die Kosten des Vergleiches gegeneinander aufgehoben werden. Für die beteiligten Anwälte sind folgende Gebühren und Auslagen entstanden:*

- *Klageverfahren*

| | |
|---|---|
| *Streitwert: 9.000,00 DM* | |
| *10/10 §§ 11, 31 I Nr. 1 BRAGO* | *540,00 DM* |
| *10/10 §§ 11, 31 I Nr. 2 BRAGO* | *540,00 DM* |
| *10/10 §§ 11, 31 I Nr. 3 BRAGO* | *540,00 DM* |
| *Auslagen § 26 BRAGO* | *40,00 DM* |
| *Zwischensumme netto* | *1.660,00 DM* |
| *zzgl. MwSt. (§ 25 II BRAGO)* | |

- *außergerichtliche Vergleichsverhandlung*

| | |
|---|---|
| *Gegegenstandswert: 9.000,00 DM* | |
| *7,5/10 §§ 11, 12, 118 I Nr. 1 BRAGO* | *405,00 DM* |
| *7,5/10 §§ 11, 12, 118 I Nr. 2 BRAGO* | *405,00 DM* |
| *15/10 §§ 11, 23 I BRAGO* | *810,00 DM* |
| *Auslagen § 26 BRAGO* | *40,00 DM* |
| *Zwischensumme netto* | *1.680,00 DM* |
| *zzgl. MwSt. (§ 25 II BRAGO)* | |

Dem ist entgegenzuhalten, daß außergerichtliche Vergleichsverhandlungen zum **Rechtszug** gehören (§ 37 Nr. 2 BRAGO). Daraus folgt, daß diese, soweit sie den Gegenstand eines Rechtsstreites betreffen, durch die **Prozeßgebühr** abgegolten werden. Hat der RA **Prozeßauftrag** und führen außergerichtliche Verhandlungen zu einem **Vergleich**, so stellt § 37 Nr. 2 BRAGO klar, daß die außergerichtlichen Vergleichsverhandlungen zum Rechtszug gehören, soweit ein gerichtliches Verfahren anhängig ist und daher neben der Prozeßgebühr erstinstanzlich eine 10/10 Vergleichsgebühr entsteht. Wann die Vergleichsverhandlungen geführt werden, ist unerheblich. Nur der **Auftrag,** den der Prozeßbevollmächtigte von seinem Mandanten erhält, entscheidet über den jeweiligen **Gebührenanspruch**. Wird der RA beauftragt, aufgrund des erstinstanzlichen Urteils zwischen den Instanzen Vergleichsverhandlungen zu führen, so gehört diese Tätigkeit noch zur ersten Instanz und wird durch die in ihr verdiente Prozeßgebühr abgegolten mit der Konsequenz, daß die **Vergleichsgebühr** zusätzlich entsteht, jedoch mit der Maßgabe, daß über den Gegenstand des Vergleiches erstinstanzlich ein gerichtliches Verfahren anhängig war und der Vergleichsabschluß zur Vermeidung der **Berufungsinstanz** für die beteiligten Prozeßbevollmächtigten lediglich eine 10/10 Vergleichsgebühr begründet.

**Rechtszug**
**Prozeßgebühr**
**Prozeßauftrag**
**Vergleich**
**Auftrag**
**Gebührenanspruch**
**Vergleichsgebühr**
**Berufungsinstanz**

- **Beispiel 184**

*Sachverhalt wie Beispiel 183.*
*Die Gebührenrechnung stellt sich nunmehr wie folgt dar:*

| | |
|---|---|
| *Streitwert: 9.000,00 DM* | |
| *10/10 §§ 11, 31 I Nr. 1 BRAGO* | *540,00 DM* |
| *10/10 §§ 11, 31 I Nr. 2 BRAGO* | *540,00 DM* |
| *10/10 §§ 11, 31 I Nr. 3 BRAGO* | *540,00 DM* |
| *10/10 §§ 11, 23 I 3 BRAGO* | *540,00 DM* |
| *Auslagen § 26 BRAGO* | *40,00 DM* |
| *Zwischensumme netto* | *2.200,00 DM* |
| *zzgl. MwSt. (§ 25 II BRAGO)* | |

**Berufung**

Nach Ansicht des Autors ist der in § 37 Nr. 2 BRAGO erwähnte Begriff der außergerichtlichen Vergleichsverhandlungen nicht auf Verhandlungen vor Beginn der ersten Instanz zu beschränken, was noch deutlicher wird, soweit der RA auftragsgemäß bereits **Berufung** eingelegt hat und nunmehr unter Mitwirkung der Verfahrensbevollmächtigten die Parteien einen Vergleich schließen, um die weitere Durchführung des **Berufungsverfahrens** zu vermeiden. Nunmehr liegt ein in der **Berufungsinstanz** geschlossener Vergleich vor und durch § 37 Nr. 2 BRAGO wird klargestellt, daß die nunmehr eingeleiteten außergerichtlichen Vergleichsverhandlungen zum Rechtszug der zweiten Instanz gehören.

- **Beispiel 185**

*Der RA erhebt Klage für seinen Mandanten über 8.000,00 DM. Nach Erörterung der Sach- und Rechtslage, Beweisaufnahme und sich daran anschließender streitiger Verhandlung spricht das Gericht dem Kläger 4.000,00 DM zu. Im übrigen wird die Klage abgewiesen und die Kosten des Rechtsstreits gegeneinander aufgehoben.*
*Auftragsgemäß legt der Prozeßbevollmächtigte des Klägers beim zuständigen Landgericht Berufung ein. Es meldet sich der Prozeßbevollmächtigte des Beklagten. Im Rahmen einer Besprechung im Beisein aller Beteiligten wird ein Vergleich derart geschlossen, daß zur Vermeidung der Weiterführung des Berufungsverfahrens der Beklagte an den Kläger 4.500,00 DM zahlt und sämtliche Verfahrenskosten, auch die des Vergleiches gegeneinander aufgehoben werden. Für den Klägervertreter sind folgende Gebühren und Auslagen entstanden:*

- *erstinstanzliches Verfahren*

| | |
|---|---|
| *Streitwert: 8.000,00 DM* | |
| *10/10 §§ 11, 31 I Nr. 1 BRAGO* | *485,00 DM* |
| *10/10 §§ 11, 31 I Nr. 2, 4, II BRAGO* | *485,00 DM* |
| *10/10 §§ 11, 31 I Nr. 3 BRAGO* | *485,00 DM* |
| *Auslagen § 26 BRAGO* | *40,00 DM* |
| *Zwischensumme netto* | *1.495,00 DM* |
| *zzgl. MwSt. (§ 25 II BRAGO)* | |

- *Berufungsverfahren*

| | |
|---|---|
| *Streitwert: 4.000,00 DM* | |
| *13/10 §§ 11, 31 I Nr. 1 BRAGO* | *344,50 DM* |
| *13/10 §§ 11, 23 I 3 BRAGO* | *344,50 DM* |
| *Auslagen § 26 BRAGO* | *40,00 DM* |
| *Zwischensumme netto* | *729,00 DM* |
| *zzgl. MwSt. (§ 25 II BRAGO)* | |

### (4) Zwangsvollstreckungsverfahren und Vergleichsgebühr

**Zwangsvollstrekkung**
**Vergleichsgebühr**
**Prozeßgebühr**
**Gerichtsvollzieher**

Der RA erhält 3/10 der im § 31 BRAGO bestimmten Gebühren für die Tätigkeit in der **Zwangsvollstreckung** (§ 57 I BRAGO). Die **Vergleichsgebühr** kann auch in dem sich an das Erkenntnisverfahren anschließenden Zwangsvollstreckungsverfahren entstehen und zwar mindestens als volle 10/10 Gebühr, denn eine Ermäßigung findet nicht statt, obwohl die **Prozeßgebühr** in der Zwangsvollstreckung nur eine 3/10 Gebühr ist. Auch hier stellt sich die Frage, ob der RA eine 15/10 Vergleichsgebühr beanspruchen kann, wenn er beim Abschluß eines Vergleiches mitwirkt, soweit das Erkenntnisverfahren (Zivilprozeß) abgeschlossen und mithin über den Gegenstand des Vergleiches kein gerichtliches Verfahren mehr anhängig ist. Es wird die Ansicht vertreten, daß soweit der **Gerichtsvollzieher** als Vollstreckungsorgan tätig ist und ohne Anrufung des Vollstreckungsgerichts ein Vergleich über die zu vollstreckende Forderung geschlossen wird eine 15/10 (§ 23 I 1 BRAGO) entsteht. Diese Ansicht wird damit begründet, daß Aufträge an den Gerichtsvollzieher einem gerichtlichen

Verfahren nicht gleichzusetzen sind, so daß der Vergleichsabschluß in Zwangsvollstreckungsverfahren ein gerichtliches Streitverfahren (z. B. § 776 ZPO) vermeidet und daher der an dem Vergleichsabschluß beteiligte RA eine 15/10 Gebühr beanspruchen könne.

• **Beispiel 186**

*Der RA hat ein rechtskräftiges Endurteil für seinen Mandanten erwirkt, aufgrund dessen der Beklagte insgesamt 36.000,00 DM an den Kläger zu zahlen hat. Nach Abrechnung seiner Gebührenansprüche gegenüber der Rechtsschutzversicherung des Mandanten leitet der RA auftragsgemäß über den zuständigen Gerichtsvollzieher die Zwangsvollstreckung in das bewegliche Vermögen des Beklagten (Schuldners) ein. Der Schuldner verweigert dem Gerichtsvollzieher den Zutritt in seine Wohnung, setzt sich allerdings umgehend mit dem Verfahrensbevollmächtigten des Klägers in Verbindung und teilt mit, daß er bereit sei, insgesamt 30.000,00 DM an den Kläger zu zahlen. Den Inhalt dieses Vergleichsvorschlages teilt der RA seinem Mandanten mit, der sich einverstanden erklärt. Für den RA sind im Zwangsvollstreckungsverfahren die nachstehend berechneten Gebühren und Auslagen entstanden:*

*Gegenstandswert: 36.000,00 DM (§ 57 II BRAGO)*

| | |
|---|---|
| *3/10 §§ 11, 57 I, 58 I BRAGO* | *379,50 DM* |
| *15/10 §§ 11, 23 I 1 BRAGO* | *1.897,50 DM* |
| *Auslagen § 26 BRAGO* | *40,00 DM* |
| *Zwischensumme netto* | *2.317,00 DM* |
| *zzgl. MwSt. (§ 25 II BRAGO)* | |

**Vollstreckungsmaßnahme gerichtliches Verfahren**

**Vollstreckungsorgan**

Demgegenüber wird die Ansicht vertreten, daß jede **Vollstreckungsmaßnahme** sich als **gerichtliches Verfahren** darstelle, da § 57 BRAGO im Bereich des Dritten Abschnitts steht und daher die Vergleichsgebühr nur in Höhe einer vollen (10/10) Gebühr entsteht. Denn in der Zwangsvollstreckung liege die Beantragung staatlichen Zwanges und damit sei dieses Verfahren der Anhängigkeit im Sinne von § 23 I 3 BRAGO gleichzusetzen, auch wenn das **Vollstreckungsorgan** Gerichtsvollzieher nicht Gericht sei.

- **Beispiel 187**

*Sachverhalt wie Beispiel 186.*
*Nach dieser Ansicht würde sich der Gebührenanspruch wie folgt berechnen:*

*Gegenstandswert: 36.000,00 DM (§ 57 II BRAGO)*

| | |
|---|---|
| *3/10 §§ 11, 57 I, 58 I BRAGO* | *379,50 DM* |
| *10/10 §§ 11, 23 I 1 BRAGO* | *1.265,00 DM* |
| *Auslagen § 26 BRAGO* | *40,00 DM* |
| *Zwischensumme netto* | *1.684,50 DM* |
| *zzgl. MwSt. (§ 25 II BRAGO)* | |

Die Entstehung der Vergleichsgebühr setzt auch in der **Vollstreckungsinstanz** voraus, daß der RA beim Abschluß eines Vergleiches (§ 779 BGB) mitgewirkt hat, so daß ein gegenseitiges Nachgeben erkennbar sein muß. Mithin entsteht die Vergleichsgebühr bei einem **Ratenzahlungsvergleich** dann nicht, soweit auf Seiten des Schuldners kein Nachgeben vorliegt. Haben allerdings die Parteien in der Vollstreckungsinstanz einen Ratenzahlungsvergleich abgeschlossen, der ein wirkliches **Nachgeben** des Schuldners enthält, so hat der Gerichtsvollzieher die für den beteiligten RA des Gläubigers entstandene Vergleichsgebühr gegen den Schuldner beizutreiben, wobei es einer Festsetzung dieser Gebühr nicht bedarf.

**Vollstreckungsinstanz**

**Ratenzahlungsvergleich**

**Nachgeben**

- **Beispiel 188**

*Sachverhalt wie Beispiel 186.*
*Der Schuldner meldet sich beim Verfahrensbevollmächtigten des Klägers und teilt mit, daß er gedenke Einwendungen, die den durch das Urteil festgestellten Anspruch selbst betreffen im Wege der Vollstreckungsabwehrklage (§ 767 ZPO) geltend zu machen. Für den Fall, daß der Kläger bereit sei, auf einen Teil des ausgeurteilten Betrages zu verzichten, sei der Schuldner bereit, an den Kläger 30.000,00 DM in monatlichen Raten zu je 2.000,00 DM zu zahlen und sämtliche Verfahrenskosten sowie die Anwaltskosten zu übernehmen. Dieser Vorschlag wird nach Rücksprache mit dem Kläger akzeptiert. Für den RA ist die Vergleichsgebühr entstanden.*

## i. Miterledigen von Ansprüchen, die nicht Gegenstand des jeweiligen gerichtlichen Verfahrens sind

**Prozeßvergleich**

**Kostenrechtsänderungsgesetz**

Werden durch den **Prozeßvergleich** streitige Ansprüche der Parteien neben den anhängigen Ansprüchen miterledigt, die nicht Gegenstand dieses gerichtlichen Verfahrens sind, so wurde nach altem Gebührenrecht in der ersten Instanz eine 10/10 Vergleichsgebühr aus den addierten Gegenstandswerten berechnet. (§ 7 II BRAGO). Seit dem **Kostenrechtsänderungsgesetz** tritt die Beschränkung der Vergleichsgebühr auf die volle (10/10 13/10) Gebühr nur für den Gegenstandswert der anhängigen Ansprüche ein, denn dadurch, daß auch über die in dem gerichtlichen Verfahren nicht anhängigen Ansprüche eine **Einigung** zu gerichtlichem Protokoll genommen wird, werden diese Ansprüche weder anhängig noch rechtshängig. Daher kann der RA verschiedene Gebührensätze

- 15/10 (nicht anhängige streitige Ansprüche)
- 10/10 13/10 (gerichtlich anhängige Ansprüche)

**Gesamtbetrag höchster Gebührensatz**

in Rechnung stellen, jedoch insgesamt nicht mehr als die sich aus dem **Gesamtbetrag** der Wertteile nach dem **höchsten Gebührensatz** (15/10) berechnete Gebühr (§ 13 III BRAGO).

**Differenz-Prozeßgebühr**

**Protokoll**

Unverändert geblieben ist die Berechnung der **Differenz-Prozeßgebühr** (§ 32 II BRAGO). Danach erhält der RA nur eine halbe (5/10 13/20) Differenz-Prozeßgebühr, soweit lediglich beantragt ist, eine Einigung der Parteien zu **Protokoll** zu nehmen (§ 32 II BRAGO). Diese Vorschrift bezieht sich nicht auf den Fall, daß eine Einigung über die in dem gerichtlichen Verfahren anhängigen Ansprüche protokolliert wird, sondern darauf, daß die Protokollierung eine Einigung über andere, nicht in dem jeweiligen gerichtlichen Verfahren anhängigen Ansprüche betrifft.

Im Zwischenergebnis bleibt festzustellen, daß soweit sich die Parteien auf einen höheren Betrag vergleichen als dieser klageweise geltend gemacht wird, weil noch im Hintergrund stehende, in dem jeweiligen Prozeßverfahren nicht anhängige

Ansprüche miterledigt werden, sind Besonderheiten bei der **Vergleichsgebühr** und der **Prozeßgebühr** zu beachten. **Vergleichsgebühr** **Prozeßgebühr**
Es wird nunmehr dargestellt, welche Grundsätze gelten, soweit die Parteien – je nach **Verfahrensstand** – einen Vergleich über anhängige und nicht anhängige Gegenstände schließen. **Verfahrensstand**

### (1) Verfahren über die Prozeßkostenhilfe (§ 51 BRAGO)

Im **Prozeßkostenhilfeprüfungsverfahren** erhält der RA 5/10 der in § 31 BRAGO bestimmten Gebühren. Die Vorschriften des § 32 BRAGO und des § 33 I, III BRAGO gelten nicht (§ 51 I 1, 3 BRAGO). **Prozeßkostenhilfeprüfungsverfahren**

Werden in einem gerichtlichen Vergleich außer dem **Streitgegenstand** auch nicht anhängige Ansprüche verglichen, so entsteht die **Vergleichsgebühr** nach dem Wert der letzteren zu 15/10 der vollen Gebühr, nach dem Wert des **Streitgegenstandes** in Höhe der vollen (erstinstanzlich 10/10) Gebühr. Die einheitliche Vergleichsgebühr ist dabei nach § 13 III BRAGO zu bilden. **Vergleichsgebühr**

Darüber hinaus entsteht über den Wert der nicht anhängigen Ansprüche eine halbe (erstinstanzlich 5/10) **Differenz-Prozeßgebühr** (§ 32 II BRAGO). **Differenz-Prozeßgebühr**

Soweit § 51 I 3 BRAGO bestimmt, daß die Vorschrift des § 32 BRAGO nicht gilt, ist fraglich, ob der Gesetzgeber für den Fall, daß die Parteien in den **Prozeßvergleich** im Rahmen des Prozeßkostenhilfeprüfungsverfahrens auch Ansprüche mit einbeziehen, die nicht Gegenstand dieses gerichtlichen Verfahrens sind, den Anspruch des RA auf eine halbe Prozeßgebühr (**Differenz-Prozeßgebühr**) nach dem Wert der mitverglichenen, nicht anhängigen Ansprüche ausschließen wollte. Dem ist entgegenzuhalten, daß gesetzgeberisches Motiv des § 51 I 3 BRAGO ist, eine **Gebührenreduktion** von einer 5/10 Gebühr auf eine 2,5/10 Gebühr zu vermeiden. Mithin entsteht im Prozeßkostenhilfeprüfungsverfahren bei einer vorzeitigen Beendigung des Auftrags die halbe (erstinstanzlich 5/10) Prozeßgebühr ebenso wie die 5/10 Verhandlungsgebühr bei einer **Prozeßvergleich** **Gebührenreduktion**

nichtstreitigen Verhandlung oder einer Verhandlung nur über die Prozeß- oder Sachleitung.
Soweit die Parteien in dem Prozeßkostenhilfeprüfungsverfahren in einem gerichtlichen Vergleich außer dem Streitgegenstand auch nicht anhängige Ansprüche mitvergleichen, so wird durch § 51 I 3 BRAGO aber nicht die Anwendung des § 32 II BRAGO ausgeschlossen, so daß für den RA bezogen auf den Wert der nicht anhängigen Ansprüche eine 5/10 Differenz-Prozeßgebühr entsteht.

- **Beispiel 189**

*Auftragsgemäß reicht der RA einen Schriftsatz ein und begehrt für seinen Mandanten die Bewilligung von Prozeßkostenhilfe für ein sich anschließendes Klageverfahren über 14.000,00 DM, soweit Prozeßkostenhilfe bewilligt und der RA beigeordnet wird. Für den Antragsgegner meldet sich dessen Verfahrensbevollmächtigter und beantragt schriftsätzlich, den Antrag zurückzuweisen. Im Termin über die Bewilligung der Prozeßkostenhilfe wird im Beisein der Parteien mit dem Gericht die Sach- und Rechtslage ausführlich erörtert. Der RA des Antragstellers erteilt den Hinweis, daß sich sein Mandant weiterer Ansprüche in Höhe von 10.000,00 DM berühmt, die er je nach Ausgang des vorliegenden Verfahrens gedenke zum Gegenstand eines weiteren Prozeßkostenhilfe- bzw. Klageverfahrens zu machen. Nunmehr wird die Sach- und Rechtslage erneut ausführlich erörtert. Auf Vorschlag des Gerichts schließen die Parteien unter Mitwirkung der beteiligten Anwälte einen Vergleich, wonach der Antragsgegner an den Antragsteller insgesamt 16.000,00 DM zahlt. Hiermit sind sämtliche Ansprüche zwischen den Parteien, auch die nicht anhängigen 10.000,00 DM erledigt. Die Kosten des Verfahrens und des Vergleiches werden gegeneinander aufgehoben.*

*Gegenstandswert: 14.000,00 DM*

| | |
|---|---|
| *5/10 §§ 11, 31 I Nr. 1, 51 I BRAGO* | *367,50 DM* |
| *5/10 §§ 11, 31 I Nr. 4, 51 I BRAGO* | *367,50 DM* |
| *10/10 §§ 11, 23 I 3, 51 I BRAGO 735,00 DM* | *735,00 DM* |

| | | |
|---|---|---|
| *Gegenstandswert: 10.000,00 DM* | | |
| *15/10 §§ 11, 23 I 1, 13 III, V BRAGO* | | |
| | *892,50 DM* | |
| | *1.627,50 DM* | |
| *(Grenze 15/10 aus 24.000,00 DM = 1.537,50 DM)* | *1.537,50 DM* | |
| | *./. 735,00 DM* | |
| | *802,50 DM* | *802,50 DM* |
| *5/10 §§ 11, 32 II, 51 I, 13 III, V BRAGO* | | *297,50 DM* |
| | | *665,00 DM* |
| *(Grenze 5/10 aus 24.000,00 DM = 512,50 DM)* | *512,50 DM* | |
| | *./. 367,50 DM* | |
| *145,00 DM* | | *145,00 DM* |
| *Auslagen § 26 BRAGO* | | *40,00 DM* |
| *Zwischensumme netto* | | *2.457,50 DM* |
| *zzgl. MwSt. (§ 25 II BRAGO)* | | |

### (2) Erstinstanzliches Klageverfahren

**Klageverfahren**

**Vergleichsgebühr**

Wird im Rahmen eines **Klageverfahrens** ein Vergleich über anhängige und nicht anhängige Gegenstände geschlossen, so entsteht die **Vergleichsgebühr** nach dem Wert der mitverglichenen, nicht anhängigen Ansprüche zu 15/10 der vollen Gebühr nach dem Wert des **Streitgegenstandes** in Höhe der vollen (erstinstanzlich 10/10) Gebühr. Die einheitliche Vergleichsgebühr ist dabei nach § 13 III BRAGO zu bilden.

**Differenz-Prozeßgebühr**

**Protokoll**

Unverändert geblieben ist die Berechnung der **Differenz-Prozeßgebühr** (§ 32 II BRAGO). Danach erhält der RA nur eine halbe (erstinstanzlich) 5/10 Prozeßgebühr, soweit lediglich beantragt ist, eine Einigung der Parteien zu **Protokoll** zu nehmen. Die Gebühr des § 32 II BRAGO ergänzt § 31 I Nr. 1 BRAGO wegen der Höhe der Prozeßgebühr. Denn allein dadurch, daß auch über die nicht anhängigen Ansprüche eine Einigung zu einem gerichtlichen Protokoll genommen wird, werden diese Ansprüche nicht anhängig. Über § 32 II BRAGO wird aber dafür Sorge getragen, daß bezogen auf den

**Prozeßbevollmächtigter**

**Begrenzungsvorschrift**

mitverglichenen, nicht anhängigen Gegenstand der **Prozeßbevollmächtigte**, der an der Einigung mitgewirkt hat, eine halbe (erstinstanzlich) 5/10 Differenz-Prozeßgebühr erhält. Auch insoweit gilt die **Begrenzungsvorschrift** (§ 13 II BRAGO), wonach insgesamt nicht mehr in Rechnung gestellt werden darf als der Betrag, der sich aus dem gesamten Gegenstandswert gemäß dem höchsten Gebührensatz der sich widerstreitenden Gebühren (10/10 aus § 31 I Nr. 1 BRAGO und 5/10 aus § 32 II BRAGO) ergibt.

- **Beispiel 190**

*A klagt auf Zahlung von 5.000,00 DM. Nach streitiger Verhandlung und Beweisaufnahme vergleichen sich die Parteien derart, daß der Beklagte insgesamt 9.000,00 DM an den Kläger zahlt. Verglichen werden sowohl die Klageforderung als auch ein Betrag in Höhe von 10.000,00 DM, der zwischen den Parteien außergerichtlich im Streit ist.*

| | | |
|---|---|---|
| *Streitwert: 5.000,00 DM* | | |
| *10/10 §§ 11, 31 I Nr. 1 BRAGO* | | *320,00 DM* |
| *10/10 §§ 11, 31 I Nr. 2 BRAGO* | | *320,00 DM* |
| *10/10 §§ 11, 31 I Nr. 3 BRAGO* | | *320,00 DM* |
| *10/10 §§ 11, 23 I 3 BRAGO* | *320,00 DM* | *320,00 DM* |
| *Streitwert: 10.000,00 DM* | | |
| *15/10 §§ 11, 23 I 1 BRAGO* | *892,50 DM* | |
| | *1.212,50 DM* | |
| *(Grenze 15/10 aus 15.000,00 DM = 1.207,50 DM)* | *1.207,50 DM* | |
| | *./. 320,00 DM* | |
| | *887,50 DM* | *887,50 DM* |
| *5/10 §§ 11, 32 II, 13 III BRAGO* | *297,50 DM* | *297,50 DM* |
| | *320,00 DM* | |
| *(Grenze 10/10 aus 15.000,00 DM = 805,00 DM)* | *617,50 DM* | |
| *Auslagen § 26 BRAGO* | | *40,00 DM* |
| *Zwischensumme netto* | | *2.505,00 DM* |
| *zzgl. MwSt. (§ 25 II BRAGO)* | | |

**Differenz-Prozeßgebühr Vergleichsgebühr**

Zu beachten ist, daß die **Differenz-Prozeßgebühr** vom Entstehen der **Vergleichsgebühr** unabhängig ist. Sie entfällt auch dann nicht, soweit der angestrebte Vergleich nicht zustande kommt. Anders als die Vergleichsgebühr ist die Differenz-Prozeßgebühr keine Erfolgsgebühr, sondern eine **Tätigkeitsgebühr**, d. h. eine Gebühr für das Betreiben des Geschäfts. Folglich genügt für das Entstehen der Differenz-Prozeßgebühr ein entsprechend eingeschränkter **Prozeßauftrag** des Mandanten, mit dem **Antrag** des Rechtsanwalts an das Gericht, eine **Einigung** der Parteien zu **Protokoll** zu nehmen. Ob es zu einem Vergleich kommt, ist unerheblich.

**Tätigkeitsgebühr**

**Prozeßauftrag**

• **Beispiel 191**

*B klagt auf Zahlung von 5.000,00 DM. Nach Erörterung der Sach- und Rechtslage wird ein Widerrufsvergleich geschlossen, wonach der Beklagte insgesamt 9.000,00 DM an den Kläger zahlt. Verglichen werden die Klageforderung und ein Betrag in Höhe von 10.000,00 DM, der zwischen den Parteien außergerichtlich im Streit ist. Der Vergleich wird widerrufen. Im nächsten Termin werden Zeugen vernommen. Die beteiligten Anwälte verhandeln streitig auch zum Ergebnis der Beweisaufnahme. Das Gericht gibt der Klage in vollem Umfang statt.*
*Der Klägervertreter kann folgende Gebühren und Auslagen zur Kostenfestsetzung anmelden:*

| | |
|---|---|
| *Streitwert: 5.000,00 DM* | |
| *10/10 §§ 11, 31 I Nr. 1 BRAGO* | *320,00 DM* |
| *10/10 §§ 11, 31 I Nr. 2, 4, II BRAGO* | *320,00 DM* |
| *10/10 §§ 11, 31 I Nr. 3 BRAGO* | *320,00 DM* |
| *Streitwert: 10.000,00 DM* | |
| *5/10 §§ 11, 32 II, 13 III BRAGO* | *297,50 DM* |
| *(Grenze 10/10 aus 15.000,00 DM = 805,00 DM)* | |
| *Auslagen § 26 BRAGO* | *40,00 DM* |
| *Zwischensumme netto* | *1.297,50 DM* |
| *zzgl. MwSt. (§ 25 II BRAGO)* | |

**Differenz-Prozeßgebühr Prozeßverfahren**

Umstritten ist die Frage, ob dem Prozeßbevollmächtigten die **Differenz-Prozeßgebühr** auch dann zusteht, soweit in dem **Klageverfahren** ein Vergleich geschlossen wird, der Gegenstände mit einbezieht, die in einem anderen **Prozeßverfahren** bereits anhängig sind.
Es wird die Ansicht vertreten, daß dem Prozeßbevollmächtigten keine zusätzliche halbe Differenz-Prozeßgebühr (§ 32 II BRAGO) entsteht, weil Ansprüche mitverglichen werden, die bereits Gegenstand eines anderen **Rechtsstreits** sind, so daß der Prozeßbevollmächtigte für diesen Rechtsstreit bereits die volle (erstinstanzlich 10/10) Prozeßgebühr wegen der dort anhängigen Ansprüche verdient hat.

**Klageverfahren Angelegenheiten**

**Rechtszug**

**Protokoll**

Diese Ansicht überzeugt deshalb nicht, da es sich bei den verschiedenen **Klageverfahren** um gebührenrechtlich selbständige **Angelegenheiten** handelt (§ 13 II BRAGO) und eine Anrechnung der Prozeßgebühren nicht vorgesehen ist. Gemäß § 13 II BRAGO kann der RA in gerichtlichen Verfahren die Gebühren in jedem **Rechtszug** gesondert fordern, mithin entstehen die Gebühren in jeder selbständigen Angelegenheit ohne Rücksicht auf die Entstehung gleichartiger Gebühren in anderen Angelegenheiten. Darüber hinaus ergibt der Wortlaut des § 13 II BRAGO, daß für die Entstehung der Differenz-Prozeßgebühr es ausreichend ist, soweit der RA lediglich beantragt, eine Einigung der Parteien zu **Protokoll** zu nehmen. Der Gesetzgeber hat keine Einschränkung dahingehend vorgenommen, daß der Gegenstand der Einigung überhaupt nicht gerichtlich anhängig sein dürfe, wohingegen bei der Vergleichsgebühr in § 23 I 3 BRAGO wegen der Höhe darauf abgestellt wird, ob der Vergleich außerhalb eines gerichtlichen Verfahrens (15/10) oder im Rahmen eines gerichtlichen Verfahrens (volle Gebühr 10/10 13/10) abgeschlossen wird. Mithin ist nach diesseitiger Ansicht eine Beschränkung der Anwendung des § 32 II BRAGO auf gerichtlich bis dahin nicht anhängige Gegenstände weder dem Wortlaut noch dem Zweck der Vorschrift zu entnehmen.

- **Beispiel 192**

*Auftragsgemäß erhebt der RA Klage für seinen Mandanten C auf Zahlung von 5.000,00 DM vor dem Amtsgericht in Witten. Gegen denselben Beklagten erhebt er im weiteren Verlauf Klage vor dem Amtsgericht in Bochum über 10.000,00 DM. Nach streitiger Verhandlung und Beweisaufnahme vor dem Amtsgericht in Witten vergleichen sich die Parteien derart, daß der Beklagte insgesamt 9.000,00 DM an den Kläger zahlt. Verglichen werden beide Klageforderungen und des weiteren wird vereinbart, daß der Kläger die Klage vor dem Amtsgericht Bochum zurücknimmt und der Beklagte keinen Kostenantrag stellen wird. Die Kosten der Verfahren und des Vergleiches werden gegeneinander aufgehoben.*

- *Amtsgericht Witten*

| | | |
|---|---|---|
| *Streitwert: 5.000,00 DM* | | |
| *10/10 §§ 11, 31 I Nr. 1 BRAGO* | | *320,00 DM* |
| *10/10 §§ 11, 31 I Nr. 2 BRAGO* | | *320,00 DM* |
| *10/10 §§ 11, 31 I Nr. 3 BRAGO* | | *320,00 DM* |
| *10/10 §§ 11, 23 I 3 BRAGO* | *320,00 DM* | *320,00 DM* |
| | | |
| *Streitwert: 10.000,00 DM* | | |
| *15/10 §§ 11, 23 I 1, 13 III BRAGO* | | |
| | *892,50 DM* | |
| | *1.212,50 DM* | |
| *Grenze 15/10 aus 15.000,00 DM = 1.207,50 DM)* | *1.207,50 DM* | |
| | *./. 320,00 DM* | |
| | *887,50 DM* | *887,50 DM* |
| *5/10 §§ 11, 32 II, 13 III BRAGO* | | *297,50 DM* |
| *(Grenze 10/10 aus 15.000,00 DM = 805,00 DM)* | | |
| *Auslagen § 26 BRAGO* | | *40,00 DM* |
| *Zwischensumme netto* | | *2.505,00 DM* |
| *zzgl. MwSt. (§ 25 II BRAGO)* | | |

- *Amtsgericht Bochum*

| | |
|---|---|
| *Streitwert: 10.000,00 DM* | |
| *10/10 §§ 11, 31 I Nr. 1 BRAGO* | *595,00 DM* |
| *Auslagen § 26 BRAGO* | *40,00 DM* |
| *Zwischensumme netto* | *635,00 DM* |
| *zzgl. MwSt. (§ 25 II BRAGO)* | |

### (3) Berufungsverfahren

**Berufungsgericht**
**Prozeßvergleich**
**Begrenzungsvorschrift**

Bei Einbeziehung bisher nicht anhängiger Ansprüche in einem, vor dem **Berufungsgericht** geschlossenen **Prozeßvergleich** besteht Streit über die Höhe der **Vergleichsgebühr**. Es wird die Ansicht vertreten, daß nach dem Wert der nicht anhängigen Ansprüche eine 19,5/10-Vergleichsgebühr und nach dem Wert, der in der Berufungsinstanz anhängigen Ansprüche eine 13/10 Vergleichsgebühr entstehe, unter Beachtung der **Begrenzungsvorschrift** des § 13 III BRAGO.

**Berufungsverfahren**
**Berufungsinstanz**

Diese Ansicht wird mit dem Hinweis begründet, daß die Höhe der vollen Gebühr, an der sich auch § 23 I 1 BRAGO orientiere, durch § 11 I 1–3 BRAGO bestimmt werde. Die sich daraus ergebenden Gebühren erhöhen sich nach § 11 I 4 BRAGO im **Berufungsverfahren** um 3/10. Wenn der RA am Abschluß eines Prozeßvergleiches vor einem Berufungsgericht mitwirke, werde er dabei „im Berufungsverfahren" tätig, soweit in der Berufungsinstanz auch bisher nicht anhängige Ansprüche mitverglichen werden. Dokumentiert wird wie folgt: Die volle Vergleichsgebühr der Berufungsinstanz ist die 13/10 Gebühr; nach § 23 I 1 BRAGO erhält der RA die Vergleichsgebühr für nicht anhängige Gegenstände in Höhe von 15/10 der vollen Gebühr, in der **Berufungsinstanz** also 15/10 von 13/10 = 19,5/10. Auch insoweit findet die Begrenzungsvorschrift (§ 13 III BRAGO) Anwendung.
Diese Ansicht übersieht, daß durch den Vergleich über anhängige und nicht anhängige Gegenstände, entsprechend den Ausführungen zum erstinstanzlichen Klageverfahren, es auch im Berufungsverfahren nicht dazu kommt, daß die miterledigten, nicht anhängigen Gegenstände nunmehr „im Berufungsverfahren" anhängig sind. Wäre das der Fall, so könnte die

Vergleichsgebühr im übrigen nur wegen der zu addierenden Streitgegenstände und gemäß § 11 I 4 BRAGO nur in Höhe von 13/10 entstehen.
Daher gilt nach diesseitiger Ansicht, daß soweit in der Berufungsinstanz vergleichsweise auch Ansprüche miterledigt werden, die außergerichtlich im Streit sind, die **Vergleichsgebühr** wegen dieser Ansprüche zu 15/10 (§ 23 I 1 BRAGO) entsteht.

**Vergleichsgebühr**

- **Beispiel 193**

*Erstinstanzlich wird die Klage über 10.000,00 DM abgewiesen. Auftragsgemäß legt hiergegen der Prozeßbevollmächtigte des Klägers Berufung ein. Im Termin wird die Sach- und Rechtslage mit den beteiligten Anwälten erörtert und ein Zeuge vernommen. Im Anschluß daran einigen sich die Parteien derart, daß der Beklagte an den Kläger 11.000,00 DM zahlt. Verglichen werden die in der Berufungsinstanz anhängigen Ansprüche und ein Betrag in Höhe von 12.000,00 DM, der zwischen den Parteien außergerichtlich im Streit ist. Die Kosten der Verfahren sowie des Vergleiches werden gegeneinander aufgehoben. Die Kostenrechnung des Klägervertreters bezogen auf das Berufungsverfahren sieht wie folgt aus:*

| | | |
|---|---|---|
| *Streitwert: 10.000,00 DM* | | |
| *13/10 §§ 11, 31 I Nr. 1 BRAGO* | | *773,50 DM* |
| *13/10 §§ 11, 31 I Nr. 4 BRAGO* | | *773,50 DM* |
| *13/10 §§ 11, 23 I 3 BRAGO* | *773,50 DM* | *773,50 DM* |
| *Streitwert: 12.000,00 DM* | | |
| *15/10 §§ 11, 23 I 1 BRAGO* | *864,50 DM* | |
| | *1.638,00 DM* | |
| *(Grenze 15/10 aus 22.000,00 DM = 1.537,50 DM)* | *1.537,50 DM* | |
| | *./. 773,50 DM* | |
| | *764,00 DM* | *764,00 DM* |

| | | |
|---|---|---|
| 13/20 §§ 11, 32 II, 13 III BRAGO | 432,30 DM | 432,30 DM |
| *(Grenze 13/10 aus 22.000,00 DM = 1.332,50 DM)* | *773,50 DM* | |
| | *1.205,80 DM* | |
| *Auslagen § 26 BRAGO* | | *40,00 DM* |
| *Zwischensumme netto* | | *3.556,80 DM* |
| *zzgl. MwSt. (§ 25 II BRAGO)* | | |

**Gesamtvergleich**

Werden zwischen den Parteien mehrere Rechtsstreite, die in verschiedenen Instanzen anhängig sind, durch einen **Gesamtvergleich** erledigt, so ist die **Vergleichsgebühr** teils nach dem Gebührensatz der höheren und teils nach dem, der unteren Instanz zu berechnen, wobei auch hier die Begrenzungsvorschrift (§ 13 III BRAGO) Anwendung findet.

- **Beispiel 194**

*Vor dem Gericht des ersten Rechtszuges wird ein Gesamtvergleich geschlossen über die in dieser Instanz verbliebenen 8.000,00 DM, nach Berufung gegen ein Teilurteil im Berufungsrechtszug befindlichen 12.000,00 DM und weiterer bisher nicht anhängiger 5.000,00 DM. Bezogen auf die Vergleichsgebühren gilt nunmehr folgendes:*

| | |
|---|---|
| *10/10 aus 8.000,00 DM* | *485,00 DM* |
| *13/10 aus 12.000,00 DM* | *864,50 DM* |
| *15/10 aus 5.000,00 DM* | *480,00 DM* |
| *Summe* | *1.829,50 DM* |
| *(Grenze 15/10 aus 25.000,00 DM = 1.537,50 DM)* | |

*Gemäß § 13 III BRAGO können daher insgesamt nur 1.537,50 DM an Vergleichsgebühren in Rechnung gestellt werden.*

# 9. Kapitel

## Kostenrechtliche Besonderheiten beim Mahnverfahren sowie im Urkunden- und Wechselprozeß

### 1. Mahnverfahren

#### a. Einleitung

Der Gebührenanspruch des RA für die Tätigkeit im **Mahnverfahren** ergibt sich aus § 43 BRAGO. Zu differenzieren ist zwischen dem Gebührenanspruch des RA des Antragstellers und des Antragsgegners.

**Mahnverfahren**

Der **Gegenstandswert/Streitwert** der Gebühren im Mahnverfahren ergibt sich aus der, mit dem Antrag auf Erlaß eines Mahnbescheides geltend gemachten **Hauptforderung**. Zinsen und Kosten, die als **Nebenforderungen** in Anhängigkeit zur Hauptforderung geltend gemacht werden, bleiben bei der Berechnung des Gegenstandswertes unberücksichtigt (§ 4 I ZPO, § 22 I GKG).

**Gegenstandswert**
**Streitwert**
**Hauptforderung**
**Nebenforderungen**

Eine Besonderheit gilt bei den **Gerichtsgebühren**. Der **Mahnbescheid** soll erst nach Zahlung der dafür vorgesehenen Gebühr erlassen werden (§ 65 III 1 GKG). Diese Vorschrift gilt für herkömmliche Mahnverfahren. Wird der Mahnbescheid maschinell erstellt **(EDV-Mahnverfahren)**, gilt die Verpflichtung zur Zahlung der erforderlichen Gebühr erst für den Erlaß des **Vollstreckungsbescheides** (§ 65 III 2 GKG).

**Gerichtsgebühren**
**Mahnbescheid**

**EDV-Mahnverfahren**
**Vollstreckungsbescheid**

In beiden Fällen errechnet sich die Höhe der einzuzahlenden Gebühr wie folgt:

**Kostenverzeichnis**
**Gerichtskosten-gesetz**

Gemäß § 11 I 1 GKG werden Kosten nach dem **Kostenverzeichnis** der Anlage 1 zum **Gerichtskostengesetz** (GKG) erhoben. Unter der laufenden Nr. 1100 der Anlage 1 zu § 11 I GKG ist geregelt, daß für die Entscheidung über den **Antrag** auf Erlaß eines Mahnbescheides der Gebührenbetrag in DM oder der Satz der Gebühr nach § 11 II GKG eine 0,5 Gebühr beträgt. Gemäß § 11 II GKG richten sich die Gebühren nach dem Wert des Streitgegenstandes (**Streitwert**), soweit nichts anderes bestimmt ist. Aus § 11 II 4 GKG folgt,

**Gebührentabelle**

daß in der Anlage 2 zum GKG eine **Gebührentabelle** für Streitwerte bis 1.000.000,00 DM beigefügt ist. Demnach ergibt sich bei einem z. B. angenommenen Streitwert in Höhe von 10.000,00 DM und einer nach den genannten Vorschriften

**Gerichtskosten-vorschuß**

einzuzahlenden 0,5 Gebühr ein **Gerichtskostenvorschuß** in Höhe von 117,50 DM.

**Kostenrechts-änderungsgesetz**
**Zustellungs-auslagen**

Durch das **Kostenrechtsänderungsgesetz** (1994) gilt, daß **Zustellungsauslagen** (11,00 DM je Zustellung) nur noch erhoben werden, soweit die Kosten für Zustellungen innerhalb eines Verfahrens einen Betrag von 100,00 DM übersteigen.

**Verfahrensgebühr**

**Überweisungs-träger**
**Mahnverfahrens-gebühr**

Die **Verfahrensgebühr** für den Antrag auf Erlaß eines Mahnbescheides entsteht auch im EDV-Mahnverfahren bereits mit der Antragstellung, wird jedoch erst später mit vorbereiteten **Überweisungsträgern** vom Gericht angefordert. Antragsrücknahmen oder Streitwertermäßigungen haben auf die **Mahnverfahrensgebühr** keinen Einfluß.

**Widerspruch**

**Gerichtskosten-vorschuß**

Legt der Antragsgegner gegen den Mahnbescheid **Widerspruch** ein, ist für die Abgabe und Durchführung des Verfahrens an das/bei dem Gericht der Streitsache ein **Gerichtskostenvorschuß** von 3,0 Gebühren (Nr. 1201 des Kostenverzeichnisses) zu entrichten, wobei jedoch die 0,5 Mahnverfahrensgebühr angerechnet wird, so daß 2,5 Gebühren beim Mahngericht nachzuzahlen sind, bevor die Sache an das

**Streitgericht**

**Streitgericht** abgegeben wird.

- **Beispiel 194**

*Der Verfahrensbevollmächtigte des Antragstellers reicht beim zuständigen Mahngericht einen Antrag auf Erlaß eines Mahn-*

*bescheides für eine Hauptforderung in Höhe von 10.000,00 DM ein. Als Gerichtskostenvorschuß ist eine 0,5 Gebühr in Höhe von 117,50 DM zu entrichten.*
*Nachdem der Antragsgegner fristgemäß (§ 692 I Nr. 3 ZPO) Widerspruch eingelegt hat, ist für die Abgabe und Durchführung des Verfahrens beim Gericht der Streitsache ein Gerichtskostenvorschuß von 2,5 Gebühren beim Mahngericht nachzuzahlen.*

### b. Rechtsanwalt des Antragstellers (§ 43 I Nr. 1, 3 BRAGO)

**Verfahrensbevollmächtigter des Antragstellers**

Der **Verfahrensbevollmächtigte des Antragstellers** erhält eine volle (10/10) Gebühr für die Tätigkeit im Verfahren über den **Antrag** auf Erlaß eines **Mahnbescheides** einschließlich der Mitteilung des Widerspruchs an den Auftraggeber (§ 43 I Nr. 1 BRAGO).

- **Beispiel 195**

*Auftragsgemäß beantragt der RA beim zuständigen Mahngericht den Erlaß eines Mahnbescheides über 6.000,00 DM zzgl. Zinsen und weiterer Kosten. Nach Zustellung des Mahnbescheides an den Antragsgegner zahlt dieser den Betrag zzgl. der Rechtsanwaltskosten.*

| | |
|---|---|
| *Streitwert: 6.000,00 DM* | |
| *10/10 §§ 11, 43 I Nr. 1 BRAGO* | *375,00 DM* |
| *Auslagen § 26 BRAGO* | *40,00 DM* |
| *Zwischensumme netto* | *415,00 DM* |
| *zzgl. MwSt. (§ 25 II BRAGO)* | |

**Widerspruch**

Für die **Mitteilung,** daß der Antragsgegner **Widerspruch** gegen den Mahnbescheid eingelegt hat, erhält der Verfahrensbevollmächtigte des Antragstellers keine gesonderte Gebühr.

- **Beispiel 196**

*Sachverhalt wie Beispiel 195. Nach Zustellung des Mahnbescheides legt der Antragsgegner Widerspruch ein. Der RA übersendet die Widerspruchsnachricht an den Mandanten, worauf dieser mitteilt, daß er die Sache nicht weiter verfolgen möchte und bittet um Übersendung der Kostenrechnung.*

| | |
|---|---|
| *Streitwert: 6.000,00 DM* | |
| *10/10 §§ 11, 43 I Nr. 1 BRAGO* | *375,00 DM* |
| *Auslagen § 26 BRAGO* | *40,00 DM* |
| *Zwischensumme netto* | *415,00 DM* |
| *zzgl. MwSt. (§ 25 II BRAGO)* | |

**mehrere Auftraggeber Ausgangsgebühr**

Vertritt der RA **mehrere Auftraggeber** wegen desselben Gegenstandes, so erhöht sich die **Ausgangsgebühr** (10/10) für jeden weiteren Auftraggeber um jeweils 3/10.

**Erhöhungs-vorschrift**

Entgegen des Wortlautes gilt bei einer Tätigkeit für mehrere Auftraggeber die **Erhöhungsvorschrift** (§ 6 BRAGO) auch für den Gebührenanspruch des RA für dessen Tätigkeit im Mahnverfahren.

- **Beispiel 197**

*Der RA wird von einer Erbengemeinschaft bestehend aus vier natürlichen Personen beauftragt, eine Forderung in Höhe von 21.500,00 DM geltend zu machen. Da die Gegenseite aufgrund der außergerichtlichen Korrespondenz nicht zahlt, beantragt der RA den Erlaß eines Mahnbescheides. Nach Zustellung des Mahnbescheides zahlt der Antragsgegner den geforderten Betrag nebst der Anwaltskosten.*

| | |
|---|---|
| *Streitwert: 21.500,00 DM* | |
| *10/10 §§ 11, 43 I Nr. 1 BRAGO* | *1.025,00 DM* |
| *9/10 §§ 11, 6 BRAGO* | *922,50 DM* |
| *Auslagen § 26 BRAGO* | *40,00 DM* |
| *Zwischensumme netto* | *1.987,50 DM* |
| *zzgl. MwSt. (§ 25 II BRAGO)* | |

Der Verfahrensbevollmächtigte des Antragstellers erhält eine 5/10 Gebühr für den **Antrag** auf Erlaß des **Vollstreckungsbescheides**, soweit innerhalb der Widerspruchsfrist (§ 692 Abs. 1 Nr. 3 ZPO) der Antragsgegner keinen Widerspruch eingelegt hat (§ 43 I Nr. 3 BRAGO).

**Antrag Vollstreckungsbescheid**

- **Beispiel 198**

*Sachverhalt wie Beispiel 197. Nach Zustellung des Mahnbescheides reagiert der Gegner nicht, so daß antragsgemäß der Vollstreckungsbescheid erlassen wird. Nach Zustellung des Vollstreckungsbescheides von Amts wegen (§ 699 IV 1 ZPO) zahlt der Antragsgegner die gesamte Forderung nebst der Anwaltskosten.*

| | |
|---|---|
| *Streitwert: 21.500,00 DM* | |
| *10/10 §§ 11, 43 I Nr. 1 BRAGO* | *1.025,00 DM* |
| *9/10 §§ 11, 6 BRAGO* | *922,50 DM* |
| *5/10 §§ 11, 43 I Nr. 3 BRAGO* | *512,50 DM* |
| *Auslagen § 26 BRAGO* | *40,00 DM* |
| *Zwischensumme netto* | *2.500,00 DM* |
| *zzgl. MwSt. (§ 25 II BRAGO)* | |

Beantragt der Verfahrensbevollmächtigte einen **Wechsel-Mahnbescheid** und beschränkt sich der **Widerspruch** des Antragsgegners darauf, ihm seine Rechte im **Nachverfahren** vorzubehalten (§ 703 a II Nr. 4 ZPO), so ist der Gebührenanspruch des RA aus § 43 I Nr. 3 BRAGO entstanden.

**Wechsel-Mahnbescheid Widerspruch Nachverfahren**

- **Beispiel 199**

*Der Mandant legt dem RA einen Wechsel vor, woraus sich ergibt, daß die Gegenseite dem Mandanten 25.000,00 DM schuldet. Auftragsgemäß beantragt der RA den Erlaß eines Wechsel-Mahnbescheides. Nach Zustellung meldet sich der Antragsgegner beim Mahngericht und erhebt nur insoweit Widerspruch gegen den Mahnbescheid, daß er sich die Ausführung seiner Rechte für das Nachverfahren vorbehält. Antragsgemäß erläßt das Mahngericht den Vorbehalts-Vollstreckungsbescheid. Der RA des Antragstellers kann folgende Gebühren in Rechnung stellen:*

| | |
|---|---|
| *Streitwert: 25.000,00 DM* | |
| *10/10 §§ 11, 43 I Nr. 1 BRAGO* | *1.025,00 DM* |
| *5/10 §§ 11, 43 I Nr. 3 BRAGO* | *512,50 DM* |
| *Auslagen § 26 BRAGO* | *40,00 DM* |
| *Zwischensumme netto* | *1.577,50 DM* |
| *zzgl. MwSt. (§ 25 II BRAGO)* | |

**Widerspruchsfrist**

Hat der Antragsgegner innerhalb der **Widerspruchsfrist** von zwei Wochen seit der Zustellung (§§ 187, 188 BGB) des Mahnbescheides (§ 692 I Nr. 3 ZPO) **Widerspruch** erhoben und beantragt der Verfahrensbevollmächtigte des Antragstellers in Unkenntnis des fristgemäßen Widerspruchs den Erlaß des Vollstreckungsbescheides, so entsteht die Gebühr des § 43 I Nr. 3 BRAGO nicht. Nach anderer Ansicht soll der RA in diesen Fällen auch die Gebühr für den Antrag auf Erlaß des Vollstreckungbescheides in Rechnung stellen dürfen, weil er von seinem Mandanten beauftragt wurde, den Antrag auf Erlaß des Vollstreckungsbescheides zu stellen und er in Unkenntnis von der Widerspruchseinlegung diesen Antrag gestellt hat. Zu bedenken ist aber, daß der Tatbestand des § 43 I Nr. 3 BRAGO voraussetzt, daß der Antragsgegner nicht innerhalb der Widerspruchsfrist von zwei Wochen seit der Zustellung (§§ 187, 188 BGB) des Mahnbescheides (§ 692 I Nr. 3 ZPO) Widerspruch erhoben hat, so daß es nach diesseitiger Ansicht auf die Frage der Kenntnis bzw. Unkenntnis des RA von dem fristgemäß eingelegten Widerspruch nicht ankommt.

- **Beispiel 200**

*Der RA wird von dem Mandanten beauftragt, im Wege des Mahnverfahrens eine Forderung über 18.000 DM geltend zu machen. Nach Zustellung des Mahnbescheides erhebt der Antragsgegner bereits Widerspruch, was dem RA des Antragstellers aufgrund der späten Widerspruchserhebung erst nach Ablauf der Widerspruchsfrist (§ 692 I Nr. 3 ZPO) mitgeteilt wird. Zu diesem Zeitpunkt hatte der RA den Antrag auf Erlaß des Vollstreckungsbescheides bereits beim zuständigen Mahngericht gestellt. Weil im weiteren Verlauf die Mandantschaft mitteilt, daß die Angelegenheit abgeschlossen werden soll, möchte der RA wissen, welche Kosten er in Rechnung stellen kann.*

| | |
|---|---|
| *Streitwert: 18.000,00 DM* | |
| *10/10 §§ 11, 43 I Nr. 1 BRAGO* | *875,00 DM* |
| *Auslagen § 26 BRAGO* | *40,00 DM* |
| *Zwischensumme netto* | *915,00 DM* |
| *zzgl. MwSt. (§ 25 II BRAGO)* | |

Die Gebühr für den Antrag auf Erlaß des Mahnbescheides (§ 43 I Nr. 1 BRAGO) ist auf die **Prozeßgebühr** (§ 31 I Nr. 1 BRAGO) anzurechnen, die der RA des Antragstellers nach Widerspruch gegen den Mahnbescheid erhält (**Anrechnungsvorschrift** § 43 II BRAGO). Geht nach Widerspruch gegen den Mahnbescheid das Mahnverfahren in das streitige **Prozeßverfahren** über, so kann der RA des Antragstellers für seine Tätigkeit im Mahnverfahren keine gesonderten **Auslagen** gemäß § 26 BRAGO beanspruchen, weil im Mahnverfahren kein Vollstreckungsbescheid und mithin kein Vollstreckungstitel erwirkt wurde.

**Prozeßgebühr**

**Anrechnungsvorschrift**

**Prozeßverfahren**

**Auslagen**

- **Beispiel 201**

*Auftragsgemäß beantragt der RA den Erlaß eines Mahnbescheides über 45.000,00 DM. Nachdem der Mahnbescheid dem Antragsgegner zugestellt wird, erhebt er fristgemäß Widerspruch. Im nachfolgenden Streitverfahren wird nach Vorliegen der gesetzlichen Voraussetzungen Termin zur mündlichen Verhandlung anberaumt. Nach streitiger Verhandlung und Beweisaufnahme wird der Klage stattgegeben.*

| | |
|---|---|
| *Streitwert: 45.000,00 DM* | |
| *10/10 §§ 11, 43 I Nr. 1, II, 31 I Nr. 1 BRAGO* | *1.345,00 DM* |
| *10/10 §§ 11, 31 I Nr. 2 BRAGO* | *1.345,00 DM* |
| *10/10 §§ 11, 31 I Nr. 3 BRAGO* | *1.345,00 DM* |
| *Auslagen § 26 BRAGO* | *40,00 DM* |
| *Zwischensumme netto* | *4.075,00 DM* |
| *zzgl. MwSt. (§ 25 II BRAGO)* | |

**Mahnverfahren**
**Vollstreckungstitel**

Erwirkt der RA des Antragstellers im **Mahnverfahren** einen **Vollstreckungsbescheid** und mithin einen **Vollstreckungstitel**, findet eine Anrechnung bezogen auf die 5/10 Gebühr für den Antrag auf Erlaß des Vollstreckungsbescheides nicht statt, so daß diese Gebühr (§ 43 I Nr. 3 BRAGO) für den RA des Antragstellers gesondert entsteht, ebenso der Anpruch auf Erstattung von **Auslagen** (§ 26 BRAGO), die nach Übergang in des streitige Verfahren auch im Prozeßverfahren beansprucht werden können.

**Auslagen**

- **Beispiel 202**

*Sachverhalt wie Beispiel 201. Nach Erhalt des Mahnbescheides widerspricht der Antragsgegner nicht. Antragsgemäß ergeht Vollstreckungsbescheid, der dem Antragsgegner von Amts wegen (§ 699 IV BRAGO) zugestellt wird. Hiergegen legt der Antragsgegner fristgemäß (§§ 700, 338 ZPO) Einspruch ein. Nach Vorliegen der gesetzlichen Voraussetzungen beraumt das Gericht der Streitsache Termin zur mündlichen Verhandlung an. Nach streitiger Verhandlung und Beweisaufnahme wird der Klage stattgegeben. Der Klägervertreter meldet folgende Gebühren und Auslagen zur Kostenfestsetzung an:*

| | |
|---|---|
| • *Mahnverfahren* | |
| *Streitwert: 45.000,00 DM* | |
| *5/10 §§ 11, 43 I Nr. 3 BRAGO* | *672,50 DM* |
| *Auslagen § 26 BRAGO* | *40,00 DM* |
| *Zwischensumme netto* | *712,50 DM* |
| *zzgl. MwSt. (§ 25 II BRAGO)* | |

| | |
|---|---|
| • *Prozeßverfahren* | |
| *Streitwert: 45.000,00* | |
| *10/10 §§ 11, 43 I Nr. 1, II, 31 I Nr. 1 BRAGO* | *1.345,00 DM* |
| *10/10 §§ 11, 31 I Nr. 2 BRAGO* | *1.345,00 DM* |
| *10/10 §§ 11, 31 I Nr. 3 BRAGO* | *1.345,00 DM* |
| *Auslagen § 26 BRAGO* | *40,00 DM* |
| *Zwischensumme netto* | *4.075,00 DM* |
| *zzgl. MwSt. (§ 25 II BRAGO)* | |

Erledigt sich die **Angelegenheit,** bevor der Antrag auf Erlaß des Mahnbescheides bei Gericht eingegangen ist, so folgt aus § 43 III BRAGO, daß § 32 BRAGO (**vorzeitige Beendigung** des Auftrages) sinngemäß gilt, so daß der RA eine halbe Prozeßgebühr und demnach 5/10 der vollen Gebühr in Rechnung stellen kann.

**Angelegenheit**

**vorzeitige Beendigung**

- **Beispiel 203**

*Der RA wird von der Mandantschaft beauftragt, einen Mahnbescheid gegen den Schuldner zu erwirken in Höhe von 17.000,00 DM. Noch bevor er den Antrag auf Erlaß des Mahnbescheides beim zuständigen Mahngericht einreicht, teilt der Mandant mit, daß der Antragsgegner die gesamte Forderung gezahlt hat und bittet um Übersendung der Kostenrechnung.*

| | |
|---|---|
| *Gegenstandswert: 17.000,00 DM* | |
| *5/10 §§ 11, 43 III, 32 I BRAGO* | *437,50 DM* |
| *Auslagen § 26 BRAGO* | *40,00 DM* |
| *Zwischensumme netto* | *477,50 DM* |
| *zzgl. MwSt. (§ 25 II BRAGO)* | |

## c. Rechtsanwalt des Antragsgegners (§ 43 I Nr. 2 BRAGO)

Für die Erhebung des Widerspruchs erhält der **RA des Antragsgegners** 3/10 der vollen Gebühr, berechnet nach dem Betrag, über den der Widerspruch erhoben wird (§ 43 I Nr. 2 BRAGO).

**RA des Antragsgegners**

- **Beispiel 204**

*Der Verfahrensbevollmächtigte des Antragsgegners legt gegen einen Mahnbescheid über 50.000,00 DM fristgemäß Widerspruch ein. Da der Antragsteller das Verfahren nicht weiter betreibt, möchte der RA wissen, welche Gebühren er seinem Mandanten in Rechnung stellen kann.*

| | |
|---|---|
| *Gegenstandswert: 50.000,00 DM* | |
| *3/10 §§ 11, 43 I Nr. 2 BRAGO* | *427,50 DM* |
| *Auslagen § 26 BRAGO* | *40,00 DM* |
| *Zwischensumme netto* | *467,50 DM* |
| *zzgl. MwSt. (§ 25 II BRAGO)* | |

**Widerspruchs-gebühr Prozeßgebühr**

**Anrechnungs-vorschrift**

Die **Widerspruchsgebühr** (§ 43 I Nr. 2 BRAGO) wird auf die **Prozeßgebühr** (§ 31 I Nr. 1 BRAGO) angerechnet, die der RA des Antragsgegners in dem nachfolgenden Rechtsstreit erhält (**Anrechnungsvorschrift**§ 43 II BRAGO).

- **Beispiel 205**

*Auftragsgemäß legt der RA des Antragsgegners mit dem dafür vorgesehenen Formular beim zuständigen Mahngericht gegen einen Mahnbescheid in Höhe von 130.000,00 DM Widerspruch ein. In dem nachfolgenden Streitverfahren erörtern die Prozeßbevollmächtigten die Sach- und Rechtslage mit dem Gericht. Nach Beweisaufnahme vergleichen sich die Parteien derart, daß der Beklagte an den Kläger insgesamt 70.000,00 DM zahlt und die Kosten des Rechtsstreits und des Vergleiches gegeneinander aufgehoben werden. Die Kostenrechnung des RA des Antragsgegners (Beklagten) sieht wie folgt aus:*

| | | |
|---|---|---|
| • *Mahnverfahren* | | |
| *Streitwert: 130.000,00 DM* | | |
| *3/10 §§ 11, 43 I Nr. 2 BRAGO* | | *685,00 DM* |
| • *Prozeßverfahren* | | |
| *Streitwert: 130.000,00 DM* | | |
| *10/10 §§ 11, 31 I Nr. 1, 43 II BRAGO* | *2.285,00 DM* | |
| *(Anrechnung 3/10 aus 130.000,00 DM = 685,50)* | *./. 685,50 DM* | |
| | *1.599,50 DM* | *1.599,50 DM* |

| | |
|---|---|
| *10/10 §§ 11, 31 I Nr. 4 BRAGO* | *2.285,00 DM* |
| *10/10 §§ 11, 31 I Nr. 3 BRAGO* | *2.285,00 DM* |
| *10/10 §§ 11, 23 I 3 BRAGO* | *2.285,00 DM* |
| *Auslagen § 26 BRAGO* | *40,00 DM* |
| *Zwischensumme netto* | *9.179,50 DM* |
| *zzgl. MwSt. (§ 25 II BRAGO)* | |

Die Anrechnungsvorschrift (§ 43 II BRAGO) ist auch dann beachtlich, soweit der RA des Antragsgegners gegen den Mahnbescheid **teilweise Widerspruch** einlegt.

**teilweise Widerspruch**

- **Beispiel 206**

*Der RA des Antragstellers beantragt beim zuständigen Mahngericht einen Mahnbescheid über 18.000,00 DM. Auftragsgemäß legt der RA des Antragsgegners über einen Teilbetrag von 12.000,00 DM fristgemäß Widerspruch ein. Der Verfahrensbevollmächtigte des Antragstellers beantragt wegen des Restbetrages über 6.000,00 DM den Erlaß eines Vollstreckungsbescheides, der antragsgemäß ergeht und dem Antragsgegner von Amts wegen zugestellt wird. In dem anschließenden Streitverfahren über den Restbetrag von 12.000,00 DM wird streitig verhandelt und nach Beweisaufnahme die Klage kostenpflichtig abgewiesen.*

- *RA des Antragstellers*
- *Mahnverfahren*

| | |
|---|---|
| *Streitwert: 18.000,00 DM* | |
| *10/10 §§ 11, 43 I Nr. 1 BRAGO* | *875,00 DM* |
| *Gegenstandswert: 6.000,00 DM* | |
| *5/10 §§ 11, 43 I Nr. 3 BRAGO* | *187,50 DM* |
| *Auslagen § 26 BRAGO* | *40,00 DM* |

- *Klageverfahren*

| | |
|---|---|
| *Streitwert: 12.000,00 DM* | |
| *10/10 §§ 11, 31 I Nr. 2 BRAGO* | *665,00 DM* |
| *10/10 §§ 11, 31 I Nr. 3 BRAGO* | *665,00 DM* |
| *Auslagen § 26 BRAGO* | *40,00 DM* |
| *Zwischensumme netto* | *2.472,50 DM* |
| *zzgl. MwSt. (§ 25 II BRAGO)* | |

| | | |
|---|---|---|
| • *RA des Antragsgegners* | | |
| • *Mahnverfahren* | | |
| *Streitwert: 12.000,00 DM* | | |
| *3/10 §§ 11, 43 I Nr. 2 BRAGO* | | *199,50 DM* |
| *Auslagen § 26 BRAGO* | | *30,00 DM* |
| | | |
| • *Klageverfahren* | | |
| *Streitwert: 12.000,00 DM* | | |
| *10/10 §§ 11, 31 I Nr. 1, 43 II BRAGO* | *665,00 DM* | |
| *(Anrechnung 3/10 aus 12.000,00 DM = 199,50 DM)* | *./. 199,50 DM* | |
| | *465,50 DM* | *465,50 DM* |
| *10/10 §§ 11, 31 I Nr. 2 BRAGO* | | *665,00 DM* |
| *10/10 §§ 11, 31 I Nr. 3 BRAGO* | | *665,00 DM* |
| *Auslagen § 26 BRAGO* | | *40,00 DM* |
| *Zwischensumme netto* | | *2.065,00 DM* |
| *zzgl. MwSt. (§ 25 II BRAGO)* | | |

## 2. Urkunden- und Wechselprozeß (§ 39 BRAGO)

**Urkunden-Wechselprozeß Vorbehaltsurteil**

Der Gebührenanspruch des RA in dem Verfahren nach Abstandnahme vom **Urkunden-/Wechselprozeß** oder nach einem **Vorbehaltsurteil** ergibt sich aus § 39 BRAGO. Danach gilt das **ordentliche Verfahren**, das nach Abstandnahme vom Urkunden- oder Wechselprozeß anhängig bleibt (§§ 596, 599, 600, 602 ZPO) als besondere Angelegenheit.

**Gebühren Auslagen**

**Prozeßgebühr**

Demnach kann der RA die **Gebühren** und **Auslagen** für das Verfahren im Urkunden-/Wechselprozeß und in dem sich daran anschließenden ordentlichen Verfahren gesondert berechnen. Die **Prozeßgebühr** des Urkunden-/Wechselprozesses wird jedoch auf die Prozeßgebühr des ordentlichen Verfahrens angerechnet (§ 39 Satz 2 BRAGO).

Der **Gegenstandswert/Streitwert** ergibt sich aus dem Wert der **Hauptforderung,** mithin aus der geltend gemachten **Urkunden-/Wechselforderung**, wobei Zinsen, Provisionen und Protestkosten unberücksichtigt bleiben (§ 4 II ZPO).

**Gegenstandswert**
**Streitwert**
**Hauptforderung**
**Urkunden-**
**Wechselforderung**

- **Beispiel 207**

*Auftragsgemäß erhebt der RA Wechselklage über 10.000,00 DM. Der Beklagte erkennt den Anspruch im Wechselverfahren an, behält sich aber die Geltendmachung seiner Rechte für das Nachverfahren vor. In dem sich anschließenden ordentlichen Verfahren bestreitet der Beklagte den klägerischen Anspruch. Es wird streitig verhandelt und nach Beweisaufnahme wird die Klage abgewiesen. Der RA des Klägers möchte wissen, welche Kosten er dem Mandanten in Rechnung stellen kann.*

| | |
|---|---|
| • *Wechselprozeß* | |
| *Streitwert: 10.000,00 DM* | |
| *10/10 §§ 11, 31 I Nr. 1 BRAGO* | *595,00 DM* |
| *5/10 §§ 11, 33 I 1 BRAGO* | *297,50 DM* |
| *Auslagen § 26 BRAGO* | *40,00 DM* |
| *Zwischensumme netto* | *932,50 DM* |
| *zzgl. MwSt. (§ 25 II BRAGO)* | |

| | |
|---|---|
| • *Nachverfahren* | |
| *Streitwert: 10.000,00 DM* | |
| *§§ 11, 31 I Nr. 1, 39 Satz 2 BRAGO* | |
| *(keine Prozeßgebühr wegen Anrechnung)* | |
| *10/10 §§ 11, 31 I Nr. 2, 39 BRAGO* | *595,00 DM* |
| *10/10 §§ 11, 31 I Nr. 3, 39 BRAGO* | *595,00 DM* |
| *Auslagen § 26 BRAGO* | *40,00 DM* |
| *Zwischensumme netto* | *1.230,00 DM* |
| *zzgl. MwSt. (§ 25 II BRAGO)* | |

Bei einer **Klageerhöhung** nach Abstandnahme vom Urkunden-/Wechselprozeß kann im **Nachverfahren** die Prozeßgebühr unter Beachtung der **Anrechnungsvorschrift** (§ 39 Satz 2 BRAGO) gesondert berechnet werden.

**Klageerhöhung**
**Nachverfahren**

**Anrechnungs-**
**vorschrift**

• **Beispiel 208**
*Der RA erhebt Wechselklage über 35.000,00 DM. Im Termin zur mündlichen Verhandlung bestreitet der Prozeßbevollmächtigte des Beklagten die Echtheit des Wechsels. Nach Erörterung der Sach- und Rechtslage nimmt der RA des Klägers Abstand vom Wechselprozeß. In dem sich daran anschließenden Nachverfahren erhöht er die Klage um 15.000,00 DM. Nach streitiger Verhandlung und Beweisaufnahme vergleichen sich die Parteien derart, daß der Beklagte an den Kläger 25.000,00 DM zahlt und die Kosten des Rechtsstreits und des Vergleiches gegeneinander aufgehoben werden.*

• *Wechselprozeß*
*Streitwert: 35.000,00 DM*

| | | |
|---|---|---|
| *10/10 §§ 11, 31 I Nr. 1 BRAGO* | | *1.185,00 DM* |
| *10/10 §§ 11, 31 I Nr. 4 BRAGO* | | *1.185,00 DM* |
| *Auslagen § 26 BRAGO* | | *40,00 DM* |

• *Nachverfahren*
*Streitwert: 50.000,00 DM*

| | | |
|---|---|---|
| *10/10 §§ 11, 31 I Nr. 1, 39 S. 2 BRAGO* | *1.425,00 DM* | |
| *(Anrechnung 10/10 aus 35.000,00 DM = 1.185,00DM)* | *./. 1.185,00 DM* | |
| | *240,00 DM* | *240,00 DM* |
| *10/10 §§ 11, 31 I Nr. 2 BRAGO* | | *1.425,00 DM* |
| *10/10 §§ 11, 31 I Nr. 3 BRAGO* | | *1.425,00 DM* |
| *10/10 §§ 11, 23 I 3 BRAGO* | | *1.425,00 DM* |
| *Auslagen § 26 BRAGO* | | *40,00 DM* |
| *Zwischensumme netto* | | *6.965,00 DM* |
| *zzgl. MwSt. (§ 25 II BRAGO)* | | |

# 10. Kapitel

## Gebührenanspruch des Verkehrsanwalts, des Vertreters in der mündlichen Verhandlung und des Vertreters in der Beweisaufnahme

### 1. Einleitung

Neben den Gebühren für den Prozeßbevollmächtigten (§ 31 BRAGO) gibt es Gebührenansprüche für den RA, der nicht Prozeßbevollmächtigter ist, die den Gebühren des Prozeßbevollmächtigten ähnlich sind, bzw. auf die den Gebühren des Prozeßbevollmächtigten ähnlich sind, bzw. auf dessen Gebührenanspruch Bezug nehmen, nämlich die Gebührenansprüche von:

- Verkehrsanwalt = Korrespondenzanwalt (§ 52 BRAGO)
- Terminanwalt/Unterbevollmächtigter (§ 53 BRAGO)
- Beweisanwalt (§ 54 BRAGO).

### 2. Verkehrsanwalt = Korrespondenzanwalt (§ 52 BRAGO)

**Verkehrsanwalt Korrespondenzanwalt**

Der RA, der lediglich den Verkehr der Partei mit dem Prozeßbevollmächtigten führt, erhält hierfür eine Gebühr in Höhe der dem Prozeßbevollmächtigten zustehenden Prozeßgebühr (§ 52 I BRAGO). Der **Verkehrsanwalt (Korrespondenzanwalt)** ist weder Prozeßbevollmächtigter noch Unterbevollmächtigter des Prozeßbevollmächtigten, er ist zweiter Bevollmächtigter der Partei neben dem Prozeßbevollmächtigten. Seine Aufgabe besteht darin, den Verkehr der Partei mit dem

Prozeßbevollmächtigten zu vermitteln, z. B. durch das Entwerfen und Weiterleiten von Schreiben bzw. Schriftsätzen an den Prozeßbevollmächtigten.

**Landgericht OLG/BGH**

**Anwaltszwang Prozeßgericht Korrespondenzanwalt**

Kann ein RA vor einem **Landgericht** oder einem Gericht des höheren Rechtszuges (**OLG/BGH**) mangels Zulassung in eigener Person nicht wirksam Erklärungen abgeben (§ 78 ZPO **Anwaltszwang**), so muß er sich eines bei dem **Prozeßgericht** zugelassenen RA als Prozeßbevollmächtigten bedienen und ist in eigener Person **Korrespondenzanwalt** (§ 52 BRAGO).

**Korrespondenzanwaltsgebühren**

Für die Führung der Korrespondenz (Sammeln und Entgegennahme der Information und Weiterleitung an den Prozeßbevollmächtigten) erhält der RA, der lediglich den Verkehr der Partei mit dem Prozeßbevollmächtigten führt, eine Gebühr in Höhe der dem Prozeßbevollmächtigten zustehenden Prozeßgebühr (§ 52 I BRAGO). Folgende **Korrespondenzanwaltsgebühren** kommen in Betracht:

- 5/10 13/20 §§ 11, 32, 52 I BRAGO
- 10/10 13/10 §§ 11, 31 I Nr. 1, 52 BRAGO.

Zu beachten ist, daß der Gebührenanspruch des Prozeßbevollmächtigten unabhängig ist vom Gebührenanspruch des Korrespondenzanwalts. Mithin sind in der theoretischen Fallösung zwei Gebührenrechnung zu erstellen.

- **Beispiel 209**

*In der Kanzlei von RA X erscheint ein neuer Mandant und bittet den RA, vor dem zuständigen Landgericht Klage über 55.000,00 DM zu erheben. RA X weist den Mandanten darauf hin, daß er vor dem zuständigen Landgericht mangels Zulassung nicht auftreten kann und beauftragt im Einverständnis mit dem Mandanten RA Y mit der Wahrnehmung der Interessen des Klägers als dessen Prozeßbevollmächtigter. RA X fertigt sämtliche Schriftsätze, die RA Y nach Überprüfung und Vervollständigung an das Landgericht weiterleitet. Im Termin zur mündlichen Verhandlung wird streitig verhandelt und nach Beweisaufnahme, an der RA Y teilgenommen hat, wird der Klage stattgegeben.*

• *RA Y (Prozeßbevollmächtigter)*
*Streitwert: 55.000,00 DM*

| | |
|---|---|
| *10/10 §§ 11, 31 I Nr. 1 BRAGO* | *1.565,00 DM* |
| *10/10 §§ 11, 31 I Nr. 2 BRAGO* | *1.565,00 DM* |
| *10/10 §§ 11, 31 I Nr. 3 BRAGO* | *1.565,00 DM* |
| *Auslagen § 26 BRAGO* | *40,00 DM* |
| *Zwischensumme netto* | *4.735,00 DM* |
| *zzgl. MwSt. (§ 25 II BRAGO)* | |

• *RA X (Verkehrsanwalt = Korrespondenzanwalt)*
*Streitwert: 55.000,00 DM*

| | |
|---|---|
| *10/10 §§ 11, 31 I Nr. 1, 52 BRAGO* | *1.565,00 DM* |
| *Auslagen § 26 BRAGO* | *40,00 DM* |
| *Zwischensumme netto* | *1.605,00 DM* |
| *zzgl MwSt. (§ 25 II BRAGO)* | |

Bei einer vorzeitigen Beendigung des Auftrags (§ 32 BRAGO) erhält der **Verkehrsanwalt** je nach Instanz 5/10 13/20. **Verkehrsanwalt**

• **Beispiel 210**
*Sachverhalt wie Beispiel 209. Nachdem RA X den Klageschriftsatz vorgefertigt und an RA Y zur Übermittlung an das Landgericht weitergeleitet hat, zahlt die Gegenseite den gesamten Betrag, noch bevor der Klageschriftsatz beim zuständigen Landgericht eingegangen ist.*

• *RA Y (Prozeßbevollmächtigter)*
*Steitwert: 55.000,00 DM*

| | |
|---|---|
| *5/10 §§ 11, 32 I BRAGO* | *782,50 DM* |
| *Auslagen § 26 BRAGO* | *40,00 DM* |
| *Zwischensumme netto* | *822,50 DM* |
| *zzgl. MwSt. (§ 25 II BRAGO)* | |

- *RA X (Verkehrsanwalt = Korrespondenzanwalt)*

| | |
|---|---|
| *Streitwert: 55.000,00 DM* | |
| *5/10 §§ 11, 32 I, 52 I BRAGO* | *782,50 DM* |
| *Auslagen § 26 BRAGO* | *40,00 DM* |
| *Zwischensumme netto* | *822,50 DM* |
| *zzgl. MwSt. (§ 25 II BRAGO)* | |

**Beistand**

**Beweisaufnahme**

Wird der Korrespondenzanwalt über die Tätigkeit als Verkehrsanwalt hinaus auftragsgemäß auch als **Beistand** in der mündlichen Verhandlung tätig, oder wird er (noch) zusätzlich beauftragt, die Partei in einer **Beweisaufnahme** zu vertreten, so entstehen weitere Gebührenansprüche neben der Korrespondenzanwaltsgebühr, wobei möglich sind:

- Verhandlungsgebühr (§ 53 BRAGO Beistand)
- streitige Verhandlung (10/10 13/10)
- nichtstreitige Verhandlung (5/10 13/20)
- Erörterungsgebühr (§ 53 BRAGO Beistand) (10/10 13/10)
- Beweisgebühr (§ 54 BRAGO) (5/10 13/20)
- Vergleichsgebühr (§ 23 BRAGO) (10/10 13/10 15/10).

- **Beispiel 211**

*Sachverhalt wie Beispiel 209. Nach Erörterung der Sach- und Rechtslage beschließt die Kammer, daß ein Zeuge beim Amtsgericht, an dem RA X zugelassen ist, vernommen werden soll. Daraufhin wird die mündliche Verhandlung unterbrochen. RA X nimmt den Beweistermin beim Amtsgericht wahr. Danach beraumt das Landgericht erneut Termin zur mündlichen Verhandlung an, wobei RA X auftragsgemäß als Beistand teilnimmt. Nach Erörterung der Sach- und Rechtslage unter Einbeziehung des Ergebnisses der Beweisaufnahme vergleichen sich die Parteien unter Mitwirkung von RA X und RA Y derart, daß der Beklagte an den Kläger 27.500,00 DM zahlt. Die Kosten des Rechtsstreits und des Vergleiches werden gegeneinander aufgehoben.*

- *RA Y (Prozeßbevollmächtigter)*

| | |
|---|---|
| *Streitwert: 55.000,00 DM* | |
| *10/10 §§ 11, 31 I Nr. 1 BRAGO* | *1.565,00 DM* |
| *10/10 §§ 11, 31 I Nr. 4 BRAGO* | *1.565,00 DM* |
| *10/10 §§ 11, 31 I Nr. 3 BRAGO* | *1.565,00 DM* |
| *10/10 §§ 11, 23 I 3 BRAGO* | *1.565,00 DM* |
| *Auslagen § 26 BRAGO* | *40,00 DM* |
| *Zwischensumme* | *6.300,00 DM* |
| *zzgl. MwSt. (§ 25 II BRAGO)* | |

- *RA X (Verkehrsanwalt = Korrespondenzanwalt)*

| | |
|---|---|
| *Streitwert: 55.000,00 DM* | |
| *10/10 §§ 11, 31 I Nr. 1, 52 I BRAGO* | *1.565,00 DM* |
| *10/10 §§ 11, 31 I Nr. 4, 53 BRAGO* | *1.565,00 DM* |
| *5/10 §§ 11, 54 BRAGO* | *782,50 DM* |
| *10/10 §§ 11, 23 I 3 BRAGO* | *1.565,00 DM* |
| *Auslagen § 26 BRAGO* | *40,00 DM* |
| *Zwischensumme netto* | *5.517,50 DM* |
| *zzgl. MwSt. (§ 25 II BRAGO)* | |

**Verkehrsgebühr Gebührenteilungsvereinbarung**

**Kostenfestsetzungsverfahren**

In der Erstauflage von BRAGO-Basiswissen hatte ich die Ansicht vertreten, daß ein Verzicht auf die **Verkehrsgebühr** im Rahmen einer **Gebührenteilungsvereinbarung** zwischen **Korrespondenzanwalt** und dem **Prozeßbevollmächtigten** zulässig sei, weil nach ständiger Rechtsprechung der Oberlandesgerichte im **Kostenfestsetzungsverfahren** die Korrespondenzanwaltsgebühr grundsätzlich nicht festgesetzt wird (dazu später). Ich hatte angeführt, diese Art der Gebührenteilungsvereinbarung verstoße nicht gegen § 49 b BRAO (Bundesrechtsanwaltsordnung), wonach es unzulässig ist, geringere Gebühren und Auslagen zu vereinbaren oder zu fordern als die BRAGO (Bundesrechtsanwaltsgebührenordnung) es vorsieht (§ 49 b I 1 BRAO).

**Postmandate**

Diese Ansicht wird nicht mehr aufrecht erhalten, da die Vergabe von **Postmandaten** unter vorheriger Vereinbarung einer Teilung der nur festsetzbaren Gebühren ungesetzlich ist.

Entgegen anderer Ansicht (vgl. Kaiser, AnwBl 1997, 619, der den Verzicht auf die Verkehrsgebühr bei der Gebührenteilung für zulässig erachtet), ist die Korrespondenzgebühr nach § 52 BRAGO keine außergerichtliche Gebühr. Aber nur in außergerichtlichen Angelegenheiten kann der RA **Pauschalvergütungen** und **Zeitvergütungen** vereinbaren, die niedriger sind als die gesetzlichen Gebühren (§ 3 V 1 BRAGO). Auch soweit der **Verkehrsanwalt** (grundsätzlich) nur außergerichtlich tätig ist, indem er den **Schriftverkehr** der Partei mit dem Prozeßbevollmächtigten führt, ist zu beachten, daß **außergerichtliche Angelegenheiten** nur diejenigen im Sinne der Überschrift des 12. Abschnitts der BRAGO (Gebühren in sonstigen Angelegenheiten) sind. Die Verkehrsanwaltsgebühr (§ 52 BRAGO) ist aber im 3. Abschnitt, dessen Überschrift lautet: „Gebühren in bürgerlichen Rechtstreitigkeiten und ähnlichen Verfahren" geregelt. Mithin wird der Verkehrs-/Korrespondenzanwalt nicht in einer außergerichtlichen Angelegenheit tätig, sondern führt vielmehr die Korrespondenz für die Partei mit dem **Prozeßanwalt** in einer bei Gericht anhängigen Angelegenheit. Damit entsteht die Gebühr nach § 52 BRAGO erst, wenn ein Verfahren gerichtlich anhängig gemacht wird.

**Pauschalvergütungen**
**Zeitvergütungen**
**Verkehrsanwalt**
**Schriftverkehr**
**außergerichtliche Angelegenheiten**
**Prozeßanwalt**

Folgerichtig wird auch die Höhe der Korrespondenzgebühr mit derjenigen, der Prozeßgebühr gleichgesetzt. Der enge Sachzusammenhang zwischen einem anhängigen **Gerichtsverfahren** (Prozeßgebühr § 31 I Nr. 1 BRAGO) und der Verkehrsanwaltsgebühr (§ 52 BRAGO) läßt somit keine Pauschvergütung oder Zeitvergütung zu, die niedriger ist als die gesetzlichen Gebühren. Diese Ansicht, daß der Verzicht auf die Verkehrsgebühr bei der Vergabe von Postmandaten im Rahmen einer Gebührenteilung unzulässig ist, ergibt sich auch aus den besonderen Berufspflichten des RA bei der Vereinbarung und Abrechnung von Gebühren. Die **Berufsordnung** für Rechtsanwälte, die am 11.03.1997 in Kraft getreten ist, sieht gemäß § 22 BO vor, daß als eine angemessene Honorierung im Sinne des § 49 b II 2, 3 BRAGO in der Regel eine hälftige

**Gerichtsverfahren**
**Berufsordnung**

Teilung aller anfallenden, gesetzlichen Gebühren ohne Rücksicht auf deren Erstattungsfähigkeit anzusehen ist. Mit Einführung dieser Vorschrift ist der Streit über die Einbeziehung der **Korrespondenzgebühr** bei Nichterstattbarkeit beendet, so daß es nicht mehr zulässig ist, gegenüber dem Mandanten auf die Gebühr des § 52 BRAGO zu verzichten und diese Gebühr in die **Gebührenteilungsabspache** der beteiligten Rechtsanwälte einfließen muß (vgl. RA Wolfgang Madert, in AnwaltsGebührenSpezial (AGS), Heft 4/1998, S. 52; RA Bernhard Floegel, AnwBl 3/98, S. 148; RA Michael Praefcke, AnwBl 3/98, S. 149).

**Korrespondenzgebühr**

**Gebührenteilungsabsprache**

Nach ständiger Rechtsprechung der Oberlandesgerichte wird die Korrespondenzanwaltsgebühr (§ 52 I BRAGO) im **Kostenfestsetzungsverfahren** grundsätzlich nicht festgesetzt. Erstattet werden nur die Kosten, soweit sie zur zweckentsprechenden **Rechtsverfolgung** oder **Rechtsverteidigung** notwendig waren (§ 91 I ZPO). Mithin wird die **Verkehrsanwaltsgebühr** nur erstattet, wenn die Partei nach ihren persönlichen Kenntnissen und Fähigkeiten, z. B. wegen Krankheit, Gebrechlichkeit oder hohen Alters nicht in der Lage ist/war, den Prozeßbevollmächtigten schriftlich oder mündlich ausreichend zu informieren oder die, durch eine persönliche Information entstandenen **Aufwendungen** der Partei die Kosten des Verkehrsanwalts (zumindest annähernd) erreicht oder sogar überschritten hätten. Dennoch ist die **Korrespondenzanwaltsgebühr** teilweise erstattungsfähig und zwar in der Höhe, wie die Partei durch die Inanspruchnahme des Verkehrsanwalts andere notwendige Kosten erspart hat. Es ist zu prüfen, wie nach dem Prozeßverlauf die jeweilige Partei zur Unterrichtung ihres Prozeßbevollmächtigten eine **Informationsreise** hätte durchführen müssen. Die ersparten **fiktiven Reisekosten** bilden den Umfang, in dem Korrespondenzanwaltsgebühren erstattungsfähig sind. Diese Kosten berechnen sich nach dem Gesetz über die Entschädigung von Zeugen und Sachverständigen (**ZSEG**), wie folgt:

**Kostenfestsetzungsverfahren**

**Rechtsverfolgung**
**Rechtsverteidigung**

**Aufwendungen**

**Korrespondenzanwaltsgebühr**

**Informationsreise**
**fiktiven Reisekosten**

**ZSEG**

- Fahrtkosten (§ 91 ZPO, § 9 III ZSEG)
  - mit eigenem Pkw gefahrene Kilometer á 0,40 DM
  - Bahnfahrten 1. Klasse

- Aufwandsentschädigung (§ 91 ZPO, § 10 ZSEG)
  – Zehrgeld (6,00 DM)
- Entschädigung für Zeitaufwand § 2 II, V ZSEG
  – Entschädigung nach Stunden à 20,00 DM
- Pauschale für fiktiven Schriftverkehr 30,00 DM

- **Beispiel 212**

*RA X wird von seinem Mandanten beauftragt, vor dem zuständigen Landgericht Klage über 12.000,00 DM zu erheben. Da er mangels Zulassung dort nicht auftreten kann, beauftragt er im Einverständnis mit dem Mandanten RA Y als Prozeßbevollmächtigten. RA X fertigt sämtliche Schriftsätze, die RA Y auftragsgemäß überprüft, vervollständigt und an das Landgericht weiterleitet. Nach streitiger Verhandlung und Beweisaufnahme wird der Klage stattgegeben. Die Entfernung zwischen der Kanzlei von RA X und dem zuständigen Landgericht beträgt 150 km. Für den Fall, daß der Mandant RA Y direkt beauftragt hätte, wäre eine Informationsreise von sechs Stunden notwendig gewesen.*

**Kostenfestsetzungsantrag**

*Der **Kostenfestsetzungsantrag** von RA Y sieht wie folgt aus:*

*In Sachen*
*A ./. B*
*– Aktenzeichen –*

*wird beantragt, die nachstehend berechneten Kosten des Klägers gegen den Beklagten festzusetzen und mit 4 % ab Antragstellung verzinslich zu erklären:*

*• Eigene Kosten (RA Y Prozeßbevollmächtigter)*
*Streitwert: 12.000,00 DM*

| | |
|---|---|
| *10/10 §§ 11, 31 I Nr. 1 BRAGO* | *665,00 DM* |
| *10/10 §§ 11, 31 I Nr. 2 BRAGO* | *665,00 DM* |
| *10/10 §§ 11, 31 I Nr. 3 BRAGO* | *665,00 DM* |
| *Auslagen § 26 BRAGO* | *40,00 DM* |
| *Zwischensumme netto* | *2.035,00 DM* |
| *zzgl. MwSt. (§ 25 II BRAGO)* | |

| | |
|---|---|
| • *Kosten des Korrespondenzanwalts RA X* | |
| *Streitwert: 12.000,00* | |
| *10/10 §§ 11, 31 I Nr. 1, 52 I BRAGO* | *665,00 DM* |
| *Auslagen § 26 BRAGO* | *40,00 DM* |
| *Zwischensumme netto* | *705,00 DM* |
| *zzgl. MwSt. (§ 25 II BRAGO)* | |
| • *hilfsweise fiktive Informationsreisekosten* | |
| *1. Fahrtkosten (§ 91 ZPO, § 9 III Nr. 2 ZSEG)* | |
| *eine Informationsfahrt von A nach B* | |
| *und zurück* | |
| *gefahrene km 300 x 0,40 DM* | *120,00 DM* |
| *2. Aufwandsentschädigung (§ 91 ZPO, § 10 ZSEG)* | |
| *– 6,00 DM x 2* | *12,00 DM* |
| *3. Entschädigung (§ 2 II, V ZSEG)* | |
| *– 6 Stunden à DM 20,00* | *120,00 DM* |
| *4. Kosten für fiktiven Schriftverkehr* | *30,00 DM* |
| *Summe* | *282,00 DM* |

*Nicht aufgeführte, verauslagte Gerichtskosten bitte ich hinzuzusetzen. Des weiteren weise ich darauf hin, daß der Kläger nicht vorsteuerabzugsberechtigt ist (§ 104 III 3 ZPO).*

*Abschließend wird beantragt,*

*dem Kläger, zu Händen des Unterzeichneten, eine vollstreckbare Ausfertigung des Beschlusses zu erteilen.*

Unterschrift
*Rechtsanwalt Y*

**Verkehrsanwaltsgebühren**

In dem vorgenannten Beispiel 212 wird die Erstattung der geltend gemachten **Verkehrsanwaltsgebühren** nur dann erfolgen, soweit die Beauftragung von RA X (Korrespondenzanwalt) zur zweckentsprechenden Rechtsverfolgung **notwendig** war. Diese Voraussetzung muß umfangreich dargelegt

fiktiven Informationsreisekosten

und substantiiert begründet werden. Grundsätzlich wird die **Korrespondenzanwaltsgebühr** jedoch nicht festgesetzt, so daß hilfsweise die **fiktiven Informationsreisekosten** angemeldet werden.

Verkehrsanwalt

Klageverfahren

Vergleichsgebühr

Differenz-Prozeßgebühr

Für den **Verkehrsanwalt** kommen über die Korrespondenzanwaltsgebühr hinaus auch weitere Gebührenansprüche in Betracht. Werden bei einem **Klageverfahren** Ansprüche miterledigt, die zwischen den Parteien außergerichtlich streitig sind, so ist bezogen auf den Gebührenanspruch des Korrespondenzanwalts zu beachten, daß auch für ihn die **Vergleichsgebühr** (§ 23 BRAGO) entsteht, soweit er an dem Vergleichsabschluß mitgewirkt hat und er darüber hinaus auch die **Differenz-Prozeßgebühr** (§ 32 II BRAGO) beanspruchen kann.

- **Beispiel 213**

*RA X wird von dem Mandanten beauftragt, vor dem zuständigen Landgericht Klage über 16.000,00 DM zu erheben. Da er mangels Zulassung dort nicht auftreten kann, beauftragt er im Einverständnis mit dem Mandanten RA Y als Prozeßbevollmächtigten. RA X fertigt sämtlich Schriftsätze an, die RA Y auftragsgemäß überprüft, vervollständigt und an das Landgericht weiterleitet. Auftragsgemäß nimmt RA X an dem Termin zur mündlichen Verhandlung als Beistand teil. Nach Erörterung der Sach- und Rechtslage vergleichen sich die Parteien unter Mitwirkung von RA X und RA Y derart, daß der Beklagte an den Kläger 12.000,00 DM zahlt und die Kosten des Rechtsstreits sowie des Vergleiches gegeneinander aufgehoben werden. Verglichen wird die Klageforderung und ein weiterer Betrag über 8.000,00 DM, der außergerichtlich im Streit war.*

- *RA Y (Prozeßbevollmächtigter)*

*Streitwert: 16.000,00 DM*

| | |
|---|---|
| *10/10 §§ 11, 31 I Nr. 1 BRAGO* | *805,00 DM* |
| *10/10 §§ 11, 31 I Nr. 4 BRAGO* | *805,00 DM* |

| | | |
|---|---|---|
| 10/10 §§ 11, 23 I 3 BRAGO | 805,00 DM | 805,00 DM |
| *Streitwert: 8.000,00 DM* | | |
| *15/10 §§ 11, 23 I 1, 23 I 3, 13 III BRAGO* | *727,50 DM* | *727,50 DM* |
| | *1.532,50 DM* | |
| *(Grenze 15/10 aus 24.000,00 DM = 1.537,50 DM)* | 805,00 DM | |
| *5/10 §§ 11, 32 II, 13 III BRAGO* | *242,50 DM* | |
| | *1.047,50 DM* | |
| *(Grenze 10/10 aus 24.000,00 DM = 1.025,00 DM)* | *1.025,00 DM* | |
| | *./. 805,00 DM* | |
| | *220,00 DM* | *220,00 DM* |
| *Auslagen § 26 BRAGO* | | *40,00 DM* |
| *Zwischensumme netto* | | *3.402,50 DM* |
| *zzgl. MwSt. (§ 25 II BRAGO)* | | |

- *RA X (Verkehrsanwalt = Korrespondenzanwalt)*

| | | |
|---|---|---|
| *Streitwert: 16.000,00 DM* | | |
| *10/10 §§ 11, 31 I Nr. 1, 52 I BRAGO* | | *805,00 DM* |
| *10/10 §§ 11, 31 I Nr. 4, 52 I, 53 BRAGO* | | *805,00 DM* |
| *10/10 §§ 11, 23 I 3, 52, 53 BRAGO* | *805,00 DM* | *805,00 DM* |
| *Streitwert: 8.000,00 DM* | | |
| *15/10 §§ 11, 23 I 1, 23 I 3, 13 III BRAGO* | *727,50 DM* | *727,50 DM* |
| | *1.532,50 DM* | |
| *(Grenze 15/10 aus 24.000,00 DM = 1.537,50 DM)* | *805,00 DM* | |
| *5/10 §§ 11, 32 II, 52 I, 13 III BRAGO* | *242,50 DM* | |
| | *1.047,50 DM* | |

| | | |
|---|---|---|
| *(Grenze 10/10 aus 24.000,00 DM = 1.025,00 DM)* | 1.025,00 DM | |
| | *./. 805,00 DM* | |
| | *220,00 DM* | *220,00 DM* |
| *Auslagen § 26 BRAGO* | | *40,00 DM* |
| *Zwischensumme netto* | | *3.402,50 DM* |
| *zzgl. MwSt. (§ 25 II BRAGO)* | | |

| **Gebühren 1. bis 3. Instanz** | **Prozeßbevoll-bevollmächtigter** | **Verkehrsanwalt** |
|---|---|---|
| • Prozeßgebühr (Verkehrsgebühr) §§ 11, 31 I Nr. 1, 52 | 10/10<br>13/10<br>20/10 (BGH-Anwalt) | 10/10<br>13/10<br>13/10 |
| • Differenz-Prozeßgebühr §§ 11, 32 II, 52 | 5/10<br>13/20<br>10/10 (BGH-Anwalt) | 5/10<br>13/20<br>13/20 |
| • vorzeitige Beendigung §§ 11, 32 I, 52 | 5/10<br>13/20<br>10/10 (BGH-Anwalt) | 5/10<br>13/20<br>13/20 |
| • Verhandlungsgebühr (§§ 31, 33) | | bei Teilnahme an der mündlichen Verhandlung als Beistand |
| • streitige Verhandlung §§ 11, 31 I Nr. 2, 33 I 2 Nr. 1–3, 52, 53 | 10/10<br>13/10 | 10/10<br>13/10 |
| • nichtstreitige Verhandlung §§ 11, 33 I 1, 52, 53 | 5/10<br>13/20 | 5/10<br>13/20 |
| • Beweisgebühr §§ 11, 31 I Nr. 3, 52, 54 | | bei Vertretung der Partei in der Beweisaufnahme |
| | 10/10<br>13/10 | 5/10<br>13/20 |
| • Erörterungsgebühr §§ 11, 31 I Nr. 4, 52, | | bei Teilnahme an der Erörterung |
| | 10/10<br>13/10 | 10/10<br>13/10 |

| Gebühren 1. bis 3. Instanz | Prozeßbevoll-bevollmächtigter | Verkehrsanwalt |
|---|---|---|
| • Vergleichsgebühr §§ 11, 23 I 1, 23 I 3, 52, 53, 13 III | | bei Mitwirkung an dem Vergleich |
| | 10/10 | 10/10 |
| | 13/10 | 13/10 |
| | 15/10 | 15/10 |

## 3. Vertretung in der mündlichen Verhandlung, Ausführung der Parteirechte, Hauptbevollmächtigter/Unterbevollmächtigter (§ 53 BRAGO)

**Vertretung mündliche Verhandlung**

Der RA, dem die Partei oder mit deren Einverständnis der Prozeßbevollmächtigte nur die **Vertretung** für die **mündliche Verhandlung** oder die **Ausführung** der **Parteirechte** übertragen hat, erhält neben der **Verhandlungsgebühr** (10/10 13/10) eine halbe (5/10 13/20) **Prozeßgebühr** (§ 53 S. 1 BRAGO).

• **Beispiel 214**
*Der zum Prozeßbevollmächtigten bestellte RA oder die Partei selbst überträgt die Vertretung in der mündlichen Verhandlung einem anderen RA (Verhandlungsvertreter), der den Prozeßbevollmächtigten in einem Rechtsstreit in der mündlichen Verhandlung vertritt.*

**Untervollmacht**

In der Praxis wird der Vertreter regelmäßig nicht nur für die mündliche Verhandlung bestellt, sondern ihm wird die Vertretung ganz allgemein in **Untervollmacht** übertragen. Hinsichtlich der **Prozeßgebühr** und der **Verhandlungsgebühr/Erörterungsgebühr** ergeben sich keine Unterschiede zum Vertreter in der mündlichen Verhandlung. Sowohl der Verhandlungsvertreter als auch der Unterbevollmächtigte erhält in der ersten Instanz neben der

- 10/10 Verhandlungsgebühr (streitige Verhandlung)
- 5/10 Verhandlungsgebühr (nichtstreitige Verhandlung)

- 10/10 Erörterungsgebühr (beachte § 31 II BRAGO)

eine

- 5/10 Prozeßgebühr (§ 53 S. 1 BRAGO).

**Hauptbevollmächtigter**

**Unterbevollmächtigter**

Werden **Hauptbevollmächtigter** und **Verhandlungsvertreter/ Unterbevollmächtigter** tätig, so gilt auch hier für die theoretische Fallösung, daß zwei Kostenrechnungen zu erstellen sind. Für die beteiligten Rechtsanwälte sind die §§ 31, 33 III, 53 BRAGO zu beachten.

- **Beispiel 215**

*RA X erhebt auftragsgemäß für den Mandanten Klage über 8.000,00 DM beim zuständigen Amtsgericht in München und bittet um Einverständnis mit dem Kläger RA Y (aus München) als Unterbevollmächtigter den Mandanten in der mündlichen Verhandlung zu vertreten. RA Y nimmt den Termin zur mündlichen Verhandlung wahr. Nach Erörterung der Sach- und Rechtslage sowie streitiger Verhandlung ergeht am Schuß der Sitzung ein klageabweisendes Urteil. Die Kostenrechnungen der beteiligten Rechtsanwälte sehen wie folgt aus:*

- *RA X (Prozeßbevollmächtigter)*

| | |
|---|---|
| *Streitwert: 8.000,00 DM* | |
| *10/10 §§ 11, 31 I Nr. 1 BRAGO* | *485,00 DM* |
| *5/10 §§ 11, 31 I Nr. 2, 4, II,33 III 1 BRAGO* | *242,50 DM* |
| *Auslagen § 26 BRAGO* | *40,00 DM* |
| *Zwischensumme netto* | *767,50 DM* |
| *zzgl. MwSt. (§ 25 II BRAGO)* | |

- *RA Y (Unterbevollmächtiger)*

| | |
|---|---|
| *Streitwert: 8.000,00 DM* | |
| *5/10 §§ 11, 31 I Nr. 1, 53 S. 1 BRAGO* | *242,50 DM* |
| *10/10 §§ 11, 31 I Nr. 2, 4, II, 53 S. 1 BRAGO* | *485,00 DM* |
| *Auslagen § 26 BRAGO* | *40,00 DM* |
| *Zwischensumme netto* | *767,50 DM* |
| *zzgl. MwSt. (§ 25 II BRAGO)* | |

Der wesentlichen Unterschied zwischen **Verhandlungsvertreter** und **Unterbevollmächtigter** ist der, daß der dem Unterbevollmächtigten erteilte **Auftrag** sich nicht nur auf die Vertretung in der mündlichen Verhandlung sondern, ohne daß es eines zusätzlichen Auftrages nach § 54 BRAGO bedarf, auch auf das **Beweisaufnahmeverfahren** erstreckt. Mithin erwirkt der **Unterbevollmächtigte** die **Beweisgebühr** in gleicher Weise wie ein **Prozeßbevollmächtigter** (§ 53 S. 3 BRAGO) und erhält somit eine volle (erstinstanzlich 10/10) Beweisgebühr, soweit sich die Vertretung in der mündlichen Verhandlung auf eine mit der mündlichen Verhandlung verbundene **Beweisaufnahme** erstreckt. Darüber hinaus kommt eine volle (10/10 13/10) **Vergleichsgebühr** (§ 23 I 3 BRAGO) in Betracht, falls der Unterbevollmächtigte an dem Abschluß des Vergleiches mitgewirkt hat.

**Auftrag**

**Beweisaufnahmeverfahren**

**Beweisgebühr**

**Beweisaufnahme**

**Vergleichsgebühr**

- **Beispiel 216**

*Sachverhalt wie Beispiel 215. Im Termin wird die Sach- und Rechtslage mit dem Gericht erörtert sowie streitig verhandelt. Der Beklagte stellt einen Zeugen, der im Beisein von RA Y vernommen wird. Im Anschluß an die Beweisaufnahme vergleichen sich die Parteien derart, daß der Beklagte an den Kläger 4.000,00 DM zahlt und die Kosten des Rechtsstreits sowie des Vergleiches gegeneinander aufgehoben werden. Die Kostenrechnungen der beteiligten Rechtsanwälte sehen nunmehr wie folgt aus:*

- *RA X (Prozeßbevollmächtigter)*

| | |
|---|---|
| *Streitwert: 8.000,00 DM* | |
| *10/10 §§ 11, 31 I Nr. 1 BRAGO* | *485,00 DM* |
| *5/10 §§ 11, 31 I Nr. 2, 4, II, 33 III 1 BRAGO* | *242,50 DM* |
| *Auslagen § 26 BRAGO* | *40,00 DM* |
| *Zwischensumme netto* | *767,50 DM* |
| *zzgl. MwSt. (§ 25 II BRAGO)* | |

- *RA Y (Unterbevollmächtigter)*

| | |
|---|---|
| *Streitwert: 8.000,00 DM* | |
| *5/10 §§ 11, 31 I Nr. 1, 53 S. 1 BRAGO* | *242,50 DM* |
| *10/10 §§ 11, 31 I Nr. 2, 4, II, 53 S. 1 BRAGO* | *485,00 DM* |

| | |
|---|---|
| 10/10 §§ 11, 31 I Nr. 3, 53 S. 3 BRAGO | 485,00 DM |
| 10/10 §§ 11, 23 I 3 BRAGO | 485,00 DM |
| Auslagen § 26 BRAGO | 40,00 DM |
| Zwischensumme netto | 1.737,50 DM |
| zzgl. MwSt. (§ 25 II BRAGO) | |

**Hauptbevollmächtigter**

**Unterbevollmächtigter**

Der Gebührenanspruch des **Hauptbevollmächtigten** (Prozeßbevollmächtigten) besteht neben dem Gebührenanspruch des RA, dem die Vertretung in der mündlichen Verhandlung übertragen wurde, die dieser zumeist in seiner Eigenschaft als **Unterbevollmächtigter** ausführt. Der **Prozeßbevollmächtigte**, der im Einverständnis mit der Partei die Vertretung in der mündlichen Verhandlung einem anderen Rechtsanwalt (**Verhandlungsvertreter/Unterbevollmächtigter**) übertragen hat, erhält eine Gebühr in Höhe von 5/10 der diesem zustehenden Verhandlungs- oder Erörterungsgebühr. Für den Fall, daß der Unterbevollmächtigte an einer **nichtstreitigen Verhandlung** teilnimmt, beträgt der Gebührenanspruch des Prozeßbevollmächtigten für die nichtstreitige Verhandlung des Unterbevollmächtigten **3/10** der vollen Gebühr (§ 33 III BRAGO).

- **Beispiel 217**

*Sachverhalt wie Beispiel 215. Im Termin zur mündlichen Verhandlung erscheint der Beklagte trotz ordnungsgemäßer Ladung ohne hinreichenden Entschuldigungsgrund nicht, so daß antragsgemäß ein Versäumnisurteil ergeht, das rechtskräftig wird.*

- *RA X (Prozeßbevollmächtigter)*

*Streitwert: 8.000,00 DM*

| | |
|---|---|
| *10/10 §§ 11, 31 I Nr. 1 BRAGO* | *485,00 DM* |
| *3/10 §§ 11, 33 I 1, III 1 BRAGO* | *145,50 DM* |
| *Auslagen § 26 BRAGO* | *40,00 DM* |
| *Zwischensumme netto* | *670,50 DM* |
| *zzgl. MwSt. (§ 25 II BRAGO)* | |

• *RA Y (Unterbevollmächtigter)*
*Streitwert: 8.000,00 DM*

| | |
|---|---|
| *5/10 §§ 11, 31 I Nr. 1, 53 S. 1 BRAGO* | *242,50 DM* |
| *5/10 §§ 11, 33 I 1, 53 S. 1 BRAGO* | *242,50 DM* |
| *Auslagen § 26 BRAGO* | *40,00 DM* |
| *Zwischensumme netto* | *525,00 DM* |
| *zzgl. MwSt. (§ 25 II BRAGO)* | |

**Prozeßbevollmächtigter**

**Verhandlungsvertreter**

Ist für den **Prozeßbevollmächtigten/Hauptbevollmächtigten** bereits eine **Verhandlungsgebühr/Erörterungsgebühr** entstanden und überträgt er im weiteren Verlauf im Einverständnis mit der Partei die Vertretung für eine weitere mündliche Verhandlung einem anderen Rechtsanwalt (**Verhandlungsvertreter/Unterbevollmächtigter**), so wird die Gebühr für die Übertragung des Verhandelns angerechnet auf die Verhandlungs-/Erörterungsgebühr des Prozeßbevollmächtigten, die für ihn in eigener Person entstanden sind (§ 33 III BRAGO).

• **Beispiel 218**
*RA X erhebt auftragsgemäß Klage über 8.000,00 DM. Im frühen ersten Termin wird die Sach- und Rechtslage erörtert. Die Parteien schließen einen Vergleich, der im weiteren Verlauf widerrufen wird. Weil RA X den nächsten Termin zur mündlichen Verhandlung wegen anderer terminlicher Verpflichtungen nicht wahrnehmen kann, bittet er im Einverständnis mit dem Kläger RA Y als Unterbevollmächtigten den Mandanten in der mündlichen Verhandlung zu vertreten. RA Y nimmt den Termin zur mündlichen Verhandlung wahr. Nach Erörterung der Sach- und Rechtslage sowie streitiger Verhandlung ergeht am Schluß der Sitzung ein klageabweisendes Urteil. Die Kostenrechnungen der beteiligten Rechtsanwälte sehen wie folgt aus:*

| | |
|---|---|
| • *RA X (Prozeßbevollmächtigter)* | |
| *Streitwert: 8.000,00 DM* | |
| *10/10 §§ 11, 31 I Nr. 1 BRAGO* | *485,00 DM* |
| *10/10 §§ 11, 31 I Nr. 4, 33 III 1 BRAGO* | *485,00 DM* |
| *Auslagen § 26 BRAGO* | *40,00 DM* |
| *Zwischensumme netto* | *1.010,00 DM* |
| *zzgl. MwSt. (§ 25 II BRAGO)* | |

| | |
|---|---|
| • *RA Y (Unterbevollmächtigter)* | |
| *Streitwert:* | *8.000,00 DM* |
| *5/10 §§ 11, 31 I Nr. 1, 53 S. 1 BRAGO* | *242,50 DM* |
| *10/10 §§ 11, 31 I Nr. 2, 4, II, 53 S. 1 BRAGO* | *485,00 DM* |
| *Auslagen § 26 BRAGO* | *40,00 DM* |
| *Zwischensumme netto* | *767,50 DM* |
| *zzgl. MwSt. (§ 25 II BRAGO)* | |

**Prozeßgebühr**

Der Anspruch des Unterbevollmächtigten auf die **Prozeßgebühr** (5/10 13/20) bleibt bestehen, auch soweit der Auftrag vor der mündlichen Verhandlung erledigt ist (§ 53 S. 2 BRAGO).

• **Beispiel 219**

*RA X aus Heidelberg erhebt auftragsgemäß Klage über 3.000,00 DM vor dem Amtsgericht in Dortmund und bittet im Einverständnis mit dem Kläger RA Y (aus Dortmund), den Termin zur mündlichen Verhandlung als Unterbevollmächtigter wahrzunehmen. Noch bevor es zum Termin kommt, zahlt der Beklagte die gesamte Forderung.*

| | |
|---|---|
| • *RA X (Prozeßbevollmächtigter)* | |
| *Streitwert: 3.000,00 DM* | |
| *10/10 §§ 11, 31 I Nr. 1 BRAGO* | *210,00 DM* |
| *Auslagen § 26 BRAGO* | *31,50 DM* |
| *Zwischensumme netto* | *241,50 DM* |
| *zzgl. MwSt. (§ 25 II BRAGO)* | |

• *RA Y (Unterbevollmächtigter)*
*Streitwert: 3.000,00 DM*

| | |
|---|---|
| *5/10 §§ 11, 32 I, 53 S. 2 BRAGO* | *105,00 DM* |
| *Auslagen § 26 BRAGO* | *15,80 DM* |
| *Zwischensumme netto* | *120,80 DM* |
| *zzgl. MwSt. (§ 25 II BRAGO)* | |

Auch hier gilt, daß die Gebühren für den **Unterbevollmächtigten/Verhandlungsvertreter** nach ständiger Rechtsprechung der Oberlandesgerichte im **Kostenfestsetzungsverfahren** grundsätzlich nicht festgesetzt werden, da nach § 91 ZPO nur die zur zweckentsprechenden **Rechtsverfolgung** oder **Rechtsverteidigung** notwendigen Kosten des Rechtsstreits erstattet werden. Zu beachten ist, daß der Gebührenanspruch des Unterbevollmächtigten (§ 53 BRAGO) gegenüber dem **Mandanten** nur entstehen kann, soweit der Prozeßbevollmächtigte im **Einverständnis** mit der Partei den Unterbevollmächtigten zur Wahrnehmung der rechtlichen Interessen des Mandanten in der mündlichen Verhandlung beauftragt hat. Liegt das Einverständnis des Mandanten vor, so können Prozeßbevollmächtigter und Unterbevollmächtigter den jeweiligen Gebührenanspruch gegenüber dem Mandanten geltend machen. Der Mandant schuldet als **Auftraggeber** aufgrund des **Geschäftsbesorgungsvertrages** (§ 675 BGB) den beauftragten Rechtsanwälten den **Vergütungsanspruch** (Gebühren und Auslagen), der dem jeweilige RA aufgrund seiner auftragsgemäßen Tätigkeit entstanden ist. Ob dem Mandanten ein **materieller Kostenersatzanspruch** oder ein **prozessualer Kostenerstattungsanspruch** zusteht, ist Gegenstand meiner Ausführungen im 13. Kapitel (**Kostentragungspflicht** und **Kostenfestsetzung**).

**Kostenfestsetzungsverfahren**
**Rechtsverfolgung**
**Rechtsverteidigung**

**Auftraggeber**
**Geschäftsbesorgungsvertrag**

**Kostentragungspflicht**

Der Gebührenanspruch des Verhandlungsvertreters/Unterbevollmächtigten ist zu unterscheiden von der Vergütung für Tätigkeiten von Vertretern des Rechtsanwalts im Sinne des § 4 BRAGO. Soweit der **Prozeßbevollmächtigte** wegen persönlicher Verhinderung einem anderen Kollegen, der als **Vertreter** gemäß **§ 4 BRAGO** für ihn tätig wird, die Vertretung in der mündlichen Verhandlung überträgt, so steht diesem „Verhand-

**Gehaltsansprüche**

lungsvertreter“ ein Vergütungsanspruch gegen die Partei nicht zu. Vielmehr richtet sich der Gebührenanspruch des Vertreters ausschließlich nach den vertraglichen Beziehungen zu dem vertretenen RA (z. B. **Gehaltsansprüche** als angestellter RA).

| **Gebühren 1. bis 3. Instanz** | **Prozeßbevollmächtigter Hauptbevollmächtigter** | **Unterbevollmächtigter** |
|---|---|---|
| • Prozeßgebühr §§ 11, 31 I Nr. 1, 53 | 10/10 13/10 | 5/10 13/20 |
| • vorzeitige Beendigung §§ 11, 32 I, 53 | 5/10 13/20 | 5/10 13/20 |
| • Differenz-Prozeßgebühr §§ 11, 32 II, 53 | 5/10 13/20 | 5/10 13/20 |
| • Verhandlungsgebühr (§§ 31, 33) | 5/10 13/20 | 10/10 13/10 |
| • streitige Verhandlung §§ 11, 31 I Nr. 2, 53 | 3/10 6,5/20 | 5/10 13/20 |
| • nichtstreitige Verhandlung §§ 11, 33 I 3, III, 53 | | |
| • Beweisgebühr §§ 11, 31 I Nr. 3, 53 | 10/10 13/10 | 10/10 13/10[1] |
| • Erörterungsgebühr §§ 11,31 I Nr. 4, 33 III, 53 | 5/10 13/20 | 10/10 13/10 |
| • Vergleichsgebühr §§ 11, 23 I 1, 23 I 3, 53, 13 III | 10/10 13/10 15/10 | 10/10 13/10[2] |

[1] bei Vertretung der Partei in einer mit der mündlichen Verhandlung verbundenen Beweisaufnahme

[2] bei Mitwirkung an dem Vergleich

## 4. Beweisanwalt (§ 54 BRAGO)

Der RA, dessen Tätigkeit sich auf die Vertretung in der **Beweisaufnahme** beschränkt, erhält für den **Rechtszug** (§ 37 BRAGO) je fünf Zehntel (5/10 13/20) der **Prozeßgebühr** und **Beweisgebühr** (§ 54 S. 1 BRAGO).

**Beweisaufnahme**
**Rechtszug**

Aus der Gesetzesformulierung wird deutlich, daß der **Beweisanwalt/Beweisvertreter** niemals der Prozeßbevollmächtigte sein kann.

**Beweisanwalt**
**Beweisvertreter**

Für den Prozeßbevollmächtigten entsteht die **Beweisgebühr** für die Vertretung im **Beweisaufnahmeverfahren** oder bei der Anhörung bzw. Vernehmung einer Partei nach § 613 ZPO (§ 31 I Nr. 3 BRAGO). Die Beweisgebühr entsteht, wenn der RA als **Prozeßbevollmächtigter** in der Beweisaufnahme tätig wird. Die **Beweisaufnahme** beginnt mit der **Beweisanordnung**. Wird dem Prozeßbevollmächtigten der **Beweisbeschluß** zugestellt und nimmt er diese Beweisanordnung entgegen, überprüft sie und leitet sie an den Mandanten weiter, so ist für ihn die Beweisgebühr entstanden ohne Rücksicht darauf, ob der RA als Prozeßbevollmächtigter an der Vernehmung eines Zeugen, an der Einnahme eines Augenscheins oder bis zum Eingang eines Sachverständigengutachtens weiter tätig wird.

**Beweisgebühr**
**Beweisaufnahmeverfahren**

**Beweisanordnung**
**Beweisbeschluß**

Mithin ist auch beim Zusammenwirken von Prozeßbevollmächtigtem und Beweisanwalt für die theoretische Fallösung darauf zu achten, daß zwei Kostenrechnungen zu erstellen sind.

- **Beispiel 220**

*RA X erhebt auftragsgemäß Klage über 7.000,00 DM. Im ersten Termin zur mündlichen Verhandlung wird streitig verhandelt. Im Anschluß daran erläßt das Gericht einen Beweisbeschluß, den RA X überprüft und an den Kläger weiterleitet. Im weiteren Verlauf bittet RA X den Kollegen RA Y den Termin zur Beweisaufnahme wahrzunehmen. Im Beisein von RA Y werden Zeugen vernommen. Im Anschluß an die Beweisaufnahme wird der Klage stattgegeben. Die Kostenrechnungen der beteiligten Rechtsanwälte sehen wie folgt aus:*

| | |
|---|---|
| • *RA X (Prozeßbevollmächtigter)* | |
| *Streitwert: 7.000,00 DM* | |
| *10/10 §§ 11, 31 I Nr. 1 BRAGO* | *430,00 DM* |
| *10/10 §§ 11, 31 I Nr. 2 BRAGO* | *430,00 DM* |
| *10/10 §§ 11, 31 I Nr. 3 BRAGO* | *430,00 DM* |
| *Auslagen § 26 BRAGO* | *40,00 DM* |
| *Zwischensumme netto* | *1.330,00 DM* |
| *zzgl. MwSt. (§ 25 II BRAGO)* | |

| | |
|---|---|
| • *RA Y (Beweisanwalt)* | |
| *Streitwert: 7.000,00 DM* | |
| *5/10 §§ 11, 31 I Nr. 1, 54 S. 1 BRAGO* | *215,00 DM* |
| *5/10 §§ 11, 31 I Nr. 3, 54 S. 1 BRAGO* | *215,00 DM* |
| *Auslagen § 26 BRAGO* | *40,00 DM* |
| *Zwischensumme netto* | *470,00 DM* |
| *zzgl. MwSt. (§ 25 II BRAGO)* | |

**Beweisanwalt**

**Prozeßgebühr**

Der **Beweisanwalt** erhält die Beweisgebühr nicht, wenn sich der Auftrag ohne Wahrnehmung eines Termins erledigt (§ 54 S. 2 BRAGO). Daraus folgt, daß der Anspruch auf die **Prozeßgebühr** (5/10 13/20) bestehen bleibt.

- **Beispiel 221**

*Sachverhalt wie Beispiel 220. Noch bevor RA Y den Termin zur Beweisaufnahme wahrnimmt, zahlt der Beklagte den gesamten Betrag.*

| | |
|---|---|
| • *RA X (Prozeßbevollmächtigter)* | |
| *Streitwert: 7.000,00 DM* | |
| *10/10 §§ 11, 31 I Nr. 1 BRAGO* | *430,00 DM* |
| *10/10 §§ 11, 31 I Nr. 2 BRAGO* | *430,00 DM* |
| *10/10 §§ 11, 31 I Nr. 3 BRAGO* | *430,00 DM* |
| *Auslagen § 26 BRAGO* | *40,00 DM* |
| *Zwischensumme netto* | *1.330,00 DM* |
| *zzgl. MwSt. (§ 25 II BRAGO)* | |

| | |
|---|---|
| • *RA Y (Beweisanwalt)* | |
| *Streitwert: 7.000,00 DM* | |
| *5/10 §§ 11, 31 I Nr. 1, 54 S. 2 BRAGO* | *215,00 DM* |
| *Auslagen § 26 BRAGO* | *32,30 DM* |
| *Zwischensumme netto* | *247,30 DM* |
| *zzgl. MwSt. (§ 25 II BRAGO)* | |

| **Gebühren 1. bis 3. Instanz** | **Prozeßbevollmächtigter** | **Beweisanwalt** |
|---|---|---|
| • Prozeßgebühr §§ 11, 31 I Nr. 1, 54 | 10/10<br>13/10 | 5/10<br>13/20 |
| • Verhandlungsgebühr (§§ 31, 33) | | |
| • streitige Verhandlung §§ 11, 31 I Nr. 2, 54 | 10/10<br>13/10 | – |
| • nichtstreitige Verhandlung §§ 11, 33 I 1, 54 | 5/10<br>13/20 | – |
| • Beweisgebühr §§ 11, 31 I Nr. 3, 54 | 10/10<br>13/10 | 5/10[1]<br>13/20 |
| • Erörterungsgebühr §§ 11, 31 I Nr. 4, 54 | 10/10<br>13/10 | 10/10[2]<br>13/10 |
| • Vergleichsgebühr §§ 11, 23 I 1, 23 I 3, 54, 13 III | 10/10<br>13/10<br>15/10 | 10/10[3]<br>13/10<br>15/10 |

[1] bei Wahrnehmung des Beweistermins
[2] bei Teilnahme an Erörterung der Sach- und Rechtslage
[3] bei Mitwirkung an dem Vergleich

## 5. Zusammenfassung

Die vorstehenden Ausführungen machen deutlich, daß bei einer Beteiligung mehrerer Rechtsanwälte an einem gerichtlichen Verfahren in der **theoretischen Fallösung** stets zu überprüfen ist, welcher Gebührenanspruch dem jeweiligen RA zusteht. Führt der RA auftragsgemäß Handlungen für den Mandanten aus, so ist der Mandant **Kostenschuldner** des beauftragten RA. Der Mandant hat die Gebühren und Auslagen zu vergüten, unabhängig von der Frage, ob dem Mandanten ein **materieller Kostenersatzanspruch** oder ein **prozessualer Kostenerstattungsanspruch** zusteht.

**Kostenschuldner**

Das Zusammenwirken von Prozeßbevollmächtigtem und Beweisanwalt findet für den Fall statt, daß die **Beweisaufnahme** an einem anderen Gericht als dem **Prozeßgericht** durchgeführt wird, oder der Prozeßbevollmächtigte einen anderen RA ausschließlich mit der Vertretung in der Beweisaufnahme beauftragt hat. Zu bedenken ist allerdings, daß dem **Beweisanwalt** des § 54 BRAGO auch noch andere Tätigkeiten übertragen werden können, sofern er nur nicht Prozeßbevollmächtigter ist. Deshalb erhält auch der **Verkehrsanwalt** die halbe **Beweisgebühr** (§ 54 BRAGO), wenn ihm außer der Führung des Verkehrs der Partei mit dem Prozeßbevollmächtigten auch die Vertretung in der Beweisaufnahme übertragen worden ist. Darüber hinaus kommt für den Beweisanwalt auch eine volle (10/10 13/10 15/10) **Vergleichsgebühr** in Betracht, soweit er bei den Vergleichsverhandlungen mitgewirkt hat und die Mitwirkung des Beweisanwalts für den Abschluß des Vergleichs ursächlich war.

**Beweisaufnahme**

**Beweisanwalt**

**Verkehrsanwalt**

**Beweisgebühr**

**Vergleichsgebühr**

Hier wird deutlich, daß die Gebühren des **Verkehrsanwalts** (§ 52 BRAGO), des **Verhandlungsvertreters/Unterbevollmächtigten** (§ 53 BRAGO) und die, des **Beweisanwalts** (§ 54 BRAGO) nebeneinander entstehen können. Zu beachten ist aber, daß der RA, der nur mit einzelnen Handlungen beauftragt ist, nicht mehr an Gebühren erhält als der mit der gesamten **Angelegenheit** beauftragte RA für die gleiche Tätigkeit erhalten würde (§ 13 VI BRAGO).

**Angelegenheit**

- **Beispiel 222**

*RA X aus Bochum wird von dem Mandanten beauftragt, Klage vor dem zuständigen Landgericht in Stuttgart über 35.000,00 DM zu erheben. Im Einverständnis mit dem Kläger beauftragt er RA Y in Stuttgart als Prozeßbevollmächtigten.*

*RA X fertigt sämtliche Schriftsätze an, die RA Y nach Überprüfung und Vervollständigung an das zuständige Landgericht weiterleitet. Im Termin zur mündlichen Verhandlung stellt RA Y den Antrag aus der Klageschrift; der Prozeßbevollmächtigte des Beklagten beantragt, die Klage kostenpflichtig abzuweisen. Im weiteren Verlauf erläßt das Landgericht Stuttgart einen Beweisbeschluß, den RA Y in Empfang nimmt, überprüft und an RA X weiterleitet. Nach dem Beweisbeschluß soll im Wege der Rechtshilfe ein Zeuge vor dem Amtsgericht in Bochum vernommen werden. Auftragsgemäß nimmt RA X den Termin zur Beweisaufnahme vor dem Amtsgericht in Bochum wahr. Zu diesem Termin erscheint auch der Prozeßbevollmächtigte des Beklagten, so daß es vor dem Amtsgericht Bochum zu einer Erörterung der Sach- und Rechtslage zwischen dem Gericht, RA X sowie dem Anwalt des Beklagten kommt. Im Rahmen der Erörterung der Sach- und Rechtslage schließen die Parteien vor dem Amtsgericht in Bochum zur Weiterleitung an das Prozeßgericht in Stuttgart einen Vergleich unter dem Vorbehalt des Widerrufs, wonach der Beklagte an den Kläger zur Abgeltung der Klageforderung 18.000,00 DM zahlt und die Kosten des Rechtsstreits sowie des Vergleiches gegeneinander aufgehoben werden. Im nächsten Termin zur mündlichen Verhandlung vor dem Landgericht in Stuttgart wird zwischen RA Y und dem Prozeßbevollmächtigten des Beklagten die Sach- und Rechtslage nach Durchführung der Beweisaufnahme in Bochum erneut mit dem Gericht erörtert und der vor dem Landgericht in Bochum protokollierte Widerrufsvergleich wird vor dem Landgericht in Stuttgart nicht widerrufen. RA X und RA Y möchten wissen, welchen Gebührenanspruch sie in Rechnung stellen können.*

- *RA Y (Prozeßbevollmächtigter)*

*Streitwert: 35.000,00 DM*

| | |
|---|---|
| *10/10 §§ 11, 31 I Nr. 1 BRAGO* | *1.185,00 DM* |
| *10/10 §§ 11, 31 I Nr. 2, 4, II BRAGO* | *1.185,00 DM* |
| *10/10 §§ 11, 31 I Nr. 3 BRAGO* | *1.185,00 DM* |
| *10/10 §§ 11, 23 I 3 BRAGO* | *1.185,00 DM* |
| *Auslagen § 26 BRAGO* | *40,00 DM* |
| *Zwischensumme netto* | *4.780,00 DM* |
| *zzgl. MwSt. (§ 25 II BRAGO)* | |

| | |
|---|---|
| • *RA X (Korrespondenzanwalt und Beweisanwalt)* | |
| *Streitwert: 35.000,00 DM* | |
| *10/10 §§ 11, 31 I Nr. 1, 52 I, 54 S. 1, 13 III BRAGO* | *1.185,00 DM* |
| *10/10 §§ 11, 31 I Nr. 4, 54 S. 1 BRAGO* | *1.185,00 DM* |
| *5/10 §§ 11, 31 I Nr. 3, 54 S. 1 BRAGO* | *592,50 DM* |
| *10/10 §§ 11, 23 I 3 BRAGO* | *1.185,00 DM* |
| *Auslagen § 26 BRAGO* | *40,00 DM* |
| *Zwischensumme netto* | *4.187,50 DM* |
| *zzgl. MwSt. (§ 25 II BRAGO)* | |

# 11. Kapitel

## Gebühren im Zwangsvollstreckungsverfahren

### 1. Einleitung

Für die Tätigkeiten in der Zwangsvollstreckung (Zwangsvollstreckungsverfahren) kann der RA besondere Gebühren in Rechnung stellen, da sich die Zwangsvollstreckung an das **Erkenntnisverfahren** (Klageverfahren/Mahnverfahren) anschließt und gebührenrechtlich nicht zum Rechtszug (§ 37 BRAGO) gehört. Der RA erhält 3/10 der in § 31 BRAGO bestimmten Gebühren für die Tätigkeit in der Zwangsvollstreckung mit Ausnahme der im Vierten (Zwangsversteigerung, Zwangsverwaltung) und Fünften Abschnitt (Konkursverfahren, Vergleichsverfahren, gerichtliches Verteilungsverfahren) geregelten Angelegenheiten.

**Zwangsvollstreckungsverfahren**

**Erkenntnisverfahren**

Die Vorschriften der §§ 32, 33 I, 33 II BRAGO gelten nicht (§ 57 I 2 BRAGO). Dadurch wird verhindert, daß dem RA, der beauftragt ist, für den Mandanten Zwangsvollstreckungsmaßnahmen gegen den Schuldner einzuleiten für den Fall einer **vorzeitigen Beendigung** des Auftrags, bzw. einer nichtstreitigen Verhandlung im Zwangsvollstreckungsverfahren eine geringere als die 3/10 Gebühr entsteht. Mithin erhält der RA 3/10 der vollen Gebühr soweit der Auftrag endigt, bevor der RA eine Vollstreckungsmaßnahme für den Mandanten durchgeführt hat.

**vorzeitige Beendigung**

- **Beispiel 223**

*Der RA erhält den Auftrag, für den Mandanten wegen einer Gesamtforderung von 12.000,00 DM Zwangsvollstreckungsmaßnahmen einzuleiten. Noch bevor der RA den Vollstreckungsauftrag einreicht, teilt der Mandant fernmündlich mit, daß die*

*Angelegenheit erledigt ist und bittet um Übermittlung der Kostenrechnung.*

| | |
|---|---|
| *Gegenstandswert: 12.000,00 DM* | |
| *3/10 §§ 11, 57, 58 BRAGO* | *199,50 DM* |
| *Auslagen § 26 BRAGO* | *30,00 DM* |
| *Zwischensumme netto* | *229,50 DM* |
| *zzgl. MwSt. (§ 25 II BRAGO)* | |

**Vollstreckungsorgane**

**Geldforderungen**

Zwangsvollstreckung bedeutet die Einleitung von Zwang durch **Vollstreckungsorgane** des Staates, um Ansprüche des Gläubigers gegenüber dem Schuldner (§ 241 BGB) durchzusetzen, hier insbesondere die Zwangsvollstreckung wegen **Geldforderungen** (§§ 803 ff ZPO) sowie das Verfahren zur Abnahme der **eidesstattlichen Versicherung** (§§ 899 ff ZPO).

**Vollstreckungstitel Klausel**

Voraussetzung für das Entstehen einer **Zwangsvollstreckungsgebühr** ist, daß zu Gunsten des Gläubigers eine vollstreckbare Ausfertigung eines Titels (**Vollstreckungstitel** und **Klausel**) vorliegt sowie eine Tätigkeit des RA in der Zwangsvollstreckung. Der **Zwangsvollstreckungstitel** (§§ 704 ff, 794 ff ZPO) muß nach den Vorschriften der ZPO zu vollstrecken sein, so daß § 57 I 1 BRAGO bestimmt, daß die im Vierten und Fünften Abschnitt geregelten Angelegenheiten

- Zwangsversteigerung (§ 68 BRAGO)
- Zwangsverwaltung (§ 69 BRAGO)
- Konkursverfahren und Vergleichsverfahren (§§ 72 ff BRAGO)

nicht nach § 57 BRAGO vergütet werden, sondern in den jeweiligen Abschnitten der BRAGO eigene Gebührentatbestände haben.

## 2. Spezielle Gegenstandswertvorschrift (§ 57 II BRAGO)

In der Zwangsvollstreckung bestimmt sich der **Gegenstands-**

**wert** nach der **Spezialvorschrift** des § 57 II BRAGO, die den übrigen Gegenstandswertvorschriften vorgeht. Gemäß § 57 II Nr. 1, 1. Hs. BRAGO bestimmt sich der Gegenstandswert nach dem Betrag der zu vollstreckenden **Geldforderung** einschließlich der **Nebenforderungen**. Zu den Nebenforderungen gehören **Zinsen** und bisherige **Kosten,** die der Gläubiger zu verauslagen hatte, insbesondere dessen **Rechtsanwaltskosten**, nicht aber die Kosten der aktuellen Zwangsvollstreckungsmaßnahme, die erst für dieselbe entstehen und daher bei der Bestimmung der Höhe des Gegenstandswertes für diese Zwangsvollstreckungsmaßnahme keine Beachtung finden.

**Spezialvorschrift**

**Zinsen**
**Kosten**

- **Beispiel 224**

*Der RA beauftragt den zuständigen Gerichtsvollzieher unter Vorlage der vollstreckbaren Ausfertigung eines Titels und Belege über die bisherigen Kosten des Gläubigers mit der Durchführung der Sachpfändung beim Schuldner. Die Hauptforderung zzgl. der Zinsen und sonstiger Kosten beträgt insgesamt 18.000,00 DM. Als der Gerichtsvollzieher beim Schuldner erscheint, stellt er fest, daß der Schuldner keine pfändbare Habe hat. Deshalb erteilt der Gerichtsvollzieher eine Fruchtlosigkeitsbescheinigung und berechnet hierfür nach dem Gerichtsvollzieherkostengesetz Gebühren in Höhe von 75,00 DM.*
*Der Gegenstandswert für den Gebührenanspruch des RA aus §§ 57, 58 BRAGO beläuft sich auf 18.000,00 DM. Die nunmehr entstandenen Gerichtsvollzieherkosten in Höhe von 75,00 DM sind Kosten für die aktuelle Zwangsvollstreckungsmaßnahme, die für den Gegenstandswert betreffend den Antrag auf Sachpfändung keine Berücksichtigung finden.*

Soll ein **bestimmter Gegenstand** gepfändet werden und hat dieser einen geringeren Wert, so ist dieser Wert maßgebend (§ 57 II Nr. 1, 2. Hs. BRAGO).

Wird künftig fällig werdendes **Arbeitseinkommen** nach § 850 d III ZPO gepfändet, so sind die noch nicht fälligen Ansprüche nach § 17 I, II GKG zu bewerten (§ 57 II Nr. 1, 3. Hs. BRAGO).

**Arbeitseinkommen**

**eidesstattliche Versicherung**

In Verfahren über den Antrag auf Abnahme der **eidesstattlichen Versicherung** (§ 807 ZPO) bestimmt sich der Gegenstandswert nach dem Betrag, der einschließlich der Nebenforderungen aus dem Vollstreckungstitel noch geschuldet wird (§ 57 II Nr. 4, 1. Hs. BRAGO).

- **Beispiel 225**

*Auftragsgemäß reicht der RA beim zuständigen Amtsgericht für seinen Mandanten einen Antrag auf Abnahme der eidesstattlichen Versicherung nach § 807 ZPO zu Lasten des Schuldners wegen einer Hauptforderung von 1.500,00 DM, Zinsen in Höhe von 128,00 DM, titulierte vorgerichtliche Nebenkosten von 97,50 DM sowie für die Kosten des gerichtlichen Mahnverfahrens in Höhe von 260,19 DM ein. Als dem Schuldner die Terminsladung zugestellt wird, zahlt er den gesamten Betrag an den Gläubiger. Daraufhin bittet der Mandant den RA um die Übermittlung der Kostenrechnung.*

| | |
|---|---|
| *Gegenstandswert: 1.985,69 DM* | |
| *3/10 §§ 11, 57, 58 III Nr. 11 BRAGO* | *51,00 DM* |
| *Auslagen § 26 BRAGO* | *7,70 DM* |
| *Zwischensumme netto* | *58,70 DM* |
| *zzgl. MwSt. (§ 25 II BRAGO)* | |
| *verauslagte Gerichtskosten (Nr. 1643 Anl. 1 zu § 11 I GKG)* | *35,00 DM* |

**Gegenstandswert Höchstbetrag**

Zu beachten ist, daß in Verfahren über den Antrag auf Abnahme der eidesstattlichen Versicherung der **Gegenstandswert** auf den **Höchstbetrag** von **3.000,00 DM** begrenzt ist (§ 57 II Nr. 4, 2. Hs. BRAGO).

- **Beispiel 226**

*Sachverhalt wie Beispiel 225. Der Gesamtbetrag aus titulierter Hauptforderung, Zinsen, titulierten vorgerichtlichen Nebenkosten, Kosten des gerichtlichen Verfahrens sowie der Kosten von bisherigen Vollstreckungsmaßnahmen beläuft sich auf 8.975,00 DM.*

| | |
|---|---|
| *Gegenstandswert: 3.000,00 DM (Höchstbetrag)* | |
| *3/10 §§ 11, 57, 58 III Nr. 11 BRAGO* | *63,00 DM* |
| *Auslagen § 26 BRAGO* | *9,50 DM* |
| *Zwischensumme netto* | *72,50 DM* |
| *zzgl. MwSt. (§ 25 II BRAGO)* | |
| *verauslagte Gerichtskosten (Nr. 1643 Anl. 1 zu § 11 I GKG)* | *35,00 DM* |

**Räumungstitel**

Bei der Vollstreckung eines **Räumungstitels** ist als Gegenstandswert der **Jahresmietzins** maßgebend. Wird wegen titulierter **Mietrückstände** gleichzeitig die Zwangsvollstreckung betrieben, so sind Jahresbetrag und Mietrückstand zu addieren (§ 7 II BRAGO).

- **Beispiel 227**

*Auftragsgemäß betreibt der RA die Zwangsvollstreckung wegen der Räumung einer Wohnung. Der monatliche Mietzins, den der Schuldner zu zahlen hat, beträgt 500,00 DM, die Mietrückstände 2.500,00 DM. Der Gegenstandswert setzt sich zusammen aus dem Jahresmietzins (500,00 DM x 12 = 6.000,00 DM) und dem Mietzinsrückstand (2.500,00 DM), so daß der Gegenstandswert 8.500,00 DM beträgt.*

| | |
|---|---|
| *Gegenstandswert: 8.500,00 DM* | |
| *3/10 §§ 11, 57, 58 BRAGO* | *162,00 DM* |
| *Auslagen § 26 BRAGO* | *24,30 DM* |
| *Zwischensumme netto* | *186,30 DM* |
| *zzgl. MwSt. (§ 25 II BRAGO)* | |

## 3. Angelegenheiten der Zwangsvollstreckung (§ 58 BRAGO)

**Prozeßtätigkeit**

Wird der RA in der Zwangsvollstreckung tätig im Anschluß an eine vorhergehende **Prozeßtätigkeit**, d. h. hat der RA den der Vollstreckung zugrunde liegenden **Titel** erstritten, sind verschiedene Tätigkeiten der Zwangsvollstreckung mit der

**Prozeßgebühr** angegolten (§ 37 BRAGO). Mithin gehören gewissen Handlungen, die geeignet sind, die Zwangsvollstreckung vorzubereiten (**Vorbereitungshandlungen**), noch zu den Aufgaben des **Prozeßbevollmächtigten** des Rechtsstreits. Hierzu gehören die **Zustellung** des **Urteils**, die Erteilung des **Notfristzeugnisses**, des **Rechtskraftzeugnisses**, die erstmalige Erteilung der **Vollstreckungsklausel**, wenn deswegen keine Klage nach § 731 ZPO erhoben worden ist (§ 37 Nr. 7 BRAGO).

**Vorbereitungshandlungen**

Für den Fall, daß der mit der Zwangsvollstreckung beauftragte RA **nicht** Prozeßbevollmächtigter des **Hauptprozesses** war, entsteht für ihn die 3/10 Gebühr aus §§ 57, 58 BRAGO auch für die zuletzt genannten Tätigkeiten, die aber für den RA, der in der Zwangsvollstreckung tätig wird im Anschluß an eine vorhergehende Prozeßtätigkeit noch durch die Prozeßgebühr (§ 31 I Nr. 1 BRAGO) abgegolten werden. Jede Tätigkeit, die der RA als Prozeßbevollmächtigter des Hauptprozesses darüber hinaus in der Zwangsvollstreckung als **Vollstreckungsmaßnahme** entwickelt, begründet für ihn den Gebührenanspruch aus §§ 57, 58 BRAGO.

**Vollstreckungsmaßnahme**

**Vollstreckungsauftrag**

In der **Zwangsvollstreckung** (§ 57 BRAGO) gilt jede **Vollstreckungsmaßnahme** zusammen mit den durch diese vorbereiteten weiteren **Vollstreckungshandlungen** bis zur Befriedigung des Gläubigers als **eine Angelegenheit** (§ 58 I BRAGO). Daher kann **nicht jeder Vollstreckungsauftrag** gesondert in Rechnung gestellt werden, sondern grundsätzlich nur **eine 3/10 Gebühr** für sämtliche Vollstreckungsmaßnahmen, die zur (vollständigen) Befriedigung des Gläubigers geführt haben. Insbesondere sind von der Gebühr aus § 57 I BRAGO bestimmte, in § 58 II BRAGO aufgeführte Tätigkeiten mitumfaßt. Es gibt aber auch verschiedene Tätigkeiten, die unabhängig von sonstiger Tätigkeit in der Zwangsvollstreckung als gesonderte, gebührenpflichtige Tätigkeiten zu beurteilen sind, was sich aus **§ 58 III BRAGO** ergibt.

- **Beispiel 228**

*Der RA erteilt Zwangsvollstreckungsauftrag über einen Gegenstandswert von 20.000,00 DM. Der Gerichtsvollzieher teilt mit, daß der Schuldner unbekannt verzogen ist und berechnet Gebühren in Höhe von 80,00 DM. Mittels einer* ***Suchkarte*** *macht der RA den neuen Wohnsitz des Schuldners ausfindig und erteilt einen erneuten Zwangsvollstreckungsauftrag an den nunmehr zuständigen Gerichtsvollzieher. Der Schuldner zahlt die gesamte Forderung und die Anwaltskosten.*

**Suchkarte**

*Gegenstandswert: 20.080,00 DM*

| | |
|---|---|
| *3/10 §§ 11, 57, 58 BRAGO* | *307,50 DM* |
| *Auslagen § 26 BRAGO* | *40,00 DM* |
| *Zwischensumme netto* | *347,50 DM* |
| *zzgl. MwSt. (§ 25 II BRAGO)* | |

*Der Gerichtsvollzieher berechnet seine Kosten für die aktuelle Zwangsvollstreckungsmaßnahme nach dem* ***Gerichtsvollzieherkostengesetz*** *und zieht diesen Betrag (vorliegend 85,00 DM) vom Schuldner mit ein, so daß nunmehr sämtliche Kosten seitens des Schuldners ausgeglichen wurden.*

**Gerichtsvollzieherkostengesetz**

Zu beachten ist, daß ein **Aufforderungsschreiben mit Vollstreckungsandrohung** bereits eine Tätigkeit in der Zwangsvollstreckung ist und daher auch für den Prozeßbevollmächtigten des Rechtsstreits nicht mehr durch die Prozeßgebühr abgegolten wird, sondern bereits den Gebührenanspruch aus §§ 57, 58 BRAGO begründet. Einschränkend muß allerdings beachtet werden, daß einige Oberlandesgerichte die Entstehung der Vollstreckungsgebühr davon abhängig machen, daß die Voraussetzungen der §§ 750, 751 ZPO bereits vorliegen oder dem Schuldner nachgewiesen werden. Dem ist entgegenzuhalten, daß nicht hinreichend zwischen der **Entstehung** und der **Erstattung** der Gebühr unterschieden wird (vgl. RA Wolfgang Madert, Anwaltsgebühren in Zivilsachen, 3. Aufl., S. 238).

**Aufforderungsschreiben**

Meinerseits wird die Ansicht vertreten, daß dem Schuldner die Möglichkeit eingeräumt werden muß, zu zahlen, bevor **Zwangsvollstreckungsmaßnahmen** eingeleitet werden, wozu auch das Aufforderungsschreiben mit Zwangsvollstreckungsandrohung gehört. Leistet der Schuldner nach Zustellung einer **Zahlungsaufforderung** ohne Zwangsvoll-

**Zahlungsaufforderung**

streckungsandrohung nicht, so besteht die Möglichkeit, entweder ein **Aufforderungsschreiben** mit Zwangsvollstreckungsandrohung dem Schuldner, bzw. dessen Prozeßbevollmächtigten zuzustellen oder sofort **Zwangsvollstreckungsmaßnahmen** einzuleiten. Beide Tätigkeiten begründen den Gebührenanspruch aus §§ 57, 58 BRAGO. Werden sie nebeneinander vorgenommen, so gelten sie bis zur Befriedigung des Gläubigers als **eine Angelegenheit**.

**Zwangsvollstreckungsmaßnahmen**

- **Beispiel 229**

*Der RA hat für seinen Mandanten im Erkenntnisverfahren einen Zwangsvollstreckungstitel über 14.000,00 DM erwirkt. Unter dem Hinweis, daß ihm die vollstreckbare Ausfertigung des Titels vorliegt, fordert er über den Prozeßbevollmächtigten des Schuldners den Schuldner zur Zahlung der gesamten Forderung innerhalb einer angemessenen Frist auf. Da der Schuldner nicht zahlt, wendet der RA des Gläubigers sich erneut an dessen Prozeßbevollmächtigten, nunmehr mit einem Aufforderungsschreiben unter Vollstreckungsandrohung soweit die Forderung nicht innerhalb einer bestimmten Frist beglichen werde. Daraufhin zahlt der Schuldner die gesamte Forderung sowie die Anwaltskosten des RA des Gläubigers.*

*Gegenstandswert: 14.000,00 DM*

| | |
|---|---|
| *3/10 §§ 11, 57, 58 BRAGO* | *220,50 DM* |
| *Auslagen § 26 BRAGO* | *33,10 DM* |
| *Zwischensumme netto* | *253,60 DM* |
| *16 % MwSt. (§ 25 II BRAGO)* | *40,58 DM* |
| *Summe* | *294,18 DM* |

**Aufforderungsschreiben**

Soweit der Schuldner auf das **Aufforderungsschreiben mit Zwangsvollstreckungsandrohung** nicht reagiert, so daß der Prozeßbevollmächtigte des Gläubigers **Zwangsvollstreckungsmaßnahmen** nach §§ 803 ff ZPO einleitet und nunmehr der Schuldner zahlt, kann der RA insgesamt nur **eine 3/10 Gebühr** in Rechnung stellen, da die Zustellung des Aufforderungsschreibens mit Zwangsvollstreckungsandrohung als erste Vollstreckungsmaßnahme die weitere Vollstreckungshandlung

(**Zwangsvollstreckungsauftrag**) vorbereitet und zur Befriedigung des Gläubigers geführt hat, was als **eine Angelegenheit** zu bewerten ist (§ 58 I BRAGO). Allerdings ist beim Zwangsvollstreckungsauftrag zu beachten, daß sich der **Gegenstandswert** erhöht um die **Rechtsanwaltsgebühren** und **Auslagen**, die im Rahmen des anwaltlichen Aufforderungsschreibens mit Vollstreckungsandrohung entstanden sind.

**Zwangsvollstreckungsauftrag**

- **Beispiel 230**

*Sachverhalt wie Beispiel 229. Aufgrund des anwaltlichen Aufforderungsschreiben mit Vollstreckungsandrohung reagiert der Schuldner nicht, so daß der RA den zuständigen Gerichtsvollzieher mit der Sachpfändung beauftragt.*

| | |
|---|---|
| *Gegenstandswert: 14.294,18 DM* | |
| *3/10 §§ 11, 57, 58 BRAGO* | *241,50 DM* |
| *Auslagen § 26 BRAGO* | *36,30 DM* |
| *Zwischensumme netto* | *277,80 DM* |
| *zzgl. MwSt. (§ 25 II BRAGO)* | |

**Keine besonderen Angelegenheiten** (§ 13 BRAGO) sind die in • **§ 58 II Nr. 1–7 BRAGO** aufgezählten Tätigkeiten, so daß hierfür keine besondere 3/10 Gebühr in Rechnung gestellt werden kann. Die hier aufgeführten Tätigkeiten sind von der Gebühr gemäß § 57 BRAGO mitumfaßt. Keine besonderen Angelegenheiten sind insbesondere die

- Zustellung des Urteils/der Vollstreckungsklausel (§ 58 II Nr. 2 BRAGO)
- Zulassung einer Zwangsvollstreckung zur Nachtzeit, an einem Sonntag oder allgemeinen Feiertag (§ 761 ZPO, § 58 I Nr. 3 BRAGO).

- **Beispiel 231**

*Auftragsgemäß beantragt der RA für den Gläubiger die Durchführung der Pfändung beim Schuldner über einen Gesamtbetrag in Höhe von 18.000,00 DM. Der zuständige Gerichtsvollzieher teilt dem RA mit, daß der Schuldner zwischenzeitlich unbekannt verzogen ist und berechnet hierfür Gebühren nach dem **Gerichtsvollzieherkostengesetz** in Höhe von **75,00 DM**.*

**Gerichtsvollzieherkostengesetz**

*Nachdem der RA die neue Anschrift des Schuldners in Erfahrung gebracht hat, erteilt er einen erneuten Pfändungsauftrag. Der Gerichtsvollzieher teilt mit, daß ihm der Schuldner den Zutritt zur Wohnung verboten hat und berechnet hierfür Gebühren in Höhe von* ***80,00 DM****. Daraufhin beantragt der RA beim zuständigen Amtsgericht den Erlaß eines Durchsuchungsbeschlusses (§ 758 ZPO) sowie den Beschluß, der Zulassung der Zwangsvollstreckung zur Nachtzeit und an Sonn- und Feiertagen (§ 761 ZPO). Nachdem das Amtsgericht die begehrten Beschlüsse erlassen hat, wird der Gerichtsvollzieher erneut beim Schuldner vorstellig. Nunmehr zahlt der Schuldner die gesamte Forderung, d. h. die Hauptforderung nebst Zinsen, die nunmehr entstandenen Gerichtsvollzieherkosten, die nach dem Gerichtsvollzieherkostengesetz 1/4-Hebegebühr in Höhe von 40,00 DM betragen und die der Gerichtsvollzieher einzieht, sowie die Gebühren und Auslagen des RA, die sich wie folgt berechnen:*

| | |
|---|---|
| *Gegenstandswert: 18.155,00 DM* | |
| *3/10 §§ 11, 57 I, 58 I, II Nr. 3 BRAGO* | *283,50 DM* |
| *Auslagen § 26 BRAGO* | *40,00 DM* |
| *Zwischensumme netto* | *323,50 DM* |
| *zzgl. MwSt. (§ 25 II BRAGO)* | |

**besondere Angelegenheiten**

**gebührenpflichtige Tätigkeiten**

Demgegenüber sind **besondere Angelegenheiten** die in **§ 58 III Nr. 1–13 BRAGO** aufgezählten Tätigkeiten, die unabhängig von sonstiger Tätigkeit in der Zwangsvollstreckung als gesonderte, **gebührenpflichtige Tätigkeiten** zu beurteilen sind und daher jeweils gesondert mit einer weiteren **3/10 Gebühr** in Rechnung gestellt werden können. Dies gilt insbesondere für das Verfahren

- auf Eintragung einer Zwangshypothek (§ 58 III Nr. 6 BRAGO)
- zur Abnahme der eidesstattlichen Versicherung (§ 58 III Nr. 11 BRAGO).

- **Beispiel 232**

*Sachverhalt wie Beispiel 231. Der Schuldner gewährt aufgrund der Vorlage der Beschlüsse dem Gerichtsvollzieher Zutritt in die Wohnung. Der Gerichtsvollzieher stellt fest, daß pfändbare Habe nicht vorhanden ist und teilt dies dem RA mit. Unter Vorlage der aktuellen* ***Fruchtlosigkeitsbescheinigung****, für die nach dem Gerichtsvollzieherkostengesetz keine gesonderte Gebühr mehr entsteht, beantragt der RA beim zuständigen Vollstreckungsgericht gegen den Schuldner das Verfahren zur Abnahme der eidesstattlichen Versicherung. Im Termin legt der Schuldner ein* ***Vermögensverzeichnis*** *vor aus dem sich ergibt, daß er Eigentümer eines Grundstücks ist. Nunmehr beantragt der RA die Eintragung einer Zwangshypothek sowie die Zwangsversteigerung des Grundstücks wegen der jeweils aktuellen Gesamtforderung. Der RA möchte wissen, welche Gebühren er in Rechnung stellen kann.*

**Fruchtlosigkeitsbescheinigung**

**Vermögensverzeichnis**

- *Vollstreckungsauftrag*

*Gegenstandswert: 18.155,00 DM*
*(§ 57 II BRAGO)*

| | | |
|---|---|---|
| *3/10 §§ 11, 57, 58 BRAGO* | *283,50 DM* | |
| *Auslagen § 26 BRAGO* | *40,00 DM* | |
| *Zwischensumme netto* | *323,50 DM* | |
| *16 % MwSt. (§ 25 II BRAGO)* | *51,76 DM* | |
| *Summe* | *375,26 DM* | *375,26 DM* |

- *Verfahren zur Abnahme der eidesstattlichen Versicherung*

*Gegenstandswert: 3.000,00 DM*

*(Höchstbetrag § 57 II Nr. 4 BRAGO)*

| | | |
|---|---|---|
| *3/10 §§ 11, 57 I, 58 III Nr. 11 BRAGO* | *63,00 DM* | |
| *Auslagen § 26 BRAGO* | *9,50 DM* | |
| *Zwischensumme netto* | *72,50 DM* | |
| *16 % MwSt. (§ 25 II BRAGO)* | *11,60 DM* | |
| *Gerichtskosten* | *35,00 DM* | |
| *Summe* | *119,10 DM* | *119,10 DM* |

- *Verfahren auf Eintragung der Zwangshypothek*
*Gegenstandswert:*
*18.155,00 DM + 375,26 DM + 119,10 DM = 18.649,36 DM*
*3/10 §§ 11, 57 I, 58 III*

| | | |
|---|---|---|
| *Nr. 6 BRAGO* | *283,50 DM* | |
| *Auslagen § 26 BRAGO* | *40,00 DM* | |
| *Zwischensumme netto* | *323,50 DM* | |
| *16 % MwSt. (§ 25 II BRAGO)* | *51,76 DM* | |
| *Summe* | *375,26 DM* | *375,26 DM* |

- *Zwangsversteigerungsverfahren (§ 68 BRAGO)*
*Gegenstandswert:*
*18.649,36 DM + 375,26 DM = 19.024,62 DM*
*3/10 §§ 11, 57 I, 58 I, 68 I*

| | | |
|---|---|---|
| *Nr. 1 BRAGO* | *283,50 DM* | |
| *Auslagen § 26 BRAGO* | *40,00 DM* | |
| *Zwischensumme netto* | *323,50 DM* | |
| *16 % MwSt. (§ 25 II BRAGO)* | *51,76 DM* | |
| *Summe* | *375,26 DM* | *375,26 DM* |
| *Gesamtbetrag* | | *1.244,88 DM* |

## 4. Mehrere Gläubiger/Schuldner

**Gesamtgläubiger**

Vertritt der RA **mehrere Gläubiger** wegen desselben Gegenstandes (**Gesamtgläubiger**) in der Zwangsvollstreckung, findet § 6 BRAGO Anwendung. Die **3/10 Ausgangsgebühr** erhöht sich für **jeden weiteren Auftraggeber** wie folgt:
- 3/10 x 3/10 = 9/100 = **0,9/10**.

• **Beispiel 233**

*Die Eheleute Müller legen dem RA die vollstreckbare Ausfertigung eines rechtskräftigen Titels vor, wonach der Beklagte an die Eheleute als Gesamtgläubiger insgesamt 12.000,00 DM zu zahlen hat. Obwohl sie den Schuldner bereits zur Zahlung aufgefordert haben, hält dieser sich weigerlich. Auftragsgemäß fordert der RA unter dem Hinweis, daß ihm die vollstreckbare Ausfertigung des Titels vorliegt, den Schuldner auf, innerhalb einer genau bestimmten Frist zu zahlen. Der RA weist darauf hin, daß er für den Fall, daß er einen fristgemäßen Zahlungseingang nicht feststellen könnte, er ohne weitere Ankündigung die Zwangsvollstreckung betreiben werde. Aufgrund des Aufforderungsschreibens mit Vollstreckungsandrohung zahlt der Schuldner die gesamte Forderung und begleicht die dem Schreiben beigefügte Kostenrechnung des RA.*

| | |
|---|---|
| *Gegenstandswert: 12.000,00 DM* | |
| *3/10 §§ 11, 57, 58 BRAGO* | *199,50 DM* |
| *0,9/10 §§ 11, 6 BRAGO* | *59,90 DM* |
| *Auslagen § 26 BRAGO* | *39,00 DM* |
| *Zwischensumme netto* | *298,40 DM* |
| *zzgl. MwSt. (§ 25 II BRAGO)* | |

Auch für die Zwangsvollstreckung gilt, daß sich die **Ausgangsgebühr** (3/10) für den 2. bis max. 8. Auftraggeber um **je 3/10** erhöht, soweit die Auftraggeber an dem **Gegenstand der Zwangsvollstreckung** gemeinschaftlich beteiligt sind (§ 6 I 2 BRAGO). Jeder Mandant schuldet dem RA die Gebühren, die entstanden wären, wenn er den RA allein beauftragt hätte (§ 6 III BRAGO). Die Summe der Zahlungen der Mandanten darf den Gesamtbetrag der Gebühren (§ 6 I BRAGO) nicht überschreiten. **Mehrere Erhöhungen** dürfen den Betrag von zwei vollen Gebühren (in der Zwangsvollstreckung **6/10**) nicht übersteigen, so daß aus Ausgangsgebühr (3/10) und den gem. § 6 BRAGO erhöhten Gebühren bei mehr als acht Auftraggebern höchstens drei volle Gebühren (**9/10**) in Rechnung gestellt werden können. **Ausgangsgebühr**

**Betragsgebühren**

Damit ergeben sich folgende **Betragsgebühren**

| Ausgangsgebühr | Anzahl der Auftraggeber | | | | | | |
|---|---|---|---|---|---|---|---|
| | 2 | 3 | 4 | 5 | 6 | 7 | 8 |
| 3/10 | 3,9/10 | 4,8/10 | 5,7/10 | 6,6/10 | 7,5/10 | 8,4/10 | 9/10 |

**Gesamtschuldner**

**Vollstreckungsauftrag**

Wird die **Zwangsvollstreckungsmaßnahme** für einen Gläubiger gleichzeitig gegen **mehrere Schuldner** (**Gesamtschuldner,** z. B. Eheleute) betrieben, so ist die Vollstreckung gegen jeden Schuldner eine **gesonderte Angelegenheit,** so daß für eine Vollstreckung aus demselben Titel gegen mehrere Schuldner für den RA die Gebühren und Auslagen gesondert entstehen. Ein gegen zwei Gesamtschuldner erteilter **Vollstreckungsauftrag** löst daher **zwei 3/10-Gebühren** und zwei Auslagenpauschalen, jeweils zzgl. Mehrwertsteuer aus, wobei jeder Schuldner prozessual nur für die in der Vollstreckung gegen ihn entstandenen Gebühren haftet.

- **Beispiel 234**

*Sachverhalt wie Beispiel 233. Die Schuldner sind die Eheleute Josef und Maria Treulos.*

- *Androhung der ZV ggü. Ehefrau*

| | |
|---|---|
| *Gegenstandswert: 12.000,00 DM* | |
| *3/10 §§ 11, 57, 58 BRAGO* | *199,50 DM* |
| *0,9/10 §§ 11, 6 BRAGO* | *59,90 DM* |
| *Auslagen § 26 BRAGO* | *39,00 DM* |
| *Zwischensumme netto* | *298,40 DM* |
| *zzgl. MwSt. (§ 25 II BRAGO)* | |

- *Androhung der ZV ggü. Ehemann*

| | |
|---|---|
| *Gegenstandswert: 12.000,00 DM* | |
| *3/10 §§ 11, 57, 58 BRAGO* | *199,50 DM* |
| *0,9/10 §§ 11, 6 BRAGO* | *59,90 DM* |
| *Auslagen § 26 BRAGO* | *39,00 DM* |
| *Zwischensumme netto* | *298,40 DM* |
| *zzgl. MwSt. (§ 25 II BRAGO)* | |

## 5. Die Vergleichsgebühr in der Zwangsvollstreckung

**Vergleichsgebühr**

Die **Vergleichsgebühr** des § 23 BRAGO ist eine 10/10-Gebühr, denn eine Ermäßigung auf 3/10 findet auch in der Zwangsvollstreckung nicht statt (vgl. S. 174).

**Ratenzahlungsvergleich**

Zu beachten ist, daß bei den **Ratenzahlungsvergleichen** die Vergleichsgebühr nur dann entsteht, soweit auf seiten des Schuldners tatsächlich ein Nachgeben vorliegt (vgl. RA Wolfgang Madert, Anwaltsgebühren in Zivilsachen, 3. Aufl., S. 239).

- **Beispiel 235**

*Der Schuldner nimmt einen bereits eingereichten Vollstreckungsschutzantrag zurück oder er verspricht die Zahlung höherer Zinsen.*

# 12. Kapitel

# Gebühren in sonstigen Angelegenheiten (außergerichtliche Tätigkeit/Geschäfts-/Besprechungs-/Beweisaufnahmegebühr/einfache Schreiben/Beratung)

## 1. Einleitung

**sonstige Angelegenheiten**

Die Vergütung des RA in **sonstigen Angelegenheiten,** d. h. in anderen als für die im Dritten bis Elften Abschnitt geregelten Angelegenheiten, richtet sich nach **§§ 118–120 BRAGO**. Dieser Bereich findet keine Anwendung, wenn die Tätigkeit des RA eine Angelegenheit der Abschnitte drei bis elf der BRAGO betrifft, oder falls andere Gebührenvorschriften den Vorrang genießen, wie z. B. §§ 20, 21 BRAGO. Darüber hinaus ist die Anwendung des Zwölften Abschnitts der BRAGO ausgeschlossen, soweit der RA Tätigkeiten ausübt, die in § 1 II BRAGO aufgeführt sind (Vormund, Betreuer, Pfleger, Testamentsvollstrecker, Konkursverwalter, Vergleichsverwalter, Nachlaßverwalter, Zwangsverwalter, Treuhänder, Schiedsrichter u. a.).

## 2. Anwendungsbereich des Zwölften Abschnitts

Der **Anwendungsbereich** der §§ 118 ff BRAGO beinhaltet insbesondere den Bereich der
- außergerichtlichen Tätigkeit
- Verfahren der freiwilligen Gerichtsbarkeit (FGG).

### a. Angelegenheiten der freiwilligen Gerichtsbarkeit

**freiwillige Gerichtsbarkeit**

In Angelegenheiten der **freiwilligen Gerichtsbarkeit (FGG)** richtet sich der Gebührenanspruch des RA nicht nach § 31 BRAGO, sondern nach **§ 118 BRAGO**. Demgemäß erhält der RA fünf Zehntel bis zehn Zehntel der vollen Gebühr für die dort angeführten Tätigkeiten (**Geschäftsgebühr, Besprechungsgebühr, Beweisaufnahmegebühr**). Zu nennen sind vor allem Grundbuchsachen, Vormundschafts-, Pflegschaftssachen, sowie Nachlaß-, Registersachen und **isolierte Familiensachen**, deren Verfahren sich nach dem **FGG** richten. Jeder der drei Gebühren des § 118 BRAGO beträgt 5/10 bis 10/10 der vollen Gebühr. In einem **gerichtlichen Verfahren** als Angelegenheit der freiwilligen Gerichtsbarkeit sollte nach diesseitiger Ansicht stets der **Höchstsatz** (10/10) in Rechnung gestellt werden (§ 12 BRAGO), weil es sich um ein gerichtliches Verfahren handelt und die Gebührenhöhe entsprechend der vollen Gebühr (erstinstanzlich 10/10) wie bei den bürgerlichen Rechtsstreitigkeiten (**Zivilprozeßverfahren**) angemessen ist.

**Familiensachen**

**Höchstsatz**

- **Beispiel 236**

*Die Kindesmutter bittet den RA ein gerichtliches Verfahren betreffend die Aufhebung der Pflegschaft gegen die Pflegefamilie, in der ihr Kind lebt, einzuleiten. Nach Einreichung der Antragsschrift wird das Jugendamt beteiligt.*
*Das Gericht ordnet die Einholung eines Sachverständigengutachtens an. Nach Besprechung des Gutachtens mit den Parteien wird die Sach- und Rechtslage erörtert und im Anschluß daran der Antrag zurückgewiesen. Das Gericht setzt den Wert des Verfahrens auf 5.000,00 DM fest.*

| | |
|---|---|
| *Gegenstandswert: 5.000,00 DM* | |
| *10/10 Geschäftsgebühr* | |
| *§§ 11, 12, 118 I Nr. 1 BRAGO* | *320,00 DM* |
| *10/10 Besprechungsgebühr* | |
| *§§ 11, 12, 118 I Nr. 2 BRAGO* | *320,00 DM* |
| *10/10 Beweisaufnahmegebühr* | |
| *§§ 11, 12, 118 I Nr. 3 BRAGO* | *320,00 DM* |
| *Auslagen § 26 BRAGO* | *40,00 DM* |
| *Zwischensumme netto* | *1.000,00 DM* |
| *zzgl. MwSt. (§ 25 II BRAGO)* | |

## b. Angelegenheiten der außergerichtlichen Tätigkeit

**außergerichtliche Tätigkeit**

Auch findet § 118 BRAGO Anwendung bei der **außergerichtlichen Tätigkeit** vor **Verwaltungsbehörden, Finanzbehörden**, vor allem bei Tätigkeiten in **Steuerangelegenheiten**. Der Bereich der **vorsorgenden Rechtsbetreuung**, wie das Entwerfen von Verträgen (**Vertragsentwürfe**) und sonstigen rechtsgeschäftlichen Erklärungen, das Entwerfen von Geschäfts-, Lieferungs- und ähnlichen Bedingungen wird ebenfalls über § 118 BRAGO vergütet.

• **Beispiel 237**

*Der RA erhält den Auftrag, einen umfangreichen Mietvertrag/Pachtvertrag für die in Aussicht stehende Anmietung/Anpachtung von Geschäftsräumen zu entwerfen. Der Vertrag soll auf unbestimmte Dauer geschlossen werden. Der monatlich zu entrichtende Miet-/Pachtzins beträgt 2.500,00 DM. Nachdem der RA dem Auftraggeber den Vertragsentwurf vorgelegt hat, kommt es zu einer Besprechung in der Kanzlei des RA mit den zukünftigen Vertragspartnern. Im Anschluß daran fertigt der RA den endgültigen Vertrag. Bezogen auf den Gegenstandswert findet über § 8 II BRAGO* ***§ 25 KostO*** *Anwendung, wonach bei Miet- oder Pachtrechten von unbestimmter Vertragsdauer der Wert dreier Jahre maßgebend ist; ist jedoch die Auflösung des Vertrages erst nach einem längeren Zeitraum zulässig, so ist dieser maßgebend. Unter Anwendung der Mittelgebühr kann der RA folgende Gebühren in Rechnung stellen:*

| | |
|---|---|
| *Gegenstandswert: 2.500,00 DM x 12 x 3 = 90.000,00 DM* | |
| *7,5/10 §§ 11, 12, 118 I Nr. 1 BRAGO* | *1.488,80 DM* |
| *7,5/10 §§ 11, 12, 118 I Nr. 2 BRAGO* | *1.488,80 DM* |
| *Auslagen § 26 BRAGO* | *40,00 DM* |
| *Zwischensumme netto* | *3.017,60 DM* |
| *zzgl. MwSt. (§ 25 II BRAGO)* | |

### c. Auftrag durch den Mandanten/Abgrenzung des § 118 BRAGO zu §§ 20, 120 BRAGO und zu § 32 BRAGO (Vorzeitige Beendigung des Auftrags)

**Beratung**

**Auftrag**

Die anwaltliche, außergerichtliche Tätigkeit kann sich darstellen als **Beratung/Auskunft** (§ 20 BRAGO), oder außergerichtliche Tätigkeit gem. § 118 BRAGO bzw. § 120 BRAGO. Welche der drei Normen anzuwenden ist, d. h. nach welcher Vorschrift der RA seinen **Gebührenanspruch** zu berechnen hat, richtet sich nach dem **Auftrag**, den der Mandant erteilt.

Mithin ist bei Beginn der außergerichtlichen Tätigkeit der **Auftragsinhalt** genau festzustellen. Es ist der Gebührenanspruch aus § 118 BRAGO abzugrenzen zu § 120 BRAGO (**einfache Schreiben**) sowie zu § 20 BRAGO (**Rat/Auskunft**). Es gelten folgende Grundsätze:

- § 20 BRAGO
  Für einen mündlichen oder schriftlichen Rat oder eine Auskunft, der/die nicht mit einer anderen gebührenpflichtigen Tätigkeit zusammenhängt.

- § 120 BRAGO
  Einfaches Schreiben (Mahnung, Kündigung oder sonstiges Schreiben einfacher Art) an einen Dritten, das weder rechtliche Ausführungen noch sachliche Auseinandersetzungen enthält.

- § 118 BRAGO
  Sonstige Schreiben an Dritte ohne Klageauftrag.

Der **Auftrag** durch den Mandanten prägt den **Gebührenanspruch** des RA. Erhält der RA den Auftrag, den Anspruch des Mandanten **außergerichtlich** geltend zu machen und hat er daher noch **keinen Klageauftrag**, bzw. nur einen **bedingten Klageauftrag**, den Anspruch nur für das Scheitern der außergerichtlichen Verhandlungen klageweise geltend zu machen, so richtet sich der Gebührenanspruch des RA nach **§ 118 I BRAGO**.

**bedingter Klageauftrag**

Aus **Vereinfachungsgründen** wird in den **nachfolgenden Beispielen** grundsätzlich die **Mittelgebühr** (7,5/10) in Ansatz gebracht.

**Mittelgebühr**

- **Beispiel 238**

*Der RA wird beauftragt, außergerichtlich einen Anspruch in Höhe von 7.000,00 DM sowie unter dem Gesichtspunkt des Verzuges auch seine Gebühren und Auslagen beim Gegner geltend zu machen. Nachdem der RA die Gegenseite angeschrieben hat, zahlt diese die Hauptforderung sowie die Gebührenrechnung, die wie folgt aussieht:*

| | |
|---|---|
| *Gegenstandswert: 7.000,00 DM* | |
| *7,5/10 §§ 11, 12, 118 I Nr. 1 BRAGO* | *322,50 DM* |
| *Auslagen § 26 BRAGO* | *40,00 DM* |
| *Zwischensumme netto* | *362,50 DM* |
| *zzgl. MwSt. (§ 25 II BRAGO)* | |

Hat der RA bereits **Klageauftrag**, d. h. der Auftrag durch den Mandanten erstreckt sich auch auf ein eventuelles **Klageverfahren**, und schreibt der RA die Gegenseite dennoch zunächst außergerichtlich an, mit der Folge, daß die Gegenseite den geltend gemachten Anspruch ganz oder teilweise bezahlt, so ist es dem RA versperrt, seinen Gebührenanspruch über § 118 BRAGO geltend zu machen, da ein **unbedingter Klageauftrag** dazu führt, daß die Vorschriften des Dritten Abschnitts (**§§ 31 ff BRAGO**) Anwendung finden.

**Klageauftrag**

Zahlt der Gegner aufgrund eines außergerichtlichen Schreibens bei gegebenem Klageauftrag, so richtet sich der Gebührenanspruch des RA ausschließlich nach **§ 32 BRAGO**

**vorzeitige Beendigung**

(**vorzeitige Beendigung** des Auftrags). Danach erhält er nur eine halbe Prozeßgebühr (erstinstanzlich 5/10), soweit der Auftrag endigt, bevor der RA die **Klage**, den ein Verfahren einleitenden Antrag oder einen Schriftsatz, der **Sachanträge**, die Zurücknahme der Klage oder die Zurücknahme des Antrags erhält, **eingereicht** oder bevor er für seine Partei einen **Termin** wahrgenommen hat. Daher ist konkret abzugrenzen, ob zum Zeitpunkt der **außergerichtlichen Tätigkeit** der RA bereits einen **unbedingten Klageauftrag** hatte, oder sich der Auftrag darauf beschränkte, daß der Anspruch (wenn auch zunächst = **bedingter Klageauftrag**) außergerichtlich durchgesetzt werden soll.

**Vollmachtsformular**

Zu beachten ist, daß es hierbei **nicht** auf die Ausführungen im **Vollmachtsformular** ankommt, sondern auf den, durch den Mandanten erteilten **Auftrag**. Die Gebühren des § 118 BRAGO fallen auch dann an, wenn der RA bereits eine schriftliche **Prozeßvollmacht** erhalten hat, vorausgesetzt, daß der Auftrag zunächst dahinging, außergerichtlich zu verhandeln

**bedingter Klageauftrag**

(**bedingter Klageauftrag**). Insoweit ist zu beachten, daß eine **Vermutung** dafür spricht, daß der RA grundsätzlich versuchen soll, die Sache außergerichtlich zu erledigen und sich daher der Gebührenanspruch nach § 118 BRAGO richtet.

- **Beispiel 239**

*In der Kanzlei des RA erscheint ein neuer Mandant und teilt mit, daß er von der Gegenseite 5.000,00 DM verlangen kann. Er legt dem RA Unterlagen vor, durch die der Anspruch des Mandanten bestätigt wird. Auftragsgemäß fordert der RA die Gegenseite zur Zahlung auf, die aufgrund des außergerichtlichen Anschreibens fristgemäß den geltend gemachten Betrag zahlt. Der zufriedene Mandant bittet um Erteilung der Kostenrechnung.*

| | |
|---|---|
| *Gegenstandswert: 5.000,00 DM* | |
| *7,5/10 §§ 11, 12, 118 I Nr. 1 BRAGO* | *240,00 DM* |
| *Auslagen § 26 BRAGO* | *36,00 DM* |
| *Zwischensumme netto* | *276,00 DM* |
| *zzgl. MwSt. (§ 25 II BRAGO)* | |

Hat der RA bereits **Klageauftrag**, weil eine außergerichtliche Regulierung nicht zu erwarten ist und schreibt der RA trotz des eindeutigen Auftrags die Gegenseite mit einem außergerichtlichen Aufforderungsschreiben an, so liegt eine **Angelegenheit des Dritten Abschnitts** (§§ 31 ff BRAGO) vor. Zahlt der Gegner nunmehr den geltend gemachten Betrag, ist für eine – nachträgliche – Anwendung des § 118 BRAGO kein Raum. Mithin erhält der RA in derartigen Fällen auch **keine Besprechungsgebühr** (§ 118 I Nr. 2 BRAGO), wenn er mit dem Gegner (sei es auch im Einverständnis mit dem Auftraggeber) die Angelegenheit in tatsächlicher und/oder rechtlicher Hinsicht (fernmündlich) bespricht. **Klageauftrag**

• **Beispiel 240**

*Sachverhalt wie Beispiel 239. Der Auftrag durch den Mandanten erstreckt sich auch auf ein eventuelles Klageverfahren, so daß zum Zeitpunkt der außergerichtlichen Tätigkeit bereits Klageauftrag vorliegt. Aufgrund des außergerichtlichen Anschreibens meldet sich die Gegenseite fernmündlich beim RA. Im Rahmen des Telefonats wird die Sach- und Rechtslage ausführlich besprochen. Daraufhin zahlt die Gegenseite den gesamten Betrag sowie die Anwaltskosten, die sich wie folgt berechnen:*

| | |
|---|---|
| *Gegenstandswert: 5.000,00 DM* | |
| *5/10 §§ 11, 32 I BRAGO* | *160,00 DM* |
| *Auslagen § 26 BRAGO* | *32,30 DM* |
| *Fotokopiekosten § 27 BRAGO* | *3,00 DM* |
| *Zwischensumme netto* | *195,30 DM* |
| *zzgl. MwSt. (§ 25 II BRAGO)* | |

Leistet die Gegenseite aufgrund der außergerichtlichen Tätigkeit **Teilzahlungen**, so ist ebenfalls zu prüfen, ob zum Zeitpunkt der außergerichtlichen Tätigkeit der RA bereits Klageauftrag hatte (§ 32 BRAGO) oder nicht (§ 118 BRAGO). **Teilzahlungen**

• **Beispiel 241**

*Der RA erhält den Auftrag außergerichtlich einen Betrag über 18.000,00 DM geltend zu machen. Aufgrund des Anspruchschreibens zahlt die Gegenseite 6.000,00 DM. Nunmehr erhält*

*der RA den Auftrag, den Restbetrag (12.000,00 DM) klageweise geltend zu machen. Nach streitiger Verhandlung und Beweisaufnahme ergeht ein klagestattgebendes Urteil.*
*Da der Auftrag sich zunächst auf eine außergerichtliche Tätigkeit beschränkte, richtet sich der Gebührenanspruch des RA nach § 118 BRAGO. Der Gegenstandswert ergibt sich aus dem Betrag, über den der RA tätig wurde (18.000,00 DM). Weil die Gegenseite nur teilweise zahlt, erhält der RA im weiteren Verlauf Klageauftrag über den Restbetrag (12.000,00 DM). Es entsteht ein eigenständiger Gebührenanspruch des RA für das Klageverfahren, so daß insgesamt zwei Verfahren in Rechnung gestellt werden können. Zu beachten ist vorliegend, daß soweit die in* ***§ 118 I Nr. 1 BRAGO*** *bestimmte* ***Geschäftsgebühr*** *für eine Tätigkeit außerhalb eines gerichtlichen oder behördlichen Verfahrens entsteht, ist sie auf die entsprechenden Gebühren für ein sich* ***anschließendes gerichtliches*** *oder behördliches* ***Verfahren*** *anzurechnen (****Anrechnungsvorschrift*** *§ 118 II 1 BRAGO).*

**Anrechnungs-vorschrift**

| | | |
|---|---|---|
| • *Außergerichtliche Tätigkeit* | | |
| *Gegenstandswert: 18.000,00 DM* | | |
| *7,5/10 §§ 11, 12, 118 I Nr. 1 BRAGO* | | *656,30 DM* |
| *Auslagen § 26 BRAGO* | | *40,00 DM* |
| | | |
| • *Klageverfahren* | | |
| *Streitwert: 12.000,00 DM* | | |
| *10/10 Prozeßgebühr* | | |
| *§§ 11, 31 I Nr. 1 BRAGO* | *665,00 DM* | |
| *(Anrechnung 7,5/10 aus 12.000,00 DM § 118 II BRAGO)* | *./. 498,80 DM* | |
| | *166,20 DM* | *166,20 DM* |
| *10/10 §§ 11, 31 I Nr. 2 BRAGO* | | *665,00 DM* |
| *10/10 §§ 11, 31 I Nr. 3 BRAGO* | | *665,00 DM* |
| *Auslagen § 26 BRAGO* | | *40,00 DM* |
| *Zwischensumme netto* | | *2.232,50 DM* |
| *zzgl. MwSt. (§ 25 II BRAGO)* | | |

Lag demgegenüber zum Zeitpunkt der außergerichtlichen Tätigkeit bereits ein **unbedingter Klageauftrag** vor und wird der RA dennoch zunächst außergerichtlich tätig, so richtet sich sein Gebührenanspruch nicht nach § 118 BRAGO, sondern es liegt eine **vorzeitige Beendigung** des Auftrags vor, die gemäß **§ 32 BRAGO** zu vergüten ist.

**vorzeitige Beendigung**

• **Beispiel 242**
*Sachverhalt wie Beispiel 241. Zum Zeitpunkt der außergerichtlichen Tätigkeit hatte der RA bereits Klageauftrag. Im übrigen weiter wie Beispiel 241*

| | | |
|---|---|---|
| • *Außergerichtliche Tätigkeit* | | |
| *Gegenstandswert: 6.000,00 DM* | | |
| *5/10 §§ 11, 32 I BRAGO* | | *187,50 DM* |
| *Auslagen § 26 BRAGO* | | *28,20 DM* |
| • *Klageverfahren* | | |
| *Streitwert: 12.000,00 DM* | | |
| *10/10 §§ 11, 31 I Nr. 1, 32 I, 13 III BRAGO* | *665,00 DM* | *665,00 DM* |
| *(Grenze 10/10 aus 18.000,00 DM = 875,00 DM)* | *187,50 DM* | |
| | *852,50 DM* | |
| *10/10 §§ 11, 31 I Nr. 2 BRAGO* | | *665,00 DM* |
| *10/10 §§ 11, 31 I Nr. 3 BRAGO* | | *665,00 DM* |
| *Auslagen § 26 BRAGO* | | *40,00 DM* |
| *Zwischensumme netto* | | *2.250,70 DM* |
| *zzgl. MwSt. (§ 25 II BRAGO)* | | |

## 3. Die Höhe der Gebühren in sonstigen Angelegenheiten/Rahmengebühren

Der RA erhält für jede der drei Gebühren des § 118 I Nr. 1 – Nr. 3 BRAGO eine 5/10 bis 10/10 der vollen Gebühr.

**Rahmengebührensatz**

Dieser **Rahmengebührensatz** gilt auch für die **Rechtsmittelinstanzen** in gerichtlichen Verfahren der Angelegenheiten der freiwilligen Gerichtsbarkeit (**FGG**), weil eine Erhöhung nach § 11 IV 4 BRAGO nicht stattfindet. Es handelt sich um

**Satzrahmengebühren**

**Satzrahmengebühren**, so daß der RA die Gebühr im Einzelfall unter Berücksichtigung aller Umstände, insbesondere der Bedeutung der Angelegenheit, des Umfangs und der Schwierigkeit der anwaltlichen Tätigkeit sowie der Vermögens- und Einkommensverhältnisse des Auftraggebers, nach billigem **Ermessen** bestimmt (**§ 12 BRAGO**). Daraus folgt, daß das

**Bestimmungsrecht**

**Bestimmungsrecht** ausschließlich dem RA zusteht. Er hat die Gebühr im Einzelfall unter Berücksichtigung aller Umstände festzusetzen. Entspricht die von ihm bestimmte Gebühr nicht der **Billigkeit** und ist sie von einem Dritten zu ersetzten, so ist die von dem RA getroffene Bestimmung nicht verbindlich.

**Beweislast**

Daraus folgt, daß die **Behauptungs-** und **Beweislast** für die angeblich unbillig hohe Bestimmung der Gebühr den Dritten trifft und Zweifel zu seinen Lasten gehen. **Dritter** ist nicht nur derjenige, der die Gebühr eines anderen Beteiligten zu

**Staatskasse**

erstatten hat, sondern auch die **Staatskasse**, jedoch **nicht** die **Rechtsschutzversicherer**, da die Gesetzesformulierung „zu ersetzen" im Sinne von „zu erstatten" zu verstehen ist. Zu beachten ist, daß bei der konkreten Bestimmung der Gebührenhöhe gemäß § 12 BRAGO im Einzelfall sämtliche Umstände Berücksichtigung zu finden haben. Die **Bedeutung der Angelegenheit** ist als erster zu berücksichtigender Umstand genannt. Sie umfaßt unmittelbar das persönliche und/oder wirtschaftliche Interesse des Auftraggebers am Ausgang der Angelegenheit. Zu beachten sind insbesondere auch die weiteren Auswirkungen für die wirtschaftlichen Verhältnisse des Auftraggebers und der erzielte **Erfolg**, der die Bedeutung der Angelegenheit erhöhen kann. **Umfang der anwaltlichen Tätigkeit** bedeutet der zeitliche Aufwand, **Schwierigkeit** und die Intensität der Arbeit, die der RA zu investieren hat. Gute **wirtschaftliche Verhältnisse** rechtfertigen eine höhere Vergütung, schlechte wirtschaftliche Verhältnisse bedingen eine Ermäßigung der Gebühr.

Wegen der damit verbundenen Schwierigkeit, im Einzelfall die konkrete Höhe der Rahmengebühr zu bestimmen, ist bei der **theoretischen Fallösung** und auch überwiegend in der

Praxis von der **Mittelgebühr** auszugehen. Diese findet Anwendung in den **Durchschnittsangelegenheiten,** d. h. in den Angelegenheiten, in denen sämtliche, nach **§ 12 BRAGO** zu berücksichtigenden Umstände von durchschnittlicher Art sind, also übliche Bedeutung der Angelegenheit, durchschnittlicher Umfang und Schwierigkeit der anwaltlichen Tätigkeit, wirtschaftliche Verhältnisse des Auftraggebers, die dem Durchschnitt der Bevölkerung entsprechen. Die Mittelgebühr wird derart errechnet, daß man **Mindestsatz** und **Höchstsatz** addiert und das Ergebnis durch zwei dividiert, so daß für § 118 BRAGO folgendes gilt:

**Mittelgebühr**
**Durchschnittsangelegenheiten**

- **Mittelgebühr** $\frac{5/10 + 10/10 = 15/10}{2}$ = **7,5/10.**

# 4. Die einzelnen Gebührentatbestände des § 118 BRAGO

## a. Einleitung

Die Gebührenvorschrift **§ 118 BRAGO** ist anzuwenden, soweit der Mandant keinen Auftrag erteilt hat, für den die §§ 31 bis 117 BRAGO einen Tatbestand anbieten, denn der Zwölfte Abschnitt (§§ 118–120 BRAGO) beinhaltet die Gebühren in **sonstigen Angelegenheiten**.

**sonstige Angelegenheiten**

In den Angelegenheiten des § 118 BRAGO kommen für den RA folgende Gebührenansprüche in Betracht:
- Geschäftsgebühr (§ 118 I Nr. 1 BRAGO)
- Besprechungsgebühr (§ 118 I Nr. 2 BRAGO)
- Beweisaufnahmegebühr (§ 118 I Nr. 3 BRAGO).

Es besteht eine enge Verwandtschaft zu den Gebühren aus § 31 BRAGO, wobei die Geschäftsgebühr der Prozeßgebühr (§ 31 I Nr. 1 BRAGO), die Besprechungsgebühr der (streitigen) Verhandlungsgebühr (§ 31 I Nr. 2 BRAGO) und die Beweisaufnahmegebühr der Beweisgebühr (§ 31 I Nr. 3 BRAGO) entspricht.

**Satzrahmen-Pauschgebühren**

Es handelt sich bei § 118 BRAGO um **Satzrahmengebühren** sowie um **Pauschgebühren**, denn sie geltend die gesamte Tätigkeit des RA ab, die der RA in der **Angelegenheit** aufbringt. Ein unterschiedlicher Umfang der Tätigkeit ist durch die Bemessung der Gebühr innerhalb des **Gebührenrahmens** (§ 12 BRAGO) auszugleichen. Der **Höchstsatz** beträgt zehn Zehntel, eine Senkung ist bis auf den **Mindestsatz** von fünf Zehnteln möglich.

**Höchstsatz**

**Mindestsatz**

## b. Geschäftsgebühr (§ 118 I Nr. 1 BRAGO)

**Geschäftsgebühr**

Für das Betreiben des Geschäfts einschließlich der Information, das Einreichen, Fertigen oder Unterzeichnen von Schriftsätzen oder Schreiben und für das Entwerfen von Urkunden (**Geschäftsgebühr**) erhält der RA eine 5/10 bis 10/10 Gebühr (Mittelgebühr 7,5/10) gemäß § 118 I Nr. 1 BRAGO.

**Grundgebühr**

**Betriebsgebühr**

Die Geschäftsgebühr umfaßt die gesamte Tätigkeit des RA, die er zur Erledigung des ihm übertragenen Geschäfts entfalten muß (**Pauschgebühr**). Sie ist die **Grundgebühr**, die in allen Angelegenheiten anfallen muß, deren Erledigung durch die Gebühren des § 118 BRAGO abgegolten wird (**Betriebsgebühr**). Gegenüber dem **Mandanten** entsteht die Geschäftsgebühr bereits mit der Entgegennahme der Information im Rahmen der ersten Besprechung mit der Mandantschaft.

- **Beispiel 243**

*Der RA wird von seinem Mandanten beauftragt, außergerichtlich einen Anspruch von 4.000,00 DM geltend zu machen. Bei der ersten Besprechung mit dem Mandanten stellt sich heraus, daß der Anspruch verjährt ist. Der RA möchte wissen, welche Kosten er dem Mandanten in Rechnung stellen kann.*

| | |
|---|---|
| *Gegenstandswert: 4.000,00* | |
| *7,5/10 §§ 11, 12, 118 I Nr. 1 BRAGO* | *198,80 DM* |
| *Auslagen § 26 BRAGO* | *29,90 DM* |
| *Zwischensumme netto* | *228,70 DM* |
| *zzgl. MwSt. (§ 25 II BRAGO)* | |

Die **Geschäftsgebühr** gilt sämtliche Besprechungen mit dem Auftraggeber sowie den gesamten Schriftverkehr mit dem Auftraggeber, dem Gericht (Verfahren der freiwilligen Gerichtsbarkeit FGG), der Behörde sowie mit der Gegenpartei ab. Des weiteren werden sämtliche **Nebentätigkeiten** abgegolten, die das **Hauptgeschäft** fördern und den beabsichtigten Erfolg herbeiführen, z. B. Einsicht in **Ermittlungsakten**, in das **Grundbuch** oder in **Register** (vgl. RA Wolfgang Madert, Anwaltsgebühren in Zivilsachen, 3. Aufl., S. 253–254).

Vertritt der RA **mehrere Auftraggeber** in **derselben Angelegenheit** wegen **desselben Gegenstandes**, findet § 6 BRAGO Anwendung. Danach erhöht sich die **Ausgangsgebühr** (**Mittelgebühr** 7,5/10) um jeweils 3/10, so daß für **jeden weiteren Auftraggeber** ( 7,5/10 x 3/10 = 22,5/100 = **2,25/10**) mehr in Rechnung gestellt werden können. **mehrere Auftraggeber**

- **Beispiel 244**

*Der RA wird von einer GbR bestehend aus fünf Personen beauftragt, außergerichtlich einen Anspruch für die Gesamtgläubiger in Höhe von 8.000,00 DM geltend zu machen. Aufgrund des außergerichtlichen Schreibens zahlt die Gegenseite den gesamten Betrag.*

| | |
|---|---|
| *Gegenstandswert: 8.000,00 DM* | |
| *7,5/10 §§ 11, 12, 118 I Nr. 1 BRAGO* | *363,80 DM* |
| *(4 x 2,25/10 = 9/10) §§ 11, 6 BRAGO* | *436,60 DM* |
| *Auslagen § 26 BRAGO* | *40,00 DM* |
| *Zwischensumme netto* | *840,40 DM* |
| *zzgl. MwSt. (§ 25 II BRAGO)* | |

Auch hier gilt, daß gemäß § 6 BRAGO mehrere Erhöhungen den Betrag von zwei vollen Gebühren (**15/10**) nicht übersteigen dürfen. Demnach ist die Grenze der **Erhöhungsgebühr** das Doppelte der Ausgangsgebühr, die Grenze der **Gesamtgebühr** das Dreifache der Ausgangsgebühr (**22,5/10**), die dann erreicht ist, soweit der RA für mindestens **acht Auftraggeber** tätig wird. **Gesamtgebühr** **acht Auftraggeber**

- **Beispiel 245**

*Sachverhalt wie Beispiel 244. Die GbR besteht jedoch aus acht Personen.*

| | |
|---|---|
| *Gegenstandswert: 8.000,00 DM* | |
| *7,5/10 §§ 11, 12, 118 I Nr. 1 BRAGO* | *363,80 DM* |
| *(2,25 x 7 = 15,75/10 =15/10) §§ 11, 6 BRAGO* | *727,60 DM* |
| *Auslagen § 26 BRAGO* | *40,00 DM* |
| *Zwischensumme netto* | *1.131,40 DM* |
| *zzgl. MwSt. (§ 25 II BRAGO)* | |

**Betragsgebühren**

Für die **Geschäftsgebühr** (§ 118 I Nr. 1 BRAGO) ergeben sich daher folgende **Betragsgebühren** (§ 6 I BRAGO)

| Ausgangsgebühr | Anzahl der Auftraggeber | | | | | | |
|---|---|---|---|---|---|---|---|
| | 2 | 3 | 4 | 5 | 6 | 7 | 8 |
| 7,5/10 | 9,75/10 | 12/10 | 14,25/10 | 16,5/10 | 18,75/10 | 21/10 | 22,5/10 |

## c. Anrechnung der Geschäftsgebühr (§ 118 II BRAGO)

**Geschäftsgebühr**

**Anrechnungsvorschrift**

Soweit die in § 118 I Nr. 1 BRAGO bestimmte **Geschäftsgebühr** für eine Tätigkeit außerhalb eines gerichtlichen oder behördlichen Verfahrens entsteht, ist sie auf die entsprechenden Gebühren (insbesondere auf die **Prozeßgebühr** § 31 I Nr. 1 BRAGO) für ein sich **anschließendes gerichtliches** oder **behördliches Verfahren** anzurechnen (**Anrechnungsvorschrift**).

**verschiedene Gebührenangelegenheiten**

Mithin geht der **Gesetzgeber** davon aus, daß es sich bei der anwaltlichen Tätigkeit außerhalb eines gerichtlichen oder behördlichen Verfahrens und den Tätigkeiten in einem sich anschließenden gerichtlichen oder behördlichen Verfahren um **verschiedene Gebührenangelegenheiten** handelt, denn nur insoweit kommt eine **Anrechnung** in Betracht. Nicht notwendig ist, daß es sich bei dem Verfahren, welches sich an die außergerichtliche Tätigkeit anschließt, um ein **Klageverfahren** handelt; dies wird allerdings der Regelfall sein.

Es wurde bereits darauf hingewiesen, daß der **Auftrag** durch den Mandanten den **Gebührenanspruch** des RA prägt. Erhält der RA den Auftrag, den Anspruch des Mandanten **außergerichtlich** geltend zu machen und hat er daher noch **keinen Klageauftrag**, bzw. nur einen **bedingten Klageauftrag**, den Anspruch nur für das Scheitern der außergerichtlichen Verhandlungen klageweise geltend zu machen, so richtet sich der Gebührenanspruch des RA nach **§ 118 I BRAGO**. Stellt sich heraus, daß die außergerichtliche Tätigkeit nicht den gewünschten Erfolg hat, weil die Gegenseite dem Zahlungsbegehren nicht nachkommt und nunmehr der RA auftragsgemäß Klage erhebt, so dient die **Anrechnungsvorschrift** (§ 118 II BRAGO) dem Zweck, daß die nahezu gleiche Tätigkeit des RA nicht zweimal vergütet wird. Voraussetzung für die **Anrechnung** ist allerdings, daß ein **zeitlicher Zusammenhang** zwischen den Tätigkeiten besteht, so daß dem RA die Angelegenheit noch gegenwärtig und daher eine erneute Einarbeitung nicht vonnöten ist.

**bedingter Klageauftrag**

**Anrechnungsvorschrift**

- **Beispiel 246**

*Der RA erhält den Auftrag außergerichtlich einen Betrag über 15.000,00 DM geltend zu machen. Aufgrund des Anspruchsschreibens zahlt die Gegenseite 6.000,00 DM. Nunmehr erhält der RA den Auftrag, den Restbetrag (9.000,00 DM) klageweise geltend zu machen. Nach streitiger Verhandlung und Beweisaufnahme ergeht ein klagestattgebendes Urteil.*

- *außergerichtliche Tätigkeit*

| | | |
|---|---|---|
| *Gegenstandswert: 15.000,00 DM* | | |
| *7,5/10 §§ 11, 12, 118 I Nr. 1 BRAGO* | | *603,80 DM* |
| *Auslagen § 26 BRAGO* | | *40,00 DM* |

- *Klageverfahren*

| | | |
|---|---|---|
| *Streitwert: 9.000,00 DM* | | |
| *10/10 Prozeßgebühr* | | |
| *§§ 11, 31 I Nr. 1 BRAGO* | *540,00 DM* | |
| *(Anrechnung 7,5/10 aus 9.000,00 DM § 118 II BRAGO)* | *./. 405,00 DM* | |
| | *135,00 DM* | *135,00 DM* |

| | |
|---|---|
| *10/10 §§ 11, 31 I Nr. 2 BRAGO* | *540,00 DM* |
| *10/10 §§ 11, 31 I Nr. 3 BRAGO* | *540,00 DM* |
| *Auslagen § 26 BRAGO* | *40,00 DM* |
| *Zwischensumme netto* | *1.898,80 DM* |
| *zzgl. MwSt. (§ 25 II BRAGO)* | |

**Besprechungsgebühr Beweisaufnahmegebühr**

Zu beachten ist, daß nur die **Geschäftsgebühr** (§ 118 I Nr. 1 BRAGO), nicht aber die **Besprechungsgebühr** (§ 118 I Nr. 2 BRAGO) und auch nicht die **Beweisaufnahmegebühr** (§ 118 I Nr. 3 BRAGO) nach § 118 II BRAGO angerechnet wird.

- **Beispiel 247**

*Sachverhalt wie Beispiel 246. Nach Erhalt des außergerichtlichen Aufforderungsschreibens meldet sich der Gegner fernmündlich beim RA. Die Sach- und Rechtslage wird ausführlich erörtert. Daraufhin zahlt die Gegenseite 6.000,00 DM. Wiederum wird der RA beauftragt, den Restbetrag (9.000,00 DM) klageweise geltend zu machen. Nach streitiger Verhandlung und Beweisaufnahme ergeht diesmal ein klageabweisendes Urteil.*

- *außergerichtliche Tätigkeit*

| | |
|---|---|
| *Gegenstandswert: 15.000,00 DM* | |
| *7,5/10 §§ 11, 12, 118 I Nr. 1 BRAGO* | *603,80 DM* |
| *7,5/10 §§ 11, 12, 118 I Nr. 2 BRAGO* | *603,80 DM* |
| *Auslagen § 26 BRAGO* | *40,00 DM* |

- *Klageverfahren*

| | | |
|---|---|---|
| *Streitwert: 9.000,00 DM* | | |
| *10/10 Prozeßgebühr* | | |
| *§§ 11, 31 I Nr. 1 BRAGO* | *540,00 DM* | |
| *(Anrechnung 7,5/10 aus 9.000,00 DM § 118 II BRAGO)* | *./. 405,00 DM* | |
| | *135,00 DM* | *135,00 DM* |

| | |
|---|---|
| 10/10 §§ 11, 31 I Nr. 2 BRAGO | 540,00 DM |
| 10/10 §§ 11, 31 I Nr. 3 BRAGO | 540,00 DM |
| Auslagen § 26 BRAGO | 40,00 DM |
| Zwischensumme netto | 2.502,60 DM |
| zzgl. MwSt. (§ 25 II BRAGO) | |

Voraussetzung für die **Anrechnung** der **Geschäftsgebühr** ist, daß sich das gerichtliche oder behördliche Verfahren an die außergerichtliche Tätigkeit **anschließt**, mithin das **Gerichtsverfahren** der außergerichtlichen Tätigkeit **nachfolgt**. Geht das Klageverfahren der außergerichtlichen Tätigkeit vor, so kommt eine Anrechnung nicht in Betracht.

Gerichtsverfahren

- **Beispiel 248**

*Der RA wird beauftragt, aus einer Gesamtforderung von 40.000,00 DM aus prozeßökonomischen Gründen zunächst nur einen Teilbetrag in Höhe von 10.000,00 DM geltend zu machen. Nach streitiger Verhandlung und Beweisaufnahme wird der Klage stattgegeben. Wegen des Restbetrages (30.000,00 DM) schreibt der RA die Gegenseite an. Da diese sich fernmündlich meldet, wird die Sach- und Rechtslage zwischen dem RA und dem Gegner ausführlich erörtert. Im Anschluß daran ist der Gegner bereit, auch den Restbetrag sowie die Anwaltskosten zu zahlen.*

- *Klageverfahren*

| | |
|---|---|
| *Streitwert: 10.000,00 DM* | |
| *10/10 §§ 11, 31 I Nr. 1 BRAGO* | *595,00 DM* |
| *10/10 §§ 11, 31 I Nr. 2 BRAGO* | *595,00 DM* |
| *10/10 §§ 11, 31, I Nr. 3 BRAGO* | *595,00 DM* |
| *Auslagen § 26 BRAGO* | *40,00 DM* |

- *außergerichtliche Tätigkeit*

| | |
|---|---|
| *Gegenstandswert: 30.000,00 DM* | |
| *7,5/10 §§ 11, 12, 118 I Nr. 1 BRAGO* | *828,80 DM* |
| *7,5/10 §§ 11, 12, 118 I Nr. 2 BRAGO* | *828,80 DM* |
| *Auslagen § 26 BRAGO* | *40,00 DM* |
| *Zwischensumme netto* | *3.522,60 DM* |
| *zzgl. MwSt. (§ 25 II BRAGO)* | |

## d. Besprechungsgebühr (§ 118 I Nr. 2 BRAGO)

**Besprechungsgebühr**

Für das Mitwirken bei **mündlichen Verhandlungen** oder **Besprechungen** über tatsächliche oder rechtliche Fragen, die von einem **Gericht** oder einer **Behörde angeordnet** oder im **Einverständnis** mit dem **Auftraggeber** vor einem Gericht oder einer Behörde, mit dem **Gegner** oder mit einem **Dritten** geführt werden, erhält der RA eine **Besprechungsgebühr** (§ 118 I Nr. 2 BRAGO) von 5/10 bis 10/10 (Mittelgebühr 7,5/10). Die Besprechungsgebühr entsteht **nicht** bei einer **einfachen Anfrage** nach dem **Sachstand** ohne Erörterung des Sachverhaltes (§ 118 I Nr. 2, 3. Hs. BRAGO).

- **Beispiel 249**

*Der RA wird beauftragt, außergerichtlich einen Anspruch in Höhe von 25.000,00 DM geltend zu machen. Da der Gegner aufgrund des außergerichtlichen Anspruchsschreibens nicht reagiert, ruft der RA den Gegner an und erkundigt sich nach dem Sachstand. In dem Telefonat teilt die Gegenseite mit, daß sie den Betrag bereits angewiesen hat. Vorliegend ist die Besprechungsgebühr nicht entstanden, so daß der RA nur die Geschäftsgebühr sowie Auslagen in Rechnung stellen kann.*

| | |
|---|---|
| *Gegenstandswert: 25.000,00 DM* | |
| *7,5/10 §§ 11, 12, 118 I Nr. 1 BRAGO* | *768,80 DM* |
| *Auslagen § 26 BRAGO* | *40,00 DM* |
| *Zwischensumme netto* | *808,80 DM* |
| *zzgl. MwSt. (§ 25 II BRAGO)* | |

**Telefonat**

Voraussetzung ist, daß eine Besprechung oder Verhandlung über tatsächliche oder rechtlichen Fragen, persönlich oder fernmündlich (**Telefonat**) stattfindet. Auch **einvernehmliche Verhandlungen** lösen die **Besprechungsgebühr** aus, so daß es nicht erforderlich ist, daß Argumente und Gegenargumente vorgebracht werden.

• **Beispiel 250**
*Sachverhalt wie Beispiel 249. Aufgrund des außergerichtlichen Anspruchsschreibens ruft der Gegner den RA an. In dem Telefonat wird die Sach- und Rechtslage ausführlich besprochen. Danach ist der Gegner bereit, die Forderung sowie die Anwaltskosten auszugleichen.*

| | |
|---|---|
| *Gegenstandswert: 25.000,00 DM* | |
| *7,5/10 §§ 11, 12, 118 I Nr. 1 BRAGO* | *768,80 DM* |
| *7,5/10 §§ 11, 12, 118 I Nr. 2 BRAGO* | *768,80 DM* |
| *Auslagen § 26 BRAGO* | *40,00 DM* |
| *Zwischensumme netto* | *1.577,60 DM* |
| *zzgl. MwSt. (§ 25 II BRAGO)* | |

Zu beachten ist, daß die Besprechung auch kurz sein kann, um den Gebührenanspruch aus § 118 I Nr. 2 BRAGO zu begründen. Finden **mehrere Besprechungen** in derselben Angelegenheit statt, so fällt nur eine Besprechungsgebühr an (**Pauschgebühr**). Die Kürze der Besprechung, bzw. die Häufigkeit von Besprechungen in derselben Angelegenheit wirken sich auf die Höhe des **Gebührenrahmens** (§ 12 BRAGO) aus.

**Pauschgebühr**

• **Beispiel 251**
*Sachverhalt wie Beispiel 249. Aufgrund des außergerichtlichen Anspruchsschreibens reagiert der Gegner nicht. Der RA setzt sich mit der Gegenseite fernmündlich in Verbindung. In dem Telefonat wird die Sach- und Rechtslage ausführlich besprochen. Die Gegenseite sagt zu, baldfällig zu zahlen. Da ein fristgemäßer Zahlungseingang nicht festgestellt wird, erinnert der RA in einem kurzen Schreiben den Gegner und setzt erneut eine Zahlungsfrist. Daraufhin ruft der Gegner beim RA an und es kommt nochmals zu einer ausführlichen Besprechung der Sach- und Rechtslage. Erst danach ist der Gegner bereit, die Forderung sowie die Anwaltskosten auszugleichen.*

*Für die Geschäftsgebühr und Besprechungsgebühr steht ein Gebührenrahmen von 5/10 bis 10/10 zur Verfügung (Rahmengebühren). Der RA bestimmt die Gebühr im Einzelfall unter Berücksichtigung aller Umstände nach billigem Ermessen (§ 12 BRAGO).*

| | |
|---|---|
| *Gegenstandswert: 25.000,00 DM* | |
| *7,5/10 §§ 11, 12, 118 I Nr. 1 BRAGO* | *768,80 DM* |
| *10/10 §§ 11, 12, 118 I Nr. 2 BRAGO* | *1.025,00 DM* |
| *Auslagen § 26 BRAGO* | *40,00 DM* |
| *Zwischensumme netto* | *1.833,80 DM* |
| *zzgl. MwSt. (§ 25 II BRAGO)* | |

**Mitwirkungspflicht**

Abschließend ist darauf hinzuweisen, daß der RA an den **Verhandlungen** oder **Besprechungen** mitwirken muß (**Mitwirkungspflicht**). Mithin muß der RA anwesend sein, wobei es nicht erforderlich ist, daß er selbst das Wort ergreift, vielmehr genügt es, soweit er als **Berater** oder **Beobachter** teilnimmt. Darüber hinaus ist Voraussetzung für das Entstehen der Besprechungsgebühr, daß die mündlichen Verhandlungen oder Besprechungen durch ein **Gericht** oder eine **Behörde angeordnet** worden sind oder im **Einverständnis** mit dem **Auftraggeber** geführt werden. Das Einverständnis braucht nicht ausdrücklich erklärt zu werden, vielmehr kann es sich aus den Umständen des Einzelfalls ergeben, da der **Auftrag** des Mandanten grundsätzlich so weit geht, eine Angelegenheit sachgemäß im Interesse des Auftraggebers zu erledigen. Gehört zu der sachgemäßen Erledigung eine mündliche Verhandlung, ist der RA ermächtigt, diese Verhandlung zu führen (**stillschweigendes Einverständnis**).

**stillschweigendes Einverständnis**

Für das Entstehen der Besprechungsgebühr ist es ausreichend, soweit die (fern-) mündlichen Verhandlungen oder Besprechungen im Einverständnis des Auftraggebers mit einem Dritten geführt werden. **Dritter** ist jeder, der nicht Auftraggeber oder sein Bevollmächtigter ist. Auch ist es unerheblich, an welchem Ort die Verhandlung oder Besprechung stattfindet, d. h. das Gespräch muß nicht im Büro des RA abgehalten werden.

**Unfallschadens-regulierung**

Die **Besprechungsgebühr** in der **Unfallschadensregulierung** (vgl. S. 246 ff) ist wohl die Gebühr, um die am meisten gestritten wird. Die Schwierigkeiten ergeben sich aus der Abgrenzung von Besprechung, d. h. Erörterung der Sach- und/oder Rechtslage zur bloßen mündlichen oder fernmündlichen **Nachfrage,** auch wird darum gestritten, wer **Dritter** im Sinne des Gesetzes ist. Wird der Streit um die Besprechungsgebühr zur gerichtlichen Entscheidung gestellt, so unterscheiden die Gerichte häufig nicht sorgfältig zwischen Entstehung und dem Anspruch auf Ersatz der Gebühr. So wird z. B. die **Besprechungsgebühr** verneint bei einer Rücksprache des RA mit der **Ehefrau** als Fahrerin des Kraftfahrzeugs des geschädigten Mandanten, bei einem Telefonat mit dem **Sachbearbeiter der Haftpflichtversicherung** sowie dem **Sachverständigen**, der als **Privatgutachter** von der geschädigten Partei beauftragt wurde. Demgegenüber wird aber die **Besprechungsgebühr** bejaht, bei Rücksprachen des RA mit der **Reparaturwerkstatt** und entgegen den bisherigen Ausführungen auch bei Rücksprachen mit dem **Sachverständigen** sowie der Fahrerin des Unfallfahrzeugs bei nicht unerheblicher Informationseinholung auch soweit es sich um die **Ehefrau** des Geschädigten handelt (vgl. Zeitschrift für Schadensrecht 7/98, S. 269–272).

**Gesellschafts-vertrag**

Für das **Mitwirken** bei der Gestaltung eines **Gesellschaftsvertrages** und bei der Auseinandersetzung von Gesellschaften und Gemeinschaften entsteht für den RA die **Besprechungsgebühr** (§ 118 I Nr. 2, 2. Hs. BRAGO). Zwar findet keine Besprechung mit einem Dritten statt und Besprechungen mit dem **Auftraggeber** werden durch die **Geschäftsgebühr** abgegolten, es handelt sich aber um einen Ausnahmetatbestand.

- **Beispiel 252**

*Die zukünftigen Gesellschafter A und B beauftragen den RA mit der Gestaltung eines Gesellschaftsvertrages und vereinbaren diesbezüglich einen Geschäftswert von 100.000,00 DM. Der RA entwirft den Vertrag, versendet und bespricht den Vertragsentwurf mit den Mandanten. Danach fertigt er den endgültigen Vertrag. Er kann für seine Tätigkeit folgende Gebühren und Auslagen berechnen:*

| | |
|---|---|
| *Gegenstandswert: 100.000,00 DM* | |
| *7,5/10 §§ 11, 12, 118 I Nr. 1 BRAGO* | *1.593,80 DM* |
| *7,5/10 §§ 11, 12, 118 I Nr. 2 BRAGO* | *1.593,80 DM* |
| *Auslagen § 26 BRAGO* | *40,00 DM* |
| *Zwischensumme netto* | *3.227,60 DM* |
| *zzgl. MwSt. (§ 25 II BRAGO)* | |

### e. Beweisaufnahmegebühr (§ 118 I Nr. 3 BRAGO)

**Beweisaufnahmegebühr**

Für das Mitwirken bei Beweisaufnahmen, die von einem Gericht oder einer Behörde angeordnet worden sind, erhält der RA eine **Beweisaufnahmegebühr** (§ 118 I Nr. 3 BRAGO).

**Beweisaufnahme**

**Gerichtsverfahren**

Voraussetzung ist, daß die **Beweisaufnahme** von einem **Gericht** oder einer **Behörde angeordnet** wird. Dies kommt insbesondere in den Verfahren der freiwilligen Gerichtsbarkeit (**FGG**) in Betracht, soweit **Zeugen** oder die **Parteien** im Sinne einer **Beweisaufnahme** vernommen werden, denn der Gebührenanspruch des RA in den Angelegenheiten der freiwilligen Gerichtsbarkeit (FGG) richtet sich ebenfalls nach § 118 BRAGO. Nach diesseitiger Ansicht sollte hier eine volle 10/10 Gebühr in Rechnung gestellt werden, da es sich um ein **Gerichtsverfahren** handelt.

- **Beispiel 253**

*Der RA wird beauftragt, in einer Pflegschaftssache den Antragsgegner zu vertreten. Nachdem der RA sich schriftsätzlich gemeldet hat, findet ein Termin zur mündlichen Verhandlung statt. In diesem Termin erscheint auch ein Vertreter des Jugendamtes als Zeuge. Nach Vernehmung der Parteien und des Zeugen, der intensiv vom RA des Antragsgegners befragt wird, ergeht ein Urteil, daß der Antrag auf Aufhebung der Pflegschaft zurückgewiesen und der Gegenstandswert auf 8.000,00 DM festgesetzt wird.*

| | |
|---|---|
| *Gegenstandswert: 8.000,00 DM* | |
| *10/10 §§ 11, 12, 118 I Nr. 1 BRAGO* | *485,00 DM* |
| *10/10 §§ 11, 12, 118 I Nr. 2 BRAGO* | *485,00 DM* |
| *10/10 §§ 11, 12, 118 I Nr. 3 BRAGO* | *485,00 DM* |
| *Auslagen § 26 BRAGO* | *40,00 DM* |
| *Zwischensumme netto* | *1.495,00 DM* |
| *zzgl. MwSt. (§ 25 II BRAGO)* | |

Für das Entstehen der **Beweisaufnahmegebühr** (§ 118 I Nr. 3 BRAGO) ist Voraussetzung, daß der RA bei der Beweisaufnahme mitwirkt, d. h. der RA irgendwie bei der Beweisaufnahme tätig wird. Im Gegensatz zu § 31 I Nr. 3 BRAGO reicht es nicht aus, soweit der RA nach Prüfung des Beweisbeschlusses diesen lediglich an den Auftraggeber weiterleitet und sich dann das Verfahren erledigt. Erforderlich und ausreichend ist, soweit der RA bei der **Beweiserhebung** anwesend ist (vgl. RA Wolfgang Madert, Anwaltsgebühren in Zivilsachen, 3. Aufl. S. 257). **Beweiserhebung**

- **Beispiel 254**

*Sachverhalt wie Beispiel 253. Die Beweisaufnahmegebühr entsteht für den RA des Antragsgegners auch soweit er den Zeugen nicht befragt und nur bei der Beweiserhebung anwesend ist.*

## 5. Anwaltsgebühren bei der Unfallschadenregulierung (DAV-Abkommen)

Um eine zügige, rationelle und kostengünstige **Unfallschadenregulierung** zu erreichen und insbesondere, um den Streit zu vermeiden, ob im Einzelfall bei fernmündlichen Gesprächen (**Telefonaten**) eine **Besprechungsgebühr** (§ 118 I Nr. 2 BRAGO) entstanden ist, haben sich eine Vielzahl von Versicherungsgesellschaften dem **DAV-Abkommen** angeschlossen. Zutreffender als der Begriff **DAV-Abkommen** ist die Bezeichnung **DAV-Regulierungsvorschlag** in Verkehrsunfallsachen. Er enthält gebührenrechtliche Regelungen, wie Verkehrsunfallschäden bearbeitet werden sollen, stellt jedoch aus **DAV-Abkommen**

mehreren Gründen keine Honorarvereinbarung dar und ist keine bindende Verpflichtung, denn jeder RA kann nach dem Gesetz abrechnen (vgl. RA Rembert Brieske, Die anwaltliche Honorarvereinbarung, Luchterhand-Verlag 1997, S. 7 ff.).
Hat sich die gegnerische Haftpflichtversicherung dem **DAV-Regulierungsvorschlag** angeschlossen und erhebt der RA bei der Abrechnung keinen Einwand, so gilt im Verhältnis zwischen dem RA des Geschädigten und dem Kfz-Haftpflichtversicherer des Schädigers, daß der Versicherer dem RA **anstelle** der ihm nach den **§§ 118, 22, 23, 31 BRAGO** entstandenen Gebühren unabhängig davon, ob ein **Vergleich** geschlossen wurde oder eine Besprechung stattgefunden hat, einen einheitlichen **Pauschbetrag** in Höhe einer **15/10** Gebühr nach dem **Erledigungswert** der **Angelegenheit** zahlt.

**15/10 Erledigungswert**

- **Beispiel 255**

*Nach einem Verkehrsunfall macht der RA für seinen Mandanten außergerichtlich, ohne Klageauftrag zu haben, einen Sachschaden in Höhe von 18.000,00 DM geltend. Der gegnerische Haftpflichtversicherer, der dem DAV-Abkommen beigetreten ist, reguliert den gesamten Betrag.*

| | |
|---|---|
| *Gegenstandswert: 18.000,00 DM* | |
| *15/10 pauschal gem. DAV-Abkommen* | *1.312,50 DM* |
| *Auslagen § 26 BRAGO* | *40,00 DM* |
| *Zwischensumme netto* | *1.352,50 DM* |
| *zzgl. MwSt. (§ 25 II BRAGO)* | |

Die Regelung gilt nur für den Fall der **vollständigen außergerichtlichen Schadenregulierung**; bei nur teilweiser Regulierung dann, wenn der Ausgleich weiterer Schadenpositionen einvernehmlich vorbehalten bleibt. Sie gilt **nicht**, wenn über einen **Teilanspruch**, sei es auch nur über die **Kosten**, durch ein **Klageverfahren** entschieden worden ist.

- **Beispiel 256**

*Sachverhalt wie Beispiel 255. Der gegnerische Haftpflichtversicherer zahlt 15.000,00 DM. Auftragsgemäß erhebt der RA wegen des Restbetrages (3.000,00 DM) Klage. Nach streitiger*

*Verhandlung und Beweisaufnahme wird der Klage stattgegeben. Der RA kann gegenüber dem gegnerischen Haftpflichtversicherer nach dem Erledigungswert (15.000,00 DM) für das außergerichtliche Verfahren und wegen des Klageverfahrens (3.000,00 DM ) folgende Gebühren berechnen:*

- *außergerichtliches Verfahren*

| | |
|---|---|
| *Gegenstandswert: 15.000,00* | |
| *7,5/10 §§ 11, 12, 118 I Nr. 1 BRAGO* | *603,80 DM* |
| *Auslagen § 26 BRAGO* | *40,00 DM* |
| *Zwischensumme netto* | *643,80 DM* |
| *zzgl. MwSt. (§ 25 II BRAGO)* | |

- *Klageverfahren*

| | |
|---|---|
| *Streitwert: 3.000,00 DM* | |
| *10/10 §§ 11, 31 I Nr. 1 BRAGO* | *210,00 DM* |
| *10/10 §§ 11, 31 I Nr. 2 BRAGO* | *210,00 DM* |
| *10/10 §§ 11, 31 I Nr. 3 BRAGO* | *210,00 DM* |
| *Auslagen § 26 BRAGO* | *40,00 DM* |
| *Zwischensumme netto* | *670,00 DM* |
| *zzgl. MwSt. (§ 25 II BRAGO)* | |

- **Anmerkung**

*Eine Anrechnung der Geschäftsgebühr (§ 118 I Nr. 1 BRAGO) gem. § 118 II BRAGO findet nicht statt, weil verschiedene Gegenstände (Teilbeträge) geltend gemacht werden.*

**Körperschäden**

**17,5/10**

Vertritt der RA **einen Mandanten** und sind Gegenstand der Regulierung **Sachschäden** und **Körperschäden**, erhöht sich die Gebühr ab einem **Gesamterledigungswert** von **20.000,00 DM** auf **17,5/10**.

- **Beispiel 257**

*Der RA macht für seinen Mandanten nach einem Verkehrsunfall einen Sachschaden in Höhe von 18.000,00 DM und ein Schmerzensgeld in Höhe von 6.000,00 DM geltend. Der dem DAV-Abkommen beigetretene gegnerische Haftpflichtversicherer reguliert den gesamten Betrag.*

| | |
|---|---|
| *Gegenstandswert: 24.000,00 DM* | |
| *17,5/10 pauschal gem. DAV-Abkommen* | *1.793,80 DM* |
| *Auslagen § 26 BRAGO* | *40,00 DM* |
| *Zwischensumme netto* | *1.833,80 DM* |
| *zzgl. MwSt. (§ 25 II BRAGO)* | |

**mehrere Auftraggeber**

Vertritt der RA **mehrere Auftraggeber**, die durch den Unfall geschädigt wurden, findet § 6 BRAGO keine Anwendung, vielmehr errechnet sich der zu ersetzende **Pauschbetrag** aus der Summe der **Erledigungswerte**. Die Gebühr erhöht sich für diesen Fall bis zu einem **Gesamterledigungswert** von **19.999,99 DM** auf **20/10**.

**20/10**

• **Beispiel 258**

*Der RA wird beauftragt, in einer Unfallangelegenheit für A einen Sachschaden in Höhe von 6.000,00 DM und ein Schmerzensgeld in Höhe von 1.000,00 DM geltend zu machen.*
*Für die Beifahrer B und C wird jeweils ein Schmerzensgeld in Höhe von 1.500,00 DM geltend gemacht. Der gegnerische Haftpflichtversicherer, der dem DAV-Abkommen beigetreten ist, reguliert sämtliche Ansprüche.*

| | |
|---|---|
| *Gegenstandswert: 10.000,00 DM* | |
| *20/10 pauschal gem. DAV-Abkommen* | *1.190,00 DM* |
| *Auslagen § 26 BRAGO* | *40,00 DM* |
| *Zwischensumme netto* | *1.230,00 DM* |
| *zzgl. MwSt. (§ 25 II BRAGO)* | |

**Gesamterledigungswert 22,5/10 Körperschäden**

Ab einem **Gesamterledigungswert** von **20.000,00 DM** erhöht sich der Gebührenanspruch auf **22,5/10**, soweit der RA **mehrere Geschädigte** vertritt und die Regulierung **Sachschäden** und **Körperschäden** betrifft.

• **Beispiel 259**

*Der RA wird von dem Eigentümer (Fahrer und Halter) nach einem Verkehrsunfall beauftragt, den Sachschaden in Höhe von 28.000,00 DM sowie einen Schmerzensgeldanspruch in Höhe von 5.000,00 für ihn und von der Beifahrerin beauftragt, einen*

*Schmerzensgeldanspruch in Höhe von 4.500,00 DM geltend zu machen. Aufgrund der außergerichtlichen Korrespondenz sowie zahlreicher Besprechungen des RA mit der gegnerischen Haftpflichtversicherung, die dem DAV-Abkommen beigetreten ist, zahlt diese die geltend gemachten Beträge.*

*Gegenstandswert: 37.500,00 DM*

| | |
|---|---|
| *22,5/10 pauschal gem. DAV-Abkommen* | *2.846,30 DM* |
| *Auslagen § 26 BRAGO* | *40,00 DM* |
| *Zwischensumme netto* | *2.886,30 DM* |
| *zzgl. MwSt. (§ 25 II BRAGO)* | |

Zu beachten ist die Vereinbarung zwischen dem **DAV** und dem **HUK-Verband**, wonach der RA für die Einsichtnahme in **Unfallakten** und für die Herstellung eines **Aktenauszuges** ein **Pauschalhonorar** von **50,00 DM** für jede Sache und für jede Seite des Aktenauszuges die **Schreibgebühr** des § 27 BRAGO erhält.

**HUK-Verband**
**Aktenauszug**

- **Beispiel 260**

*Sachverhalt wie Beispiel 259. Vor der endgültigen Schadenregulierung bittet der Sachbearbeiter des gegnerischen Haftpflichtversicherers den RA um die Übersendung eines Aktenauszuges. Auftragsgemäß läßt der RA einen Aktenauszug bestehend aus 25 Seiten anfertigen, der dem Sachbearbeiter übermittelt wird. Neben der o.a. Kostenrechnung kann der RA für die Anfertigung des Aktenauszuges folgendes Pauschalhonorar berechnen:*

| | |
|---|---|
| *Aktenauszug pauschal* | *50,00 DM* |
| *Fotokopiekosten § 27 BRAGO* | *25,00 DM* |
| *Zwischensumme netto* | *75,00 DM* |
| *zzgl. MwSt. (§ 25 II BRAGO)* | |

Wird eine **Ergänzung** des **Aktenauszugs** gewünscht, so erhält der RA für diese Tätigkeit ein Pauschalhonorar von **25,00 DM** zzgl. der Schreibgebühren.

• **Beispiel 261**
*Sachverhalt wie Beispiel 260. Nach Erhalt des ersten Aktenauszuges bittet der Sachbearbeiter um einen ergänzenden Auszug. Auftragsgemäß wird dieser mit weiteren 10 Seiten angefertigt und dem Haftpflichtversicherer auftragsgemäß übermittelt. Hierfür kann der RA zusätzlich folgende Auslagen berechnen:*

| | |
|---|---|
| *Aktenauszug pauschal* | *25,00 DM* |
| *Fotokopiekosten § 27 BRAGO* | *10,00 DM* |
| *Zwischensumme netto* | *35,00 DM* |
| *zzgl. MwSt. (§ 25 II BRAGO)* | |

**Unfallangelegenheit**

**bedingter Klageauftrag**

Ist der gegnerische Haftpflichtversicherer dem DAV-Abkommen **nicht** beigetreten, richtet sich der Gebührenanspruch des RA für die **außergerichtliche Regulierung** der **Unfallangelegenheit** nach **§ 118 BRAGO**. Hierbei ist grundsätzlich zu unterstellen ist, daß der RA seitens des Mandanten den Auftrag erhalten hat, die Sache (zunächst) außergerichtlich zu regulieren und daher unabhängig vom Inhalt des Vollmachtsformulars ein **bedingter Klageauftrag** vorliegt. Es ist im Einzelfall zu überprüfen, welchen Gebührenanspruch der RA aus § 118 BRAGO geltend machen kann.

• **Beispiel 262**
*Der RA wird von dem Eigentümer (Fahrer und Halter) nach einem Verkehrsunfall beauftragt, den Sachschaden in Höhe von 28.000,00 DM sowie einen Schmerzensgeldanspruch in Höhe von 5.000,00 DM für ihn und für die Beifahrerin einen Schmerzensgeldanspruch in Höhe von 4.500,00 DM geltend zu machen. Aufgrund der außergerichtlichen Korrespondenz sowie zahlreicher fernmündlicher Besprechungen des RA mit der gegnerischen Haftpflichtversicherung, die dem DAV-Abkommen* ***nicht*** *beigetreten ist, zahlt diese die geltend gemachten Beträge. Da es sich bei dem Sachschaden- und Schmerzensgeldanspruch des Eigentümers sowie dem Schmerzensgeldanspruch der Beifahrerin um höchstpersönliche Rechtsgüter handelt, kann eine Addition der jeweiligen Beträge nicht erfolgen, so daß der RA die Gebühren jeweils*

*gesondert bezogen auf den jeweiligen Gegenstandswert in Rechnung stellen kann.*

- *Eigentümer*

| | |
|---|---|
| *Gegenstandswert: 33.000,00 DM* | |
| *7,5/10 §§ 11, 12, 118 I Nr. 1 BRAGO* | *888,80 DM* |
| *7,5/10 §§ 11, 12, 118 I Nr. 2 BRAGO* | *888,80 DM* |
| *Auslagen § 26 BRAGO* | *40,00 DM* |
| *Zwischensumme netto* | *1.817,60 DM* |
| *zzgl. MwSt. (§§ 25 II BRAGO)* | |

- *Beifahrerin*

| | |
|---|---|
| *Gegenstandswert: 4.500,00 DM* | |
| *7,5/10 §§ 11, 12, 118 I Nr. 1 BRAGO* | *240,00 DM* |
| *7,5/10 §§ 11, 12, 118 I Nr. 2 BRAGO* | *240,00 DM* |
| *Auslagen § 26 BRAGO* | *40,00 DM* |
| *Zwischensumme netto* | *520,00 DM* |
| *zzgl. MwSt. (§ 25 II BRAGO)* | |

## 6. Erstattungsfähigkeit der Hebegebühr (§ 22 BRAGO)

Werden an den RA Zahlungen geleitet, so erhält er für die **Auszahlung** oder **Rückzahlung** eine **Hebegebühr** (§ 22 BRAGO). **Hebegebühr**

Zu beachten ist, daß die Hebegebühr von der Gegenseite nur dann zu erstatten ist, soweit die Zuziehung des RA bei der Empfangnahme, Auszahlung oder Rückzahlung des Geldes notwendig war. Dies ist grundsätzlich nicht der Fall. Nur falls der **Schuldner**, ohne vom **Gläubiger** oder dessen Anwalt dazu aufgefordert zu sein, an den RA des Gläubigers zahlt, ist der Schuldner verpflichtet, die durch sein Verhalten erst ausgelöste Hebegebühr zu ersetzen. Diese Grundsätze gelten auch im

**Unfallschadenrecht**

**Unfallschadenrecht**. Zahlt die gegnerische Haftpflichtversicherung auf ausdrückliches Verlangen den Betrag an den RA, ist die Hebegebühr **nicht** zu erstatten; zahlt sie aus freien Stücken, ist die Hebegebühr erstattungsfähig. Von der Rechtsschutzversicherung ist die Hebegebühr nicht zu erstatten (vgl. RA Wolfgang Madert, aaO., S. 285).

# 13. Kapitel
## Kostentragungspflicht und Kostenfestsetzung

### 1. Einleitung

Das Rechtsverhältnis zwischen RA und seinem Auftraggeber (**Mandant**) ist ein entgeltlicher **Geschäftsbesorgungsvertrag** (§ 675 BGB), so daß der Mandant stets **Kostenschuldner** des RA ist. Der RA kann die Vergütung nur auf Grund einer von ihm unterzeichneten und dem Auftraggeber mitgeteilten Berechnung (**Kostenrechnung**) einfordern (§ 18 I 1 BRAGO). Der Lauf der **Verjährungsfrist** (§§ 196 I Nr. 15, 201 BGB) ist von der Mitteilung der Berechnung nicht abhängig (§ 118 I 2 BRAGO).

**Geschäftsbesorgungsvertrag**

**Kostenrechnung**

In der Kostenberechnung sind die Beträge der einzelnen Gebühren und Auslagen, Vorschüsse, eine kurze Bezeichnung des jeweiligen Gebührentatbestandes, die Bezeichnung der Auslagen sowie der angewandten **Kostenvorschriften** und bei Gebühren, die nach dem **Gegenstandswert** berechnet sind, auch dieser anzugeben. Bei Entgelten für **Post-** und **Telekommunikationsdienstleistungen** genügt die Angabe des **Gesamtbetrages** (§ 18 II BRAGO).

**Kostenvorschriften**

- **Beispiel 263**

*Bei RA erscheint ein neuer Mandant und legt Unterlagen vor, wonach die Gegenseite dem Mandanten 17.500,00 DM schuldet. Auftragsgemäß schreibt der RA den Gegner an, der sich daraufhin fernmündlich meldet und den Hinweis erteilt, daß der Mandant ihm angeblich einen Teilbetrag in Höhe von 4.000,00 DM erlassen habe, was ein Herr Karl Pech bestätigen könne. Im Einverständnis mit dem Mandanten übersendet der RA den gesamten Schriftverkehr, der aus 25*

*Seiten besteht, an Herrn Pech, der den Teilerlaß bestätigt. Vereinbarungsgemäß fährt der RA mit dem Mandanten zum Gegner, wo ein $3^1/_2$ stündiges Gespräch stattfindet. Hier wird ein Vergleich derart geschlossen, daß der Gegner an den Mandanten zur Abgeltung aller Ansprüche 10.000,00 DM zahlt, aber keine Anwaltsgebühren zu übernehmen hat. Als der RA in seine Kanzlei zurückkommt, stellt er fest, daß er mit seinem Pkw insgesamt 120 km zurückgelegt hat und 5 Stunden kanzleiabwesend war. Der RA möchte wissen, welche Gebühren und Auslagen er in Rechnung stellen kann und zwar unter Beachtung eines bereits erhaltenen Kostenvorschusses (§ 17 BRAGO) in Höhe von 500,00 DM.*

*Gegenstandswert: 17.500,00 DM (§ 7 I BRAGO)*

| | |
|---|---|
| *7,5/10 Geschäftsgebühr §§ 11, 12, 118 I Nr. 1 BRAGO* | *656,30 DM* |
| *7,5/10 Besprechungsgebühr §§ 11, 12, 118 I Nr. 2 BRAGO* | *656,30 DM* |
| *15/10 Vergleichsgebühr §§ 11, 23 I 1 BRAGO* | *1.312,50 DM* |
| *Auslagen-Pauschsatz § 26 BRAGO* | *40,00 DM* |
| *Schreibauslagen § 27 I Nr. 3, II BRAGO* | *25,00 DM* |
| *Kosten der Geschäftsreise* | |
| • *Fahrtkosten § 28 I, II BRAGO (gefahrene km 120 x 0,52 DM)* | *62,40 DM* |
| • *Abwesenheitsgeld § 28 I, III BRAGO* | *60,00 DM* |
| *Zwischensumme netto* | *2.812,50 DM* |
| *16 % MwSt. (§ 25 II BRAGO)* | *450,00 DM* |
| *Summe* | *3.262,50 DM* |
| *abzüglich Vorschuß vom ... (§ 17 BRAGO)* | *500,00 DM* |
| *verbleibender Restbetrag* | *2.762,50 DM* |

**Handakten**

Hat der Auftraggeber die Vergütung gezahlt, ohne die Berechnung erhalten zu haben, so kann er die Mitteilung der Berechnung noch fordern, solange der RA zur Aufbewahrung der **Handakten** verpflichtet ist (§ 118 III BRAGO), d. h.

grundsätzlich für die Dauer von 5 Jahren nach Beendigung des Auftrags (§ 50 II BRAO).

**materieller Kostenerstattungsanspruch**

Oftmals hat der Mandant einen **materiellen Kostenerstattungsanspruch,** d. h. einen Anspruch auf Ersatz der von ihm an seinen Anwalt gezahlten/zu zahlenden Vergütung gegen einen Dritten, insbesondere gegenüber dem Gegner. Der Kostenerstattungsanspruch kann beruhen auf

- vertraglicher Übernahme
- positiver Forderungsverletzung
- Sachfolgeschaden (§ 249 BGB).

- **Beispiel 264**

*Der RA wird beauftragt, für seine Partei aufgrund eines ärztlichen Behandlungsfehlers ein Schmerzensgeldanspruch außergerichtlich durchzusetzen. Nachdem er die ärztlichen Behandlungsunterlagen in Kopie angefordert hat, setzt er sich fernmündlich mit der Haftpflichtversicherung des Krankenhausträgers in Verbindung. In dem Telefonat wird die Sach- und Rechtslage mit dem zuständigen Sachbearbeiter ausführlich erörtert. Im Anschluß an das Telefonat ist der Haftpflichtversicherer bereit, ohne Anerkennung einer Rechtspflicht einen Schmerzensgeldbetrag von 8.000,00 DM zu zahlen und die Anwaltsgebühren aus § 118 I BRAGO zu jeweils 10/10 zu übernehmen.*
*In diesem Beispiel ergibt sich der materielle Ersatzanspruch einerseits aus der vertraglichen Übernahme, andererseits unter dem Gesichtspunkt der unerlaubten Handlung (§ 823 BGB), mithin als Sachfolgeschaden (§ 249 BGB).*

| | |
|---|---|
| *Gegenstandswert: 8.000,00 DM* | |
| *10/10 §§ 11, 12, 118 I Nr. 1 BRAGO* | *485,00 DM* |
| *10/10 §§ 11, 12, 118 I Nr. 2 BRAGO* | *485,00 DM* |
| *Auslagen § 26 BRAGO* | *40,00 DM* |
| *Zwischensumme netto* | *1.010,00 DM* |
| *zzgl. MwSt. (§ 25 II BRAGO)* | |

**vertragliche Übernahme**

Bei der **vertraglichen Übernahme** können sich Besonderheiten hinsichtlich des Gegenstandswertes und der Höhe der Gebühren ergeben.

- **Beispiel 265**

*Sachverhalt wie zuvor. Die Mandantin hatte den RA ausdrücklich darauf hingewiesen, daß sie einen Schmerzensgeldanspruch von mindestens 10.000,00 DM für angemessen erachte. Im Anschluß an das Telefonat mit dem Sachbearbeiter des Haftpflichtversicherers akzeptiert die Mandantin den von dort aus angebotenen Schmerzensgeldbetrag sowie die vertragliche Übernahme der Anwaltskosten der Höhe nach. Unter Bezugnahme auf § 12 BRAGO berechnet der RA gegenüber der Mandantschaft nur die Mittelgebühr, so daß seine Kostenberechnungen wie folgt aussehen:*

- *Kostenrechnung an Mandantin*

*Gegenstandswert: 10.000,00 DM*

| | |
|---|---|
| *7,5/10 §§ 11, 12, 118 I Nr. 1 BRAGO* | *446,30 DM* |
| *7,5/10 §§ 11, 12, 118 I Nr. 2 BRAGO* | *446,30 DM* |
| *15/10 §§ 11, 23 I 1 BRAGO* | *892,50 DM* |
| *Auslagen § 26 BRAGO* | *40,00 DM* |
| *Zwischensumme netto* | *1.825,10 DM* |
| *zzgl. MwSt. (§ 25 II BRAGO)* | |

- *Kostenrechnung gegenüber Haftpflichtversicherer*

*Gegenstandswert: 8.000,00 DM*

| | |
|---|---|
| *10/10 §§ 11, 12, 118 I Nr. 1 BRAGO* | *485,00 DM* |
| *10/10 §§ 11, 12, 118 I Nr. 2 BRAGO* | *485,00 DM* |
| *Auslagen § 26 BRAGO* | *40,00 DM* |
| *Zwischensumme netto* | *1.010,00 DM* |
| *zzgl. MwSt. (§ 25 II BRAGO)* | |

*Den Differenzbetrag von netto 815,10 DM hat die Mandantin an den RA zu erstatten, da sie von der gegnerischen Haftpflichtversicherung Anwaltskosten nur gemäß der vertraglichen Übernahme ersetzt verlangen kann. Daß die Gegenseite zum Ersatz der Anwaltsvergütung unter dem Gesichtspunkt der unerlaubten Handlung verpflichtet ist, besagt nichts über die Höhe der zu erstattenden Anwaltsvergütung, sondern § 823 BGB ist ein materieller Kostenersatzanspruch dem Grunde und nicht der Höhe nach.*

Ein **materieller Kostenerstattungsanspruch** besteht auch, soweit sich der Gegner zum Zeitpunkt der Beauftragung des RA hinsichtlich seiner Zahlungsverpflichtung gegenüber dem Mandanten in **Verzug** befindet.

**Verzug**

- **Beispiel 266**

*Die Mandantschaft legt dem RA Korrespondenz vor, aus der sich ergibt, daß der Mandant von dem Gegner zu Recht 8.500,00 DM verlangt und sich die Gegenseite hinsichtlich ihrer Zahlungverpflichtung bereits in Verzug befindet. Aufgrund des anwaltlichen Aufforderungsschreibens zahlt die Gegenseite den geltend gemachten Betrag sowie die dem Schreiben beigefügte Kostenrechnung.*

| | |
|---|---|
| *Gegenstandswert: 8.500,00 DM* | |
| *7,5/10 §§ 11, 12, 118 I Nr. 1 BRAGO* | *405,00 DM* |
| *Auslagen § 26 BRAGO* | *40,00 DM* |
| *Zwischensumme netto* | *445,00 DM* |
| *zzgl. MwSt. (§ 25 II BRAGO)* | |

**Klageverfahren**

In einem **Klageverfahren** entscheidet das Gericht von Amts wegen über die Verpflichtung, wer die Kosten des Rechtsstreits zu tragen hat (§ 308 II ZPO). Maßgebliche Vorschriften sind die §§ 91 ff ZPO, wonach grundsätzlich die **unterliegende Partei** die Kosten des Rechtsstreits zu tragen, insbesondere die dem Gegner erwachsenen Kosten zu erstatten hat, soweit sie zur **zweckentsprechenden Rechtsverfolgung** oder **Rechtsverteidigung** notwendig waren. Die **Kostenerstattung** umfaßt auch die Entschädigung des Gegners für die durch notwendige **Reisen** oder durch die notwendige Wahrnehmung von Terminen entstandene **Zeitversäumnis**. Die für die Entschädigung von Zeugen geltenden Vorschriften sind entsprechend anzuwenden (§ 91 I ZPO). Sind der unterliegenden Partei die Kosten des Rechtsstreits auferlegt worden, so besteht für

**Kostenerstattung**

**prozessualer Kostenerstattungsanspruch**

die obsiegende Partei ein **prozessualer Kostenerstattungsanspruch**. Hierbei ist zu beachten, daß der obsiegenden Partei die Mehrkosten nicht zu erstatten sind, die dadurch entstehen, daß der bei dem **Prozeßgericht** zugelassenen RA seinen Wohnsitz oder seine **Kanzlei** nicht an dem Ort hat, an dem sich das Prozeßgericht oder eine auswärtige Abteilung dieses Gerichts befindet (**Distanzanwalt** § 91 II 2 BRAGO).

**Distanzanwalt**

Ausnahmsweise können auch der **obsiegenden Partei** die Kosten auferlegt werden, falls

- der Beklagte keine Veranlassung zur Klageerhebung gegeben hat und er den Anspruch sofort anerkennt (**sofortiges Anerkenntnis** § 93 ZPO)
- dem Beklagten zur Zeit der Klageerhebung der Übergang des Anspruchs auf den Kläger unbekannt war (§ 94 ZPO)
- die obsiegende Partei die Kosten durch Versäumung eines Termins oder einer Frist verursacht hat (§ 95 ZPO)
- der Gegner ein Rechtsmittel ohne Erfolg eingelegt hat (§ 97 ZPO).

**Kostenquotelung**

Soweit die Parteien teils obsiegen/unterliegen, ist eine **Kostenquotelung** (§ 92 ZPO) vorzunehmen. Das Gericht kann die **Kosten gegeneinander aufheben**, so daß jede Partei die **eigenen außergerichtlichen Kosten** und die **Hälfte** der **Gerichtskosten** trägt. Verteilt das Gericht die Kosten je zur Hälfte (**Kostenteilung**), sind sämtliche Kosten zu addieren und die Parteien haben jeweils die Hälfte der gesamten Kosten zu übernehmen.

**Kostenteilung**

## 2. Kostenfestsetzungsverfahren (§§ 103, 104 ZPO)

**Kostenfestsetzungsverfahren**

Der Anspruch auf Erstattung der **Prozeßkosten** kann aufgrund eines zur Zwangsvollstreckung geeigneten Titels geltend gemacht werden (§ 103 I ZPO). Der Antrag auf Festsetzung des zu erstattenden Betrages ist bei dem **Gericht des ersten Rechtszuges** anzubringen. Die **Kostenberechnung**, ihre zur

Mitteilung an den Gegner bestimmte Abschrift und die zur Rechtfertigung der einzelnen Ansätze dienenden Belege sind beizufügen (§ 103 II ZPO). Zur Berücksichtigung von **Umsatzsteuerbeträgen** genügt die Erklärung des Antragstellers, daß er die Beträge nicht als Vorsteuer abziehen kann (keine **Vorsteuerabzugsberechtigung** § 104 II 3 ZPO).

**Vorsteuerabzugsberechtigung**

**Rechtspfleger**

Über den Kostenfestsetzungsantrag entscheidet der **Rechtspfleger** (§ 21 Nr. 1 RPflG) des ersten Rechtszuges (§ 104 I 1 BRAGO). Auf Antrag ist auszusprechen, daß die festgesetzten Kosten vom Eingang des Festsetzungsantrags mit vier vom Hundert zu verzinsen sind (§ 104 I 2 ZPO). Der **Kostenfestsetzungsbeschluß** umfaßt sämtliche Kosten, die in einem **Rechtsstreit** zur zweckentsprechenden **Rechtsverfolgung** oder **Rechtsverteidigung** notwendig waren (§ 91 I ZPO).

**Kostenfestsetzungsbeschluß**

**Kostenfestsetzungsantrag**

Der **Kostenfestsetzungsantrag** (z. B. für den obsiegenden Kläger) kann wie folgt formuliert werden:

*In dem Rechtsstreit*
*A ./. B*
*– Aktenzeichen –*

*wird beantragt, die nachstehend aufgeführten Gebühren und Auslagen des Klägers gegen den Beklagten festzusetzen (§ 104 ZPO) und auszusprechen, daß der errechnete Endbetrag mit 4 % seit Eingang dieses Antrages verzinslich zu stellen ist:*

*Streitwert:*
*10/10 §§ 11, 31 I Nr. 1 BRAGO*
*10/10 §§ 11, 31 I Nr. 2, 4, 31 II BRAGO*
*10/10 §§ 11, 31 I Nr. 3 BRAGO*
*Auslagen § 26 BRAGO*
*Fotokopiekosten § 27 BRAGO*
*Fahrtkosten § 28 I, II BRAGO*
*Abwesenheitsgeld § 28 I, III BRAGO*
*Zwischensumme netto*
*zzgl. MwSt. (§ 25 II BRAGO)*

*Verauslagte Gerichtskosten bitte ich hinzuzusetzen. Es wird darauf hingewiesen, daß der Kläger nicht vorsteuerabzugsberechtigt ist (§ 104 II 3 ZPO).*

*Abschließend wird beantragt,*

*dem Kläger, zu Händen des Unterzeichneten, eine vollstreckbare Ausfertigung des Beschlusses zu erteilen.*

*Rechtsanwalt*

**Kostenfestsetzungsbeschluß Zwangsvollstreckung**

Der **Kostenfestsetzungsbeschluß** wird dem Gegner unter Beifügung einer Abschrift der Kostenrechnung von Amts wegen zugestellt (§ 104 I 3 BRAGO). Mit der **Zwangsvollstreckung** aus dem Kostenfestsetzungsbeschluß darf frühestens nach einer **Wartefrist** von zwei Wochen nach der Zustellung des KFB begonnen werden (§ 798 ZPO). Ein **vereinfachtes Kostenfestsetzungsverfahren** ergibt sich aus § 105 ZPO.

**Rahmengebühren**

In den meisten Verfahren der **freiwilligen Gerichtsbarkeit** (**FGG**) entstehen die **Anwaltsgebühren** aus § 118 BRAGO. In diesen Verfahren können gem. § 13 a FGG **Kostenentscheidungen** dahin ergehen, daß ein Beteiligter die einem anderen Beteiligten erwachsenen **notwendigen Auslagen** zu erstatten hat. Daraus folgt, daß die **Kostenfestsetzungsinstanzen** auch die **Rahmengebühren** aus § 118 BRAGO zur Erstattung festzusetzen haben. Insoweit ist es möglich, daß die Gebühren zwar nicht im Prozeß selbst, aber notwendigerweise zu seiner Vorbereitung entstehen (z. B. **vorprozessuale Gutachterkosten/Anwaltskosten**). Der Rechtspfleger hat deshalb in seinem **Kostenfestsetzungsbeschluß** auch über diese vorgerichtlichen Gebühren aus § 118 BRAGO zu entscheiden (vgl. Wolfgang Madert, Anwaltsgebühren in Zivilsachen, 3. Aufl., S. 268).

## 3. Kostenausgleichungsverfahren (§§ 103, 106 ZPO)

Wurde im Titel eine **Kostenverteilung** nach **Quoten** vorgenommen, kann jede Partei den Ausgleich ihrer Kosten beantragen. Der **Kostenausgleichungsantrag** (§ 106 ZPO) kann wie folgt formuliert werden:

**Kostenausgleichungsantrag**

*In dem Rechtsstreit*
*A ./. B*
*– Aktenzeichen –*

*wird im Wege der Kostenausgleichung (§ 106 ZPO) beantragt, die nachstehend aufgeführten Gebühren und Auslagen des Klägers gegen den Beklagten festzusetzen und auszusprechen, daß der errechnete Endbetrag mit 4 % seit Eingang dieses Antrages verzinslich zu stellen ist:*

*Streitwert:*
*10/10 §§ 11, 31 I Nr. 1 BRAGO*
*10/10 §§ 11, 31 I Nr. 2, 4, 31 II BRAGO*
*10/10 §§ 11, 31 I Nr. 3 BRAGO*
*Auslagen § 26 BRAGO*
*Fotokopiekosten § 27 BRAGO*
*Fahrtkosten § 28 I, II BRAGO*
*Abwesenheitsgeld § 28 I, III BRAGO*
*Zwischensumme netto*
*zzgl. MwSt. (§ 25 II BRAGO)*

*Verauslagte Gerichtskosten bitte ich hinzuzusetzen. Es wird darauf hingewiesen, daß der Kläger nicht vorsteuerabzugsberechtigt ist (§ 104 II 3 ZPO).*

*Abschließend wird beantragt,*

*dem Kläger, zu Händen des Unterzeichneten, eine vollstreckbare Ausfertigung des Beschlusses zu erteilen.*

*Rechtsanwalt*

Den Antrag auf Erteilung einer **vollstreckbaren Ausfertigung** hat nur diejenige Partei zu stellen, die im **Kostenausgleichungsverfahren** einen **Erstattungsanspruch** zu erwarten hat.

**Kostenausgleichungsverfahren**

Hat eine Partei den **Antrag auf Kostenausgleichung** bei Gericht eingereicht, so hat der **Rechtspfleger** des ersten

**Rechtspfleger**

Rechtszuges den Gegner aufzufordern, die Berechnung seiner Kosten binnen einer Woche bei Gericht einzureichen (§ 106 I 1 ZPO). Nach fruchtlosem Ablauf der einwöchigen Frist ergeht die Entscheidung ohne Rücksicht auf die Kosten des Gegners, unbeschadet des Rechts des Letzteren, den Anspruch auf Erstattung nachträglich geltend zu machen. Der Gegner haftet für die **Mehrkosten**, die durch das nachträgliche Verfahren entstehen (§ 106 II ZPO).

## 4. Festsetzung der Vergütung gegen die eigene Partei (§ 19 BRAGO)

**Anwaltshonorar**

Zahlt der **Mandant** das **Anwaltshonorar** nicht, kann der RA in einem besonderen gerichtlichen Verfahren seine **Gebühren** und **Auslagen** gem. (§ 19 BRAGO) vereinfacht festsetzen lassen. Antragsberechtigt sind der

- Prozeßbevollmächtigte (§ 31 BRAGO)
- Verkehrsanwalt (§ 52 BRAGO)
- Unterbevollmächtigte (§ 53 BRAGO)
- Beweisanwalt (§ 54 BRAGO).

**Kostenfestsetzungsantrag**

Voraussetzung für die **Kostenfestsetzung** ist die Fälligkeit der Vergütung. Zuständig für den Antrag ist der **Rechtspfleger** (§ 21 I Nr. 2 RPflG) des Gerichts des **ersten Rechtszuges** (§ 19 I BRAGO). Der **Kostenfestsetzungsantrag** kann wie folgt formuliert werden:

*In dem Rechtsstreit*
*A ./. B*
*– Aktenzeichen –*

*wird beantragt, die nachstehend aufgeführten Gebühren und Auslagen des Unterzeichneten gegen den Kläger gemäß § 19 BRAGO festzusetzen und auszusprechen, daß der errechnete Endbetrag mit 4 % seit Eingang dieses Antrages verzinslich zu stellen ist:*

*Streitwert:*
*10/10 §§ 11, 31 I Nr. 1 BRAGO*
*10/10 §§ 11, 31 I Nr. 2, 4, 31 II BRAGO*
*10/10 §§ 11, 31 I Nr. 3 BRAGO*
*Auslagen § 26 BRAGO*
*Fotokopiekosten § 27 BRAGO*
*Fahrtkosten § 28 I, II BRAGO*
*Abwesenheitsgeld § 28 I, III BRAGO*
*Zwischensumme netto*
*zzgl. MwSt. (§ 25 II BRAGO)*

*Verauslagte Gerichtskosten bitte ich hinzuzusetzen.*

*Es wird beantragt,*
*dem Unterzeichneten eine vollstreckbare Ausfertigung des Beschlusses zu erteilen.*

*Dem Kläger wurde die in Kopie beigefügte Kostenrechnung ordnungsgemäß am (genaues Datum) übermittelt.*

*Rechtsanwalt*

Zu beachten ist, daß unter gerichtlichem Verfahren sowohl das **Erkenntnisverfahren** als auch das **Zwangsvollstreckungsverfahren** zu verstehen ist. Fallen zum Teil **Rahmengebühren** und **Festgebühren** an (z. B. in einem **FGG-Verfahren** die Gebühren gem. § 118 BRAGO einerseits und die **Vergleichsgebühr** § 23 BRAGO andererseits), kann wegen der Festgebühren das vereinfachte Verfahren (§ 19 BRAGO) betrieben werden, wohingegen das darüber hinausgehende Honorar eingeklagt werden muß (**Honorarklage**).

**FGG-Verfahren**

**Vergleichsgebühr**

**Honorarklage**

**Gerichtskosten** sowie **Sachverständigenkosten** sollten vom RA nicht verauslagt werden, da nach Auffassung vieler Gerichte diese Kosten bei der Festsetzung der Vergütung (§ 19 BRAGO) nicht festgesetzt werden. Der **Antrag** ist erst zulässig, wenn die Vergütung fällig ist. Vor der Festsetzung sind die Beteiligten zu hören. Die Vorschriften der Zivilprozeßordnung über das Kostenfestsetzungsverfahren und die Zwangsvollstreckung aus Kostenfestsetzungsbeschlüssen gelten sinngemäß. Das Verfahren ist gebührenfrei, jedoch erhält der RA im Verfahren über die Festsetzung der Vergütung keine Gebühr (§ 19 II BRAGO).

Die Festsetzung ist abzulehnen, soweit der Antragsgegner **Einwendungen** oder **Einreden** erhebt, die **nicht** im **Gebührenrecht** ihren Grund haben (§ 19 V 1 BRAGO). Hat der Auftraggeber bereits dem RA gegenüber derartige Einwendungen oder Einreden erhoben, so ist die Erhebung der Klage

**Gebührenklage**

(**Gebührenklage**) nicht von der vorherigen Einleitung des Festsetzungsverfahrens abhängig (§ 19 V 2 BRAGO).

Durch den Antrag auf Festsetzung der Vergütung wird die **Verjährung** wie durch **Klageerhebung** unterbrochen (§ 19 VII BRAGO). Der rechtskräftig festgesetzte Anspruch verjährt in 30 Jahren.

Bei **Rahmengebühren** ist die Kostenfestsetzung aus § 19 BRAGO ausgeschlossen (§ 19 VIII BRAGO), so daß der RA im Wege einer Klage (**Gebührenklage**) oder mittels des

**Mahnverfahren**

**Mahnverfahrens** gegen den Mandanten vorzugehen hat.

# 14. Kapitel

## Prozeßkostenhilfe und Prozeßkostenvorschuß/Beratungshilfe

### 1. Einleitung

**Prozeßkostenhilfe** soll den Bürgern den Zugang zu den Gerichten und **Beratungshilfe** Zugang zu anwaltlicher Beratung ermöglichen, auch wenn ihre wirtschaftlichen Verhältnisse es nicht zulassen, diese Leistungen ganz oder teilweise eigenständig zu bezahlen. Grundlage des **Beratungshilferechts** und des **Prozeßkostenhilferechts** sind das **Beratungshilfegesetz** (BerhG) sowie die in den jeweiligen **Verfahrensordnungen** enthaltenen, regelmäßig auf §§ 114 ff ZPO verweisenden Normen.

**Prozeßkostenhilfe Beratungshilfe**

Die Pflichten des RA betreffend Beratungshilfe und PKH ergeben sich aus der **Bundesrechtsanwaltsordnung** (§§ 48, 49 a BRAO). Danach muß der RA im **gerichtlichen Verfahren** die Vertretung einer Partei oder die Beistandschaft übernehmen, wenn er der Partei aufgrund des § 121 ZPO, bzw. anderer Verfahrensvorschriften, zur vorläufigen unentgeltlichen Wahrnehmung ihrer Rechte beigeordnet ist (§ 48 I Nr. 1 BRAO). Auch ist der RA verpflichtet, die in dem Beratungshilfegesetz vorgesehene Beratungshilfe zu übernehmen. Er kann die Beratungshilfe im Einzelfall aus wichtigem Grund ablehnen (§ 49 a I BRAO). Aus § 16 I **Berufsordnung** ist der RA verpflichtet, bei begründetem Anlaß auf die Möglichkeiten von Beratungs- und Prozeßkostenhilfe hinzuweisen. Der RA darf nach Bewilligung von Prozeßkostenhilfe oder bei Inanspruchnahme von Beratungshilfe von seinem Mandanten oder Dritten Zahlungen oder Leistungen nur annehmen, die freiwillig und in Kenntnis

**Bundesrechtsanwaltsordnung**

**Berufsordnung**

der Tatsache gegeben werden, daß der Mandant oder der Dritte zu einer solchen Leistung nicht verpflichtet ist.

Der nach seinen wirtschaftlichen Verhältnissen für **Beratungshilfe** in Betracht kommende **Personenkreis** umfaßt Personen, denen Prozeßkostenhilfe ohne Ratenzahlung zu gewähren ist. Dies ist abhängig vom **Einkommen** und vom **Vermögen** des Rechtssuchenden. Für **Prozeßkostenhilfe** ergibt sich aus § 115 ZPO, daß die Partei, die Prozeßkostenhilfe begehrt, in dem **Prozeßkostenhilfeantrag** ihr Einkommen einzusetzen hat. Zum Einkommen gehören alle Einkünfte in Geld oder Geldeswert. Was vom Einkommen abzusetzen ist, ergibt sich aus § 115 I Nr. 1 bis Nr. 4 ZPO. Beträgt das einzusetzende Einkommen bis zu **30,00 DM,** so wird Prozeßkostenhilfe **ohne Ratenzahlung** gewährt. Bei einem höheren Einkommen (vgl. Tabelle zu § 115 ZPO) hat die Partei **Ratenzahlungen** aufzubringen, wobei unabhängig von der Zahl der Rechtszüge höchstens 48 Monatsraten aufzubringen sind.

**Prozeßkostenhilfeantrag**

**Ratenzahlungen**

Zu beachten ist, daß für einen **PKH-Antrag keine Prozeßkostenhilfe** bewilligt wird und daß es einen **Kostenerstattungsanspruch** im PKH-Verfahren **nicht** gibt (§ 118 I 4 ZPO).

**Klageverfahren**

Das **Klageverfahren** beginnt noch nicht mit dem PKH-Antrag, sondern es ist grundsätzlich davon auszugehen, daß die im Entwurf beigefügte Klage nur zur Begründung des PKH-Gesuchs beigefügt ist und erst **nach Bewilligung** der **PKH** als eingereicht gelten soll.

**Prozeßkostenhilfebewilligungsverfahren**

**PKH-Beschluß**

Auch der Prozeßkostenhilfe beantragende **Beklagte** verlangt Prozeßkostenhilfe nicht für die Wahrnehmung seiner Rechte im **Prozeßkostenhilfebewilligungsverfahren**, sondern um durch den vom PKH angedeckten Antrag zu erreichen, daß ihm der RA im **Klageverfahren** als Prozeßbevollmächtigter der beklagten Partei beigeordnet wird. Die Beiordnung durch den **PKH-Beschluß** soll erst ermöglichen, die Rechte in dem sich anschließenden Klageverfahren wahrzunehmen.

## 2. Voraussetzungen für die Bewilligung von Prozeßkostenhilfe (§ 114 ZPO)

Kann der Rechtssuchende die Kosten einer **Prozeßführung** nicht aufbringen und ist er insbesondere nicht in der Lage, den vor Zustellung der Klage fällig werdenden **Gerichtskostenvorschuß** zu zahlen sowie einen Vorschuß auf die **Rechtsanwaltskosten** zu leisten, übernimmt der Staat im Wege der **Prozeßkostenhilfe** (§§ 114–127 a ZPO) die Kosten eines Prozesses insgesamt oder gestattet **Ratenzahlungen** an das zuständige **Prozeßgericht**, aus denen die Gerichtskosten und die Kosten des RA des minderbemittelten Rechtssuchenden gedeckt werden. Der **Rechtssuchende** muß nach seinen persönlichen und wirtschaftlichen Verhältnissen die Kosten des Prozesses nicht, nur zum Teil oder nur in Raten aufbringen können (vgl. **Tabelle** zu § 115 ZPO) und die beabsichtigte **Rechtsverfolgung** oder **Rechtsverteidigung** muß hinreichende Aussicht auf Erfolg bieten und nicht mutwillig erscheinen (§ 114 ZPO).

**Gerichtskostenvorschuß**

**Prozeßgericht**

Der Antrag auf Bewilligung der Prozeßkostenhilfe (**Prozeßkostenhilfeantrag**) ist bei dem **Prozeßgericht** zu stellen. Er kann vor der Geschäftsstelle zu Protokoll erklärt werden. In dem Antrag ist das **Streitverhältnis** unter Angabe der **Beweismittel** darzustellen. Dem Antrag sind eine **Erklärung** der Partei über ihre **persönlichen** und **wirtschaftlichen Verhältnisse** (Familienverhältnisse, Beruf, **Vermögen**, **Einkommen** und Belastungen) sowie die entsprechenden Belege beizufügen. Da **Vordrucke** für den Antrag auf Bewilligung der Prozeßkostenhilfe eingeführt sind, muß der Antragsteller sich dieser Vordrucke bedienen (§ 117 IV ZPO).

**Vordrucke**

Der **Antrag** kann wie folgt formuliert werden:

***Antrag auf Bewilligung von Prozeßkostenhilfe*** *und, für den Fall, daß und soweit Prozeßkostenhilfe bewilligt wird,*

***KLAGE***

*des Herrn Klaus Mustermann, Musterweg 59, 58453 Witten,*

*– Antragstellers und Klägers –*

***Verfahrensbevollmächtigter:***

*gegen*

*Frau Maria Musterfrau, Musterstraße 69, 58454 Witten,*

*– Antragsgegnerin und Beklagte –*

***wegen:*** *Verfahren über die Bewilligung von Prozeßkostenhilfe*

***Streitwert:*** *1.500,00 DM*
*Namens und in Vollmacht des Antragstellers beantrage ich,*

*dem Antragsteller Prozeßkostenhilfe zu gewähren und ihm den Unterzeichneten als Rechtsanwalt beizuordnen.*

*Zur* ***Begründung*** *des* ***Prozeßkostenhilfeantrages*** *beziehe ich mich auf die nachstehenden Ausführungen sowie auf die in Anlage beigefügte Erklärung über die persönlichen und wirtschaftlichen Verhältnisse des Antragstellers und auf die hierzu überreichten Belege.*

***Nach Bewilligung*** *der Prozeßkostenhilfe werde ich beantragen,*

*die Beklagte zu verurteilen, an den Kläger 1.500,00 DM nebst 4 % Zinsen hieraus seit dem (genaues Datum) zu zahlen.*

***Begründung:*** *Streitverhältnis unter Angabe der Beweismittel im beigefügten Klageschriftsatzentwurf*

Wird der **PKH-Antrag** derart eingereicht, so ist klargestellt, daß dem RA noch **keine Prozeßvollmacht** erteilt worden, sondern er zunächst nur mit der Stellung eines Gesuches um Bewilligung von PKH beauftragt ist. In dem Verfahren über die Prozeßkostenhilfe (**Prozeßkostenhilfebewilligungsverfahren**) erhält der RA • 5/10 (13/20) der in § 31 BRAGO bestimmten Gebühren (§ 51 I BRAGO). Die Gebühren des Antragsgegners braucht der Mandant nicht zu erstatten (§ 118 I 4 ZPO), denn es gibt **keinen Kostenerstattungsanspruch** im Prozeßkostenhilfeverfahren.

**PKH-Antrag**

Zu differenzieren ist zwischen dem Gebührenanspruch des RA im Verfahren über die Prozeßkostenhilfe (**§ 51 BRAGO**) und dem Gebührenanspruch des RA, der dem Mandanten im Wege der Prozeßkostenhilfe beigeordnet worden ist (**§ 123 BRAGO**).

## 3. Gebührenanspruch im Verfahren über die Prozeßkostenhilfe (§ 51 BRAGO)

Der Gebührenanspruch des RA im Verfahren über die Bewilligung von Prozeßkostenhilfe (**Prozeßkostenhilfebewilligungsverfahren**) regelt § 51 BRAGO. Danach erhält der RA 5/10 (13/20) der in § 31 BRAGO bestimmten Gebühren. Der **Gegenstandswert** richtet sich nach dem für die **Hauptsache** maßgebenden Wert (§ 51 II BRAGO).

**Prozeßkostenhilfebewilligungsverfahren**

• **Beispiel 267**
*Der RA wird beauftragt, Prozeßkostenhilfe zu beantragen und nach Bewilligung der Prozeßkostenhilfe klageweise einen Anspruch über 3.000,00 DM geltend zu machen. In dem Verfahren über die Bewilligung der Prozeßkostenhilfe wird streitig verhandelt und nach Beweisaufnahme wird der Antrag zurückgewiesen. Der RA möchte wissen, welche Gebühren er in Rechnung stellen kann.*

| | |
|---|---|
| *Streitwert: 3.000,00 DM* | |
| *5/10 §§ 11, 31 I Nr. 1, 51 BRAGO* | *105,00 DM* |
| *5/10 §§ 11, 31 I Nr. 2, 51 BRAGO* | *105,00 DM* |
| *5/10 §§ 11, 31 I Nr. 3, 51 BRAGO* | *105,00 DM* |
| *Auslagen § 26 BRAGO* | *40,00 DM* |
| *Zwischensumme netto* | *355,00 DM* |
| *zzgl. MwSt. (§ 25 II BRAGO)* | |

Die Vorschriften des § 32 BRAGO und des § 33 I, II BRAGO gelten nicht (§ 51 I 2 BRAGO). Dadurch wird verhindert, daß dem RA, der beauftragt ist, für seinen Mandanten das Verfahren über die Prozeßkostenhilfe einzuleiten für den Fall einer **vorzeitigen Beendigung** des Auftrags, bzw. einer nichtstreitigen Verhandlung im **PKH-Bewilligungsverfahren** lediglich eine 2,5/10 Gebühr entsteht. Mithin erhält der RA erstinstanzlich 5/10 der vollen Gebühr, soweit der Auftrag endigt, bevor der RA des Antragstellers den **Prozeßkostenhilfeantragsschriftsatz** bei Gericht eingereicht hat.

**vorzeitige Beendigung**

- **Beispiel 268**

*Der RA erhält den Auftrag, für ein beabsichtigtes Klageverfahren über 10.000,00 DM das PKH-Bewilligungsverfahren einzuleiten. Bevor er den Schriftsatz bei Gericht einreicht, ruft der Mandant an und teilt mit, die Sache habe sich erledigt und bittet um Übermittlung der Kostenrechnung.*

| | |
|---|---|
| *Gegenstandswert: 10.000,00 DM* | |
| *5/10 §§ 11, 31 I Nr. 1, 51 I BRAGO* | *297,50 DM* |
| *Auslagen § 26 BRAGO* | *40,00 DM* |
| *Zwischensumme netto* | *337,50 DM* |
| *zzgl. MwSt. (§ 25 II BRAGO)* | |

Eine Herabsetzung des Gebührenanspruch des RA im Bewilligungsverfahren über die Prozeßkostenhilfe ist auch dann nicht gegeben, soweit hier nur eine **nichtstreitige Verhandlung** stattfindet (§ 51 I 2 BRAGO).

**nichtstreitige Verhandlung**

- **Beispiel 269**

*Auftragsgemäß reicht der RA einen Schriftsatz bei Gericht ein mit dem Begehren, für ein in Aussicht stehendes Klageverfahren mit einem Streitwert von 20.000,00 DM Prozeßkostenhilfe zu bewilligen. Der RA des Antragsgegners bestellt sich und trägt schriftsätzlich vor, daß er zu dem Prozeßkostenhilfebegehren keine Erklärung abgeben werde. Zum Termin im Bewilligungsverfahren erscheint der RA des Antragsgegners nicht. Nach informatorischer Anhörung des Antragstellers über seine persönlichen und wirtschaftlichen Verhältnisse sowie nach Erörterung der Sach- und Rechtslage zwischen dem RA des Antragstellers und dem Gericht wird der im Termin gestellte PKH-Antrag zurückgewiesen. Der RA kann gegenüber dem Mandanten folgende Gebühren und Auslagen in Rechnung stellen:*

| | |
|---|---|
| *Gegenstandswert: 20.000,00 DM* | |
| *5/10 §§ 11, 31 I Nr. 1, 51 I BRAGO* | *472,50 DM* |
| *5/10 §§ 11, 33 II, 51 I BRAGO* | *472,50 DM* |
| *Auslagen § 26 BRAGO* | *40,00 DM* |
| *Zwischensumme netto* | *985,00 DM* |
| *zzgl. MwSt. (§ 25 II BRAGO)* | |

## 4. Vergütungsanspruch des im Wege der Prozeßkostenhilfe beigeordneten Rechtsanwalts

Sowohl hinsichtlich der Entstehung als auch hinsichtlich der Durchsetzbarkeit muß unterschieden werden zwischen dem Vergütungsanspruch gegenüber der **Partei** und der **Staatskasse** (§§ 121 ff BRAGO).

Beide Gebührenansprüche unterscheiden sich in mehrfacher Hinsicht, je nach dem **Streitgegenstand** und je nach dem Umfang der **PKH-Bewilligung** und **Beiordnung**, der Anordnung der Zahlung von **Raten** oder Beiträgen aus dem Vermögen (§ 120 I ZPO) und dem **Prozeßerfolg** der bedürftigen Partei.

**Regelgebühren**

Zu beachten ist, daß es sich im Grunde um ein und denselben Vergütungsanspruch des RA handelt, der die **Regelgebühren** des **§ 11 BRAGO** betrifft, aber unterschiedlich durchsetzbar ist.

**Staatskasse**

**PKH-Mandat**

Der RA hat gegen den **Mandanten** stets einen Anspruch in Höhe der gesetzlichen Gebühren und nach PKH-Gewährung gegen die **Staatskasse** in Höhe der Gebühren aus der PKH-Tabelle (§ 123 BRAGO). Daraus folgt, daß es nicht richtig ist, anzunehmen, es gebe bei **PKH-Mandaten** keinen Gebührenanspruch gegen den Mandanten, bzw. der Mandant schulde die Gebühren aus § 123 BRAGO. Der Anspruch gegen den Mandanten kann **nach PKH-Gewährung** aber nur eingeschränkt geltend gemacht werden, weil aus § 122 I Nr. 3 ZPO folgt, daß die beigeordneten Rechtsanwälte Ansprüche auf Vergütung gegen die Partei nicht geltend machen können, der Anspruch bleibt aber latent bestehen und darf nicht vergessen werden, insbesondere nicht wegen § 124 ZPO (Aufhebung der PKH-Bewilligung).

### a. Der Vergütungsanspruch gegen die Staatskasse

**Beiordnung**

**PKH-Tabelle**

Dieser Anspruch ist beschränkt, gegenständlich durch den **Umfang der PKH-Bewilligung** und der **Beiordnung,** die sich nicht notwendigerweise decken müssen. Ein Anspruch entsteht nur für Handlungen des RA, die zeitlich **nach** der Beiordnung und gegenständlich innerhalb der Beiordnung liegen. Der Höhe nach wird der Anspruch durch die **PKH-Tabelle** (§ 123 BRAGO) bei **Gegenstandswerten** von **mehr als 7.000,00 DM** beschränkt.

- **Beispiel 270**

*Auftragsgemäß beantragt der RA die Bewilligung von Prozeßkostenhilfe für einen danach klageweise geltend zu machenden Anspruch über 16.000,00 DM. Antragsgemäß wird Prozeßkostenhilfe bewilligt. Nach streitiger Verhandlung und Beweisaufnahme wird die Klage abgewiesen.*

*Kostenrechnung gegenüber der Staatskasse (§ 123 BRAGO)*
*Streitwert: 16.000,00 DM*

| | |
|---|---|
| *10/10 §§ 11, 31 I Nr. 1, 123 BRAGO* | *465,00 DM* |
| *10/10 §§ 11, 31 I Nr. 2, 123 BRAGO* | *465,00 DM* |
| *10/10 §§ 11, 31 I Nr. 3, 123 BRAGO* | *465,00 DM* |
| *Auslagen § 26 BRAGO* | *40,00 DM* |
| *Zwischensumme netto* | *1.435,00 DM* |
| *zzgl. MwSt. (§ 25 II BRAGO)* | |

Zu beachten ist der **Höchstbetrag** ab Gegenstandswerten **über 50.000,00 DM**
- 10/10 = 765,00 DM
- 13/10 = 994,50 DM.

- **Beispiel 271**

*Sachverhalt wie Beispiel 270. Der behauptete Anspruch beträgt 55.000,00 DM. Im übrigen wie Beispiel 270*

*Kostenrechnung gegenüber der Staatskasse (§ 123 BRAGO)*
*Streitwert: 55.000,00 DM*

| | |
|---|---|
| *10/10 §§ 11, 31 I Nr. 1, 123 BRAGO* | *765,00 DM* |
| *10/10 §§ 11, 31 I Nr. 2, 123 BRAGO* | *765,00 DM* |
| *10/10 §§ 11, 31 I Nr. 3, 123 BRAGO* | *765,00 DM* |
| *Auslagen § 26 BRAGO* | *40,00 DM* |
| *Zwischensumme netto* | *2.335,00 DM* |
| *zzgl. MwSt. (§ 25 II BRAGO)* | |

Der RA kann für die entstandenen Gebühren (§ 123 BRAGO) und die entstandenen und voraussichtlich entstehenden Auslagen aus der Bundes- oder **Landeskasse** einen angemessenen **Vorschuß** fordern (§ 127 BRAGO).

**Landeskasse**
**Vorschuß**

## b. Prozessualer Kostenerstattungsanspruch (§ 130 BRAGO)

**Kostenerstattung**

Für den Fall, daß der Rechtssuchende nach PKH-Bewilligung in dem Rechtsstreit obsiegt, ist der **Gegner** zur **Kostenerstattung** verpflichtet und hat dem beigeordneten RA die **gesetzlichen Gebühren** (§ 11 BRAGO) zu erstatten. Soweit dem RA wegen seiner Vergütung ein Anspruch gegen die Partei oder einem ersatzpflichtigen Gegner zusteht, geht der Anspruch mit Befriedigung des RA durch die **Bundes- oder Landeskasse** auf diese über (§ 130 I 1 BRAGO), so daß der Gebührenanspruch, den der RA aus der **Staatskasse** erhalten hat, anzurechnen ist.

**Staatskasse**

- **Beispiel 272**

*Sachverhalt wie Beispiel 270. Der Klage wird in vollem Umfang stattgegeben, so daß der Beklagte die Kosten des Rechtsstreits zu tragen hat. Der RA möchte wissen, welche Gebührenansprüche er geltend machen kann.*

- *Kostenrechnung gegenüber der Staatskasse (§ 123 BRAGO)*

*Streitwert: 16.000,00 DM*

| | |
|---|---|
| *10/10 §§ 11, 31 I Nr. 1, 123 BRAGO* | *465,00 DM* |
| *10/10 §§ 11, 31 I Nr. 2, 123 BRAGO* | *465,00 DM* |
| *10/10 §§ 11, 31 I Nr. 3, 123 BRAGO* | *465,00 DM* |
| *Auslagen § 26 BRAGO* | *40,00 DM* |
| *Zwischensumme netto* | *1.435,00 DM* |
| *16 % MwSt. (§ 25 II BRAGO)* | *229,60 DM* |
| *Summe* | *1.664,60 DM* |

- *Kostenrechnung zur Festsetzung gegenüber dem Beklagten*

*Streitwert: 16.000,00 DM*

| | | |
|---|---|---|
| *10/10 §§ 11, 31 I Nr. 1 BRAGO* | | *805,00 DM* |
| *10/10 §§ 11, 31 I Nr. 2 BRAGO* | | *805,00 DM* |
| *10/10 §§ 11, 31 I Nr. 3 BRAGO* | | *805,00 DM* |
| *Auslagen § 26 BRAGO* | | *40,00 DM* |
| *Zwischensumme netto* | | *2.455,00 DM* |
| *16 % MwSt. (§ 25 II BRAGO)* | | *392,80 DM* |
| *Summe* | | *2.847,80 DM* |
| *abzüglich des Anspruchs gegen die Landeskasse* | *./.* | *1.664,60 DM* |
| *festzusetzender Restbetrag* | | *1.183,20 DM* |

Die Bewilligung der Prozeßkostenhilfe hat auf die Verpflichtung, die dem Gegner entstandenen Kosten zu erstatten, keinen Einfluß (§ 123 ZPO). Mithin ist zu beachten, daß die **PKH-Bewilligung** den Rechtssuchenden nicht davon befreit, dem Gegner die Kosten zu erstatten, falls der **Prozeßkostenhilfeberechtigte** im **Prozeß unterliegt** und ihm die Kosten des Rechtsstreits aufzuerlegen sind (§ 91 ZPO). Diesbezüglich trägt auch eine **bedürftige Partei** das **Prozeßkostenrisiko**.

**PKH-Bewilligung**

**Prozeßkostenrisiko**

### c. Vergütungsanspruch gegen den bedürftigen Mandanten

Der **Vergütungsanspruch** gegen den bedürftigen Mandanten entsteht nach Maßgabe des erteilten Auftrages im gleichen Umfang und in gleicher Höhe wie bei einem Mandanten, dem keine PKH bewilligt ist. Der Anspruch gegen den Mandanten kann **nach PKH-Gewährung** aber nur eingeschränkt geltend gemacht werden. Aus **§ 122 I Nr. 3 ZPO** folgt, daß die Bewilligung der PKH bewirkt, daß der beigeordnete RA Ansprüche auf Vergütung gegen die Partei nicht geltend machen kann, soweit die PKH-Bewilligung nicht nach § 124 ZPO (dazu später) aufgehoben ist.

**PKH-Gewährung**

Geltend gemacht im Sinne des § 122 I Nr. 3 ZPO wird die Vergütung nicht nur durch Einfordern der Zahlung, sondern auch durch Verrechnung von Vorschüssen oder Zahlungen, die der Anwalt von dem Mandanten erhalten hat. Die Beschränkung des § 122 I Nr. 3 ZPO besteht aber nur soweit die **Beiordnung** reicht, denn nur insoweit ist der RA „beigeordneter Rechtsanwalt". Ist Prozeßkostenhilfe bewilligt worden, kann der RA aus der **Staatskasse** die Gebühren aus § 123 BRAGO verlangen. Wird er dagegen auftragsgemäß vor oder nach der Beiordnung über den Bereich der Beiordnung tätig, so ist er **Wahlanwalt** und kann die ihm für diese Tätigkeit zustehende Vergütung gegen den Mandanten geltend machen. Zu beachten ist, daß auf diese Folge der Mandant zuvor hinzuweisen ist. Soweit PKH teilweise versagt und teilweise bewilligt worden ist, ist nach einer Meinung gemäß § 13 III BRAGO zu verfahren (OLG München JurBüro 1969, 514). Nach anderer Ansicht sind die PKH-Gebühren nach dem **Bewilligungsstreitwert** gegenüber der **Staatskasse** zu erheben und die **gesetzlichen Gebühren** gegenüber dem **Mandanten** zu berechnen in Höhe der **Differenz** zwischen den gesetzlichen Gebühren nach dem Gesamtstreitwert und den gesetzlichen Gebühren nach dem Bewilligungsstreitwert (KG AnwBl. 1989, 174 mit Hinweis auf BGHZ 13, 373).

**Beiordnung**

**Staatskasse**

**Wahlanwalt**

- **Beispiel 273**

*Der RA reicht einen PKH-Antrag verbunden mit einem Klageschriftsatz über 12.000,00 DM bei Gericht ein mit dem Hinweis, daß die Klage nur erhoben werden soll, soweit PKH bewilligt wird. Das Gericht bewilligt PKH nur in Höhe von 5.000,00 DM. Der Mandant besteht nach Belehrung dennoch auf Durchführung der Klage über 12.000,00 DM. Nach streitiger Verhandlung und Beweisaufnahme wird die Klage abgewiesen. Hier darf der RA gegen den Mandanten nur die Differenz der Wahlanwaltsgebühren nach 12.000,00 DM und nach 5.000,00 DM (1.200,60 DM) berechnen, nicht etwa eine Wahlanwaltsgebühr nach 7.000,00 DM (1.542,80 DM). Von dieser Differenz sind die Ansprüche des RA gegen die Landeskasse in Abzug zu bringen und nur der verbleibende Differenzbetrag (40,60 DM) kann gegenüber dem Mandanten geltend gemacht werden und nicht die sich aus der Wahlanwaltsgebühr nach 7.000,00 DM errechnete Differenz von 382,80 DM.*

- *Kostenrechnung gegenüber der Staatskasse (§ 123 BRAGO)*

*Streitwert: 5.000,00 DM*

| | |
|---|---|
| *10/10 §§ 11, 31 I Nr. 1, 123 BRAGO* | *320,00 DM* |
| *10/10 §§ 11, 31 I Nr. 2, 123 BRAGO* | *320,00 DM* |
| *10/10 §§ 11, 31 I Nr. 3, 123 BRAGO* | *320,00 DM* |
| *Auslagen § 26 BRAGO* | *40,00 DM* |
| *Zwischensumme netto* | *1.000,00 DM* |
| *16 % MwSt. (§ 25 II BRAGO)* | *160,00 DM* |
| *Summe* | *1.160,00 DM* |

- *Differenzberechnung der Wahlanwaltsgebühren gegenüber dem Mandanten*

*Streitwert: 12.000,00 DM*

| | |
|---|---|
| *10/10 §§ 11, 31 I Nr. 1 BRAGO* | *665,00 DM* |
| *10/10 §§ 11, 31 I Nr. 2 BRAGO* | *665,00 DM* |
| *10/10 §§ 11, 31 I Nr. 3 BRAGO* | *665,00 DM* |
| *Auslagen § 26 BRAGO* | *40,00 DM* |
| *Zwischensumme netto* | *2.035,00 DM* |
| *16 % MwSt. (§ 25 II BRAGO)* | *325,60 DM* |
| *Summe* | *2.360,60 DM* |

*Streitwert: 5.000,00 DM*

| | |
|---|---|
| *10/10 §§ 11, 31 I Nr. 1 BRAGO* | *320,00 DM* |
| *10/10 §§ 11, 31 I Nr. 2 BRAGO* | *320,00 DM* |
| *10/10 §§ 11, 31 I Nr. 3 BRAGO* | *320,00 DM* |
| *Auslagen § 26 BRAGO* | *40,00 DM* |
| *Zwischensumme netto* | *1.000,00 DM* |
| *16 % MwSt. (§ 25 II BRAGO)* | *160,00 DM* |
| *Summe* | *1.160,00 DM* |

| | | |
|---|---|---|
| | | *2.360,60 DM* |
| | *./.* | *1.160,00 DM* |
| *Differenz* | | *1.200,60 DM* |
| *abzgl. des Anspruchs gegen die Landeskasse* | *./.* | *1.160,00 DM* |
| *verbleibender Differenzbetrag (gegenüber dem Mandanten zu berechnen)* | | *40,60 DM* |

*(Zur Kontrolle: Wahlanwaltsgebühr nach 7.000,00 DM)*

| | | |
|---|---|---|
| *10/10 §§ 11, 31 I Nr. 1 BRAGO* | | *430,00 DM* |
| *10/10 §§ 11, 31 I Nr. 2 BRAGO* | | *430,00 DM* |
| *10/10 §§ 11, 31 I Nr. 3 BRAGO* | | *430,00 DM* |
| *Auslagen § 26 BRAGO* | | *40,00 DM* |
| *Zwischensumme netto* | | *1.330,00 DM* |
| *16 % MwSt. (§ 25 II BRAGO)* | | *212,80 DM* |
| *Summe* | | *1.542,80 DM* |
| *abzgl. des Anspruchs gegen die Landeskasse* | *./.* | *1.160,00 DM* |
| *Differenz* | | *382,80 DM* |

## d. Aufhebung der Bewilligung (§ 124 ZPO)

Zu beachten ist, daß erhebliche **wirtschaftliche Verbesserungen** des Mandanten, insbesondere die Zahlung des eingeklagten Betrages seitens des Gegners die Sperre des § 122 I Nr. 3 ZPO nicht beseitigt. Insoweit verbleibt jedoch die Möglichkeit **Zahlungsanordnungen** (§ 120 IV ZPO) zu erwirken, denn das Gericht kann die Entscheidung über die zu leistenden Zahlungen ändern, wenn sich die für die Prozeßkostenhilfe maßgebenden persönlichen oder wirtschaftlichen Verhältnisse wesentlich geändert haben. Die Zahlungen gehen jedoch an die **Staatskasse** und begründen für den RA nur die Aussicht auf eine weitere Vergütung nach § 124 BRAGO.

**Zahlungsanordnungen**

**Staatskasse**

Allerdings erhält der RA eine **weitere Vergütung** (§ 124 BRAGO) bis zur Höhe der gesetzlichen Gebühren aus der Staatskasse, soweit die von dem Mandanten an die Staatskasse zu zahlenden **PKH-Raten** die Summe der in § 122 I Nr. 1 ZPO aufgeführten **Gerichtskosten** und **Gerichtsvollzieherkosten** und der auf die Staatskasse übergegangenen **RA-Kosten** übersteigen. Daher empfiehlt es sich, bereits mit dem Antrag auf Erstattung der **PKH-Gebühren** (§ 123 BRAGO) die gesetzlichen Gebühren (§ 124 BRAGO) zu berechnen und die Berechnung dem Gericht miteinzureichen, denn es ist nicht mehr umstritten, daß das Gericht verpflichtet ist, Raten für die Kosten, der gem. § 122 I Nr. 1 ZPO übersteigenden RA-Gebühren einzuziehen.

**PKH-Raten**

**PKH-Gebühren**

- **Beispiel 274**

*Auftragsgemäß beantragt der RA die Bewilligung von Prozeßkostenhilfe für einen danach klageweise geltend zu machenden Anspruch über 16.000,00 DM. Die Prozeßkostenhilfe wird bewilligt, allerdings mit der Maßgabe, daß der Kläger monatliche Raten in Höhe von 150,00 DM zu zahlen hat. Nach streitiger Verhandlung und Beweisaufnahme wird die Klage abgewiesen.*
*Es empfiehlt sich folgende Schriftsätze und Berechnungen bei Gericht einzureichen:*

*In Sachen*
*A ./. B*
*– Aktenzeichen –*

*(1)*
*wurde gem. Beschluß vom (genaues Datum) dem Antragsteller/Kläger Prozeßkostenhilfe unter der Auflage von Ratenzahlungen in Höhe von monatlich 150,00 DM seit dem ... (genaues Datum) bewilligt.*

*Wir übermitteln beigefügt die **Prozeßkostenhilfeliquidation** des Unterzeichneten.*

**Prozeßkostenhilfeliquidation**

*Darüber hinaus übermitteln wir unter Bezugnahme auf **§ 124 BRAGO** die Berechnung der gesetzlichen Gebühren.*

*Es wird beantragt,*

> *die Raten für die Kosten gem. § 122 I Nr. 1 ZPO einzuziehen und aus der Landeskasse auch die gesetzlichen Gebühren des Unterzeichneten zu erstatten, soweit die Raten-*

*zahlung dazu geführt hat, die rückständigen und die entstehenden Gerichtskosten sowie Gerichtsvollzieherkosten zu tilgen.*

*Rechtsanwalt*

**Kostenerstattungsantrag**

***(2) Kostenerstattungsantrag für Prozeßkostenhilfe***

*Die Richtigkeit nachstehender Angaben hinsichtlich etwaiger Auslagen und der Angaben zu den Vorschüssen wird versichert.*

*Ein Formularzwang für diesen Antrag besteht nicht (vgl. Anwaltsblatt 5/85, S. 279f.) Der Unterzeichnete versichert, daß im Falle der Einzelberechnung ohne Pauschsatz die Auslagen während meiner Beiordnung entstanden sind.*
*Vorschüsse und sonstigen Zahlungen (§ 129 BRAGO) sowie Vorschüsse aus der Staatskasse (§ 127 BRAGO) habe ich nicht erhalten. Gebühren für Beratungshilfe (§ 132 I, II BRAGO) habe ich ebenfalls nicht erhalten.*

***Art des Verfahrens:** Klageverfahren erster Instanz*

| | |
|---|---|
| *Streitwert: 16.000,00 DM* | |
| *10/10 Prozeßgebühr* | |
| *§§ 11, 31 I Nr. 1, 123 BRAGO* | *465,00 DM* |
| *10/10 streitige Verhandlungsgebühr* | |
| *§§ 11, 31 I Nr. 2, 123 BRAGO* | *465,00 DM* |
| *10/10 Beweisgebühr* | |
| *§§ 11, 31 I Nr. 3, 123 BRAGO* | *465,00 DM* |
| *Auslagen § 26 BRAGO* | *40,00 DM* |
| *Zwischensumme netto* | *1.435,00 DM* |
| *16 % MwSt. (§ 25 II BRAGO)* | *229,60 DM* |
| *Summe* | *1.664,60 DM* |

*Es wird darauf hingewiesen, daß die Mandantschaft nicht vorsteuerabzugsberechtigt ist (§ 104 II 3 ZPO).*

*Rechtsanwalt*

*(3) Honoraranspruch Rechtsanwalt Muster (§ 124 BRAGO)*

| | | |
|---|---|---|
| *Streitwert: 16.000,00 DM* | | |
| *10/10 §§ 11, 31 I Nr. 1 BRAGO* | | *805,00 DM* |
| *10/10 §§ 11, 31 I Nr. 2 BRAGO* | | *805,00 DM* |
| *10/10 §§ 11, 31 I Nr. 3 BRAGO* | | *805,00 DM* |
| *Auslagen § 26 BRAGO* | | *40,00 DM* |
| *Zwischensumme netto* | | *2.455,00 DM* |
| *16 % MwSt. (§ 25 II BRAGO)* | | *392,80 DM* |
| *Summe* | | *2.847,80 DM* |
| *abzüglich Erstattung aus der Landeskasse* | *./.* | *1.664,60 DM* |
| *verbleibender Differenzbetrag* | | *1.183,20 DM* |

Der **Erstattungsanspruch** nach § 124 BRAGO kann auch dann entstehen, wenn zunächst der Partei keine Ratenzahlung aufgegeben worden war und die wirtschaftlichen Verhältnisse sich innerhalb der vier-Jahresfrist (§ 120 IV ZPO) so verändern, daß **nachträglich Ratenzahlung** angeordnet wird. Hat der beigeordnete RA seine **Wahlanwaltsvergütung** nicht bereits mit dem Antrag auf Erstattung der PKH-Gebühren eingereicht, so bestimmt § 124 II BRAGO, daß er seine **Wahlanwaltsvergütung** unverzüglich zu den Prozeßakten mitzuteilen hat. Insoweit kann der **Kostenbeamte** ihm eine Frist von einem Monat setzen (§ 128 II BRAGO). Diese Frist ist keine Notfrist. Ihre Versäumung führt allerdings zum **Erlöschen** der Ansprüche (§ 128 II 2 BRAGO), wobei keine Wiedereinsetzung in den vorigen Stand möglich ist.

**Wahlanwaltsvergütung**

**Kostenbeamte**

## e. Der sicherste Schuldner

Hat der im Wege der Prozeßkostenhilfe beigeordnete RA in dem Rechtsstreit für seinen Mandanten obsiegt, dann steht es ihm frei, gegen wen

- Staatskasse
- unterlegenen Gegner
- eigenen Mandanten (soweit nach § 122 I Nr. 3 ZPO zulässig),

**Staatskasse**

**Beitreibungsverfahren**

er seinen Anspruch geltend macht. Er wird sich in erster Linie an den sichersten Schuldner, d. h. an die **Staatskasse** halten. Die Beitreibung der Anwaltskosten (§ 126 ZPO) hat für den RA den Nachteil, daß er persönlich **Partei** des **Beitreibungsverfahrens** ist, soweit der RA seine Gebühren und Auslagen von dem, in die Prozeßkosten verurteilten Gegner im eigenen Namen beitreibt und nicht die, von ihm vertretene, bedürftige Partei.

## 5. PKH und zahlungspflichtige Dritte/Prozeßkostenvorschuß in Unterhaltssachen (§ 127 a ZPO)

**Prozeßkostenvorschuß**

Der Rechtssuchende kann auf PKH **nicht** zurückgreifen, soweit er die Kosten des Verfahrens eigenständig finanzieren kann, entweder aus eigenem Vermögen, bzw. aus eigenen Einkünften. Steht dem Rechtssuchenden eine **Rechtsschutzversicherung** zur Verfügung oder kann er von einem zahlungspflichtigen Dritten einen **Prozeßkostenvorschuß** fordern, scheidet PKH ebenfalls aus.

**Unterhaltssache**

In einer **Unterhaltssache** kann das **Prozeßgericht** auf Antrag einer Partei durch **einstweilige Anordnung** die Verpflichtung zur Leistung eines **Prozeßkostenvorschusses** für den Rechtsstreit unter den Parteien regeln. Der Prozeßkostenvorschuß verdrängt einen PKH-Anspruch, setzt allerdings einen **leistungsfähigen Unterhaltspflichtigen** voraus. Darüber hinaus muß die Zahlung des Prozeßkostenvorschusses der Billigkeit entsprechen und zweifelsfrei sowie kurzfristig durchsetzbar sein.

- **Beispiel 275**

*Der RA ist beauftragt, für seine Mandantin einen monatlichen Unterhaltsanspruch in Höhe von 1.500,00 DM einzuklagen, weil der leistungsfähige, unterhaltsverpflichtete Ehemann sich weigert, den Unterhaltsanspruch außergerichtlich anzuerkennen und den geforderten Unterhalt zu zahlen.*

*Der **Antrag auf Prozeßkostenvorschuß** kann wie folgt formuliert werden:*

*In Sachen*
*A ./. B*
*– Aktenzeichen –*

*beantrage ich namens der Antragstellerin,*

*dem Antragsgegner im Wege einer einstweiligen Anordnung gemäß § 127 a ZPO aufzugeben, an die Antragstellerin zu Händen ihres Verfahrensbevollmächtigten für die Vertretung im Unterhaltsklageverfahren einen Prozeßkostenvorschuß in Höhe von 4.165,40 DM zu zahlen.*

***Begründung**:*
*Der unterhaltsverpflichtet, leistungsfähige Ehemann ist zur Zahlung eines Prozeßkostenvorschusses verpflichtet, weil das Unterhaltsbegehren der Antragstellerin, das durch den anliegenden Klageentwurf dokumentiert wird, nicht aussichtslos ist.*
*Der Prozeßkostenvorschuß berechnet sich wie folgt:*

- *Gegenstandswert: 1.500,00 DM x 12 = 18.000,00 DM*
- *Gerichtskosten (Prozeßverfahren erster Instanz)*

*Nr. 1201 der Anlage 1 zu § 11 Abs. 2 GKG (Verfahren im Allgemeinen)*
*drei volle Gebühren gem. Gerichtskostentabelle als Anlage 2 zu § 11 Abs. 2 GKG*

| | | |
|---|---|---|
| *355,00 DM x 3 =* | | *1.065,00 DM* |
| • *Anwaltskosten* | | |
| *10/10 §§ 11, 31 I Nr. 1 BRAGO* | *875,00 DM* | |
| *10/10 §§ 11, 31 I Nr. 2 BRAGO* | *875,00 DM* | |
| *10/10 §§ 11, 31 I Nr. 3 BRAGO* | *875,00 DM* | |
| *Auslagen § 26 BRAGO* | *40,00 DM* | |
| *Zwischensumme netto* | *2.665,00 DM* | |
| *16 % MwSt. (§ 25 II BRAGO)* | *426,40 DM* | |
| *Summe* | *3.091,40 DM* | *3.091,40 DM* |
| *Kosten insgesamt* | | *4.156,40 DM* |

*Rechtsanwalt*

## 6. Beratungshilfe

### a. Einleitung

**Beratungshilfe**

**Rechtspfleger**

Einem Rechtssuchenden mit geringem Einkommen kann auf Antrag **Beratungshilfe** vom zuständigen **Amtsgericht** gewährt werden. Über den Antrag auf Gewährung von Beratungshilfe entscheidet der **Rechtspfleger** (§ 24 a RPflG). Die Einzelheiten ergeben sich aus dem **Beratungshilfegesetz** (BerHG).

Der nach seinen wirtschaftlichen Verhältnissen für Beratungshilfe in Betracht kommende Personenkreis umfaßt Personen, denen **Prozeßkostenhilfe ohne Ratenzahlung** zu gewähren ist. Hier ist auf Ausführungen zu der Gewährung von Prozeßkostenhilfe zu verweisen.

### b. Der Berechtigungsschein

**Berechtigungsschein**

Erscheint ein Rechtssuchender beim RA bereits mit dem **Berechtigungsschein,** so kann der RA in dem aus dem Berechtigungsschein ersichtlichen Umfang den Mandanten beraten.

- **Beispiel 276**

*Amtsgericht Mülheim an der Ruhr*
*Georgstr. 13*
*45468 Mülheim an der Ruhr*

*Geschäftszeichen: 21 II 456/98*

*Datum*

***Berechtigungsschein für Beratungshilfe***
***durch einen Rechtsanwalt***

*Herrn Reiner Reinreiter, geb. am 24.12.1973, wohnhaft: Kasernenstr. 69, 45473 Mülheim an der Ruhr ist berechtigt, die Hilfe eines Rechtsanwalts eigener Wahl für folgende Angelegenheit in Anspruch zu nehmen:*

*Geltendmachung des Anspruchs auf Rückzahlung in Höhe von 1.000,00 DM.*

*... Stempel des Amtsgerichts*
*Fleißig, Rechtspflegerin*

*Hinweis für den Berechtigten:*
*Gegen Vorlage dieses Berechtigungsscheins wird ein Rechtsanwalt Ihrer Wahl Sie in der angegebenen Sache rechtlich beraten und außergerichtlich vertreten. In Angelegenheiten des Strafrechts und des Ordnungswidrigkeitenrechts berät er nur, übernimmt aber keine Vertretung. Der gewählte Anwalt ist verpflichtet, Ihnen Beratungshilfe zu leisten, und Sie nur im Einzelfall aus wichtigem Grund ablehnen. Er berät und vertritt Sie als Rechtsanwalt in eigener Verantwortung.*
*Vereinbarungen über eine Vergütung für die Beratungshilfe sind nichtig. Dem Rechtsanwalt steht gegen Sie lediglich eine Gebühr von 20,00 DM zu, die er in Notfällen erlassen kann. Im übrigen erhält der Rechtsanwalt eine Vergütung aus der Landeskasse.*

Gewährt der RA, dem ein Berechtigungsschein vorgelegt worden ist, **Beratungshilfe**, richten sich seine **Vergütungsansprüche** gegen die **Landeskasse** nach den §§ 131–133 BRAGO. **Landeskasse**

Erscheint der Rechtssuchende **ohne Berechtigungsschein** und begehrt, daß der RA im Rahmen der Beratungshilfe für ihn tätig wird, so sollte der RA in jedem Fall darauf hinwirken, daß der Mandant sich zunächst einen **Berechtigungsschein** beim zuständigen **Amtsgericht** besorgt, da nur dann sichergestellt ist, daß dem Mandanten tatsächlich im Rahmen der Beratungshilfe **Rechtsrat** zu gewähren ist. Leistet der RA die Beratungshilfe sofort, ohne die Vorlage des Berechtigungsscheins abzuwarten, dann reicht das für einen Vergütungsanspruch gegen die Staatskasse nicht aus, denn für den Anspruch gegen die **Staatskasse** auf Entschädigung nach den

**Berechtigungsschein**
**Amtsgericht**
**Rechtsrat**

**Staatshoheitsakt**

**Schutzgebühr**

§§ 131 ff BRAGO muß neben der Gewährung der Beratungshilfe durch den RA noch ein **Staatshoheitsakt** hinzukommen, nämlich die Ausstellung des Berechtigungsscheins. Wird der Berechtigungsschein nicht erteilt, dann erwirb der RA keinen Vergütungsanspruch gegen die Staatskasse, ihm bleibt nur die **Schutzgebühr** in Höhe von **20,00 DM** (§ 8 BerHG).

Den Antrag auf Erteilung des Berechtigungsscheins hat der Mandant beim zuständigen **Amtsgericht**, in dessen Bezirk der Rechtssuchende im Inland seinen **allgemeinen Gerichtsstand** hat, zu stellen (§ 7 BerHG). Aufgrund des mündlich oder schriftlich gestellten Antrags stellt der **Rechtspfleger** dem Rechtssuchenden einen Berechtigungsschein unter genauer Bezeichnung der Angelegenheit für Beratungshilfe durch einen RA seiner Wahl aus (§ 6 I BerHG).

**Prozeßkostenvorschuß**

Der Rechtssuchende kann Beratungshilfe nicht beanspruchen, wenn andere Kostenträger zur Verfügung stehen (§ 1 I Nr. 2 BerHG), z. B. eine **Rechtsschutzversicherung** oder falls er einen **Prozeßkostenvorschuß** von einem unterhaltsverpflichteten, leistungsfähigen Angehörigen beanspruchen kann.

In dem **Antragsverfahren** wird neben den wirtschaftlichen Verhältnissen **nicht** die Erfolgsaussicht geprüft, sondern nur, ob das Verlangen nach Beratung mutwillig ist.

**Erinnerung**

Der Rechtssuchende kann auch unmittelbar einen RA aufsuchen (§ 7 BerHG). Er hat beim RA seine persönlichen und wirtschaftlichen Verhältnisse glaubhaft zu machen und zu versichern, daß ihm in derselben Angelegenheit bisher weder Beratungshilfe gewährt, noch vom Amtsgericht versagt worden ist (§ 7 BerHG). Der Mandant selbst oder der RA in dessen Namen beantragen dann, einen Berechtigungsschein zu erteilen. Der Antrag kann nach erfolgter Beratung gestellt werden, allerdings ist dann nicht sichergestellt, daß dem Mandanten tatsächlich im Rahmen der Beratungshilfe Rechtsrat zu gewähren war (vgl. S. 276). Gegen die **Versagung** der Beratungshilfe ist die **Erinnerung** zulässig (§ 6 II BerHG).

### c. Gebühren für die Beratungshilfe

Wird Beratungshilfe gewährt, so erhält der RA aus der **Landeskasse** (§ 131 BRAGO) die in **§ 132 BRAGO** bestimmten Gebühren.

**Landeskasse**

Für einen **mündlichen** oder **schriftlichen Rat** und für eine **Auskunft,** die nicht mit einer anderen gebührenpflichtigen Tätigkeit zusammenhängen, erhält der RA pauschal eine Gebühr in Höhe von **45,00 DM**.

**Rat**
**Auskunft**

Zu beachten ist, daß § 20 I 4 BRAGO Anwendung findet (§ 132 I BRAGO), so daß diese Gebühr auf eine Gebühr anzurechnen ist, die der RA für eine sonstige Tätigkeit erhält, die mit der Raterteilung oder Auskunft zusammenhängt.

Für die in **§ 118 BRAGO** (**sonstige Angelegenheiten**) bezeichneten Tätigkeiten (§ 118 I Nr. 1 und Nr. 2 BRAGO) erhält der RA pauschal eine Gebühr von **110,00 DM**. Auf die Gebühren für ein anschließendes gerichtliches oder behördliches Verfahren ist diese Gebühr zur Hälfte anzurechnen (§ 132 II BRAGO).

**sonstige Angelegenheiten**

Führt die Tätigkeit des RA nach § 118 BRAGO zu einem **Vergleich** oder einer **Erledigung** der Rechtssache (§§ 23, 24 BRAGO), so erhält der RA zu der Gebühr in Höhe von **110,00 DM** eine weitere, gesonderte Gebühr in Höhe von **200,00 DM** für den Vergleich oder von **135,00 DM** für die Erledigung (§ 132 III BRAGO).

**Vergleich**
**Erledigung**

Wird der RA in derselben Beratungsangelegenheit für mehrere Auftraggeber wegen desselben Gegenstandes tätig, ist § 6 I 2 BRAGO auf die **Geschäftsgebühr** des § 132 II 1 BRAGO anzuwenden. Da es sich um eine **Festgebühr** handelt, beträgt der **Mehrvertretungszuschlag** für jeden weiteren Auftraggeber **33,00 DM** bis zum in § 6 I 2 BRAGO festgesetzten **Höchstsatz** von zwei vollen Gebühren, d. h. **220,00 DM**.

**Geschäftsgebühr**
**Mehrvertretungszuschlag**

Aus § 133 BRAGO folgt, daß der Beratungshilfe gewährende RA den gleichen Anspruch auf Ersatz seiner **Auslagen** hat, wie ein im Wege der PKH beigeordneter RA.

**Auslagen**

**Mehrwertsteuer**
**Auslagen**

Mithin hat der RA einen Anspruch auf Erstattung der **Mehrwertsteuer**. Hinzu kommen die **Auslagen** gem. § 26 Satz 2 BRAGO, die pauschaliert werden und sich im Falle des § 132 I BRAGO auf 15 % von 45,00 DM = **6,80 DM**, für die Tätigkeit im Sinne des § 132 II BRAGO auf **16,50 DM** und für die Tätigkeit im Sinne des § 132 III BRAGO auf **30,00 DM** (Vergleich), bzw. **20,50 DM** (Erledigung) belaufen.

**Schutzgebühr**

Dem RA steht gegen den Rechtssuchenden, dem er Beratungshilfe gewährt, eine **Schutzgebühr** in Höhe von **20,00 DM** zu (§ 8 BerHG). Der RA kann dem Mandanten diese Zahlung erlassen, was mit § 49 b I BRAO vereinbar ist.

**Kostenerstattungsanspruch**

Neben der Schutzgebühr kann der RA weder einen **Auslagenersatz** noch **Umsatzsteuer** vom Mandanten verlangen. Der RA hat gegen den Rechtssuchenden, sofern dieser in Beratungshilfe in Anspruch genommen hat, über die Schutzgebühr hinaus keinen Gebührenanspruch. Hat aber der Rechtssuchende einen **materiell-rechtlichen Kostenerstattungsanspruch** gegen den Gegner (etwa aus Verzug, positiver Vertragsverletzung, unerlaubter Handlung), so geht dieser Anspruch auf den RA über. Der Übergang kann nicht zum Nachteil des Rechtssuchenden geltend gemacht werden. Zahlungen, die der RA vom Gegner erhält, werden auf die Vergütung aus der **Landeskasse** angerechnet (§ 129 BRAGO).

# 15. Kapitel

## Gebühren in Strafsachen und Bußgeldverfahren

### 1. Die Neufassung des § 84 II und des § 105 BRAGO/Justizmitteilungsgesetz und das Gesetz zur Änderung kostenrechtlicher Vorschriften und anderer Gesetze (JuMiG)

**Kostenrechtsänderungsgesetz**

Durch das **Kostenrechtsänderungsgesetz** (01.07.1994) erhält der RA anstelle der Hälfte der Gebühren des § 83 I BRAGO die volle Gebühr, wenn das Verfahren nicht nur vorläufig eingestellt oder das gerichtliche Verfahren sich durch Zurücknahme des Einspruchs gegen einen **Strafbefehl/Bußgeldbescheid** früher als zwei Wochen vor Beginn des Tages, der für die Hauptverhandlung vorgesehen war, erledigt. An der Einstellung oder Erledigung muß der RA mitgewirkt haben. Gemäß der seinerzeit gültigen Vorschrift § 105 III BRAGO gelten die Vorschriften des Sechsten Abschnitts der BRAGO im Bußgeldverfahren entsprechend.

**Bußgeldsachen**

**Vorverfahren**

In der Erstauflage von BRAGO-Basiswissen wurde dargestellt, daß viele **Rechtsschutzversicherer** entgegen der Meinung in der Literatur und der überwiegenden Rechtsprechung bisher die Auffassung vertraten, daß § 84 II BRAGO in **Bußgeldsachen** nicht anwendbar sei. Zum Teil wurde sogar behauptet, daß die Vorschrift grundsätzlich für das **Vorverfahren** nicht anwendbar sei. Wenn der Einspruch gegen eine Strafbefehl zurückgenommen wurde, bevor ein Termin für die **Hauptverhandlung** bestimmt war oder wenn das Gericht die **Eröffnung des Hauptverfahrens** abgelehnt hat, ist vielfach ebenfalls von einer Nichtanwendbarkeit des § 84 II BRAGO ausgegangen worden. Auch dann, wenn die Einstellung des

Verfahrens im gerichtlich anhängigen Verfahren außerhalb der Hauptverhandlung erfolgte, wurde von verschiedenen Rechtsschutzversicherern die erhöhte Gebühr des § 84 II BRAGO nicht anerkannt. Schließlich bestand Streit darüber, welche Anforderungen an die **Mitwirkungspflicht** des RA gestellt werden müssen. Vielfach ist das Erfordernis der Mitwirkung nur als erfüllt angesehen worden, wenn der Anwalt erheblich über das normale Maß tätig wird, also einen **besonderen Arbeitsaufwand** erbringt, wobei noch verlangt wurde, daß der RA die **Ursächlichkeit** seiner besonderen Mühen für die Einstellung des Verfahrens oder die Rücknahme des Einspruches nachweisen müsse.

**Mitwirkungspflicht**

Demgegenüber wurde in der **Literatur** nahezu einhellig die Ansicht vertreten, daß die vorgenannten von verschiedenen Rechtsschutzversicherern vorgenommenen Auslegungen nicht dem Willen des Gesetzgebers entspricht. Das gesetzgeberische Anliegen war nämlich darauf ausgerichtet, die Gerichte zu entlasten und deshalb jede Bemühung des Anwalts zusätzlich zu honorieren, die auf eine möglichst frühzeitige Rücknahme des Einspruchs oder auf eine vorzeitige Einstellung des Verfahrens ausgerichtet war.

**Justizmitteilungsgesetz**

Der **Gesetzgeber** hat nunmehr diese streitigen Fragen geklärt. Am 26.06.1997 ist das **Justizmitteilungsgesetz** und das Gesetz zur Änderung kostenrechtlicher Vorschriften und anderer Gesetze (**JuMiG**) im **Bundesgesetzblatt** verkündet worden. Geändert wurden u. a. die §§ 84 II, 105 BRAGO (dazu später). Die neuen Vorschriften sind bereits am 27.06.1997 in Kraft getreten. Das Justizmitteilungsgesetz selbst trat in seinen wesentlichen Teilen am 01.07.1998 in Kraft.

**Bußgeldverfahren Verwaltungsbehörde**

Aus dem **Wortlaut** des § 105 BRAGO ergibt sich jetzt eindeutig, daß die Gebühr des **§ 84 II BRAGO** auch im **Bußgeldverfahren** anfällt, insbesondere vor der **Verwaltungsbehörde**. Klargestellt ist außerdem, daß die Vorschrift anwendbar ist, wenn sich das gerichtliche Verfahren durch **Zurücknahme des Einspruchs** gegen einen **Strafbefehl/Bußgeldbescheid** erledigt, **bevor ein Termin zur Hauptverhandlung** bestimmt war. Das gleiche gilt, wenn das Gericht die **Eröffnung des**

**Hauptverfahrens ablehnt** und wenn die nicht nur vorläufige Einstellung des Verfahrens im gerichtlich anhängigen Verfahren **außerhalb der Hauptverhandlung** erfolgt. Durch die Änderung des § 84 II Nr. 3 BRAGO ist darüber hinaus klargestellt, daß die zusätzliche Gebühr nur dann nicht anfällt, wenn ein Beitrag des Anwalts zur Förderung des Verfahrens nicht ersichtlich ist. Aus diesem Wortlaut ergibt sich, daß entgegen der früher zum Teil vertretenen Auffassung eine besondere, über den Durchschnitt hinausgehende Arbeit des Anwalts, nicht erforderlich ist. Die **Beweislast** für die (angeblich) fehlende Mitwirkung des Anwalts trifft den **Mandanten** bzw. den **Rechtsschutzversicherer**. Eine aufwendige **Kausalitätsprüfung** bezüglich des Beitrags des RA zur **Förderung** des Verfahrens ist nicht erforderlich.

**Hauptverhandlung**

**Beweislast**

Zu beachten ist, daß die Änderungen insbesondere der §§ 84 II und 105 BRAGO **kein neues Recht** begründen. Die **Neufassung** stellt vielmehr klar, wie diese Vorschriften von Anfang an richtig auszulegen sind. Dies ergibt sich aus der Beschlußfassung und dem Bericht des Rechtsausschusses des Deutschen Bundestages. Hier heißt es u. a. wörtlich:

> „Die im Zusammenhang mit § 84 II BRAGO für Rechtsanwälte bestehende Auslegungsschwierigkeit soll dahingehend geklärt werden, daß die Vorschrift auch für den Fall gilt, daß das Gericht die Eröffnung des Hauptverfahrens ablehnt und daß sie im Bußgeldverfahren vor der Verwaltungsbehörde entsprechend anzuwenden ist. ...“

Danach handelt es sich **nicht** um eine **Gesetzesänderung** im eigentlichen Sinne, sondern um eine Klarstellung unter Hinweis auf den schon früher bestehenden Willen des Gesetzgebers, so daß **Nachliquidationen** unter Beachtung der Verjährungsfrist von seiten der Anwaltschaft durchgeführt werden können, soweit sich der RA in der Vergangenheit nicht gegen die falsche Auffassung der Rechtsschutzversicherer gewehrt und sich mit den (gekürzten) Gebühren, die ihm die Rechtsschutzversicherung überwiesen hat zu frieden gab (vgl. RA Wolf-Dieter Beck, München, „Änderung der BRAGO, insbesondere Neufassung von § 84 II BRAGO“, in AnwBl 8 +

**Nachliquidationen**

9/97, S. 490–492; RA Wolfgang Madert, Moers, „Neuregelung des § 84 II und des § 105 BRAGO“, AnwaltsGebührenSpezial (AGS) 97 S. 85).

## 2. Gebühren und Auslagen des gewählten Strafverteidigers

### a. Einleitung

**Strafsachen**
**Wahlverteidiger**
**Rahmengebühren**
**Ermessensentscheidung**

In **Strafsachen** erhält der RA als **Wahlverteidiger** für seine Tätigkeit Gebühren nach §§ 83 ff BRAGO. Es handelt sich um **Rahmengebühren**, so daß der RA die von ihm in der Kostenrechnung in Ansatz zu bringenden Gebühren unter Berücksichtigung der Merkmale des **§ 12 BRAGO** nach billigem Ermessen zu bestimmen hat. Bei seiner **Ermessensentscheidung** hat der RA alle Umstände des Einzelfalles zu berücksichtigen. Die Aufzählung der Kriterien in § 12 I 1 BRAGO die Bedeutung der Angelegenheit für den Auftraggeber, Umfang und Schwierigkeit der anwaltlichen Tätigkeit, Vermögens- und Einkommensverhältnisse des Auftraggebers ist nicht abschließend.

**Betragsrahmengebühren**
**Beweislast**

Bei der Vergütung in **Strafsachen** und **Bußgeldverfahren** handelt es sich um **Betragsrahmengebühren**. Auch hier steht das **Bestimmungsrecht** ausschließlich dem RA zu. Er hat die Gebühr im Einzelfall unter Berücksichtigung aller Umstände festzusetzen. Entspricht die von dem RA bestimmte Gebühr nicht der Billigkeit und ist sie von einem Dritten zu ersetzen, so ist die von dem RA getroffene Bestimmung nicht verbindlich ist. Daraus folgt, daß die **Behauptungs- und Beweislast** für die angeblich unbillig hohe Bestimmung der Gebühr den Dritten trifft und zweifels zu seinen Lasten gehen.

**Bußgeldverfahren**

Verdeutlicht werden soll dies am Beispiel der §§ 105 I, II 1, 83 I Nr. 3 BRAGO. Danach sind in **Bußgeldverfahren** die Vorschriften des sechsten Abschnitts entsprechend anzuwenden und der Gebührenrahmen bestimmt sich aus § 83 I Nr. 3

BRAGO (§ 105 I, II 1 BRAGO). Danach erhält der RA im ersten Rechtszug als Verteidiger in der **Hauptverhandlung** folgende Gebühren:

**Hauptverhandlung**

- im Verfahren vor dem Schöffengericht, dem Jugendschöffengericht, dem Strafrichter und dem Jugendrichter 100,00 DM bis 1.300,00 DM (§ 83 I Nr. 3 BRAGO).

Hat der RA die angemessene Gebühr zu bestimmen, ist zunächst ein Mißverständnis zu beseitigen, das auf der Annahme beruht, der obere Gebührenrahmen (**Höchstbetrag** 1.300,00 DM) sei eine Grenze, die man ohnehin nie erreiche. Demgegenüber beschränkt sich die Funktion des Höchstbetrages als **Kappungsgrenze**, die besagt, daß man nicht mehr als den Höchstbetrag verlangen kann, auch soweit ein höherer Betrag angemessen ist. Die **Höchstgebühr** kann nicht nur verlangt werden, wenn sämtliche Kriterien des § 12 BRAGO im überdurchschnittlichen Bereich liegen, sondern bereits dann, soweit ein besonders ausgeprägter Umstand die Höchstgebühr rechtfertigt.

**Höchstbetrag**

**Kappungsgrenze**

Indem der Gesetzgeber bei **Rahmengebühren** dem RA das **Bestimmungsrecht** zugesteht, wird dem RA damit die Möglichkeit gegeben, seine Gebühren in dem vorgegebenen Rahmen nach billigem Ermessen selbst festzusetzen, Besonderheiten des Falles Rechnung zu tragen. Das Ermessen ist aber kein freies, sondern ein „billiges" Ermessen und bleibt daher bei seiner Ausübung der Überprüfung zugänglich. Dazu müssen die sachlichen Grundlagen der **Ermessensausübung** vorgetragen oder sonst erkennbar sein (vgl. **LG Mülhausen** Beschl. v. 14.05.1997, – 3 Qs 147/94 –, in Zeitschrift für Schadensrecht (zfs), 8/97, S. 309–311).

**Rahmengebühren**
**Bestimmungsrecht**

**Ermessensausübung**

Sind im Einzelfall gebührenrechtliche Besonderheiten nicht erkennbar, so ist zu bemerken, daß in der Praxis bei **Strafsachen** und insbesondere bei **Ordnungswidrigkeiten** (dazu später) die **Rechtsschutzversicherer** oftmals einwenden, die Erstattung der **Mittelgebühr**, sein unangemessen hoch. Die Mittelgebühr erhält man, indem man **Mindestsatz** und **Höchstsatz** addiert und das Ergebnis durch zwei dividiert.

Mittelgebühr

- **Beispiel 277**

*__Mittelgebühr__ bei § 83 I Nr. 3 BRAGO*

$$\frac{100{,}00\,DM + 1.300{,}00\,DM = 1.400{,}00\,DM}{2} = 700{,}00\,DM.$$

Beweislast

Begleitschreiben

Den Rechtsschutzversicherern ist entgegenzuhalten, daß die Bestimmung durch den RA grundsätzlich nur dann beanstandet werden kann, soweit das Ermessen fehlerhaft ausgeübt worden ist. Hierbei trifft die **Darlegungs- und Beweislast** den Rechtsschutzversicherer. In der Praxis ist es für den RA aber sinnvoll, jeweils ein kurzes **Begleitschreiben** an den Rechtsschutzversicherer/Mandanten beizufügen und darzulegen, warum der geltend gemachte Gebührenanspruch gerechtfertigt ist und daß bei der Ermessensentscheidung des RA sämtliche Umstände des Einzelfalls, insbesondere die in § 12 I 1 BRAGO aufgezählten Kriterien beachtet wurden.

Aus **Vereinfachungsgründen** wird in den nachfolgenden **Beispielsfällen** grundsätzlich die **Mittelgebühr** in Rechnung gestellt. In der Praxis empfiehlt es sich für den RA gerade in Strafsachen mit dem Mandanten eine schriftliche Honorarvereinbarung zu treffen (dazu später).

### b. Verfahren außerhalb der Hauptverhandlung/Vorverfahren (§ 84 I BRAGO)

Der RA erhält als **Wahlverteidiger** gem. § 84 I BRAGO die Hälfte der Gebühren des § 83 I BRAGO und mithin eine **Mittelgebühr** von 350,00 DM (§ 83 I Nr. 3 BRAGO) im

Vorverfahren

- vorbereitenden Verfahren/**Vorverfahren** (Verfahren bis zum Eingang der Anklageschrift oder des Antrags auf Erlaß des Strafbefehls bei Gericht),
  **§ 84 I 1. Alt. BRAGO**
- gerichtlich anhängigen Verfahren, in dem er nur außerhalb der Hauptverhandlung tätig ist,
  **§ 84 I 2. Alt. BRAGO**

- in einem Verfahren, in dem eine Hauptverhandlung nicht stattfindet
  **§ 84 I 3. Alt. BRAGO.**

Der Gebührenanspruch für die Tätigkeit im vorbereitenden Verfahren (**Vorverfahren**) entsteht bereits, sobald der RA beauftragt wurde, für den Mandanten in einem Strafverfahren als Verteidiger tätig zu werden und der RA in Ausführung dieses Auftrags irgendwie tätig geworden ist. Er muß nicht nach außen hin tätig geworden sein, so daß die **Besprechung** mit dem Mandanten für die Entstehung der Gebühr ausreichend ist. Zu beachten ist jedoch § 12 BRAGO, wonach im Einzelfall zu überprüfen ist, ob für diese Fälle die Mittelgebühr Anwendung findet.

- **Beispiel 278**

*Der RA wird beauftragt, in einem Strafverfahren für den Mandanten tätig zu werden. Er führt mit dem Mandanten mehrere umfangreiche Gespräche, in denen die Sach- und Rechtslage erörtert wird. Nachdem der RA bei der Staatsanwaltschaft die Vertretung des Mandanten schriftlich unter Vorlage des Vollmachtsformulars angezeigt hat, teilt der Mandant mit, daß er eine weitere Vertretung nicht mehr wünsche und bittet um Übermittlung der Kostenrechnung, die wie folgt aussieht:*

| | |
|---|---|
| *§§ 12, 84 I 1. Alternative BRAGO* | *350,00 DM* |
| *Auslagen § 26 BRAGO* | *30,00 DM* |
| *Zwischensumme netto* | *380,00 DM* |
| *zzgl. MwSt. (§ 25 II BRAGO)* | |

Der RA, der sowohl im vorbereitenden Verfahren (**Vorverfahren** § 84 I 1. Alt. BRAGO) als auch in dem **gerichtlich anhängigen Verfahren** nur **außerhalb der Hauptverhandlung** tätig ist (§ 84 I 2. oder 3. Alt. BRAGO), kann • zwei Gebühren in Rechnung stellen und zwar

**Hauptverhandlung**

- eine Gebühr für die Vertretung im **Vorverfahren** (§ 84 I 1. Alt. BRAGO)

**gerichtliches Verfahren**

- eine Gebühr für die Vertretung im **gerichtlichen Verfahren** ohne/oder nur außerhalb der Hauptverhandlung (§ 84 I 2. oder 3. Alt. BRAGO).

- **Beispiel 279**

*Auftragsgemäß beantragt der RA bei der Staatsanwaltschaft Akteneinsicht und trägt im weiteren Verlauf umfangreich für den Mandanten vor. Nach Anklageerhebung und Eröffnung des Hauptverfahrens meldet sich der RA auch gegenüber dem Gericht und trägt nochmals umfangreich vor. Im Anschluß daran teilt der Mandant mit, daß er um Übermittlung der Kostenrechnung bittet, die wie folgt aussieht:*

| | |
|---|---|
| *§§ 12, 84 I 1. Alt. BRAGO* | *350,00 DM* |
| *§§ 12, 84 I 2. Alt. BRAGO* | *350,00 DM* |
| *Auslagen § 26 BRAGO* | *30,00 DM* |
| *Zwischensumme netto* | *730,00 DM* |
| *zzgl. MwSt. (§ 25 II BRAGO)* | |

**Hauptverhandlungsgebühr**

Zu beachten ist, daß neben der **Hauptverhandlungsgebühr** (§ 83 I Nr. 3 BRAGO) eine Gebühr aus § 84 I 2. oder 3. Alt. BRAGO nicht entstehen kann, auch dann nicht, soweit der RA im gerichtlichen Verfahren außerhalb der Hauptverhandlung tätig war. Diese Tätigkeit wird mit der Hauptverhandlungsgebühr abgegolten.

- **Beispiel 280**

*Der RA meldet sich auftragsgemäß bei der Staatsanwaltschaft und bittet um Akteneinsicht. Nach Erhalt der Akte trägt er umfangreich für den Mandanten vor und regt an, die Sache im Vorverfahren einzustellen. Im weiteren Verlauf erhebt die Staatsanwaltschaft Anklage und leitet die Akten weiter zum Gericht. Hier trägt der RA nochmals umfangreich vor und beantragt wiederum, das Verfahren einzustellen. Im Termin zur Hauptverhandlung wird der Mandant schließlich auf Kosten der Landeskasse freigesprochen. Der RA möchte wissen, welche Gebühren er in Rechnung stellen kann.*

| | |
|---|---:|
| *§§ 12, 84 I 1. Alt. BRAGO* | *350,00 DM* |
| *§§ 12, 83 I Nr. 3 BRAGO* | *700,00 DM* |
| *Auslagen § 26 BRAGO* | *30,00 DM* |
| *Zwischensumme netto* | *1.080.00 DM* |
| *zzgl. MwSt. (§ 25 II BRAGO)* | |

### c. Neuregelung des § 84 II BRAGO durch das Justizmitteilungsgesetz

Es wurde bereits darauf hingewiesen, daß es unterschiedliche Entscheidungen in der **Rechtsprechung** zu der Streitfrage gibt, ob § 84 II BRAGO auch dann anzuwenden ist, wenn der **Einspruch** gegen einen **Strafbefehl** zurückgenommen wird, bevor ein Termin für die **Hauptverhandlung** bestimmt ist oder wenn das **Prozeßgericht** die **Eröffnung des Hauptverfahrens** ablehnt. Auch dann, wenn die **Einstellung** des Verfahrens im gerichtlich anhängigen Verfahren **außerhalb der Hauptverhandlung** erfolgte, wurde von verschiedenen **Rechtsschutzversicherern** die erhöhte Gebühr des § 84 II BRAGO nicht anerkannt. Schließlich bestand auch Streit darüber, welche Anforderungen an die Mitwirkungspflicht des Anwalts gestellt werden müssen.

**Justizmitteilungsgesetz**

Der **Gesetzgeber** hat den Streit durch das **Justizmitteilungsgesetz** und Gesetz zur Änderung kostenrechtlicher Vorschriften und anderer Gesetze (JuMiG) beendet. Nach Artikel 27 a dieses Gesetzes wurde • **§ 84 II BRAGO** wie folgt neu gefaßt:

„(2) Der Rechtsanwalt, durch dessen Mitwirkung eine Hauptverhandlung entbehrlich wird, erhält die Gebühren des § 83 I BRAGO, wenn

1. das Verfahren nicht nur vorläufig eingestellt wird oder
2. das Gericht beschließt, das Hauptverfahren nicht zu eröffnen, oder
3. sich das gerichtliche Verfahren durch Zurücknahme des Einspruchs gegen einen Strafbefehl erledigt; ist bereits

> Termin zur Hauptverhandlung bestimmt, jedoch nur, wenn der Einspruch früher als zwei Wochen vor Beginn des Tages, der für die Hauptverhandlung vorgesehen war, zurückgenommen wird.

Satz 1 gilt nicht, wenn ein Beitrag des Rechtsanwalts zur Förderung des Verfahrens nicht ersichtlich ist. § 83 III BRAGO ist nicht anzuwenden."

**Kostenrechtsänderungsgesetz**

Bereits durch das **Kostenrechtsänderungsgesetz** (01.07.1994) hatte der Gesetzgeber in der Gesetzesbegründung darauf hingewiesen, daß die seinerzeitigen Gebührenkonstruktionen im Strafverfahren Anreiz geben, die **Verteidigungsbemühungen** auf die **Hauptverhandlung** zukonzentrieren. Eine intensive und zeitaufwendige Mitwirkung des RA im **Ermittlungsverfahren**, die dazu führt, daß eine **Hauptverhandlung** entbehrlich wird, war gebührenrechtlich wenig attraktiv. Im neuen § 84 II BRAGO, der eine andere Bestimmung im Sinne des § 84 I 1. Hs. BRAGO darstellt, wird deshalb eine **gebührenrechtliche Verbesserung** für den RA vorgenommen. Wird das Verfahren nicht nur vorläufig eingestellt, so erhält der RA, der an der Einstellung mitgewirkt hat, gem. § 84 II BRAGO die Gebühren des § 83 I BRAGO, es sei denn, ein Beitrag zur Förderung des Verfahrens ist nicht ersichtlich. Erreicht der Verteidiger durch seine Bemühungen, ohne daß eine Hauptverhandlung durchgeführt wird, eine endgültige Einstellung des Verfahrens, so soll er nicht die Hälfte der in § 83 I BRAGO für die Verteidigung in der **Hauptverhandlung** vorgesehenen Sätze erhalten, sondern es sind die vollen Gebühren zu gewähren, als hätte eine Hauptverhandlung stattgefunden.

**Hauptverhandlung**

### (1) Bedeutung der endgültigen Einstellung des Verfahrens

**endgültige Einstellung**

Voraussetzung für den erhöhten Gebührenanspruch aus § 84 II BRAGO ist die **endgültige Einstellung** des Verfahrens, so daß die Vorschrift immer dann Anwendung findet, soweit das Verfahren nach folgenden Vorschriften der StPO **endgültig** eingestellt wird: §§ 153 I, 153 b, 153 c I, II, 153 d I, 153 e I, 154 I, 154 b I-III, 154 c, 154 d S. 3, 170 II StPO.

Wird das Verfahren gem. 153 a I StPO mit der Maßgabe **vorläufig eingestellt**, daß der Mandant **Auflagen** oder **Weisungen** zu erfüllen hat, so findet § 84 II BRAGO erst dann Anwendung, wenn der Mandant nach der vorläufigen Einstellung die Auflagen und Weisungen erfüllt hat und nunmehr das Verfahren endgültig eingestellt worden ist. Für diese Fälle empfiehlt es sich daher, daß der RA seine **Kostennote** zurückstellt, bis das Verfahren endgültig eingestellt ist.

**Auflagen Weisungen**

- **Beispiel 281**

*Der RA wird auftragsgemäß im staatsanwaltschaftlichen Ermittlungsverfahren tätig. Nach Erhalt der amtlichen Ermittlungsakte läßt er hieraus 35 Kopien fertigen, die Aktenversendungspauschale von 15,00 DM an die Staatsanwaltschaft ausgleichen und trägt umfangreich vor. Aufgrund dieses Vortrages stellt die Staatsanwaltschaft mit Zustimmung des für die Eröffnung des Hauptverfahrens zuständigen Gerichts und mit Zustimmung des Beschuldigten das Verfahren gem. § 153 a StPO vorläufig ein und erteilt dem Beschuldigten die Auflage, an eine gemeinnützige Einrichtung 500,00 DM zu zahlen. Nachdem der Mandant die Auflage erfüllt hat, wird das Verfahren endgültig eingestellt. Der RA möchte wissen, welche Kosten er dem Mandanten in Rechnung stellen kann.*

- **Anmerkung**

*Zu beachten ist vorliegend, daß aufgrund der Mitwirkung durch den RA und nach Erfüllung der Auflage eine endgültige Einstellung erfolgte, so daß § 84 II BRAGO Anwendung findet. In diesen Fällen erhält der RA anstelle der hälftigen Gebühr des § 84 I BRAGO (Mittelgebühr 350,00 DM) eine volle Gebühr (§§ 84 II, 83 I Nr. 3 BRAGO) und mithin in Durchschnittsangelegenheiten eine Mittelgebühr von 700,00 DM. Darüber hinaus besteht der Anspruch auf Erstattung von Auslagen (§ 26 BRAGO), Fotokopiekosten (§ 27 BRAGO) sowie ein Anspruch auf Erstattung der **Aktenversendungspauschale** von 15,00 DM, die seitens der Staatsanwaltschaft dem RA in Rechnung gestellt wird. Die Kostenrechnung sieht daher wie folgt aus:*

**Aktenversendungspauschale**

| | |
|---|---|
| *§§ 12, 84 II BRAGO* | *700,00 DM* |
| *Auslagen § 26 BRAGO* | *30,00 DM* |
| *Fotokopiekosten § 27 BRAGO* | *35,00 DM* |
| *Zwischensumme netto* | *765,00 DM* |
| *16 % MwSt. (§ 25 II BRAGO)* | *122,40 DM* |
| *Summe* | *887,40 DM* |
| *Aktenversendungspauschale* | *15,00 DM* |
| *Gesamtbetrag* | *902,40 DM* |

### (2) Zeitpunkt der Einstellung

**Vorverfahren**

**Zwischenverfahren**

Für den Gebührenanspruch aus § 84 II BRAGO ist es unerheblich, wann die endgültige Einstellung des Verfahrens erfolgt, ob bereits im vorbereitenden Verfahren (**Vorverfahren/ Ermittlungsverfahren**) bei Eingang der Anklageschrift oder des Antrages auf Erlaß des Strafbefehls bei Gericht (**Zwischenverfahren**) oder erst im **gerichtlichen Verfahren**. Die Ansicht, die Vorschrift des § 84 II BRAGO sei nicht anwendbar, soweit die Einstellung des Verfahrens nicht im gerichtlich anhängigen Verfahren außerhalb der Hauptverhandlung erfolgt, ist aufgrund des **Justizmitteilungsgesetzes** überholt und daher abzulehnen.

Bereits in der Erstauflage von BRAGO-Basiswissen hatte ich darauf hingewiesen, daß § 84 II BRAGO auch dann anzuwenden ist, soweit die endgültige Einstellung des Verfahrens im vorbereitenden Verfahren (**Ermittlungsverfahren**) erfolgt. Denn aus der Erwähnung des Wortes im Ermittlungsverfahren in der **Gesetzesbegründung** des **Kostenrechtsänderungsgesetzes** (01.07.1994) ergibt sich, daß die endgültige Einstellung im Ermittlungsverfahren unter Mitwirkung des Verteidigers über § 84 II BRAGO zu der vollen Gebühr (§ 83 I Nr. 3 BRAGO) führt. Es ist der Wille des Gesetzgebers zu beachten, der in der Begründung des Kostenrechtsänderungsgesetz dargelegt hat, daß der neue § 84 II BRAGO eine **andere Bestimmung** als § 84 I BRAGO darstellt, so daß jeweils im Einzelfall zu untersuchen ist, ob der RA den Gebührenanspruch aus § 84 II BRAGO **anstelle** der Hälfte der Gebühr des § 83 I Nr. 3 BRAGO verdient hat oder der Anspruch aus

§ 84 II BRAGO **neben** dem Anspruch aus § 84 I BRAGO in Betracht kommt.

- **Beispiel 282**

*Der RA wird auftragsgemäß für den Beschuldigten im staatsanwaltschaftlichen Ermittlungsverfahren (Vorverfahren) tätig. Nach Einsicht in die amtliche Ermittlungsakte ruft er beim zuständigen Staatsanwalt an und erörtert mit ihm die Sach- und Rechtslage. Danach stellt die Staatsanwaltschaft das Verfahren endgültig ein. Der RA kann folgenden Gebührenanspruch gegenüber dem Mandanten geltend machen:*

| | |
|---|---|
| *§§ 12, 84 II BRAGO* | *700,00 DM* |
| *Auslagen § 26 BRAGO* | *30,00 DM* |
| *Zwischensumme netto* | *730,00 DM* |
| *zzgl. MwSt. (§ 25 II BRAGO)* | |

**Vorverfahren**

Ist der RA im vorbereitenden Verfahren (**Vorverfahren**) und, nachdem das Verfahren bei Gericht anhängig geworden ist, tätig gewesen und wird das Verfahren im gerichtlich anhängigen Verfahren, in dem der RA nur außerhalb der Hauptverhandlung tätig geworden ist, endgültig eingestellt, so kann der RA sowohl die Gebühr des § 84 I 1. Alt. BRAGO als auch die Gebühr gem. § 84 II BRAGO in Rechnung stellen.

- **Beispiel 283**

*Sachverhalt wie Beispiel 282. Jedoch stellt die Staatsanwaltschaft das Verfahren nicht ein, sondern erhebt Anklage. Nachdem das Gericht das Hauptverfahren eröffnet hat, trägt der RA im gerichtlich anhängigen Verfahren nochmals umfangreich vor. Im Anschluß daran stellt das Gericht mit Zustimmung der Beteiligten das Verfahren endgültig ein. Die Kostenrechnung sieht nunmehr wie folgt aus:*

| | |
|---|---|
| *§§ 12, 84 I 1. Alt. BRAGO* | *350,00 DM* |
| *§§ 12, 84 II BRAGO* | *700,00 DM* |
| *Auslagen § 26 BRAGO* | *30,00 DM* |
| *Zwischensumme netto* | *1.080,00 DM* |
| *zzgl. MwSt. (§ 25 II BRAGO)* | |

**Hauptverhandlung**
**Hauptverhand-lungsgebühr**

Jedoch fällt die Gebühr des § 84 II BRAGO nicht an, soweit die endgültige Einstellung des Verfahrens in der **Hauptverhandlung** erfolgt, weil die diesbezügliche Tätigkeit des RA ausschließlich mit der **Hauptverhandlungsgebühr** (§ 83 I Nr. 3 BRAGO) abgegolten wird.

- **Beispiel 284**

*Sachverhalt wie Beispiel 283. Erst im Termin zur Hauptverhandlung wird das Verfahren nunmehr auf Kosten der Landeskasse endgültig eingestellt. Der RA kann folgende Kostenrechnung zur Erstattung anmelden:*

| | |
|---|---|
| *§§ 12, 84 I 1. Alt. BRAGO* | *350,00 DM* |
| *§§ 12, 83 I Nr. 3 BRAGO* | *700,00 DM* |
| *Auslagen § 26 BRAGO* | *30,00 DM* |
| *Zwischensumme netto* | *1.080,00 DM* |
| *zzgl. MwSt. (§ 25 II BRAGO)* | |

### (3) Nichteröffnung des Hauptverfahrens (§ 84 II Nr. 2 BRAGO)

**Nichteröffnung des Hauptverfahrens**

Mit Einführung des Kostenrechtsänderungsgesetzes war streitig, ob die Vorschrift des § 84 II BRAGO auch anzuwenden sei, wenn das Gericht die Eröffnung des Hauptverfahrens ablehnt und die Ablehnung auf der Mitwirkung des Verteidigers beruht. Es wurde die Ansicht vertreten, gebührenrechtlich stehe die Ablehnung der Eröffnung des Hauptverfahrens nicht einer endgültigen Verfahrenseinstellung gleich (vgl. **LG Koblenz**, Beschl. v. 7.10.96–1 Qs 308/96 – in Anwalts Gebühren Spezial (AGS 1/1997, S. 5–6). In der Erstauflage von BRAGO-Basiswissen hatte ich ausgeführt, daß die Nichteröffnung des Verfahrens der endgültigen Einstellung gleichgestellt ist, denn der nicht mehr anfechtbare Beschluß über die **Nichteröffnung des Hauptverfahrens** kommt angesichts seiner verhängten Sperrwirkung für eine neue Strafverfolgung einer endgültigen Verfahrenseinstellung gleich. Durch das **Justizmitteilungsgesetz** ist nunmehr klargestellt worden, daß § 84 II BRAGO auch dann Anwendung findet, soweit das Gericht beschließt, das Hauptverfahren nicht zu eröffnen und der Verteidiger an der

Nichteröffnung des Hauptverfahrens mitgewirkt hat (§ 84 II Nr. 2 BRAGO).

• **Beispiel 285**
*Auftragsgemäß zeigt der RA im Vorverfahren an, daß er die Interessen des Beschuldigten vertritt und begehrt Akteneinsicht. Nach Erhalt der amtlichen Ermittlungsakte läßt er 42 notwendigen Kopien anfertigen und trägt umfangreich für seinen Mandanten vor. Die Staatsanwaltschaft stellt das Verfahren jedoch nicht ein. Nach Eingang der Anklageschrift trägt der RA erneut umfangreich vor, wodurch erreicht wird, daß das Gericht beschließt, das Hauptverfahren nicht zu eröffnen (§ 204 StPO). Der RA möchte wissen, welche Kosten er in Rechnung stellen kann.*

| | |
|---|---|
| *§§ 12, 84 I 1.Alt. BRAGO* | *350,00 DM* |
| *§§ 12, 84 II BRAGO* | *700,00 DM* |
| *Auslagen § 26 BRAGO* | *30,00 DM* |
| *Fotokopiekosten § 27 BRAGO* | *42,00 DM* |
| *Zwischensumme netto* | *1.122,00 DM* |
| *zzgl. MwSt. (§ 25 II BRAGO)* | |

## (4) Rechtzeitige Zurücknahme des Einspruchs gegen eine Strafbefehl (§ 84 II Nr. 3 BRAGO)

Der RA, durch dessen Mitwirkung eine Hauptverhandlung entbehrlich wird, erhält die vollen Gebühren des § 83 I BRAGO, wenn sich das gerichtliche Verfahren durch **Zurücknahme des Einspruchs** gegen einen Strafbefehl erledigt; ist bereits ein Termin zur **Hauptverhandlung** bestimmt, jedoch nur, wenn der Einspruch früher als **zwei Wochen** vor Beginn des Tages, der für die Hauptverhandlung vorgesehen war, zurückgenommen wird (§ 84 II Nr. 3 BRAGO).

**Zurücknahme des Einspruchs**

Der Gesetzgeber hat im Rahmen des **Kostenrechtsänderungsgesetzes** die Vorschrift damit begründet, hierdurch dem Phänomen entgegenzuwirken, daß vielfach der **Einspruch** gegen einen **Strafbefehl** in der Hauptverhandlung direkt nach Aufruf der Sache zurückgenommen wird. Diese kostenverursachende Verfahrensweise wird dadurch beseitigt, daß derjenige Verteidiger, der rechtzeitig den Einspruch zurücknimmt, die Gebühren aus §§ 84 I, II, 83 I BRAGO in Rechnung stellen kann. Verbessert wird dadurch der Vergütungsanspruch desjenigen RA, dessen rechtzeitige Prüfung dazu führt, daß eine Hauptverhandlung und die damit verbundene Vorbereitung durch das Gericht entbehrlich wird. Auch hier wird deutlich, daß der Gebührenanspruch aus § 84 II BRAGO ein anderer ist als die Bestimmung des § 84 I BRAGO, so daß die **Gebührenansprüche gesondert entstehen**, soweit der RA den Einspruch gegen den Strafbefehl rechtzeitig zurücknimmt.

• **Beispiel 286**

*Der RA wird auftragsgemäß in einer Strafsache für den Mandanten tätig. Er legitimiert sich unter Vollmachtsvorlage und beantragt Akteneinsicht. Bevor er die amtliche Ermittlungsakte erhalten hat, ergeht gegen den Mandanten ein Strafbefehl, gegen den der RA fristgemäß Einspruch einlegt. Nach Einsichtnahme in die Ermittlungsakte bespricht er deren Inhalt mit dem Mandanten. Das Gericht hat zu diesem Zeitpunkt bereits den Hauptverhandlungstermin anberaumt. Das Ergebnis der Besprechung mit dem Mandanten führt dazu, daß der RA den Einspruch zurücknimmt. Die Zurücknahme des Einspruchs durch den RA erfolgte so rechtzeitig, daß der Schriftsatz früher als zwei Wochen vor Beginn des Tages, der für die Hauptverhandlung vorgesehen war, bei Gericht eingeht. Der RA kann folgende Gebühren und Auslagen in Rechnung stellen:*

| | |
|---|---|
| *§§ 12, 84 I 1 Alt. BRAGO* | *350,00 DM* |
| *§§ 12, 84 II BRAGO* | *700,00 DM* |
| *Auslagen § 26 BRAGO* | *30,00 DM* |
| *Zwischensumme netto* | *1.080,00 DM* |
| *zzgl. MwSt. (§ 25 II BRAGO)* | |

**Termin zur Hauptverhandlung**

Zu beachten ist, daß soweit ein **Termin zur Hauptverhandlung** bestimmt ist, die Gebühr aus § 84 II Nr. 3 BRAGO nur dann entsteht, soweit der Einspruch **rechtzeitig**, d. h.

früher als **zwei Wochen** vor Beginn des Tages, der für die Hauptverhandlung vorgesehen war, zurückgenommen wird. Daraus folgt, daß die Zurücknahme des Einspruchs innerhalb einer Frist von weniger als zwei Wochen vor dem anberaumten Hauptverhandlungstermin, wobei es auf den Eingang des Schriftsatzes bei Gericht ankommt, den erhöhten Gebührenanspruch nicht entstehen läßt.

- **Beispiel 287**

*Sachverhalt wie Beispiel 286. Die Zurücknahme des Einspruchs erfolgt jedoch erst zwei Tage vor dem anberaumten Hauptver-handlungstermin.*

| | |
|---|---|
| *§§ 12, 84 I 1. Alt. BRAGO* | *350,00 DM* |
| *Auslagen § 26 BRAGO* | *30,00 DM* |
| *Zwischensumme netto* | *380,00 DM* |
| *zzgl. MwSt. (§ 25 II BRAGO)* | |

Zu bedenken sind noch diejenigen Fälle, in denen
- der RA den Einspruch zu einem Zeitpunkt zurücknimmt, als noch **kein Hauptverhandlungstermin** anberaumt war,
- die **Hauptverhandlung unterbrochen** wird und im Anschluß daran der Verteidiger den Einspruch zurücknimmt.

Viele Rechtsschutzversicherer haben entgegen der Meinung in der Literatur und der überwiegenden Rechtsprechung bisher die Auffassung vertreten, daß die Vorschrift des § 84 II BRAGO dann nicht anwendbar sei, wenn der Einspruch gegen einen Strafbefehl zurückgenommen wird, wenn noch **kein Termin** für die **Hauptverhandlung** bestimmt ist. Dem kann nicht gefolgt werden, da die zusätzliche/erhöhte Vergütung gemäß § 84 II BRAGO nach dem Willen des Gesetzgebers in besonderem Maße der Entlastung der Gerichte durch Vermeidung unnötiger Hauptverhandlungen dienen soll, so daß die in § 84 II Nr. 3 BRAGO angeführte Frist von früher als zwei Wochen vor Beginn des Tages, der für die Hauptverhandlung vorgesehen war, nur derart ausgelegt werden kann, daß die **Zurücknahme des Einspruchs spätestens zwei Wochen** vor dem Termin zur Hauptverhandlung zu erfolgen hat. Nimmt der

**Zurücknahme des Einspruchs**

**Erledigungsgebühr**

Verteidiger den **Einspruch** gegen einen **Strafbefehl** zurück, erhält er die **Erledigungsgebühr** (§ 84 II Nr. 3 BRAGO) auch dann, wenn noch **kein Hauptverhandlungstermin** anberaumt war (vgl. **Amtsgericht München**, Urt. v. 14.5.1996–173 T 29181/95 –, in Zeitschrift für Schadensrecht (zfs) 8/96, S. 310–311). Durch das **Justizmitteilungsgesetz** (**JuMiG**) wurde die Vorschrift des § 84 II Nr. 3 BRAGO so eindeutig gefaßt, daß die seitens des Autors in der Erstauflage des Buches BRAGO-Basiswissen vertretene Ansicht bestätigt wird.

- **Beispiel 288**

*Sachverhalt wie Beispiel 286. Der RA nimmt den Einspruch zurück zu einem Zeitpunkt, als noch kein Hauptverhandlungstermin anberaumt war. Er möchte wissen, welche Gebühren er in Rechnung stellen kann.*

| | |
|---|---|
| *§§ 12, 84 I 1. Alt. BRAGO* | *350,00 DM* |
| *§§ 12, 84 II Nr. 3 BRAGO* | *700,00 DM* |
| *Auslagen § 26 BRAGO* | *30,00 DM* |
| *Zwischensumme netto* | *1.080,00 DM* |
| *zzgl. MwSt. (§ 25 II BRAGO)* | |

**Hauptverhandlungstermin**

Demgegenüber erhöht die Zurücknahme des Einspruchs nach Aufruf im **Hauptverhandlungstermin** die Gebühren des RA nicht, so daß es bei dem Gebührenanspruch aus § 83 I BRAGO verbleibt. War der RA bereits im Ermittlungsverfahren tätig, so entsteht für ihn die Gebühr nach § 84 I 1. Alt. BRAGO und für die Vertretung im Hauptverhandlungstermin nach § 83 I Nr. 3 BRAGO. Da § 84 I BRAGO keine neue Gebühr für die Vertretung im Verfahren nach einem ersten Hauptverhandlungstermin vorsieht, kann auch keine Gebühr nach § 84 II BRAGO entstehen. Eine in diesem Verfahrensabschnitt vorgenommene Tätigkeit des Verteidigers bleibt deshalb gebührenrechtlich außer Betracht (vgl. RAuN Dietrich Herrmann, Berlin, AnwaltsGebührenSpezial (AGS) 3/1996, S. 25–29).

• **Beispiel 289**

*Im Rahmen des Ermittlungsverfahrens bestellt sich der RA und beantragt Akteneinsicht. Aus der Ermittlungsakte läßt er 62 notwendige Fotokopien anfertigen. Im Termin zur Hauptverhandlung stellt sich heraus, daß weitere Sachverhaltserforschungen notwendig sind, so daß die Hauptverhandlung unterbrochen wird. Nunmehr nimmt der RA den Einspruch gegen den Strafbefehl zurück. Die Kostenrechnung sieht wie folgt aus:*

| | |
|---|---|
| *§§ 12, 84 I 1. Alt. BRAGO* | *350,00 DM* |
| *§§ 12, 83 I Nr. 3 BRAGO* | *700,00 DM* |
| *Auslagen § 26 BRAGO* | *30,00 DM* |
| *Fotokopiekosten § 27 BRAGO* | |
| *50 x 1,00 DM* | *50,00 DM* |
| *12 x 0,30 DM* | *3,60 DM* |
| *Zwischensumme netto* | *1.133,00 DM* |
| *zzgl. MwSt. (§ 25 II BRAGO)* | |

## (5) Mitwirkung des Rechtsanwalts

Der RA, durch dessen Mitwirkung eine Hauptverhandlung entbehrlich wird, erhält die (vollen) Gebühren des § 83 I BRAGO, wenn (alternativ) die Voraussetzungen des § 84 II Nr. 1, Nr. 2, oder Nr. 3 BRAGO erfüllt sind, dies gilt nicht, wenn ein Beitrag des RA zur Förderung des Verfahrens nicht ersichtlich ist. Insoweit wird die Ansicht vertreten, daß das Erfordernis der Mitwirkung des RA nur dann erfüllt sei, wenn er besondere Mühe und Arbeit aufgewendet habe und an der Einstellung oder an der sonstigen Erledigung des Verfahrens der RA nicht nur fördernd mitgewirkt, sondern eine **Ursächlichkeit** zum Erfolg (Einstellung, Erledigung des Verfahrens) nachgewiesen werde. Durch die Änderung des § 84 II Nr. 3 BRAGO ist aufgrund des **Justizmitteilungsgesetzes** klargestellt, daß die zusätzliche Gebühr nur dann nicht anfällt, soweit ein Beitrag des Anwalts zur Förderung des Verfahrens nicht ersichtlich ist. Aus dem Wortlaut ergibt sich, daß entgegen der früher zum Teil vertretenen Auffassung eine besondere, über den Durchschnitt hinausgehende Arbeit des RA nicht erforderlich

**Justizmitteilungsgesetz**

**Beweislast**

ist. Die **Beweislast** für die fehlende Mitwirkung des Anwalts trifft den Mandanten bzw. den **Rechtsschutzversicherer**. Eine aufwendige **Kausalitätsprüfung** bezüglich des Beitrags des RA zur Förderung des Verfahrens ist nicht erforderlich (vgl. RA Wolf-Dieter Beck, München „Änderung der BRAGO, insbesondere Neufassung von § 84 II BRAGO", in AnwBl. 8 + 9/97, S. 491).

Hieraus ergeben sich für die **Praxis** folgende, wichtige Konsequenzen:

- Der RA muß **keine besondere Mühe** oder Arbeit aufgewendet haben. Es genügt jede Tätigkeit des RA, die auf eine Entscheidung des Mandanten, der Staatsanwaltschaft oder des Gerichts Einfluß genommen hat. Auch müssen keine außergewöhnlichen Umstände vorliegen, die zur Einstellung geführt haben. Es genügt für die erforderliche Mitwirkung, soweit der RA Tatsachen und/oder Rechtsausführungen vorgetragen hat, die zur Einstellung führen oder wenn diese ausgelöst wird etwa aufgrund der Benennung von Beweismitteln durch den Verteidiger.

**förderliche Mitwirkung**

- Die **förderliche Mitwirkung** des RA wird vermutet. Sollte ein Beitrag zur Förderung des Verfahrens im Sinne der Einstellung nicht ersichtlich sein, so hat der RA für diesen Ausnahmefall die Einzelheiten der Mitwirkung darzulegen.
- Eine Ursächlichkeit zum Erfolg muß nicht nachgewiesen werden. Will der Mandant, der Rechtsschutzversicherer oder die Landeskasse einen Beitrag des RA zur Förderung des Verfahrens leugnen, muß von dort aus im Streit dargelegt und bewiesen werden, daß die Tätigkeit des RA für die Einstellung des Verfahrens nicht förderlich war.

Demgegenüber ist Mitwirken **nicht** taktisches Abwarten oder Nichtstun. Der RA, der die Gebühr nach §§ 84 II, 83 I BRAGO verdienen will, muß aktiv tätig sein. Ausreichend aber erforderlich sind mündliche/fernmündliche Einlassungen oder schriftsätzlicher Vortrag bzw. sonstwie geartete Tätigkeiten eines **aktiven Verteidigers**.

**aktiver Verteidiger**

• **Beispiel 290**
*Der RA wird beauftragt, in einer Strafsache für den Mandanten tätig zu werden. Unter Vorlage des Vollmachtformulars legitimiert er sich und beantragt Akteneinsicht. Noch bevor er die amtliche Ermittlungsakte erhält, wird das Verfahren endgültig eingestellt. Der RA kann folgende Gebühren und Auslagen in Rechnung stellen:*

| | |
|---|---|
| *§§ 12, 84 I 1. Alt. BRAGO* | *350,00 DM* |
| *Auslagen § 26 BRAGO* | *30,00 DM* |
| *Zwischensumme netto* | *380,00 DM* |
| *zzgl. MwSt. (§ 25 II BRAGO)* | |

Der Gebührenanspruch aus § 84 II BRAGO entsteht auch dann nicht, soweit der RA sich unter Vorlage des Vollmachtsformulars legitimiert und ohne nähere Begründung die Einstellung des Verfahrens beantragt.

• **Beispiel 291**
*Sachverhalt wie Beispiel 290. Ohne daß der RA sich hierzu begründend einläßt, beantragt er die Einstellung des Verfahrens. Im weiteren Verlauf stellt die Staatsanwaltschaft das Verfahren endgültig ein.*

| | |
|---|---|
| *§§ 12, 84 I 1. Alt. BRAGO* | *350,00 DM* |
| *Auslagen § 26 BRAGO* | *30,00 DM* |
| *Zwischensumme netto* | *380,00 DM* |
| *zzgl. MwSt. (§ 25 II BRAGO)* | |

Der RA hat auch für den Fall an der Einstellung oder Erledigung nicht mitgewirkt, wenn er die Einstellung des Verfahrens beantragt, die **Staatsanwaltschaft** oder das **Gericht** jedoch aus einem **anderen Rechtsgrund** das Verfahren endgültig einstellt, ohne daß der RA auf diesen Gesichtspunkt hingewiesen hat.

- **Beispiel 292**

*Der RA wird beauftragt, in einem Strafverfahren für den Mandanten tätig zu werden. Unter Vorlage des Vollmachtsformulars legitimiert er sich und bittet um Akteneinsicht. Nach Einsichtnahme in die Akte und Anfertigung von 75 notwendigen Fotokopien aus der amtlichen Ermittlungsakte trägt er umfangreich für den Beschuldigten vor. In mehreren Telefonaten mit dem zuständigen Beamten bei der Staatsanwaltschaft erörtert er die Sach- und Rechtslage, ohne darauf hinzuweisen, daß wegen der bereits eingetretenen Verjährung eine Strafverfolgung nicht in Betracht kommt. Im weiteren Verlauf stellt die Staatsanwaltschaft wegen der Verjährung das Verfahren endgültig ein.*

| | |
|---|---|
| *§§ 12, 84 I 1. Alt. BRAGO* | *350,00 DM* |
| *Auslagen § 26 BRAGO* | *30,00 DM* |
| *Fotokopiekosten § 27 BRAGO* | *57,50 DM* |
| *Zwischensumme netto* | *437,50 DM* |
| *zzgl. MwSt. (§ 25 II BRAGO)* | |

## d. Hauptverhandlung im ersten Rechtszug/ Fortsetzungsverhandlung (§ 83 I, II BRAGO)

**Wahlverteidiger Hauptverhandlung**

Der RA erhält im **ersten Rechtszug** als **Wahlverteidiger** in der **Hauptverhandlung** folgende Gebühren:

- im Verfahren vor dem **Oberlandesgericht**, dem **Schwurgericht** und vor der **Jugendkammer,** soweit diese in Sachen entscheidet, die nach den allgemeinen Vorschriften zur Zuständigkeit des Schwurgerichts gehören
  170,00 DM bis 2.540,00 DM (Mittelgebühr 1.355,00 DM)
  **§ 83 I Nr. 1 BRAGO**
- im Verfahren vor der **Großen Strafkammer** und vor der **Jugendkammer** soweit sich die Gebühr nicht nach Nr. 1 bestimmt
  120,00 DM bis 1.520,00 DM (Mittelgebühr 820,00 DM)
  **§ 83 I Nr. 2 BRAGO**

- im Verfahren vor dem **Schöffengericht,** dem **Jugendschöffengericht**, dem **Strafrichter** und dem **Jugendrichter** 100,00 DM bis 1.300,00 DM (Mittelgebühr 700,00 DM) **§ 83 I Nr. 3 BRAGO**.

**Strafrichter**

Demnach erhält der RA für seine Tätigkeit, soweit diese bereits im vorbereitenden Verfahren (**Vorverfahren**) begonnen hat bis zum Ende des **ersten Rechtszuges** soweit eine **Hauptverhandlung** tatsächlich stattfindet folgende Gebühren:

**Vorverfahren**

**Hauptverhandlung**

- Für die Tätigkeit im Ermittlungsverfahren (**vorbereitenden Verfahren/Vorverfahren**), d. h. im Verfahren bis zum Eingang der Anklageschrift oder des Antrages auf Erlaß des Strafbefehls bei Gericht, die Hälfte der Gebühren des § 83 I BRAGO (§ 84 I 1. Alt. BRAGO).
- Mit Eingang der Anklageschrift bei Gericht beginnt das gerichtlich anhängige Verfahren, in dem für den RA eine neue Gebühr, zunächst wiederum die Hälfte der Gebühren des § 83 I BRAGO (§ 84 I 2. Alt. und/oder 3. Alt. BRAGO) entsteht.
- Mit dem **Aufruf der Sache** (§ 83 I 1 StPO) beginnt der Anspruch auf die (vollen) Gebühren des § 83 I BRAGO. Die aus § 84 I 2. Alt. und/oder 3. Alt. BRAGO entstandene halbe Gebühr erwächst in eine volle Gebühr (z. B. § 83 I Nr. 3 BRAGO) hinein, weil sich nunmehr in dem gerichtlich anhängigen Verfahren eine **Hauptverhandlung** abspielt.

Der RA muß im **Hauptverhandlungstermin** anwesend sein. Nicht erforderlich ist, daß er aktiv (sachlich) in die Hauptverhandlung eintritt. Mithin entsteht die Gebühr auch dann, soweit die Hauptverhandlung sofort nach Aufruf wieder vertragt wird (**Vertagung**), weil der Angeklagte nicht erschienen ist. Hierbei ist § 12 BRAGO zu beachten.

**Hauptverhandlungstermin**

**Vertagung**

• **Beispiel 293**
*Der bereits im Vorverfahren tätige RA erscheint zur Hauptverhandlung, nicht jedoch der Angeklagte. Nach Aufruf der Sache wird die Hauptverhandlung vertagt. Der RA legt das Mandat nieder und stellt seine Kosten und Beachtung des § 12 BRAGO wie folgt in Rechnung:*

| | |
|---|---|
| *§§ 12, 84 I 1. Alt. BRAGO* | *350,00 DM* |
| *§§ 12, 83 I Nr. 3 BRAGO* | *400,00 DM* |
| *Auslagen § 26 BRAGO* | *30,00 DM* |
| *Zwischensumme netto* | *780,00 DM* |
| *zzgl. MwSt. (§ 25 II BRAGO)* | |

Mit jeden neuen **Hauptverhandlungstag** entsteht eine neue Gebühr, entweder aus § 83 I BRAGO oder aus § 83 II BRAGO, was vom Verlauf des Verfahrens entsprechend den strafprozessualen Vorschriften abhängt. Die Gebühr für den **letzten Hauptverhandlungstag** umfaßt auch die Einlegung des **Rechtsmittels**, der **Berufung** oder der **Revision** (**Pauschgebühren** § 87 BRAGO).

**Fortsetzungsverhandlung**

Erstreckt sich die Hauptverhandlung über einen **Kalendertag** hinaus, so erhält der RA für jede **Fortsetzungsverhandlung,** soweit die Hauptverhandlung nicht länger als zehn Tage unterbrochen ist (§ 229 StPO) eine gesonderte Gebühr für jeden weiteren Verhandlungstag gem. § 83 II BRAGO wie folgt:

- Nr. 1 170,00 DM – 1.270,00 DM (Mittelgebühr 720,00 DM)
- Nr. 2 120,00 DM – 760,00 DM (Mittelgebühr 440,00 DM)
- Nr. 3 100,00 DM – 650,00 DM (Mittelgebühr 375,00 DM).

• **Beispiel 294**
*Sachverhalt wie Beispiel 293. Der Angeklagte erscheint zum Hauptverhandlungstermin, der unterbrochen wird. Es finden innerhalb derselben Woche zwei weitere Fortsetzungsverhand-*

*lungen statt. Der RA kann folgende Gebühren in Rechnung stellen:*

| | |
|---|---|
| *§§ 12, 84 I 1. Alt. BRAGO* | *350,00 DM* |
| *§§ 12, 83 I Nr. 3 BRAGO* | *700,00 DM* |
| *§§ 12, 83 II Nr. 3 BRAGO* | *375,00 DM* |
| *§§ 12, 83 II Nr. 3 BRAGO* | *375,00 DM* |
| *Auslagen § 26 BRAGO* | *30,00 DM* |
| *Zwischensumme netto* | *1.830,00 DM* |
| *zzgl. MwSt. (§ 25 II BRAGO)* | |

Ist die Hauptverhandlung länger als **zehn Tage** unterbrochen (§ 229 StPO), ist mit ihr von neuem zu beginnen, so daß für die **neue Hauptverhandlung** eine volle Gebühr gem. § 83 I BRAGO anfällt.

**neue Hauptverhandlung**

- **Beispiel 295**

*Sachverhalt wie Beispiel 294. Die Hauptverhandlung wird jedoch für mehr als zehn Tage unterbrochen. Danach finden zwei weitere Fortsetzungsverhandlungen innerhalb einer Woche statt. Die Gebührenrechnung sieht nunmehr wie folgt aus:*

| | |
|---|---|
| *§§ 12, 84 I 1. Alt. BRAGO* | *350,00 DM* |
| *§§ 12, 83 I Nr. 3 BRAGO* | *700,00 DM* |
| *§§ 12, 83 I Nr. 3 BRAGO* | *700,00 DM* |
| *§§ 12, 83 II Nr. 3 BRAGO* | *375,00 DM* |
| *Auslagen § 26 BRAGO* | *30,00 DM* |
| *Zwischensumme* | *2.155,00 DM* |
| *zzgl. MwSt. (§ 25 II BRAGO)* | |

### e. Erhöhung bei inhaftiertem Mandanten (§ 83 III BRAGO)

Befindet sich der Beschuldigte nicht auf freiem Fuß (**inhaftierter Mandant**) und reicht der Gebührenrahmen des § 83 I BRAGO deshalb nicht aus, um die gesamte Tätigkeit des RA

**inhaftierter Mandant**

angemessen zu entgelten, so kann der Gebührenrahmen um bis zu 25 vom Hundert überschritten werden (§ 83 III BRAGO).
Die Erhöhung des Rahmens des § 83 I BRAGO bezieht sich immer nur auf den gebührenrechtlichen **Verfahrensabschnitt**, in dem der Mandant zumindest einen Tag sich nicht auf freiem Fuß befindet, wodurch der höhere Rahmen eröffnet wird, aus dem sich die **Höchstgebühr** und damit auch die **Mittelgebühr** errechnet. Der Mandant muß nicht in dem laufenden Verfahren festgenommen worden, es kann

**Haft**
**Unterbringung**

auch **Haft** in anderer Sache sein, wobei jede Form der **Freiheitsentziehung** (z. B. **Unterbringung**) genügt.

- **Beispiel 296**

*Der RA wird auftragsgemäß im Ermittlungsverfahren für den inhaftierten Mandanten tätig. Er sieht die amtliche Ermittlungsakte ein und läßt 800 notwendige Fotokopien aus den Akten fertigen. Er besucht den Mandanten viermal in der Justizvollzugsanstalt, wo sich der Mandant wegen des laufenden Verfahrens in Untersuchungshaft befindet. Der RA nimmt den Hauptverhandlungstermin vor der Großen Strafkammer sowie vier weitere Fortsetzungsverhandlungen wahr, ohne daß die Hauptverhandlung länger als zehn Tage unterbrochen war. Der Mandant wird freigesprochen, so daß der RA unter Beachtung der Kriterien des § 12 BRAGO folgende Gebühren und Auslagen berechnet:*

| | | |
|---|---|---|
| *§§ 12, 84 I 1. Alt. BRAGO* | | *350,00 DM* |
| *§§ 12, 83 I Nr. 2 BRAGO* | | *1.520,00 DM* |
| *§§ 12, 83 III BRAGO* | | *380,00 DM* |
| *§§ 12, 83 II Nr. 2 BRAGO* | | |
| *(760,00 DM x 4)* | | *3.040,00 DM* |
| *Auslagen § 26 BRAGO* | | *30,00 DM* |
| *Fotokopiekosten § 27 BRAGO* | | |
| *50 x 1,00 DM* | *50,00 DM* | |
| *750 x 0,30 DM* | *225,00 DM* | |
| | *275,00 DM* | *275,00 DM* |
| *Zwischensumme netto* | | *5.595,00 DM* |
| *zzgl. MwSt. (§ 25 II BRAGO)* | | |

## 3. Gebührenanspruch des Pflichtverteidigers (§ 97 BRAGO)

Der Gebührenanspruch des **Pflichtverteidigers** richtet sich nach § 97 BRAGO. Ist der RA gerichtlich bestellt worden, so erhält er anstelle der gesetzlichen Gebühren das Vierfache der in §§ 83–86, 90–92, 94–95 BRAGO bestimmten **Mindestbeträge** aus der **Staatskasse**, jedoch nicht mehr als die Hälfte des Höchstbetrages. **Pflichtverteidiger** **Staatskasse**
Wegen der weiteren Einzelheiten wird Bezug genommen auf den Inhalt des § 97 BRAGO. Wichtig ist, daß der RA auch den Ersatz der **Auslagen** aus der Staatskasse erhält. **Auslagen**

Wird der RA im ersten Rechtszug bestellt, erhält er die Vergütung für seine Tätigkeit als Verteidiger vor dem Zeitpunkt seiner Bestellung einschließlich seiner Tätigkeit vor Erhebung der öffentlichen Klage (**Anklageerhebung**), was sich aus § 97 III BRAGO ergibt. **Anklageerhebung**

## 4. Berufungsverfahren/Revisionsverfahren (§§ 85–86 BRAGO)

Ist **Berufung** eingelegt und befindet sich die Akte beim **Berufungsgericht**, so beginnt das **Berufungsverfahren** mit den Gebührentatbeständen des § 85 BRAGO, die sich an die Gebührentatbestände der §§ 83 und 84 BRAGO anlehnen. Danach erhält der RA als Verteidiger **Berufungsverfahren**

- 120,00 DM – 1.520,00 DM (**Mittelgebühr** 820,00 DM) § 85 I BRAGO. **Mittelgebühr**

Da im Berufungsverfahren das erstinstanzliche Urteil sowohl in tatsächlicher als auch rechtlicher Hinsicht überprüft wird (§§ 312 ff StPO), ist die Benennung neuer **Beweismittel (Zeugen)** zulässig.

- **Beispiel 297**

*Der Mandant wurde wegen einer vorsätzlichen Körperverletzung erstinstanzlich zu einer Geldstrafe verurteilt. Gegen das Urteil legt der RA auftragsgemäß das Rechtsmittel der Berufung ein. In der Berufungsbegründung benennt er zwei Zeugen, die erstinstanzlich mangels Kenntnis noch nicht vernommen worden sind. Aufgrund der Zeugenaussagen wird der Mandant auf Kosten der Landeskasse freigesprochen. Für das Berufungsverfahren kann der RA folgende Gebühren und Auslagen berechnen:*

| | |
|---|---|
| *§§ 12, 85 I BRAGO* | *820,00 DM* |
| *Auslagen § 26 BRAGO* | *30,00 DM* |
| *Zwischensumme netto* | *850,00 DM* |
| *zzgl. MwSt. (§ 25 II BRAGO)* | |

**Fortsetzungsverhandlung**

Erstreckt sich die Hauptverhandlung über einen Tag hinaus (**Fortsetzungsverhandlung**), so erhält der RA für jeden weiteren Verhandlungstag

- 120,00 DM – 760,00 DM (**Mittelgebühr** 440,00 DM) § 85 II 1 BRAGO.

- **Beispiel 298**

*Sachverhalt wie Beispiel 297. Im Hauptverhandlungstermin erscheint einer der geladenen Zeugen nicht. Daraufhin wird die Hauptverhandlung unterbrochen und nach drei Tagen mit einem weiteren Hauptverhandlungstermin fortgesetzt. Wiederum wird der Mandant auf Kosten der Landeskasse freigesprochen.*

| | |
|---|---|
| *§§ 12, 85 I BRAGO* | *820,00 DM* |
| *§§ 12, 85 II 1 BRAGO* | *440,00 DM* |
| *Auslagen § 26 BRAGO* | *30,00 DM* |
| *Zwischensumme netto* | *1.290,00 DM* |
| *zzgl. MwSt. (§ 25 II BRAGO)* | |

Ist die Verhandlung länger als zehn Tage unterbrochen (**neue Hauptverhandlung**), wird mit dem Verfahren von neuem begonnen, so daß für den ersten Tag der neuen Hauptverhandlung die Vorschrift des § 85 I BRAGO gilt (§ 85 II 2 BRAGO).

**neue Hauptverhandlung**

- **Beispiel 299**

*Sachverhalt wie Beispiel 297. Die Hauptverhandlung wird länger als zehn Tage unterbrochen. Nunmehr finden innerhalb einer Woche zwei weitere Fortsetzungsverhandlungen statt. Aufgrund der neuen Beweismittel wird der Mandant auf Kosten der Landeskasse freigesprochen. Die Kostenrechnung des RA sieht nunmehr wie folgt aus:*

| | |
|---|---|
| *§§ 12, 85 I BRAGO* | *820,00 DM* |
| *§§ 12, 85 II 2 BRAGO* | *820,00 DM* |
| *§§ 12, 85 II 1 BRAGO* | *440,00 DM* |
| *Auslagen § 26 BRAGO* | *30,00 DM* |
| *Zwischensumme netto* | *2.110,00 DM* |
| *zzgl. MwSt. (§ 25 II BRAGO)* | |

Ist der RA im **Berufungsverfahren** nur **außerhalb der Hauptverhandlung** tätig oder findet eine Hauptverhandlung vor dem **Berufungsgericht** nicht statt, so erhält er die Hälfte der Gebühr des § 85 I BRAGO (**Mittelgebühr** 410,00 DM), was sich aus § 85 III BRAGO ergibt.

**Berufungsgericht**

- **Beispiel 300**

*Gegen das erstinstanzliche Urteil legt der RA auftragsgemäß Berufung ein. Im weiteren Verlauf teilt der Mandant mit, daß er die Durchführung des Berufungsverfahrens nicht wünscht und bittet um Übermittlung der Kostenrechnung.*

| | |
|---|---|
| *§§ 12, 85 III BRAGO* | *410,00 DM* |
| *Auslagen § 26 BRAGO* | *30,00 DM* |
| *Zwischensumme netto* | *440,00 DM* |
| *zzgl. MwSt. (§ 25 II BRAGO)* | |

**inhaftierter Mandant**

Befindet sich der Beschuldigte nicht auf freiem Fuß (**inhaftierter Mandant**), so gilt § 83 III BRAGO entsprechend (§ 85 IV BRAGO). Im Fall des § 85 III BRAGO, soweit der RA im Berufungsverfahren nur außerhalb der Hauptverhandlung tätig ist oder eine Hauptverhandlung vor dem Berufungsgericht nicht stattfindet, ist § 84 II BRAGO entsprechend anzuwenden (§ 85 IV BRAGO).

**Revisionsverfahren**

Der Rechtsanwalt erhält im **Revisionsverfahren** als **Pflichtverteidiger** im Verfahren vor dem

- **Bundesgerichtshof** 170,00 DM bis 2.540,00 DM (**Mittelgebühr** 1.355,00 DM)
  § 86 I Nr. 1 BRAGO
- **Oberlandesgericht** 120,00 DM bis 1.520,00 DM (**Mittelgebühr** 820,00 DM)
  § 86 I Nr. 2 BRAGO.

**Hauptverhandlung**

Erstreckt sich die **Hauptverhandlung** über einen **Kalendertag** hinaus, so erhält der RA für jeden weiteren **Verhandlungstag** in den Fällen des

- § 86 I Nr. 1 BRAGO 170,00 DM bis 1.270,00 DM (**Mittelgebühr** 720,00 DM)
- § 86 I Nr. 2 BRAGO 120,00 DM bis 760,00 DM (**Mittelgebühr** 440,00 DM).

Wird jedoch mit dem Verfahren von neuem begonnen, indem die Hauptverhandlung länger als zehn Tage unterbrochen wird (**neue Hauptverhandlung** § 229 StPO), gelten für den ersten Tag der neuen Hauptverhandlung die Vorschriften des § 86 I BRAGO.

**Revisionsgericht**

Ist der Rechtsanwalt im Revisionsverfahren als Verteidiger nur außerhalb der Hauptverhandlung tätig oder findet eine Hauptverhandlung vor dem **Revisionsgericht** nicht statt, so erhält er die Hälfte der Gebühren des § 86 I BRAGO (§ 86 III BRAGO).

Auch im Revisionsverfahren gilt die Erhöhungsvorschrift, soweit der Beschuldigte sich nicht auf freiem Fuß befindet (**inhaftierter Mandant**), was sich aus § 86 IV BRAGO ergibt, wonach § 83 III BRAGO entsprechend anzuwenden ist.

## 5. Zusammenfassung über die Gebühren in Strafsachen

Da es in der **Strafprozeßordnung** (StPO) keinen **Anwaltszwang** (§ 78 ZPO) gibt, sondern nur die gesetzlichen Bestimmungen über die **Pflichtverteidigung** (§§ 140 ff StPO), besteht durchaus die Möglichkeit, daß der RA den Mandanten sowohl im **Ermittlungsverfahren** (Vorverfahren), nach **Anklageerhebung bei Gericht** im ersten Rechtszug, im **Berufungsverfahren** und im **Revisionsverfahren** vertritt. Dann gilt auch für die Gebühren in **Strafsachen**, daß der RA in **gerichtlichen Verfahren** die Gebühren in jedem **Rechtszug** fordern kann (§ 13 II BRAGO). Durch die Gebühren der §§ 83 bis 86 BRAGO

**Strafprozeßordnung**
**Pflichtverteidigung**
**Rechtszug**

- erster Rechtszug (§ 83 BRAGO)
- Verfahren außerhalb der Hauptverhandlung (§ 84 BRAGO)
- Berufungsverfahren (§ 85 BRAGO)
- Revisionsverfahren (§ 86 BRAGO)

wird die gesamte Tätigkeit des RA als Verteidiger entgolten. Hierzu gehört auch die Einlegung von **Rechtsmitteln** bei dem **Prozeßgericht** (Pauschgebühren § 87 BRAGO).

Bei sämtlichen Gebühren in **Strafsachen** handelt es sich um **Betragsrahmengebühren**, so daß der RA die Höhe der Gebühr im Einzelfall unter Berücksichtigung aller Umstände des Einzelfalls, insbesondere der Bedeutung der Angelegenheit, des Umfangs und der Schwierigkeit der anwaltlichen Tätigkeit sowie der Vermögens- und Einkommensverhältnisse des Auftraggebers, nach billigem Ermessen zu bestimmen hat (**§ 12 BRAGO**).

**Betragsrahmengebühren**

Eine **Kostenfestsetzung** gegen den Mandanten (§ 19 BRAGO) ist bei den **Rahmengebühren** nicht zulässig (§ 19 VIII BRAGO).

**Kostenfestsetzung**

## 6. Bußgeldverfahren (§ 105 BRAGO)

### a. Einleitung/Betragsrahmengebühren (§ 12 BRAGO)

**Bußgeldverfahren**

Der siebte Abschnitt der BRAGO regelt die Gebühren in **Bußgeldverfahren**. Da die Vorschrift des § 104 BRAGO aufgehoben wurde, stellt § 105 BRAGO die einzige Vorschrift des siebten Abschnitts dar.

**Kostenrechtsänderungsgesetz**

Durch die Änderung der BRAGO (**Kostenrechtsänderungsgesetz**), insbesondere der Neufassung von § 84 II BRAGO haben viele **Rechtsschutzversicherer** die Ansicht vertreten, daß die Vorschrift des § 84 II BRAGO in **Bußgeldsachen** nicht anwendbar sei. Begründet wurde diese Ansicht mit dem Argument, daß der seinerzeitige § 105 I BRAGO eine abschließende Regelung enthalte. § 105 III BRAGO, wonach im übrigen die Vorschriften des 6. Abschnitts sinngemäß gelten, beziehe sich nur auf das in § 105 II BRAGO geregelte Bußgeldverfahren vor dem **Amtsgericht**, nicht auf das in § 105 I BRAGO geregelte Bußgeldverfahren vor der **Verwaltungsbehörde**.

**Amtsgericht**

**Verwaltungsbehörde**

In der Erstauflage von BRAGO-Basiswissen hatte ich dargelegt, daß diese Ansicht der Rechtsschutzversicherer falsch ist, denn sie entspricht nicht dem Willen des Gesetzgebers. Der **Gesetzgeber** hat nun auch diesen Streit durch das **Justizmitteilungsgesetz (JuMiG)** beendet.

**Justizmitteilungsgesetz**

Nach Artikel 27 a dieses Gesetzes ist § 105 BRAGO wie folgt gefaßt worden:

> „(1) Im Bußgeldverfahren sind die Vorschriften des Sechsten Abschnitts entsprechend anzuwenden.
> (2) Der Gebührenrahmen bestimmt sich nach § 83 I Nr. 3 BRAGO. Dies gilt auch, wenn das Gericht im **schriftlichen Verfahren** nach § 72 des Gesetzes über Ordnungswidrigkeiten entscheidet. Für das Verfahren vor der Verwaltungsbehörde und dem sich anschließenden Verfahren bis zum Eingang der Akten bei Gericht ist § 84 BRAGO entsprechend anzuwenden."

**schriftliches Verfahren**

Die Änderung des 105 BRAGO begründet kein neues Recht, sie stellt vielmehr klar, wie das Gesetz von Anfang an richtig auszulegen war, wodurch die diesseitige Ansicht bestätigt wird, daß bereits seit dem Inkrafttreten des **Kostenrechtsänderungsgesetzes** § 84 II BRAGO im **Bußgeldverfahren** vor der **Verwaltungsbehörde** anwendbar ist.

**Bußgeldsachen**

Auch in **Bußgeldsachen** hat der RA bei den **Betragsrahmengebühren** die Gebühr im Einzelfall unter Berücksichtigung aller Umstände nach billigem Ermessen zu bestimmen (§ 12 BRAGO). Ich hatte bereits darauf hingewiesen, daß insbesondere in **Ordnungswidrigkeitenverfahren** die **Rechtsschutzversicherer** oftmals einwenden, die Erstattung der **Mittelgebühr** sei nicht gerechtfertigt. Insoweit wird Bezug genommen auf Entscheidungen in der Rechtsprechung, die besagen, daß bei mittleren **Verkehrsordnungswidrigkeiten** grundsätzlich eine um **20 % abgesenkte Mittelgebühr** angemessen sei. Dabei rechtfertige sich die Absenkung aus der Tatsache, daß Verkehrsordnungswidrigkeiten unter dem Aspekt des Umfangs und der Schwierigkeit der anwaltlichen Tätigkeit (§ 12 I BRAGO) grundsätzlich geringer einzuschätzen seien als Ordnungswidrigkeiten aus anderen Bereichen (**Unterdurchschnittsangelegenheiten**), da es sich um eine häufig vorkommende und zu einem großen Teil Routine- oder gar formularmäßig abzuwickelnde Tätigkeit handele. Unter „mittleren" Verkehrsordnungswidrigkeiten sind die Angelegenheiten zu verstehen, bei denen es einerseits nur um geringere Geldbeträge (**Bußgelder**) gehe, andererseits dem Betroffenen keine gravierenden persönlichen Folgen, wie z. B. ein (längeres) **Fahrverbot** oder aufgrund des Punktestandes im **Verkehrszentralregister** die Einleitung eines Verfahrens zur Entziehung der Fahrerlaubnis durch die Verwaltungsbehörde drohe (vgl. **LG Mülhausen**, Beschl. v. 14.5.97–3 Qs 147/97 –, in Zeitschrift für Schadensrecht (zfs) 8/97, S. 309–311). Demnach sind Bußgeldverfahren wegen Verkehrsordnungswidrigkeiten, die außer der verhängten **Geldbuße** für den Betroffenen keine weiteren Auswirkungen haben, mit einer **unter der Mittelgebühr** liegenden Gebühr abzugelten. Anders verhält es sich in den Fällen, in denen neben der Geldbuße gegen den Auftraggeber ein **Fahrverbot** verhängt wird. Ungeachtet

**Mittelgebühr**

**Bußgelder**

**Fahrverbot**
**Verkehrszentralregister**

der Frage, welche konkreten Konsequenzen das Fahrverbot für den einzelnen Auftraggeber mit sich führt, ist die Tatsache des Fahrverbots allein gebührenerhöhend zu beachten, so daß die Erhebung einer **Mittelgebühr** gerechtfertigt ist (vgl. **AG München**, Urt. v. 14.5.96–173 C 29181/95 –, in Zeitschrift für Schadensrecht (zfs) 8/96, S. 310–311). Bezogen auf die Bestimmung der konkreten Höhe der Gebühr ist im Bereich der **Rahmengebühren** (§ 12 BRAGO) maßgeblich, wonach der RA die Gebühr im Einzelfall unter Berücksichtigung aller Umstände nach billigem Ermessen festzusetzen hat. Hierbei ist zu beachten, daß dem RA bei der Festsetzung der konkreten Höhe der Gebühr ein gewisser **Ermessensspielraum** zusteht. Aufgrund einer in der **Rechtsprechung** sich abzeichnenden, dem Anwalt hierbei zuerkannten **Toleranzgrenze** werden Gebühren immer dann als unbillig gewertet, wenn sie die angemessene Mittelgebühr um 20 % überschreiten (vgl. **AG Stuttgart**, Urt. v. 30.6.97 – 40 C 2145/97 –, in Zeitschrift für Schadensrecht (zfs) 7/98, S. 271). Demgegenüber sei eine Überschreitung des angemessenen Satzes (Mittelgebühr) um bis zu 20 % nicht unbillig, was dazu führen würde, daß der RA ohne jede Begründung die angemessene Vergütung um 20 % erhöhen könne, was nach anderer Ansicht jedoch nicht der Intention des Gesetzgebers entspricht. Denn mit der Möglichkeit, seine Gebühren und Auslagen in dem vorgegebenen Rahmen nach billigem Ermessen selbst festzusetzen, soll dem RA Gelegenheit gegeben werden, Besonderheiten des Einzelfalls Rechnung zu tragen. Da das Ermessen kein freies, sondern ein **„billiges" Ermessen** ist, bleibt seine Ausübung der Überprüfung zugänglich. Dazu müssen die sachlichen Grundlagen der Ermessensausübung vorgetragen oder sonst erkennbar sein. Sind im Einzelfall gebührenrechtliche Besonderheiten nicht erkennbar, so erscheint es willkürlich, den angemessenen Satz überhaupt zu überschreiten. Eine willkürliche Festsetzung kann in keinem Fall als Ausübung eines billigen Ermessens anerkannt werden (vgl. **LG Mülhausen**, aaO. S. 310).

**Rahmengebühren**

**Ermessensspielraum**

**Toleranzgrenze**

**billiges Ermessen**

Zu beachten ist, daß bei den **nachfolgenden Beispielsfällen** aus **Vereinfachungsgründen** grundsätzlich die **Mittelgebühr** in Rechnung gestellt wird.

**Mittelgebühr**

## b. Bußgeldverfahren vor der Verwaltungsbehörde und dem sich anschließenden Verfahren bis zum Eingang der Akten bei Gericht (§ 105 II BRAGO)

**Verwaltungsbehörde**

In den **Bußgeldverfahren** vor der **Verwaltungsbehörde** und dem sich anschließenden Verfahren bis zum Eingang der Akten bei Gericht ist § 84 BRAGO entsprechend anzuwenden (§ 105 II 3 BRAGO).
Ist demgemäß der RA in einer Bußgeldangelegenheit nur vor der Verwaltungsbehörde tätig und findet § 84 II BRAGO keine Anwendung, so erhält der RA als Verteidiger die Hälfte der Gebühren des § 83 I Nr. 3 BRAGO (§§ 105 II, 84 I BRAGO).

• **Beispiel 301**
*In einer Bußgeldangelegenheit wird dem Mandanten vorgeworfen, er habe innerhalb einer geschlossenen Ortschaft die zulässige Höchstgeschwindigkeit überschritten. Auftragsgemäß legt der RA gegen den Bußgeldbescheid, in dem lediglich eine Geldbuße ohne Fahrverbot festgesetzt ist, rechtzeitig Einspruch ein und beantragt Akteneinsicht. Nach Erhalt der Akte läßt er 15 notwendige Kopien anfertigen und bespricht den Akteninhalt mit dem Mandanten. Im weiteren Verlauf teilt der Mandant mit, daß er mangels einer Rechtsschutzversicherung nicht wünscht, daß der RA weiter tätig wird und bittet um Übersendung der Kostenrechnung, die wie folgt aussieht:*

| | |
|---|---|
| *§§ 12, 105 I, II 3 BRAGO* | *350,00 DM* |
| *Auslagen § 26 BRAGO* | *30,00 DM* |
| *Fotokopiekosten § 27 BRAGO* | *15,00 DM* |
| *Zwischensumme netto* | *395,00 DM* |
| *zzgl. MwSt. (§ 25 II BRAGO)* | |

Da für das Verfahren vor der Verwaltungsbehörde und dem sich anschließenden Verfahren bis zum Eingang der Akten bei Gericht § 84 BRAGO entsprechend anzuwenden ist (§ 105 II 3 BRAGO), erhält der RA, durch dessen Mitwirkung eine **Hauptverhandlung entbehrlich** wird die (vollen) Gebühren des § 83 I BRAGO, wenn das Verfahren nicht nur vorläufig eingestellt wird, es sei denn, ein Beitrag des RA zur Förderung des Verfahrens ist nicht ersichtlich (§ 84 II Nr. 1, Nr. 3 2. Hs. BRAGO).

- **Beispiel 302**

*Dem Betroffenen wird eine Geschwindigkeitsüberschreitung außerhalb einer geschlossenen Ortschaft zur Last gelegt. Auftragsgemäß meldet sich der RA bereits im Anhörungsverfahren und beantragt Akteneinsicht. Eine Einlassung zur Sache erfolgt auch bei der Rücksendung der amtlichen Ermittlungsakte nicht. Daraufhin erläßt die Verwaltungsbehörde einen Bußgeldbescheid über 100,00 DM, womit die Eintragung von Punkten im Verkehrszentralregister verbunden ist. Der RA legt auftragsgemäß Einspruch ein und trägt nunmehr erstmals vor, der Betroffene sei nicht Fahrer des fraglichen Fahrzeugs gewesen. Nachdem die Ermittlungen der Verwaltungsbehörde dies bestätigen, wird das Verfahren eingestellt und die notwendigen Auslagen des Betroffenen der Staatskasse auferlegt.*

| | |
|---|---|
| *§§ 12, 105 I, 105 II 3, 84 II Nr. 1 BRAGO* | *700,00 DM* |
| *Auslagen § 26 BRAGO* | *30,00 DM* |
| *Zwischensumme netto* | *730,00 DM* |
| *zzgl. MwSt. (§ 25 II BRAGO)* | |

**Bußgeldbescheid**

Erledigt sich das **gerichtliche Verfahren** durch **Zurücknahme des Einspruchs** gegen einen **Bußgeldbescheid**, so findet § 84 II BRAGO ebenfalls Anwendung (§ 105 II 3 BRAGO). Der RA, durch dessen Mitwirkung eine Hauptverhandlung entbehrlich wird, erhält die (vollen) Gebühren des § 83 I Nr. 3 BRAGO. Viele **Rechtsschutzversicherer** hatten die Frage, ob die Rücknahme des Einspruchs vor oder nach einer Terminierung erfolgte, auch bei den **Bußgeldangelegenheiten** zu einem Problem gemacht, obwohl die Auffassung des Gesetzgebers dazu bereits im **Kostenrechtsänderungsgesetz** klar erkennbar war. Diese falsche Rechtsauffassung der Rechtsschutzversicherer führte zu einer umfangreichen Rechtsprechung, die durch das **Justizmitteilungsgesetz** und die damit verbundene Änderung des § 84 II BRAGO zum

**Kostenrechtsänderungsgesetz**

**Justizmitteilungsgesetz**

27.06.1997 Makulatur geworden ist. Seither kommt es für die Entstehung der Gebühr gem. § 84 II Nr. 3 BRAGO auf eine Terminierung zur Hauptverhandlung nicht an.

- **Beispiel 303**

*Die Bußgeldbehörde erläßt einen Bußgeldbescheid über 100,00 DM. Hiergegen legt der RA auftragsgemäß für den Mandanten, der rechtsschutzversichert ist, fristwahrend Einspruch ein und beantragt Akteneinsicht. Nach Erhalt der Akte läßt er 20 notwendige Kopien fertigen und bespricht den Akteninhalt mit dem Mandanten. Nach Erörterung der Sach- und Rechtslage wird der Einspruch gegen den Bußgeldbescheid auftragsgemäß zurückgenommen. Der RA kann gegenüber der Rechtsschutzversicherung folgende Gebühren und Auslagen in Rechnung stellen:*

| | |
|---|---|
| *§§ 12, 105 I, II 3, 84 II Nr. 3 BRAGO* | *700,00 DM* |
| *Auslagen § 26 BRAGO* | *30,00 DM* |
| *Fotokopiekosten § 27 BRAGO* | *20,00 DM* |
| *Zwischensumme netto* | *750,00 DM* |
| *zzgl. MwSt. (§ 25 II BRAGO)* | |

**Hauptverhandlung**

Ist bereits ein **Termin zur Hauptverhandlung** bestimmt, erhält der RA den erhöhten Gebührenanspruch nur, wenn der Einspruch gegen den Bußgeldbescheid früher als **zwei Wochen** vor Beginn des Tages, der für die Hauptverhandlung vorgesehen war, zurückgenommen wird (§§ 105 I, II 3, 84 II Nr. 3 2. Hs. BRAGO).

- **Beispiel 304**

*Sachverhalt wie Beispiel 303. Aufgrund des Einspruchs gegen den Bußgeldbescheid gibt die Verwaltungsbehörde das Bußgeldverfahren zur Entscheidung an das zuständige Amtsgericht ab. Der Einzelrichter bestimmt den Termin zur Hauptverhandlung. Nach nochmaliger Besprechung der Sach- und Rechtslage nimmt der RA auftragsgemäß für den Mandanten, der rechtsschutzversichert ist, den Einspruch gegen den Bußgeldbescheid früher als zwei Wochen vor Beginn des Tages, der für die Hauptverhandlung vorgesehen ist, zurück und stellt der Rechtsschutzversicherung folgende Gebühren und Auslagen in Rechnung:*

| | |
|---|---|
| *§§ 12, 105 I, II 3, 84 II Nr. 3 BRAGO* | *700,00 DM* |
| *Auslagen § 26 BRAGO* | *30,00 DM* |
| *Fotokopiekosten § 27 BRAGO* | *20,00 DM* |
| *Zwischensumme netto* | *750,00 DM* |
| *zzgl. MwSt. (§ 25 II BRAGO)* | |

Erfolgt die Zurücknahme des Einspruchs gegen den Bußgeldbescheid **nicht** früher als zwei Wochen vor Beginn des Tages, der für die Hauptverhandlung vorgesehen war, so entfällt der Anspruch des RA auf die erhöhte Vergütung aus §§ 105 I, II 3, 84 II Nr. 3 BRAGO.

- **Beispiel 305**

*Sachverhalt wie Beispiel 304. Die Zurücknahme des Einspruchs gegen den Bußgeldbescheid erfolgt jedoch erst eine Woche vor Beginn des Tages, der für die Hauptverhandlung vorgesehen war. Die Gebührenrechnung sieht nunmehr wie folgt aus:*

| | |
|---|---|
| *§§ 12, 105 I, II, 84 I BRAGO* | *350,00 DM* |
| *Auslagen § 26 BRAGO* | *30,00 DM* |
| *Fotokopiekosten § 27 BRAGO* | *20,00 DM* |
| *Zwischensumme netto* | *400,00 DM* |
| *zzgl. MwSt. (§ 25 II BRAGO)* | |

### c. Bußgeldverfahren vor dem Amtsgericht

**Amtsgericht**

Im Bußgeldverfahren vor dem **Amtsgericht** erhält der RA als Verteidiger die vollen Gebühren des § 83 I Nr. 3 BRAGO (§ 105 II 1 BRAGO).

- **Beispiel 306**

*Der Mandant hat gegen den Bußgeldbescheid in eigener Person Einspruch eingelegt und beauftragt den RA, vor dem*

*Amtsgericht für ihn tätig zu werden. Der RA nimmt zusammen mit dem Mandanten den Termin zur Hauptverhandlung wahr. Hier wird der Mandant auf Kosten der Landeskasse freigesprochen.*

| | |
|---|---|
| *§§ 12, 105 II 1 BRAGO* | *700,00 DM* |
| *Auslagen § 26 BRAGO* | *30,00 DM* |
| *Zwischensumme netto* | *730,00 DM* |
| *zzgl. MwSt. (§ 25 II BRAGO)* | |

Der **Gebührenrahmen** bestimmt sich auch nach § 83 I Nr. 3 BRAGO, soweit das Gericht im **schriftlichen Verfahren** nach § 72 des Gesetzes über Ordnungswidrigkeiten (OWiG) entscheidet (§ 84 II 1, 2 BRAGO).

**schriftliches Verfahren**

- **Beispiel 307**

*Sachverhalt wie Beispiel 306. Nach Eingang der Akten bei Gericht läßt sich der RA für den Mandanten schriftsätzlich ein. Das Gericht entscheidet nunmehr im schriftlichen Verfahren gem. § 72 OWiG und spricht den Mandanten auf Kosten der Landeskasse frei.*

| | |
|---|---|
| *§§ 12, 105 II 1, 2 BRAGO* | *700,00 DM* |
| *Auslagen § 26 BRAGO* | *30,00 DM* |
| *Zwischensumme netto* | *730,00 DM* |
| *zzgl. MwSt. (§ 25 II BRAGO)* | |

Wird der RA in einem **Bußgeldverfahren** sowohl vor der **Verwaltungsbehörde** als auch vor dem **Amtsgericht** tätig, kann er Gebührenansprüche für beide Verfahren geltend machen.

**Verwaltungsbehörde Amtsgericht**

- **Beispiel 308**

*In einer Bußgeldangelegenheit wird dem Mandanten vorgeworfen, er habe außerhalb einer geschlossenen Ortschaft die zulässige Höchstgeschwindigkeit überschritten. Auftragsgemäß legt der RA gegen den Bußgeldbescheid, der auch ein*

*Fahrverbot für die Dauer eines Monats enthält, rechtzeitig Einspruch ein und beantragt Akteneinsicht. Nach Erhalt der Akte läßt er 20 notwendige Kopien anfertigen und bespricht den Akteninhalt mit dem Mandanten. Nach Eingang der Akten bei Gericht trägt er erneut schriftsätzlich vor und nimmt mit dem Mandanten im weiteren Verlauf auch den Termin zur Hauptverhandlung wahr. Während des Verlaufes der Hauptverhandlung nimmt der RA auftragsgemäß den Einspruch zurück. Er kann folgende Kosten in Rechnung stellen:*

| | |
|---|---|
| *§§ 12, 105 I, 83 I Nr. 3 BRAGO* | *700,00 DM* |
| *§§ 12, 105 II 3 BRAGO* | *350,00 DM* |
| *Auslagen § 26 BRAGO* | *30,00 DM* |
| *Fotokopiekosten § 27 BRAGO* | *20,00 DM* |
| *Zwischensumme netto* | *1.100,00 DM* |
| *zzgl. MwSt. (§ 25 II BRAGO)* | |

### d. Einstellung der Ermittlungen wegen eines strafrechtlichen Vergehens und Abgabe der Sache zur Verfolgung der Tat als Ordnungswidrigkeit (§§ 84, 105 BRAGO)

**Verkehrsrecht**

In der Praxis, vor allem im **Verkehrsrecht**, wird häufig ein eingeleitetes, **strafrechtliches Ermittlungsverfahren** wegen eines Vergehens (zumeist der fahrlässigen Körperverletzung) mangels eines öffentlichen Interesses an der Strafverfolgung endgültig eingestellt und die Sache der **Verwaltungsbehörde** zur Verfolgung als **Ordnungswidrigkeit** übergeben. Es stellt sich nunmehr die Frage, ob es sich um eine oder zwei **gebührenrechtliche Angelegenheiten** handelt, für die jeweils Gebühren und Auslagen anfallen.

Die Verfechter der Theorie der **einheitlichen Angelegenheit** (Rechtsschutzversicherungen) stellen sich auf den Standpunkt, daß die Angelegenheit mit der Einstellung der Ermittlungen im **Strafverfahren** (§ 170 II StPO) nicht beendet sei, sondern als **Owi-Verfahren** fortgeführt erde.

Insoweit wird mißachtet, daß § 84 II BRAGO nicht an den Begriff der **Angelegenheit**, sondern an das **Verfahren** anknüpft, denn in § 84 II BRAGO heißt es wörtlich: „Wird das Verfahren nicht nur vorläufig eingestellt oder erledigt sich das gerichtliche Verfahren ..., so erhält der RA, der an der Einstellung oder Erledigung mitgewirkt hat, die Gebühren des § 83 I ...“. Der Begriff der Angelegenheit (§ 13 BRAGO) und des Verfahrens, sind nicht deckungsgleich, was an mehreren Regelungen der BRAGO nachvollzogen werden kann. Der Begriff Verfahren hat in der BRAGO auch keine eigenständige gebührenrechtliche Ausprägung, sondern geht auf den Verfahrensbegriff im prozessualen Sinn zurück. Daher regelt der 6. Abschnitt Gebühren für die Verfahren in Strafsachen und der 7. Abschnitt die Gebühren in Bußgeld-Verfahren. Diese getrennte Regelung in zwei Abschnitten macht deutlich, daß **Strafverfahren** und **Ordnungswidrigkeitenverfahren** unterschiedliche prozessuale Verfahren sind.

**Angelegenheit Verfahren**

**Strafverfahren Ordnungswidrigkeitenverfahren**

Demnach fällt bei der Beendigung strafrechtlicher Ermittlungen (endgültige Einstellung § 170 II StPO) und Abgabe der Sache an die Verwaltungsbehörde eine volle Gebühr an (§ 84 II BRAGO), da das **Strafverfahren** im Sinne dieser Vorschrift **endgültig eingestellt** ist. Auf die Frage, ob es sich in diesem Fall um zwei Angelegenheiten im Sinne der BRAGO handelt oder nicht, kommt es nicht an, da § 84 II BRAGO allein auf die (endgültige) Einstellung des Verfahrens (hier: des strafrechtlichen Ermittlungsverfahrens) abstellt. Hat der RA an der Einstellung oder Erledigung mitgewirkt, kann er insoweit eine Gebühr nach § 84 II BRAGO liquidieren und im weiteren Verlauf auch Gebühren und Auslagen für das sich anschließende **Bußgeldverfahren** in Rechnung stellen (RAin Gudrun Stuth, Berlin, in AnwaltsGebührenSpezial (AGS) 2/1998, S. 18–19).
Auch das überwiegende Schrifttum und eine Vielzahl von Gerichten kommen zu dem nach diesseitiger Ansicht richtigen Ergebnis, daß es sich um **zwei unterschiedliche Angelegenheiten** handelt, soweit das staatsanwaltschaftliche Ermittlungsverfahren in ein Bußgeldverfahren vor der Verwaltungsbehörde übergeht und damit zwei gebührenrechtliche Tatbestände aus §§ 84, 105 BRAGO ausgelöst werden (vgl.

**AG Hadamar**, Urt. v. 13.12.1995–3 C 576/95 –, in Anwalts Gebühren Spezial AGS 5/1997, S. 57–58; **AG Hildesheim** in AGS 96, 141; **AG Westerstedde**, Urt. v. 29.11.96–1626–8–2 a C 1140/96 VII –, in Zeitschrift für Schadensrecht (zfs) 3/97 S. 112; sowie RA Madert „Bußgeldverfahren und staatsanwaltliches Ermittlungsverfahren als zwei gebührenrechtliche Angelegenheiten" in AnwaltsGebührenSpezial (AGS) 12/1996, S. 133–134 mit vollständiger Rechtsprechungsübersicht).

**Bußgeldbehörde**

Daraus folgt, daß mit der Abgabe an die **Bußgeldbehörde** das staatsanwaltschaftliche Ermittlungsverfahren endet und ein **neues Verfahren**, welches sich trotz Verweisung auf die **Strafprozeßordnung** grundsätzlich nach anderen Verfahrensvorschriften richtet, von der **Verwaltungsbehörde** eingeleitet wird. Zu beachten ist, daß trotz der verschiedenen Verfahrensordnungen und **Gebührentatbestände** (§§ 83, 84, 105 BRAGO) der Gesetzgeber es unterlassen hat, eine **Anrechnungs-** und/oder **Ausschlußvorschrift** im Verhältnis von § 105 I BRAGO zu § 84 I BRAGO zu normieren. Es finden sich auch keine Anhaltspunkte dafür, daß bei der

**Abgabemöglichkeit**

Fassung von § 84 II BRAGO die **Abgabemöglichkeit** (§ 43 OwiG) übersehen wurde. Es liegt auch keine Verlagerung der Verfolgungstätigkeit vor, da nach Abgabe der Sache an die Bußgeldbehörde die Staatsanwaltschaft bei der Entscheidung, ob ein Bußgeldbescheid ergeht oder nicht, keinerlei Einflußmöglichkeit hat.

**Vorverfahren**

Hat der RA den Beschuldigten sowohl in dem **Ermittlungsverfahren** gegenüber der **Staatsanwaltschaft** (**Vorverfahren**) wegen des eingeleiteten, strafrechtlichen Vergehens (zumeist der fahrlässigen Körperverletzung) vertreten und wird er auftragsgemäß auch im Ermittlungsverfahren zur Verfolgung der

**Ordnungswidrigkeit**

Sache als **Ordnungswidrigkeit** sowohl vor der **Bußgeldbehörde** als auch vor dem **Amtsgericht** tätig, kann der RA folgende Gebühren in Rechnung stellen:

- für die Verteidigung in dem Ermittlungsverfahren wegen der Straftat (§ 84 II BRAGO)
- für die Verteidigung in dem Ermittlungsverfahren wegen der Ordnungswidrigkeit (Bußgeldverfahren) vor der Verwaltungsbehörde (§§ 105 I, II)

- für die Verteidigung in dem Bußgeldverfahren vor dem Amtsgericht (§§ 105 I, 83 I Nr. 3 BRAGO).

- **Beispiel 309**

*Der RA wird beauftragt, für den Mandanten in einer Verkehrsunfallangelegenheit wegen des Verdachts der fahrlässigen Körperverletzung in dem Strafverfahren für ihn tätig zu werden. Unter Überreichung der Vollmacht bittet der RA um Akteneinsicht und läßt nach Erhalt der Ermittlungsakte 35 notwendige Kopien anfertigen. Er beantragt nunmehr schriftsätzlich, das Verfahren mangels öffentlichen Interesses einzustellen. Antragsgemäß wird das Strafverfahren eingestellt und die Sache an die zuständige Bußgeldbehörde abgegeben. Diese ermittelt wegen der in Betracht kommenden Ordnungswidrigkeiten. Gegenüber der Verwaltungsbehörde läßt sich der RA ebenfalls schriftsätztlich ein und ruft den zuständigen Sachbearbeiter an. Im Rahmen des Telefonats wird die Sach- und Rechtslage erörtert. Gegen den Bußgeldbescheid legt der RA fristgemäß Einspruch ein. In dem sich daran anschließenden Bußgeldverfahren vor dem Amtsgericht wird in der Hauptverhandlung der Einspruch zurückgenommen. Der RA kann folgende Gebühren und Auslagen geltend machen:*

| | |
|---|---|
| • *Strafverfahren* | |
| *§§ 12, 84 I, II Nr. 1 BRAGO* | *700,00 DM* |
| *Auslagen § 26 BRAGO* | *30,00 DM* |
| *Fotokopiekosten § 27 BRAGO* | *35,00 DM* |
| *Zwischensumme netto* | *765,00 DM* |
| *zzgl. MwSt. (§ 25 II BRAGO)* | |
| • *Bußgeldverfahren* | |
| *§§ 12, 105 I, 105 II 3 BRAGO* | *350,00 DM* |
| *§§ 12, 105 I, 83 I Nr. 3 BRAGO* | *700,00 DM* |
| *Auslagen § 26 BRAGO* | *30,00 DM* |
| *Zwischensumme netto* | *1.080,00 DM* |
| *zzgl. MwSt. (§ 25 II BRAGO)* | |

# 16. Kapitel

## Gebühren in Familiensachen und einstweiligen Anordnungen

### 1. Einleitung

In **Ehesachen** und **Familiensachen** unterscheidet das Gesetz zwischen **Scheidungssachen, Folgesachen** (§ 623 ZPO) und den **anderen (isolierten) Familiensachen** (§ 621 ZPO).

**Ehesachen**
**Familiensachen**

Grundsätzlich können sämtliche Familiensachen des § 621 I ZPO mit der Ehesache einen **Verbund** von **Scheidungssache** und **Folgesache** darstellen.

**Verbund**

Die **Gegenstandswerte** (**Streitwerte**) richten sich nach § 8 I 1 BRAGO, §§ 12 ff GKG, §§ 3–9 ZPO.

Die **Scheidungssache** und die **Folge-Hauptsachen** (insbesondere der **Versorgungsausgleich**), bilden einen **Gebührenverbund** (§ 7 III BRAGO), d. h. die jeweiligen Gegenstandswerte sind zu addieren.

**Scheidungssache**
**Versorgungsausgleich**
**Gebührenverbund**

### 2. Verfahren der Ehescheidung

Die Gebühren in **Ehescheidungsverfahren** richten sich nach den §§ 31 ff BRAGO, so daß auf die dortigen Ausführungen verwiesen werden kann.
Zu beachten sind folgende Besonderheiten:

**Ehescheidungsverfahren**

- Der **Verfahrensbevollmächtigte** des Antragstellers erhält die **volle Verhandlungsgebühr** auch dann, wenn er allein zur Sache verhandelt (§ 33 I Nr. 3 BRAGO). Dasselbe gilt für den Verfahrensbevollmächtigten des Antragsgegners.

**Scheidungsantrag**

Es ist ausreichend, soweit dem **Scheidungsantrag** zugestimmt wird oder der RA sich auf die Erklärung beschränkt, Anträge nicht stellen zu wollen und damit zugleich zum Ausdruck gebracht wird, daß die von der Gegenpartei zur Begründung ihres Antrags behaupteten Tatsachen zugestanden werden.

- **Beispiel 310**

*Im Termin beantragt der RA des Antragstellers, die Ehe zu scheiden. Der RA der Antragsgegnerin stimmt dem Scheidungsbegehren zu. Für die Verfahrensbevollmächtigten ist jeweils eine volle Verhandlungsgebühr (§ 33 I Nr. 3 BRAGO) entstanden.*

**Beweisgebühr**

**Parteivernehmung**

**Beweisaufnahmeverfahren**

- Die **Beweisgebühr** (§ 31 I Nr. 3 BRAGO) erhält der Verfahrensbevollmächtigte bezogen auf die **Ehescheidung** für die Vertretung bei der **Anhörung** oder **Vernehmung** einer Partei (**Parteivernehmung** § 613 ZPO). Der RA muß bei der Parteivernehmung eine Tätigkeit vornehmen, welche die subjektiven Voraussetzungen der Vertretung in einem **Beweisaufnahmeverfahren** erfüllt. Hierbei ist es ausreichend, soweit das Gericht sich einen persönlichen Eindruck von den Parteien und ihrer **Scheidungsabsicht** verschafft, wobei es nicht auf Umfang und Inhalt der Anhörung ankommt.

- **Beispiel 311**

*Das Gericht fragt die Parteien, ob sie geschieden werden wollen. Das einfache „ja" der Parteien ist Anhörung (§ 613 ZPO) und löst die Beweisgebühr aus.*

**Scheidungsverbundverfahren**

**Versorgungsausgleich**

**Versorgungsanwartschaften**

- Im **Scheidungsverbundverfahren** entsteht die **Beweisgebühr** nach der Summe der Werte, bezüglich derer eine Beweisaufnahme durchgeführt worden ist (§§ 7 III, 31 III BRAGO). In der **Folgesache Versorgungsausgleich** sind gemäß § 54 b I 2 FGG Auskünfte über Grund und Höhe der **Versorgungsanwartschaften** zumeist bei der **Landesversicherungsanstalt** (LVA) in Münster oder bei der **Bundesversicherungsanstalt** (BfA) in Berlin einzuholen. Ob bei der Anhörung der Parteien (§ 613 ZPO) über den Versorgungsausgleich die **Beweisgebühr** erwächst, ist **sehr umstritten**. Überwiegend wird **Beweisaufnahme** mit der Begründung **verneint**, es handele sich um prozessuale Erklärungen und damit um **Sachvortrag**, der formell und materiell beteiligten Versicherungs- und Versorgungsträger (§ 53 b II 1 FGG). Insoweit kann eine **Beweisaufnahme** nur dann vorliegen, soweit das Gericht, zumeist aufgrund abweichender Angaben der Parteien, Zweifel an den Auskünften hat und deshalb eine gezielte weitere Auskunft einholt. Darüber hinaus wird Beweisaufnahme auch mit dem Argument aus § 34 BRAGO verneint, wonach der RA die Beweisgebühr nicht erhält, wenn die Beweisaufnahme lediglich in der Vorlegung der in den Händen des Beweisführers oder des Gegners befindlichen **Urkunden** (hier die Auskünfte über die Versorgungsanwartschaften) besteht (§ 34 I BRAGO). Auch bei der **Folgesache elterliche Sorge** ist umstritten, ob bei der Anhörung der Parteien die Beweisgebühr erwächst. Die Anhörung der Parteien und der Kinder löst grundsätzlich die Beweisgebühr nicht aus, sondern dient lediglich zur Stoffsammlung. Erforderlich ist, daß das **Jugendamt** sich im Rahmen seiner Anhörung gutachterlich äußert, wohingegen die bloße Wiedergabe von Tatsachen nicht ausreichend ist.

**Sachvortrag**

**Beweisaufnahme**

**Urkunden**

**elterliche Sorge**

**Jugendamt**

Der **Streitwert/Gegenstandswert** bei einer **Ehescheidung** ergibt sich aus § 12 II GKG i.V.m. §§ 8 I 1, 9 I BRAGO, wonach in **Ehesachen** für die **Einkommensverhältnisse** das in drei Monaten erzielte **Nettoeinkommen** der **Eheleute** anzusetzen ist. Maßgebend für die Wertberechnung ist der Zeitpunkt der Einreichung des **Ehescheidungsantrages**, so daß die letzten drei zusammenhängenden Monate vor Eingang des Scheidungsantrages maßgeblich sind (§ 4 I ZPO). Veränderungen des Einkommens nach Antragseingang bis zur **Urteilsverkündung** bleiben außer Betracht, da gem. § 15 GKG für die Wertberechnung grundsätzlich der Zeitpunkt der die Instanz einleitenden Antragstellung maßgebend ist. Bei **Unselbständigen** ist wie bei der Berechnung des Unterhalts vorzugehen. Bei dem Nettoverdienst der letzten zwölf Monate sind Urlaubs-

**Gegenstandswert**

**Ehesachen**

**Nettoeinkommen**

und Weihnachtsgelder, das 13. Gehalt, Steuerrückzahlungen zu berücksichtigen.

- **Beispiel 312**
*Das durchschnittliche, monatliche Nettogehalt der Ehefrau beträgt 2.000,00 DM, das des Ehemannes 3.000,00 DM. Der Streitwert für das Scheidungsverfahren beträgt (2.000,00 DM + 3.000,00 DM = 5.000,00 DM x 3 = 15.000,00 DM).*

Bei **Selbständigen** wird ebenfalls wie bei der **Unterhaltsberechnung** vorgegangen und zwar bezogen auf die letzten drei Jahre vor der Antragstellung (vgl. RA Wolfgang Madert, Anwaltsgebühren in Zivilsachen, 3. Aufl., S. 199 ff).

**Mindestgegenstandswert**

Der gesetzliche **Mindeststreitwert/Mindestgegenstandswert** beträgt in **Ehesachen** 4.000,00 DM (§ 12 II 4 GKG).

- **Beispiel 313**
*Das durchschnittliche, monatliche Nettoeinkommen des Ehemannes beträgt 1.200,00 DM; die Ehefrau hat kein eigenes Einkommen. Da das gemeinsame Einkommen (1.200,00 DM x 3 = 3.600,00 DM) beträgt, ist der gesetzliche Mindestgegenstandswert/Mindeststreitwert von 4.000,00 DM anzunehmen.*

Für die **elterliche Sorge** beträgt der **Streitwert** im **Verbund** 1.500,00 DM.

**Versorgungsausgleich Jahresbetrag Rente**

Für den **öffentlichrechtlichen Versorgungsausgleich** (§§ 1587 ff BGB) im **Verbundverfahren** gilt für den **Streitwert/Gegenstandswert** § 17 a GKG, wonach der **Jahresbetrag** der **Rente**, die den zu übertragenden oder zu begründenden Anwartschaften entspricht, maßgeblich ist.

- **Beispiel 314**
*Aus dem Scheidungsurteil ergibt sich, daß auf das Versicherungskonto der Antragstellerin für die Ehezeit monatlich 1.000,00 DM an Anwartschaften zu übertragen sind. Der Streitwert/Gegenstandswert für den Versorgungsausgleich beträgt (1.000,00 DM x 12 = 12.000,00 DM).*

Der **Mindestbetrag** beläuft sich auf 1.000,00 DM, der dann anzuwenden ist, soweit der Jahresbetrag der zu übertragenden Rente diesen Betrag nicht erreicht. **Mindestbetrag**

- **Beispiel 315**

*Auf das Versicherungskonto der Antragstellerin sind für die Ehezeit monatlich 50,00 DM zu übertragen. Da der Jahresbetrag (50,00 DM x 12 = 600,00 DM) beträgt, ist als Gegenstandswert der Mindestbetrag von 1.000,00 DM anzunehmen.*

Zur Übung nunmehr folgendes

- **Beispiel 316**

*Der RA wird beauftragt, für die Antragstellerin das Ehescheidungsverfahren einzuleiten. Nach Angaben der Mandantin beläuft sich ihr monatlich durchschnittliches Nettogehalt auf 2.500,00 DM, das des Ehemannes beträgt 4.500,00 DM. Die Mandantin trägt vor, daß die Parteien seit über einem Jahr getrennt leben und der Antragsgegner der Ehescheidung zustimmen wird. Der Verfahrensbevollmächtigte leitet schriftsätzlich das Ehescheidungsverfahren ein. Im weiteren Verlauf bestreitet die Antragstellerin die Angaben des Ehemannes in den Fragebögen zum Versorgungsausgleich. Danach holt das Gericht ergänzende Auskünfte in dem Verfahren über den Versorgungsausgleich ein. Im Termin zur mündlichen Verhandlung werden die Parteien gemäß § 613 ZPO sowohl zur Ehescheidung als auch zum Versorgungsausgleich wegen der ehemals streitigen Angaben angehört. Der Antragsgegner stimmt der Ehescheidung zu, stellt aber keinen eigenen Scheidungsantrag. Am Schluß der Sitzung verkündet das Gericht das Urteil, daß die Ehe der Parteien geschieden wird und daß auf das Versicherungskonto der Antragstellerin für die Ehezeit monatlich 500,00 DM an Anwartschaften zu übertragen sind.*

| | |
|---|---|
| *Gegenstandswert (§§ 12, 17 a GKG)* | |
| • *Ehescheidungsverfahren (2.500,00 DM + 4.500,00 DM = 7.000,00 DM) x 3 =* | *21.000,00 DM* |
| • *Versorgungsausgleich 500,00 DM x 12 =* | *6.000,00 DM* |
| *Summe* | *27.000,00 DM* |

| | |
|---|---|
| *Streitwert/Gegenstandswert: 27.000,00 DM* | |
| *10/10 §§ 11, 31 I Nr. 1 BRAGO* | *1.105,00 DM* |
| *10/10 §§ 11, 33 I Nr. 3 BRAGO* | *1.105,00 DM* |
| *10/10 §§ 11, 31 I Nr. 3 BRAGO* | *1.105,00 DM* |
| *Auslagen § 26 BRAGO* | *40,00 DM* |
| *Zwischensumme netto* | *3.355,00 DM* |
| *zzgl. MwSt. (§ 25 II BRAGO)* | |

**Aussöhnungsgebühr Scheidungssache**

Als besonderer Gebührenanspruch ist die **Aussöhnungsgebühr** für den Fall der Aussöhnung von Eheleuten (§ 36 II BRAGO) zu beachten. Ist eine **Scheidungssache** oder eine Klage auf Aufhebung einer Ehe anhängig oder ist der ernstliche Wille eines Ehegatten, ein solches Verfahren anhängig zu machen, hervorgetreten und setzen die Ehegatten die eheliche Lebensgemeinschaft fort, bzw. nehmen sie die eheliche Lebensgemeinschaft wieder auf, so erhält der RA, der bei der Aussöhnung mitgewirkt hat, eine volle (10/10 13/10) Gebühr (§ 36 II BRAGO).

• **Beispiel 317**

*Sachverhalt wie Beispiel 316. Nachdem der RA das Ehescheidungsverfahren bei Gericht eingeleitet hat, erscheint die Antragstellerin zusammen mit ihrem Ehegatten zu einem Besprechungstermin in der Kanzlei des RA. Hier stellt sich heraus, daß sowohl die Antragstellerin als auch der Antragsgegner gewillt sein könnten, die eheliche Lebensgemeinschaft wieder aufzunehmen. Der RA führt mit der Mandantin und dem Antragsgegner ein umfassendes Gespräch und setzt sich engagiert dafür ein, daß die Ehegatten die eheliche Lebensgemeinschaft wieder aufnehmen, was im weiteren Verlauf auch geschieht.*

*Die Auskünfte über den Versorgungsausgleich lagen zu diesem Zeitpunkt noch nicht vor. Der RA möchte wissen, welche Kosten er nunmehr in Rechnung stellen kann.*

| | |
|---|---|
| *Gegenstandswert (§ 12, 17 a GKG)* | |
| • *Ehescheidungsverfahren (2.500,00 DM + 4.500,00 DM = 7.000,00 DM) x 3 =* | *21.000,00 DM* |
| *Versorgungsausgleich* | *1.000,00 DM* |
| • *Summe* | *22.000,00 DM* |

| | |
|---|---|
| *Gegenstandswert: 22.000,00 DM* | |
| *10/10 §§ 11, 31 I Nr. 1 BRAGO* | *1.025,00 DM* |
| *10/10 §§ 11, 36 II BRAGO* | *1.025,00 DM* |
| *Auslagen § 26 BRAGO* | *40,00 DM* |
| *Zwischensumme netto* | *2.090,00 DM* |
| *zzgl. MwSt. (§ 25 II BRAGO)* | |

**Vergleichsgebühr**

Neben der Aussöhnungsgebühr kann auch eine **Vergleichsgebühr** entstehen, soweit die Parteien sich im Zusammenhang mit der Aussöhnung über noch anhängige Folgesachen oder anderen, ihnen regelungsbedüftig erscheinende Fragen geeinigt haben. Wird ein **Vergleich**, über den **Unterhalt** im Hinblick auf eine Ehesache geschlossen, so bleibt der Wert der Ehesache bei der Berechnung der Vergleichsgebühr außer Betracht (§ 36 I 2 BRAGO).

**Unterhalt**

• **Beispiel 318**

*Sachverhalt wie Beispiel 316. Neben dem Ehescheidungsverfahren und dem Versorgungsausgleich hat der RA darüber hinaus einen Unterhaltsanspruch für seine Mandantin in Höhe von monatlich 1.000,00 DM für die Dauer von drei Jahren geltend gemacht. Im Termin werden die Parteien gemäß § 613 ZPO zum Ehescheidungsverfahren, Versorgungsausgleich sowie zum Unterhaltsanspruch persönlich angehört. Der RA des Antragsgegners stimmt dem Scheidungsantrag zu. Wegen des Unterhaltsanspruchs einigen sich nach Erörterung der Sach- und Rechtslage mit dem Gericht die Parteien dahingehend, daß der Antragsgegner an die Antragstellerin monatlich für die Dauer von drei Jahren 800,00 DM zu zahlen hat. Die Ehe wird antragsgemäß geschieden. Vom Versicherungskonto des Antragsgegners werden für die Dauer der Ehezeit auf das Versicherungskonto der Antragstellerin 500,00 DM monatlich übertragen. Die Kostenrechnung der Verfahrensbevollmächtigten sehen wie folgt aus:*

| | |
|---|---|
| *Gegenstandswert/Streitwert (§§ 12, 17 a GKG)* | |
| • *Ehescheidungsverfahren (2.500,00 DM + 4.500,00 DM = 7.000,00 DM) x 3 =* | *21.000,00 DM* |
| • *Versorgungsausgleich (500,00 DM x 12 =)* | *6.000,00 DM* |
| • *Unterhalt (1.000,00 DM x 12 =)* | *12.000,00 DM* |
| • *Summe* | *39.000,00 DM* |
| *Gegenstandswert: 39.000,00 DM* | |
| *10/10 §§ 11, 31 I Nr. 1 BRAGO* | *1.265,00 DM* |
| *10/10 §§ 11, 31 I Nr. 4 , II, 33 I Nr. 3 BRAGO* | *1.265,00 DM* |
| *Gegenstandswert: 33.000,00 DM* | |
| *10/10 §§ 11, 31 I Nr. 3 BRAGO* | *1.185,00 DM* |
| *Gegenstandswert: 12.000,00 DM* | |
| *10/10 §§ 11, 23 I 3 BRAGO* | *665,00 DM* |
| *Auslagen § 26 BRAGO* | *40,00 DM* |
| *Zwischensumme netto* | *4.420,00 DM* |
| *zzgl. MwSt. (§ 25 II BRAGO)* | |

## 3. Einstweilige Anordnungen (§ 41 BRAGO)

**Prozeßkostenvorschuß**

Die Verfahren nach §§ 127 a (**Prozeßkostenvorschuß** in Unterhaltssachen), 620, 620 b I, II, 621 f, 641 d, 641 e II, III ZPO gelten als besondere Angelegenheit. Demnach kann der RA wie bei **einstweiligen Verfügungsverfahren** (§ 40 BRAGO) auch für Verfahren der **einstweiligen Anordnungen** Gebühren gesondert in Rechnung stellen. Für mehrere Verfahren, die unter einem Buchstaben genannt sind, erhält der RA die Gebühren in jedem Rechtszug nur einmal (§ 41 I 2 BRAGO). Ist in einem Verfahren nach § 620 S. 1 Nr. 4, 6 ZPO oder in einem Verfahren nach § 641 d ZPO die **Unterhaltspflicht** zu regeln, so wird der **Gegenstandswert** nach dem sechsmonatigen Bezug berechnet (§ 20 II 1 GKG).

**einstweilige Anordnung**

**Unterhaltspflicht**

- **Beispiel 319**

*Der RA wird beauftragt, für ein minderjähriges Kind, gesetzlich vertreten durch seine Mutter, gegen den unterhaltsverpflichteten und leistungsfähigen Vater Unterhalt im Wege eines einstweiligen Anordnungsverfahrens geltend zu machen. Nachdem das Gericht gemäß § 127 a ZPO den Antragsgegner zur Leistung des erforderlichen Prozeßkostenvorschusses verurteilt hat, wird im einstweiligen Anordnungsverfahren von dem RA für seinen Mandanten schriftsätzlich begehrt, daß der Antragsgegner zur Zahlung eines monatlichen Unterhaltsbetrages in Höhe von 700,00 DM verurteilt wird. Der RA des Antragsgegners beantragt schriftsätzlich, den Antrag zurückzuweisen. Im Termin zur mündlichen Verhandlung wird streitig verhandelt und nach Anhörung der Parteien (§ 613 ZPO) spricht das Gericht dem Antragsteller den begehrten Unterhaltsanspruch zu. Die Kostenrechnungen der Verfahrensbevollmächtigten sehen wie folgt aus:*

*Gegenstandswert: 700,00 DM x 6 = 4.200,00 DM*

| | |
|---|---|
| *10/10 §§ 11, 31 I Nr. 1, 41 I 1 BRAGO* | *320,00 DM* |
| *10/10 §§ 11, 31 I Nr. 2, 41 I 1 BRAGO* | *320,00 DM* |
| *10/10 §§ 11, 31 I Nr. 3, 41 I 1 BRAGO* | *320,00 DM* |
| *Auslagen § 26 BRAGO* | *40,00 DM* |
| *Zwischensumme netto* | *1.000,00 DM* |
| *zzgl. MwSt. (§ 25 II BRAGO)* | |

# 17. Kapitel
# Gebührenanspruch in Arbeitssachen

## 1. Einleitung

Arbeitssachen

Im Verfahren vor den Gerichten für **Arbeitssachen** und vor dem **Schiedsgericht** (§ 104 des Arbeitsgerichtsgesetzes) gelten die Vorschriften des Dritten Abschnitts der BRAGO (§§ 31 ff BRAGO) sinngemäß (§ 62 I BRAGO).
Daraus folgt, daß grundsätzlich die gleichen Gebührenvorschriften wie für die Tätigkeiten in **bürgerlichen Rechtsstreitigkeiten** gelten. Mithin gilt die Tabelle zu § 11 BRAGO. Die Gebühren im **Berufungs-** und **Revisionsverfahren** erhöhen sich um 3/10 auf 13/10 (§ 11 I 4 BRAGO). Für die **Zwangsvollstreckung** aus **arbeitsgerichtlichen Urteilen** und sonstigen Schuldtiteln gelten die §§ 58 ff., 72 ff. BRAGO unmittelbar.

## 2. Kostentragungspflicht (§ 12 a ArbGG)

Urteilsverfahren

In **Urteilsverfahren** des **ersten Rechtszuges** besteht kein Anspruch der obsiegenden Partei auf Entschädigung wegen Zeitversäumnis und auf Erstattung der Kosten für die Zuziehung eines **Prozeßbevollmächtigten** oder Beistands (§ 12 a I 1 ArbGG). Das bedeutet, daß in Urteilsverfahren der ersten Instanz, insbesondere auch in **Kündigungsschutzklageverfahren** jede Partei ihre eigenen außergerichtlichen Kosten, insbesondere die **Anwaltskosten** selbst zu tragen hat.

Kündigungsschutzklageverfahren

Berufungsinstanz

Dieser Grundsatz gilt nicht mehr für die **Berufungsinstanz**. Werden im Urteilsverfahren des zweiten Rechtszuges die

**Verbandsvertreter**

**Anwaltskosten**

Kosten nach § 92 I ZPO verhältnismäßig geteilt und ist die eine Partei durch einen Rechtsanwalt, die andere Partei durch einen **Verbandsvertreter** (§ 11 II 2 ArbGG) vertreten, so ist diese Partei hinsichtlich der **außergerichtlichen Kosten** so zu stellen, als wenn sie durch einen RA vertreten worden wäre. Ansprüche auf Erstattung stehen ihr jedoch nur insoweit zu, als ihr Kosten im Einzelfall tatsächlich erwachsen sind (§ 12 a II ArbGG). Mithin beinhaltet in der Berufungsinstanz die Entscheidung, wer die Kosten des Rechtsstreits zu tragen hat, auch die zu erstattenden **Anwaltskosten**.

## 3. Gegenstandswertbestimmung in Kündigungsschutzklageverfahren (§ 12 VII ArbGG)

**Kündigungs-schutzklage**

Für die **Wertberechnung** bei Rechtsstreitigkeiten über das Bestehen, das Nichtbestehen oder die Kündigung eines Arbeitsverhältnisses (**Kündigungsschutzklage**) ist höchstens der Betrag des für die Dauer eines **Vierteljahres** zu leistenden **Bruttoarbeitsentgeltes** maßgebend, wobei eine **Abfindung** nicht hinzugerechnet wird (§ 12 VII 1 ArbGG).

**Güteverhandlung**

**Abfindung**

**Vergleich**

Vergleichen sich die Parteien im Rahmen der **Güteverhandlung** (§ 54 ArbGG), indem der Arbeitgeber dem gekündigten Arbeitnehmer aufgrund einer betriebsbedingten, ordentlichen Kündigung eine **Abfindung** (§§ 9, 10 **Kündigungsschutzgesetz**) zahlt, ist zu differenzieren zwischen dem **Gegenstandswert** für das **Verfahren** und für den **Vergleich**. Da eine Abfindung nicht hinzugerechnet werden darf, ist fraglich, welcher Gegenstandswert für den Vergleich gilt. Hier kann durch den Vorsitzenden für den Wert des Vergleichs ein weiteres Bruttomonatsgehalt hinzugerechnet werden, so daß sich der Wert für das Verfahren aus dem dreimonatigen und der Wert für den Vergleich aus dem viermonatigen Bruttomonatsgehalt ergibt.

- **Beispiel 320**

*Der RA wird mandatiert, für den Mandanten gegen eine fristlose Kündigung Kündigungsschutzklage zu erheben. Der Kläger war bei der Beklagten seit zehn Jahren beschäftigt. Sein durchschnittliches monatliches Bruttogehalt belief sich zuletzt auf 4.500,00 DM. Nachdem der RA schriftsätzlich Kündigungsschutzklage erhoben hat, beraumt der Vorsitzende des Arbeitsgerichts einen Termin zur Güteverhandlung an. Im Güteverhandlungstermin wird die Sach- und Rechtslage mit den Parteien ausführlich erörtert. Im Anschluß daran schließen die Parteien folgenden Vergleich:*

1. *Die Parteien sind sich darüber einig, daß das Arbeitsverhältnis zwischen ihnen aufgrund ordentlicher Kündigung aus betrieblichen Gründen durch die Beklagte am (genaues Datum) beendet worden ist.*
2. *Die Beklagte rechnet bis zu diesem Zeitpunkt unter Berücksichtigung der auf die Bundesanstalt für Arbeit übergegangenen Forderung ordnungsgemäß ab und zahlt den sich aus der Abrechnung ergebenden Betrag an den Kläger aus.*
3. *Die Beklagte zahlt an den Kläger eine Abfindung gemäß §§ 9, 10 KSchG, § 3 Zif. 9 EStG in Höhe von 25.000,00 DM brutto für netto.*
4. *Damit ist der vorliegende Rechtsstreit (Aktenzeichen) erledigt.*

*Das Gericht setzt den Wert für das Verfahren auf (4.500,00 DM x 3 = 13.500,00 DM) und den Wert für den Vergleich auf (4.500,00 DM x 4 = 18.000,00 DM) fest. Der RA des Klägers kann folgende Gebühren geltend machen:*

| | |
|---|---|
| *Gegenstandswert: 13.500,00 DM* | |
| *10/10 §§ 11, 31 I Nr. 1, 62 I BRAGO* | *735,00 DM* |
| *10/10 §§ 11, 31 I Nr. 4, 62 I BRAGO* | *735,00 DM* |
| *Gegenstandswert: 18.000,00 DM* | |
| *10/10 §§ 11, 23 I 3, 62 I BRAGO* | *875,00 DM* |
| *Auslagen § 26 BRAGO* | *40,00 DM* |
| *Zwischensumme netto* | *2.385,00 DM* |
| *zzgl. MwSt. (§ 25 II BRAGO)* | |

## 4. Güteverhandlung (§ 54 ArbGG)

**Güteverhandlung**

Im Gegensatz zum **Zivilprozeßverfahren** zeichnet sich das **arbeitsgerichtliche Klageverfahren** dadurch aus, daß stets eine **Güteverhandlung** vor dem Vorsitzenden stattfindet (§ 54 ArbGG). Im Rahmen des **Güteverfahrens** hat der Vorsitzende das gesamte Streitverhältnis mit den Parteien unter freier Würdigung aller Umstände zu erörtern (§ 31 I Nr. 4 BRAGO). Zur Aufklärung des Sachverhalts kann er alle Handlungen vornehmen, die sofort erfolgen können. **Mündliche Vernehmungen** sind jedoch ausgeschlossen (§ 54 I ArbGG). Das Ziel der Güteverhandlung ist, daß die Parteien sich gütlich einigen, indem sie eine **Vergleich** schließen. Das Ergebnis der Güteverhandlung, insbesondere der Abschluß eines Vergleiches, ist in die **Niederschrift** aufzunehmen. Erscheinen oder verhandeln beide Parteien in der Güteverhandlung nicht, ist das **Ruhen des Verfahrens** anzuordnen. Auf **Antrag** einer Partei ist Termin zur **streitigen Verhandlung** zu bestimmen. Dieser Antrag kann nur innerhalb von sechs Monaten nach der Güteverhandlung gestellt werden (§ 54 V ArbGG).

**Vergleich**

**Erörterungsgebühr streitige Verhandlungsgebühr**

Für den Fall, daß die Güteverhandlung erfolglos war, muß der Vorsitzende einen Termin zur streitigen Verhandlung bestimmen. Findet im weiteren Verlauf eine streitige Verhandlung (§ 31 I Nr. 2 BRAGO) statt, so ist wegen des Entstehens der **Erörterungsgebühr** (§ 31 I Nr. 4 BRAGO) im Rahmen der Güteverhandlung für die nunmehr entstehende **streitige Verhandlungsgebühr** die Anrechnungsvorschrift (§ 31 II BRAGO) zu beachten.

- **Beispiel 321**

*Sachverhalt wie Beispiel 320. Die Güteverhandlung bleibt jedoch erfolglos. Im Termin zur streitigen Verhandlung stellen die Prozeßbevollmächtigten der Parteien sich widerstreitende Anträge. Die Sach- und Rechtslage wird nochmals mit den Parteien erörtert. Nachdem Zeugen vernommen wurden, schließen die Parteien nunmehr den o.a. Vergleich.*

| | |
|---|---|
| *Gegenstandswert: 13.500,00 DM* | |
| *10/10 §§ 11, 31 I Nr. 1, 62 I BRAGO* | *735,00 DM* |
| *10/10 §§ 11, 31 I Nr. 2, 4, II, 62 I BRAGO* | *735,00 DM* |
| *10/10 §§ 11, 31 I Nr. 3, 62 I BRAGO* | *735,00 DM* |
| *Gegenstandswert: 18.000,00* | |
| *10/10 §§ 11, 23 I 3, 62 I BRAGO* | *875,00 DM* |
| *Auslagen § 26 BRAGO* | *40,00 DM* |
| *Zwischensumme netto* | *3.120,00 DM* |
| *zzgl. MwSt. (§ 25 II BRAGO)* | |

# 18. Kapitel
## Vereinbarung der Vergütung

### 1. Einleitung

Aus dem Grundsatz der **Vertragsfreiheit** folgt, daß ein RA nicht verpflichtet ist, seine Tätigkeit nach den gesetzlichen Bestimmungen der Bundesrechtsanwaltsgebührenordnung (BRAGO) abzurechnen. Eine hiervon abweichende Vereinbarung, **Honorarvereinbarung** genannt, ist grundsätzlich in allen Rechtsangelegenheiten zulässig und mithin nicht auf **Strafsachen** beschränkt. Sinn und Zweck einer Honorarvereinbarung ist es, Streitfragen über das anzuwendende Gebührenrecht zu umgehen, insbesondere Streitfragen zur Gebührenhöhe zu vermeiden.

**Vertragsfreiheit**

**Honorarvereinbarung**
**Strafsachen**

### 2. Regelungsgegenstände und Inhalt einer Honorarvereinbarung

In einer Honorarabrede kann
- ein anderes als ein in bar zu erbringendes Entgelt (Sachleistung)
- ein der Abrechnung zu Grunde zu legender **Streitwert/ Gegenstandswert**
- die Abbedingungen von **Anrechnungsvorschriften**
- ein mehrfaches der gesetzlichen Gebühren oder
- ein anderes als das gesetzliche Abrechnungssystem, z. B. **Pauschgebühren** und/oder **Zeitgebühren**

vereinbart werden.

**Pauschgebühren**
**Zeitgebühren**

**Pauschalbetrag**

Es empfiehlt sich grundsätzlich die Vereinbarung eines **Pauschalbetrages** oder **Zeithonorars**. Bei der Festlegung des jeweils angemessenen Betrages bestimmt der RA die Höhe des Honorars im Einzelfall unter Berücksichtigung aller Umstände, insbesondere der Bedeutung der Angelegenheit für den Mandanten, des Umfangs und der Schwierigkeit der anwaltlichen Tätigkeit sowie der Vermögens- und Einkommensverhältnisse des Auftraggebers nach billigem Ermessen (vgl. § 12 BRAGO).

**Honorarabrede**
**Mehrwertsteuer**

Neben der Angabe des Pauschalbetrages/Zeithonorars ist zu empfehlen, in die **Honorarabrede** die Bestimmungen aufzunehmen, daß die jeweils geltendc **gesetzliche Mehrwertsteuer/Umsatzsteuer**, Auslagen (§ 26 BRAGO), Fotokopiekosten (§ 27 BRAGO) sowie Reisekosten (§ 28 BRAGO) zusätzlich zu zahlen sind. Daneben sind Sicherstellung, Zahlungsweise, aber auch der Fall einer vorzeitigen Beendigung regelbar (RA Rembert Brieske, Die anwaltliche Honorarvereinbarung, Luchterhand Verlag 1997, S. 132).

**Zeithonorar**
**Zeitgebühren**
**Zeitaufwand**

Vereinbart der RA mit dem Mandanten ein **Zeithonorar,** so löst er sich mit der Vereinbarung von **Zeitgebühren** grundsätzlich vom gesetzlichen System der BRAGO, denn bei der reinen Zeitgebühr richtet sich die Höhe des Honorars unabhängig vom Gegenstandswert/Streitwert ausschließlich nach dem **Zeitaufwand** des RA, so daß die Gebühr nur noch abhängig ist von dem Umfang der Tätigkeit des Anwaltes. Hierdurch soll die Bearbeitung durch den RA kostendeckend und gewinnbringend sein, unabhängig davon, ob es sich um eine Angelegenheit mit einem geringfügigen oder mit einem hohen Streitwert handelt.

**Stundensatz**

Die einfachste Form der Zeitgebühr ist die Vereinbarung eines bestimmten Stundensatzes. Welcher **Stundensatz** angemessen ist, läßt sich nicht allgemein festlegen. Namhafte Kostenrechtler kamen in den Jahren 1973/1974 zu dem Ergebnis, daß ein RA pro Arbeitsstunde ca. 160,00 DM verdienen muß (Franzen in NJW 1973, 2054; NJW 1974, 748). Traulsen und Förster (Anwaltsblatt 1982, 64) kommen für 1982 zu dem Ergebnis, daß der RA, um kostendeckend zu arbeiten, seinem Mandanten pro Stunde ein Honorar von gerundet 225,00 DM in Rechnung stellen muß. Berechnungen unter Berücksichtigung von

**Richtergehältern** kommen auf 150,00 DM bis 300,00 DM. Vergleichbare Berufe, wie der des **Wirtschaftsprüfers**, rechnen offenbar 400,00 DM bis 500,00 DM pro Stunde ab. Für Gutachten in Steuersachen sind 400,00 DM bis 800,00 DM angemessen (vgl. RA Joachim Teubel, Gebührenmanagement in der Anwaltskanzlei, Luchterhand Verlag 1996, S. 83 ff., 85; Franzen und Apel in NJW 1988, 1059; Franzen NJW 1993, 438).

**Richtergehälter**
**Wirtschaftsprüfer**

Der **angemessene Stundensatz** ist, um eigene **Lebenshaltung** sowie **Bürokosten** finanzieren zu können, sorgfältig zu kalkulieren. Hierzu folgende Überlegungen:

**Lebenshaltung**
**Bürokosten**

„Das absolute **Nettoeinkommen** eines RA, also das Einkommen, welches zum Verleben verbleibt, errechnet sich derart, daß von den tatsächlich gezahlten Honoraren die **Praxiskosten** abzuziehen sind. Darüber hinaus sind abzuziehen **Steuern** sowie **Vorsorgeaufwendungen** für Krankheiten und Alter. Der dann verbleibende Betrag ist das Nettoeinkommen. Setzt man das Gebühreneinkommen gleich 100 %, die Praxiskosten mit 50 %, müssen von diesen 50 % wieder die Hälfte für Steuern und Versorgeaufwendungen verbraucht werden, so daß lediglich **25 %** von dem tatsächlichen Gebühreneinkommen als **Nettoeinkommen** übrig bleiben. Diese Kalkulation kann man umgekehrt dazu verwenden, zu ermitteln, welches tatsächliche Gebühreneinkommen erzielt werden muß, um ein bestimmtes Nettoeinkommen zu erwirtschaften."

**Nettoeinkommen**

**Steuern**
**Vorsorgeaufwendungen**

- **Beispiel 322**

*Ein monatlich zu erzielendes Nettoeinkommen von* *10.000,00 DM*
*erfordert bei Berücksichtigung der Einkommensteuer und den Vorsorgeaufwendungen von 50 % ein Gebühreneinkommen ohne Praxiskosten von* *20.000,00 DM,*
*und unter Einberechnung von 50 % Kosten ein monatliches Gebühreneinkommen von* *40.000,00 DM.*
*Somit kann errechnet werden, welches Gebühreneinkommen täglich erwirtschaftet werden muß, nämlich bei zwanzig Arbeitstagen im Monat pro Tag* *2.000,00 DM,*

| | |
|---|---|
| *bei 10stündiger Arbeitszeit somit pro Stunde* | *200,00 DM,* |
| *bei 8stündiger Arbeitszeit* | *250,00 DM* |

*(vgl. RA Wolfgang Madert, Anwaltsgebühren in Straf- und Bußgeldsachen, C.F. Müller Verlag, 2. Aufl., S. 3).*

**Zeitgebühren Stundenhonorare**

Die Vereinbarung von **Zeitgebühren/Stundenhonoraren** ist zweckmäßig, denn jeder Mandant kann sie überblicken und mit anderen Honorarberechnungen vergleichen. Ist eine **Zeitgebühr** vereinbart, muß der RA den zeitlichen Umfang seiner Tätigkeit erfassen und im Streitfall ist er beweispflichtig. Daher sind empfehlenswert überzeugungskräftige Aufzeichnungen über den Zeitaufwand sowie die Vereinbarung eines **Mindestzeittaktes**, z. B. 1/6 Stunde = 10 Minuten.

**Mindestzeittakt**

**Handakte Gesamtübersicht**

Da die Durchsetzung der Zeitgebühr wesentlich vom **Vertrauensverhältnis** zwischen RA und dem Mandanten abhängt, ist es hilfreich und empfehlenswert in die **Handakte** die nachfolgende **Gesamtübersicht** aufzunehmen:

| Handakte: | Aktenzeichen: |
|---|---|
| **Monat** | |
| Telefonat | |
| Gespräch | |
| Aktenstudium | |
| Gerichtstermin | |
| Auswertung Unterlagen | |
| Auswertung Post | |
| Lektüre | |
| Diktat | |
| sonstiges | |
| Fahrtzeiten | |

Auch ist zu vereinbaren, ob der Betrag pro angefangene **Zeiteinheit**, pro volle Zeiteinheit oder bei angefangener Zeiteinheit anteilig zu zahlen ist, wobei die Grenzen der Angemessenheit zu beachten sind (vgl. RA Rembert Brieske, Die anwaltliche Honorarvereinbarung, aaO. S. 147 ff).

**Zeiteinheit**

## 3. Zeitpunkt und Schriftform der Honorarvereinbarung

**schriftliche Honorarvereinbarung**

Grundsätzlich kann der RA frei bestimmen, wann er dem Mandanten zuträgt, eine **schriftliche Honorarvereinbarung** abzuschließen. Insbesondere ist es dem RA erlaubt, bereits die **Übernahme des Mandates** vom Abschluß einer Honorarvereinbarung abhängig zu machen.

Zu beachten ist allerdings, daß den Honorarvereinbarungen **gesetzliche Grenzen** gesetzt sind. Hierzu gehören die Fälle, in denen es verboten ist, eine Honorarvereinbarung zu treffen oder in denen aus einer Honorarvereinbarung keine Rechte hergeleitet werden können (vgl. § 8 BerHG, § 122 ZPO, § 3 IV BRAGO, § 140 KostO). Eine weitere gesetzliche Grenze bildet § 138 BGB, wonach Inhalt und Zeitpunkt einer Honorarvereinbarung dazu führen können, daß die Honorarvereinbarung gegen § 138 BGB (**Sittenwidrigkeit**) verstößt und daher nichtig ist. Zu beachten ist allerdings, daß bei der **Nichtigkeit** der **Honorarzusage** der übrige Teil des Anwaltvertrages Bestand hat, so daß an die Stelle der sittenwidrigen Honorarvereinbarung die gesetzliche Regelung mit der Folge der Vergütung nach der BRAGO tritt (vgl. RA Brieske, aaO. S. 63).

**Sittenwidrigkeit**

Es verstößt gegen das Gebot der **Sittenwidrigkeit**, Vereinbarungen mit dem Mandanten zu schließen, in denen der Mandant emotional beeinflußt ist, z. B. kurz nach der Verhaftung, wohingegen eine in der U-Haftanstalt wohlüberlegte Vereinbarung wirksam ist. Demgegenüber ist es nicht sittenwidrig, die rechtzeitige Ankündigung, das Mandat niederzulegen, wenn nicht eine Honorarvereinbarung getroffen wird, soweit der RA hieran ein berechtigtes Interesse hat (BGH AnwBl. 1978, 227). Auch die Erklärung, die Übernahme des Mandats davon abhängig zu machen, daß nicht **PKH** beantragt werde, ist kein Fall des § 138 BGB (OLG Hamm JurBüro 1983, 1507).

Wird in einem Verfahren dem Mandanten **PKH** bewilligt und der RA beigeordnet, so greifen § 122 ZPO und § 3 IV BRAGO ein. Die Bewilligung der Prozeßkostenhilfe bewirkt u. a., daß der beigeordnete RA Ansprüche auf Vergütung gegen die Partei nicht geltend machen kann (§ 122 I Nr. 3 ZPO). Durch eine Vereinbarung, nach der ein im Wege der Prozeßkostenhilfe beigeordneter RA eine Vergütung erhalten soll, wird eine Verbindlichkeit nicht begründet. Hat der Auftraggeber freiwillig und ohne Vorbehalt geleistet, so kann er das Geleistete nicht deshalb zurückfordern, weil eine Verbindlichkeit nicht bestanden hat (§ 3 IV BRAGO). Die Anwendung dieser Normen setzt allerdings voraus, daß der RA bereits im Wege der **PKH** beigeordnet worden ist. Daraus folgt, daß solange der RA **nicht beigeordnet ist**, eine **Honorarvereinbarung** getroffen werden kann, denn die o. a. Normen betreffen nicht das Stadium bis zur Beiordnung. Aus einer Honorarvereinbarung, die vor der Beiordnung abgeschlossen worden ist, kann mithin der Anspruch für die Tätigkeiten vor der Beiordnung unverändert eingefordert werden. Von dem Zeitpunkt der Beiordnung an ist aber wegen der zukünftig entstehenden Gebührenansprüche kein klagbarer Anspruch mehr gegeben (vgl. RA Rembert Brieske, Die anwaltliche Honorarvereinbarung, aaO. S. 50 ff.).

**Honorarvereinbarung**

**Schriftform**

Gemäß **§ 3 I BRAGO** kann der RA eine höhere als die gesetzliche Vergütung nur fordern, wenn die Erklärung des Auftraggebers schriftlich abgegeben (**Schriftform**) und nicht in der Vollmacht oder in einem Vordruck, der auch andere Erklärungen umfaßt, enthalten ist.
Die Schriftform wird als zwingende Form nur für die Vereinbarung eines **höheren** als des gesetzlichen Honorars verlangt, nicht für die Vereinbarung eines geringeren Honorars, was in **außergerichtlichen Angelegenheiten** zulässig ist (§ 3 V BRAGO), so daß nur bei einem höheren als dem gesetzlichen Honorar die Schriftform konstitutiv ist. Die Schriftform ist zu beachten, wenn es um die Frage geht, ob ein Honorar notfalls mittels Gericht eingefordert werden kann und bedeutet,

daß die Erklärung von dem Mandanten schriftlich abgegeben worden sein muß. Insoweit ist es empfehlenswert, daß der RA eine individuelle bzw. **individualisierte Honorarvereinbarung** in einer zusammenhängenden **Urkunde** entwirft, die von dem Auftraggeber eigenhändig durch **Namensschrift** oder durch notariell beglaubigtes **Handzeichens** unterschrieben wird (§ 126 I BGB).

**individualisierte Honorarvereinbarung**

Der Wortlaut der schriftlichen Honorarvereinbarung muß auch erkennen lassen, daß und für welche bestimmte anwaltliche Tätigkeit das Honorar zu zahlen ist.
Zu beachten ist insbesondere, daß § 3 I 1 BRAGO verlangt, daß das von dem Mandanten als **Honorarversprechen** unterzeichnete **Schriftstück nicht** in einer **Vollmacht** und **nicht** in einem **Vordruck** enthalten sein darf, der auch andere Erklärungen enthält.

**Vollmacht**

Fertigt der RA eine schriftliche, **individualisierte Honorarvereinbarung** an, so hat er zu beachten, daß er kein Formular entwirft, in dem nicht nur das Honorar geregelt ist, sondern auch anderes. Eine **allgemeine Gerichtsstandsregelung** ist bereits zuviel (OLG München NJW 1993, 3336), es sei denn die Gerichtsstandsregelung bezieht sich nur auf den Streit aus der **Honrarvereinbarung**, nicht aber auf sonstigen Streit betreffend das Mandat (LG Aachen NJW 1970, 571).

**Gerichtsstandsregelung**

Sinn und Zweck dieser Bestimmung ist, daß der Mandant kein Schriftstück unterzeichnen soll, in dem er nicht mit einer Honorarvereinbarung rechnet. Der Mandant soll vor Überraschungen geschützt werden, so daß mit dem Begriff **Vordruck** auch **Formulare** erfaßt werden, die der RA selbst herstellt, zum Zwecke der wiederholten Verwendung.

**Vordruck**
**Formulare**

Zulässig sind demgegenüber bei der **individualisierten Honorarvereinbarung** Regelungen zur **Fälligkeit**, **Stundung** oder was sonst die Bezahlung des Honorars einschließlich dessen **Sicherstellung** anbelangt, sowie Vereinbarungen über die zu erbringenden und zu entgeltenden Tätigkeiten, Regelungen betreffend die Geltungsdauer der Honorarvereinbarung und deren **Kündigung**.

## 4. Grenzen der Honorarvereinbarung/Verbot des Erfolgshonorars

Vor dem Abschluß einer schriftlichen Honorarvereinbarung ist zu bedenken, ob bei dem Einzelmandat das Verfahren sowohl außergerichtlich als auch gerichtlich betrieben werden muß.

**gerichtliches Verfahren**

Insoweit hat der RA bei der Festlegung der Höhe des Gebührenanspruchs zu beachten, daß in **gerichtlichen Verfahren** es gemäß § 49 b I BRAO (Bundesrechtsanwaltsordnung) es gesetzlich unzulässig ist, geringere Gebühren und Auslagen zu vereinbaren oder zu fordern als die Bundesgebührenordnung für Rechtsanwälte (BRAGO) es vorsieht, soweit diese nicht anderes bestimmt. Eine **Ausnahmevorschrift** ist § 3 V BRAGO wonach in **außergerichtlichen Angelegenheiten** der RA **Pauschalvergütungen** und **Zeitvergütungen** vereinbaren darf, die niedriger sind als die gesetzlichen Gebühren. Mithin darf der RA in **außergerichtlichen Verfahren** im **Einzelfall** besonderen Umständen in der Person des Auftraggebers, insbesondere dessen Bedürftigkeit, Rechnung tragen durch Ermäßigung oder Erlaß von Gebühren oder Auslagen **nach Erledigung** des Auftrages, was sich auch aus § 49 b I 2 BRAO ergibt.

**außergerichtliche Angelegenheiten**

**Erfolgshonorare**

**Erfolgshonorare** sind unzulässig (§ 49 b II BRAO). Von einem Erfolgshonorar spricht man, wenn eine Vergütung vereinbart wird, deren Höhe vom Ausgang der Sache oder sonst von dem Erfolg der anwaltlichen Tätigkeit abhängig gemacht wird. Auch ist es unzulässig, daß der RA sich einen Teil des erstrittenen Betrages als Honorar versprechen läßt (quota litis).

Soweit § 49 b II BRAO grundsätzlich die Vereinbarung eines Erfolgshonorars verbietet, ist zu bedenken, daß bei einigen Bestimmungen der Bundesrechtsanwaltsgebührenordnung der (positive) Ausgang des Verfahrens berücksichtigt wird, indem die BRAGO mehrere Tatbestände enthält, die an einen bestimmten **Erfolg** anknüpfen (vgl. z. B. §§ 23, 84 II BRAGO).

Hier wird deutlich, daß die **Gebührenhöhe steigt**, soweit der RA einen bestimmten Erfolg vorweisen kann, z. B. zur

Vermeidung eines gerichtlichen Verfahrens an einem **außergerichtlichen Vergleich** mitwirkt (§ 23 BRAGO), bzw. es ihm gelingt, Staatsanwaltschaft oder das Gericht zu bewegen, das Verfahren (endgültig) einzustellen (§ 84 II BRAGO). Dadurch hat der Gesetzgeber selbst einen Tatbestand der **Erfolgsgebühr** geschaffen, so daß die Vereinbarung eines höheren Betrages dann nicht unzulässig ist, soweit eine Honorarvereinbarung an diese Normen angelehnt wird, weil es sich nicht um ein verbotenes Erfolgshonorar handelt. Mithin ist es zulässig, im Nachhinein die Gebührenhöhe daran angemessen zu bestimmen, wie sich im Einzelfall die Entwicklung des Mandates aufgrund der Tätigkeit durch den RA für den Mandanten ausgewirkt hat, was sich auch aus den Tatbestandsmerkmalen für die Höhe der Bemessung der Gebühr nach § 12 BRAGO ergibt.

**außergerichtlicher Vergleich**

**Erfolgsgebühr**

## 5. Formulierungsbeispiele

### a. Einleitung

Es wurde bereits darauf hingewiesen, daß bei der schriftlichen Honorarvereinbarung es sich empfiehlt einen bestimmten **Pauschalbetrag** oder ein **Zeithonorar** zu vereinbaren.
Neben den Honorarvereinbarungen zwischen RA und Mandanten sind darüber hinaus noch die **Gebührenteilungsabrede** mit Kolleginnen und Kollegen zu beachten. Bei den Gebührenteilungsabreden, bei denen der **Prozeßanwalt** an den **Korrespondenzanwalt** abgibt (Gebührenabgabeabrede) ist ebenfalls zu beachten, daß § 49 b I BRAO auch für die **Korrespondenzgebühr** (§ 52 BRAGO) gilt, denn Sie entsteht in einem **gerichtlichen Verfahren** (Verkehr zwischen Partei und Prozeßanwalt, so daß die Korrespondenzanwaltsgebühr ein gerichtliches Verfahren voraussetzt).

**Pauschalbetrag**
**Zeithonorar**
**Gebührenteilungsabrede**

## b. Vereinbarung eines Pauschalhonorars

**Honorarvereinbarung**
**(Pauschalhonorar)**

zwischen

Herrn RA ......

– Rechtsanwalt –

und

Herrn/Frau ......

– Auftraggeber –

**(1)**
Der RA hat mich darüber aufgeklärt, daß nach § 3 I BRAGO der Rechtsanwalt eine höhere als die gesetzliche Vergütung nur fordern kann, wenn die Erklärung des Auftraggebers schriftlich abgegeben ist. Mir ist bekannt, daß in meiner Rechtsangelegenheit die Gebühren nach der Bundesrechtsanwaltsgebührenordnung (BRAGO) sich insbesondere nicht mir der Bedeutung der Sache für mich decken. Der Rechtsanwalt hat mich aufgeklärt, welcher Umfang und welche Schwierigkeiten in dem vorliegenden Einzelfall in Betracht kommen. Ich habe den Rechtsanwalt über meine persönlichen und wirtschaftlichen, insbesondere meine Vermögens- und Einkommensverhältnisse informiert.

**(2)**
Ich, der unterzeichnete Auftraggeber, beauftrage hiermit Rechtsanwalt ... meine Interessen in meiner Rechtsangelegenheit gegenüber ... zu übernehmen.

**Pauschalhonorar**

Für die umfassende Beratung und Durchführung des Verfahrens zahle ich als Auftraggeber an den Rechtsanwalt anstelle der gesetzlichen Gebühren ein vereinbartes **Pauschalhonorar** in Höhe von

DM ____________________

(in Worten: ).

zzgl. der jeweils geltenden gesetzlichen Mehrwertsteuer, derzeit in Höhe von 16 %.

Die Entgelte für Post- und Telekommunikationsdienstleistungen sowie Schreibauslagen (§§ 26, 27 BRAGO) und eventuell entstehende Kosten für notwendige Geschäftsreisen (§ 28 BRAGO) sind gesondert zu vergüten.

**(3)**
Der Rechtsanwalt übernimmt sowohl die außergerichtliche Beratung als auch die außergerichtliche Vertretung einschließlich verwaltungsrechtlicher Vorverfahren und die diesbezügliche Korrespondenz.

Ausgenommen ist die Durchführung **gerichtlicher Verfahren** im Anschluß an die außergerichtliche Tätigkeit. Für die Durchführung der gerichtlichen Verfahren werden die gesetzlichen Gebühren geschuldet.

**(4)**
Als **Vorschuß** vereinbaren die Parteien einen Betrag in Höhe von

**Vorschuß**

DM ____________

(in Worten: ).

Der zwischen uns als Vorschuß gemäß § 17 BRAGO vereinbarte Betrag ist sofort fällig und bei Übernahme des Mandats auf eines der Konten des RA bei der ... zu überweisen. Der RA ist berechtigt, das Mandat sofort niederzulegen, soweit der Auftraggeber den vereinbarten Vorschußbetrag nicht fristgemäß bezahlt. Kündigt der Auftraggeber das Mandat aus Gründen, die der RA nicht zu vertreten hat, so besteht für den Auftraggeber kein Anspruch auf Rückzahlung des Vorschußbetrages, bzw. eines Teilbetrages des bereits gezahlten Vorschusses.

**(5)**

Restbetrag

Der vereinbarte **Restbetrag** (Gesamtbetrag abzüglich Vorschußbetrag) ist fällig, sobald das Verfahren beendet ist. Im übrigen gilt die Fälligkeit nach § 16 BRAGO.

**(6)**

Gerichtsstand

Der Sitz der Kanzlei des RA ist als vertraglicher Erfüllungsort gleichzeitig **Gerichtsstand** für Rechtsstreitigkeiten betreffend den vereinbarten Honoraranspruch.

**(7)**

Von dieser Vereinbarung bleiben Gebührenansprüche des RA gegenüber Dritten unberührt.

Ort, Datum ...

............................ ............................

– Auftraggeber – – RA Schlau –

### c. Vereinbarung eines Zeithonorars

**Honorarvereinbarung**
**(Zeitgebühr/Stundenhonorar)**

zwischen

Herrn RA ......

– Rechtsanwalt –

und

Herrn/Frau ......

– Auftraggeber –

**(1)**

Der RA hat mich darüber aufgeklärt, daß nach § 3 I BRAGO der Rechtsanwalt eine höhere als die gesetzliche Vergütung nur fordern kann, wenn die Erklärung des Auftraggebers schriftlich abgegeben ist. Mir ist bekannt, daß in meiner Rechtsangelegenheit die Gebühren nach der Bundesrechtsanwaltsgebührenordnung (BRAGO) sich insbesondere nicht mit der Bedeutung der Sache für mich decken. Der Rechtsanwalt hat mich aufgeklärt, welcher Umfang und welche Schwierigkeiten in dem vorliegenden Einzelfall in Betracht kommen. Ich habe den Rechtsanwalt über meine persönlichen und wirtschaftlichen, insbesondere meine Vermögens- und Einkommensverhältnisse informiert.

**(2)**
Ich, der unterzeichnete Auftraggeber, beauftrage hiermit Rechtsanwalt .... meine Interessen in meiner Rechtsangelegenheit gegenüber .... zu übernehmen. Um einerseits den für die ordentliche Bearbeitung erforderlichen Zeitaufwand abzusichern und um andererseits die ständig steigenden Kosten für den RA wenigstens teilweise aufzufangen, muß ich dem RA anstelle der gesetzlichen Gebühren ein **Stundenhonorar** von

**Stundenhonorar**

DM ______________________

(in Worten: ),
zzgl. der jeweils geltenden gesetzlichen Mehrwertsteuer, derzeit in Höhe von 16 %, zahlen.

Die Entgelte für Post- und Telekommunikationsdienstleistungen sowie Schreibauslagen (§§ 26, 27 BRAGO) und eventuell entstehende Kosten für notwendige Geschäftsreisen (§ 28 BRAGO) sind gesondert zu vergüten.

Der vereinbarte **Stundensatz** ist für jede angefangene Stunde zu entrichten, wobei ein **Mindestzeittakt** von ... zwischen uns als vereinbart gilt.

**Stundensatz**
**Mindestzeittakt**

**(3)**
Der Rechtsanwalt übernimmt sowohl die außergerichtliche Beratung als auch die außergerichtliche Vertretung einschließlich verwaltungsrechtlicher Vorverfahren und die diesbezügliche Korrespondenz. Ausgenommen ist die Durchführung **gericht-**

**licher Verfahren** im Anschluß an die außergerichtliche Tätigkeit. Für die Durchführung der gerichtlichen Verfahren werden die gesetzlichen Gebühren geschuldet.

**Vorschuß**

**(4)**
Als **Vorschuß** (§ 17 BRAGO) vereinbaren die Parteien einen Betrag in Höhe von

DM

(in Worten: ).

Der zwischen uns als Vorschuß gemäß § 17 BRAGO vereinbarte Betrag ist sofort fällig und bei Übernahme des Mandats auf eines der Konten des RA bei der ....... zu überweisen. Der RA ist berechtigt, das Mandat sofort niederzulegen, soweit der Auftraggeber den vereinbarten Vorschußbetrag nicht fristgemäß bezahlt. Kündigt der Auftraggeber das Mandat aus Gründen, die der RA nicht zu vertreten hat, so besteht für den Auftraggeber kein Anspruch auf Rückzahlung des Vorschußbetrages, bzw. eines Teilbetrages des bereits gezahlten Vorschusses.

**Restbetrag**

**(5)**
Der vereinbarte **Restbetrag** (Gesamtbetrag abzüglich Vorschußbetrag) ist fällig, sobald das Verfahren beendet ist. Im übrigen gilt die Fälligkeit nach § 16 BRAGO.

**Gerichtsstand**

**(6)**
Der Sitz der Kanzlei des RA ist als vertraglicher Erfüllungsort gleichzeitig **Gerichtsstand** für Rechtsstreitigkeiten betreffend den vereinbarten Honoraranspruch.

**(7)**
Von dieser Vereinbarung bleiben Gebührenansprüche des RA gegenüber Dritten unberührt.

Ort, Datum ......

| ............................ | ............................ |
| --- | --- |
| – Auftraggeber – | – RA Schlau – |

## d. Gebührenteilungsabrede zwischen Prozeßanwalt und Korrespondenzanwalt

**Gebührenteilungsvereinbarung Prozeßbevollmächtigter Korrespondenzanwalt**

Bei der **Gebührenteilungsvereinbarung** zwischen dem **Prozeßbevollmächtigten** (§§ 31 ff BRAGO) und dem **Korrespondenzanwalt** (§ 52 BRAGO) sind die o.a. Ausführungen zu beachten (vgl. S. 203 ff.).

Regelmäßig ist der Mandant an einer derartigen Abrede zwischen den betroffenen Anwälten nicht beteiligt. Die **Gebührenteilung** kommt in der Praxis häufig vor und gilt vor allem für das Verhältnis zwischen

- Prozeßanwalt und Korrespondenzanwalt
- Hauptbevollmächtigtem und Unterbevollmächtigtem.

**Pauschalvergütung Zeitvergütung**

Zu beachten sind § 49 b BRAO sowie § 22 der Berufsordnung für Rechtsanwälte. Danach ist es für den RA unzulässig, in **gerichtlichen Verfahren** geringere Gebühren und Auslagen zu vereinbaren oder zu fordern als die Bundesgebührenordnung für Rechtsanwälte es vorsieht, soweit diese nichts anderes bestimmt (§ 49 b I 1 BRAO). Nur in **außergerichtlichen Angelegenheiten** kann der RA **Pauschalvergütungen** und **Zeitvergütungen** vereinbaren, die geringer sind als die gesetzlichen Gebühren (**§ 3 V 1 BRAGO**), so daß in diesen Angelegenheiten der RA im **Einzelfall** besonderen Umständen in der Person des Auftraggebers, insbesondere dessen **Bedürftigkeit**, Rechnung tragen darf durch Ermäßigung oder Erlaß von Gebühren oder Auslagen **nach** Erledigung des Auftrags (§ 49 b I 2 BRAO).

**Haftungsrisiko**

In **gerichtlichen Verfahren** gilt das Verbot, geringere als die gesetzlichen Gebühren zu fordern oder zu vereinbaren auch im Verhältnis zu **Dritten**, die anstelle des Mandanten oder neben diesem übernehmen, die Gebühren zu bezahlen, oder die sich gegenüber dem Mandanten verpflichten, diesen von anfallenden Gebühren freizustellen (§ 21 BO). Bei der Gebühren- und Honorarteilung (**Gebührenabgabe**) hat die Honorierung den Leistungen der Verantwortlichkeit sowie dem **Haftungsrisiko** der beteiligten Rechtsanwälte und den sonstigen Umständen Rechnung zu tragen (§ 49 b III 3 BRAO). Demnach dürfen mehrere beauftragte Rechtsanwälte einen Auftrag gemeinsam bearbeiten und die Gebühren in einem den Leistungen, der Verantwortlichkeit und dem Haftungsrisiko entsprechenden angemessenen Verhältnis untereinander teilen (§ 49 b III 5 BRAO). Als eine angemessene Honorierung im Sinne des § 49 b Abs. 3 BRAO ist in der Regel die **hälftige Teilung** aller anfallenden **gesetzlichen Gebühren ohne Rücksicht auf deren Erstattungsfähigkeit** anzusehen (§ 22 BO).

**Gebührenabgabeabrede**

An dieser Stelle möchte ich nochmals verweisen auf die Ausführungen von RA Rembert Brieske, Die anwaltliche Honorarvereinbarung, S. 20 ff, der eine **Gebührenteilungsabrede**, genauer eine **Gebührenabgabeabrede** wie folgt vorschlägt:

**Gebührenteilungsabrede**

zwischen

Herrn RA ......

– Prozeßanwalt –

und

Herrn RA ......

– Korrespondenzanwalt –

**(1)**
Prozeßanwalt und Korrespondenzanwalt teilen untereinander alle gesetzlich anfallenden Gebühren – unabhängig von ihrer Erstattbarkeit. Jeder RA hat – soweit möglich – von dem Mandanten vorschußweise die Gebühren zu vereinnahmen, die der Teilungsabrede unterliegen. Wer von dem Mandanten die entsprechenden Beträge nicht verlangt hat, muß sich so stellen lassen, als hätte er die Beträge vereinnahmt.

**(2)**
Soweit in einem solchen Fall dem Korrespondenzanwalt noch intern Beträge zustehen, die nach dem Gesetz der Prozeßanwalt zu beanspruchen hat, tritt der Prozeßanwalt den entsprechenden Teil der Gebührenforderung an den Korrespondenzanwalt ab (zulässig gem. § 49 b IV BRAO).

(3)
Diese Teilungsabrede geht von folgender Abrede hinsichtlich der zu erbringenden Leistungen aus:

- Korrespondenz-RA holt Informationen bei der Partei ein, fertigt die an das zuständige Prozeßgericht einzureichenden Schriftsätze und stellt diese dem Prozeß-RA in ausreichender Anzahl zur Verfügung;
- Prozeßanwalt prüft die von Korrespondenz-RA gefertigten Schriftsätze und meldet beim Korrespondenz-RA ggf. Änderungswünsche an; dieser nimmt ggf. Änderungen vor;
- Prozeßanwalt reicht die Endfassung des Schriftsatzes, versehen mit seinem Briefbogen bzw. Kanzleistempel, beim zuständigen Prozeßgericht ein;
- Prozeßanwalt nimmt Termine wahr; zu seiner Tätigkeit gehören ggf. auch Gespräche mit der Partei zur Vorbereitung der Termine;
- Verschiebt sich das Tätigkeitsfeld, ist die Vereinbarung anzupassen.

Ort, Datum ...

| ............................ | ............................ |
|---|---|
| RA ... – Prozeßanwalt – | RA ... – Korrespondenzanwalt – |

# Anhang

## Übungsfälle mit Lösungen und Anmerkungen

## I. Übungsfälle

### 1. Streitige – nichtstreitige Verhandlung/ Mehrere Auftraggeber/ Vergleichsgebühr/ Klageerhöhung

**Fall 1**

Rechtsanwalt Wankelmut erhebt auftragsgemäß Klage auf Zahlung von 5.300,00 DM. Nach streitiger Verhandlung und Vernehmung eines Zeugen beraumt das Gericht einen weiteren Verhandlungstermin an, zu dem der Beklagte nicht erscheint. Nunmehr beantragt Rechtsanwalt Wankelmut ein Versäumnisurteil, das antragsgemäß ergeht und rechtskräftig wird.

Rechtsanwalt Wankelmut möchte wissen, welche Gebühren und Auslagen er in Rechnung stellen kann.

**Fall 2**

Sondermann beauftragt Rechtsanwalt Dr. Null Klage zu erheben auf Zahlung von 17.000,00 DM. Da im ersten Termin der Beklagte nicht erscheint, ergeht auf Antrag von Rechtsanwalt Dr. Null ein Versäumnisurteil.
Nunmehr beauftragt der Beklagte Rechtsanwalt Mutig gegen das Versäumnisurteil teilweise, in Höhe von 10.000,00 DM, Einspruch einzulegen und seine Interessen zu vertreten. Rechtsanwalt Mutig legt frist- und formgerecht Einspruch in der genannten Höhe ein. Nachdem im Termin streitig zur Sache verhandelt wurde, vergleichen sich die Parteien derart, daß der Beklagte zur Abgeltung der rechtshängigen Ansprüche einen Betrag von 5.000,00 DM zahlt.

Entwerfen Sie bitte die Kostenrechnungen von Rechtsanwalt Dr. Null und Rechtsanwalt Mutig.

**Fall 3**

Rechtsanwalt Furchtlos wird beauftragt, gegen den Schuldner Habenichts eine Forderung in Höhe von 2.950,00 DM geltend zu machen. Da der Schuldner auf das Aufforderungsschreiben nicht reagiert, erhebt Rechtsanwalt Furchtlos Klage.
Nachdem im ersten Termin der Beklagte einen Teilbetrag in Höhe von 800,00 DM anerkennt und antragsgemäß ein Anerkenntnisurteil ergeht, verhandeln die Parteien über den Restbetrag streitig. Das Gericht erläßt einen Beweisbeschluß, den Rechtsanwalt Furchtlos überprüft und an den Mandanten weiterleitet. Nach Vernehmung der Zeugen im darauf folgenden Termin ergeht ein klageabweisendes Urteil.

Erstellen Sie die Kostenrechnung von Rechtsanwalt Furchtlos mit Gerichtskosten, die er verauslagt hat.

**Fall 4**

Rechtsanwalt Kröses erhebt auftragsgemäß für die Hauseigentümer Reich und Schön Klage gegen Mieter Lustig wegen Mietzinserhöhung von bisher monatlich 1.000,00 DM auf zukünftig monatlich 1.250,00 DM.
Nachdem im ersten Termin die Parteien streitig verhandeln und der Beklagte Einwendungen erhebt, findet ein Ortstermin statt. In Anwesenheit von Rechtsanwalt Kröses wird die Wohnung in Augenschein genommen und die Parteien schließen unter Mitwirkung des Rechtsanwalts einen Vergleich, wonach der Beklagte zukünftig monatlich 1.100,00 DM Miete zahlt und die Kosten des Rechtsstreits und des Vergleiches gegeneinander aufgehoben werden.

Bitte entwerfen Sie die Kostenrechnung von RA Kröses.

**Fall 5**

Die Eheleute Scheinheilig beauftragen Rechtsanwalt Wucherpfennig gegen Frau Wunder, die von Rechtsanwalt Himmel vertreten wird, Klage auf Zahlung von 70.000,00 DM zu erheben. Nachdem im ersten Termin streitig verhandelt wurde, erläßt das Gericht einen Beweisbeschluß, der den Prozeßbevollmächtigten zugestellt wird, die ihn ordnungsgemäß überprüfen und an die jeweilige Partei weiterleiten. Im nächsten Termin zur mündlichen Verhandlung und Beweisaufnahme werden Zeugen vernommen. Nunmehr erhöht Rechtsanwalt Wucherpfennig die Klage um

5.000,00 DM. Die Beklagten sind in diesem Termin ohne Rechtsbeistand erschienen, so daß antragsgemäß ein Versäumnisurteil gegen sie ergeht, das rechtskräftig wird.

Erstellen Sie die Kostenrechnungen der Rechtsanwälte Wucherpfennig und Himmel, für Rechtsanwalt Wucherpfennig einschließlich des Gerichtskostenvorschusses, den er verauslagt hat.

## 2. Außergerichtliche Tätigkeit und Klageverfahren/ Besondere Verfahren/ Vergleichsgebühr/ Mehrere Auftraggeber

### Fall 6

Herr Klaus Knall beauftragt Rechtsanwalt Sack mit der Wahrnehmung seiner Interessen in einer Verkehrsunfallangelegenheit. Weil die außergerichtlichen Verhandlungen mit der gegnerischen Versicherung ergebnislos verlaufen, verklagt Rechtsanwalt Sack für seinen Mandanten auftragsgemäß den Fahrer, Halter und die Haftpflichtversicherung des gegnerischen Fahrzeugs als Gesamtschuldner. In der Klage macht Rechtsanwalt Sack ein Schmerzensgeld in Höhe von 15.000,00 DM und einen Sachschaden in Höhe von 35.000,00 DM geltend.
Im ersten Termin – vor Eintritt in die mündliche Verhandlung und ohne Erörterung – vergleichen sich die Parteien wegen des Sachschadens auf Zahlung eines Betrages von 30.000,00 DM. Hinsichtlich des Schmerzensgeldes stellen die Parteien streitige Anträge, worauf das
Gericht durch Beweisbeschluß die Einholung eines ärztlichen Gutachtens anordnet. Nach Vorlage des Gutachtens erhöht Rechtsanwalt Sack die Klage um 10.000,00 DM. Im darauf folgenden Termin verhandeln die Parteien erneut streitig und es ergeht ein Urteil gemäß Klageantrag.

Erstellen Sie die Kostenrechnung von Rechtsanwalt Sack, der die Gerichtskosten verauslagt hat.

### Fall 7

Rechtsanwalt Vielseitig vertritt eine GbR bestehend aus fünf Gesellschaftern, die eine Forderung von 55.000,00 DM geltend macht. Nach außergerichtlicher Korrespondenz zahlt die Gegenseite 30.000,00 DM.

Rechtsanwalt Vielseitig erhebt daraufhin wegen der Restforderung Klage. Nach streitiger Verhandlung und Beweisaufnahme verkündet das Gericht ein klageabweisendes Urteil.

Entwerfen Sie bitte die Kostenrechnung von Rechtsanwalt Vielseitig und unterstellen Sie:

a. Rechtsanwalt Vielseitig erhielt erst nach außergerichtlicher Tätigkeit Klageauftrag.
b. Rechtsanwalt Vielseitig hatte bereits zum Zeitpunkt der außergerichtlichen Tätigkeit Klageauftrag.

**Fall 8**

Rechtsanwalt Treptau wird von Frau Adler beauftragt, sie in einer Pflegschaftssache zu vertreten. In der Pflegefamilie Adler leben die Pflegekinder Hänsel und Gretel. Die Kindesmutter hat ein gerichtliches Verfahren zur Aufhebung der Pflegschaft eingeleitet. An dem Verfahren ist auch das Jugendamt beteiligt. Nachdem Rechtsanwalt Treptau zuvor an mehreren Terminen vor Gericht teilgenommen hat, ordnet das Gericht die Einholung eines Sachverständigengutachtens an. Nach Besprechung dieses Gutachtens mit den Parteien weist der zuständige Richter den Antrag zurück und setzt den Wert des Verfahrens auf 8.000,00 DM fest.

Rechtsanwalt Treptau möchte wissen, welche Gebühren er in Rechnung stellen kann.

**Fall 9**

Rechtsanwalt Scheich reicht für seinen Mandanten König verbunden mit dem Antrag auf Gewährung von Prozeßkostenhilfe Klage über 17.269,00 DM ein.
Nachdem die beantragte Prozeßkostenhilfe gewährt wurde, wird streitig verhandelt sowie eine Beweisaufnahme mit Ortstermin durchgeführt. Danach ergeht antragsgemäß ein Urteil zu Gunsten von König. Zum Ortstermin ist Rechtsanwalt Scheich mit seinem Pkw angereist, die einfache Fahrstrecke beträgt 90 km, der Ortstermin dauerte 2,5 Stunden.

Erstellen Sie die Kostenrechnungen für die Erstattung aus der Landeskasse und für die Kostenfestsetzung gegen den Beklagten.

**Fall 10**

Rechtsanwalt Schade reicht für einen Mandanten verbunden mit einem Antrag auf Gewährung von Prozeßkostenhilfe Klage über 19.000,00 DM ein.
Im Rahmen des Prozeßkostenhilfeverfahrens beantragt die Gegenseite, den PKH-Antrag zurückzuweisen und stellt einen Zeugen, der vernommen wird. Nach Durchführung der Beweisaufnahme wird der Antrag auf Gewährung von Prozeßkostenhilfe zurückgewiesen.

Rechtsanwalt Schade möchte wissen, welche Kosten er gegenüber dem Mandanten in Rechnung stellen kann.

**Fall 11**

Im Auftrag von Frau Heilig reicht Rechtsanwalt Trenner einen Antrag auf Scheidung der Ehe ein.
Das monatliche Nettoeinkommen der Antragstellerin beträgt 3.200,00 DM, das des Antragsgegners 5.400,00 DM.
In der mündlichen Verhandlung werden die Parteien gemäß § 613 ZPO sowohl zur Scheidung als auch zum Versorgungsausgleich persönlich angehört. Da der Antragsgegner die Angaben der Antragstellerin in den Versorgungsausgleichsunterlagen bestreitet, holt das Gericht ergänzende Einkünfte ein und terminiert erneut. Im nächsten Termin wird im Beisein der Parteien, die erneut zur Scheidung und zum Versorgungsausgleich gehört werden, mündlich verhandelt. Nunmehr bringt Rechtsanwalt Trenner in den Prozeß einen Unterhaltsanspruch seiner Mandantin in Höhe von 400,00 DM monatlich für die Dauer von acht Monaten ein. Im nachfolgenden Termin vergleichen sich die Parteien nach Erörterung über den Unterhaltsanspruch und es ergeht folgendes Urteil:

Die Ehe der Parteien wird geschieden.
Vom Versicherungskonto des Antragsgegners werden Anwartschaften von monatlich 250,00 DM auf das Versicherungskonto der Antragstellerin übertragen.
Die Kosten des Verfahrens werden gegeneinander aufgehoben.
Das Gericht hat die Gegenstandswerte für das Scheidungsverfahren nach den Angaben der Parteien, ansonsten nach dem gesetzlichen Vorschriften festgesetzt.

Ermitteln Sie den Gegenstandswert für das Verfahren und erstellen Sie die Kostenrechnung für Rechtsanwalt Trenner.

## Fall 12

Bei Rechtsanwalt Hart erscheint Frau Neu, die meint, ihr würden Ansprüche in Höhe von 150.000,00 DM gegenüber Herrn Alt zustehen. Sie beauftragt den RA mit der Beratung und Überprüfung, ob ihre Ansicht zutreffend ist.
Im Rahmen des Besprechungstermins prüft RA Hart die ihm vorgelegten Unterlagen und erklärt der Mandantin, daß die Ansprüche nicht mehr durchsetzbar sind. Daraufhin entschließt sich Frau Neu, die Angelegenheit nicht weiter zu verfolgen.

Erstellen Sie die Kostenrechnung für RA Hart.

## Fall 13

Herr Gutgläubig erscheint bei RA Zack und teilt dem RA mit, daß er gegen den Schuldner Untreu noch eine Forderung in Höhe von 18.250,00 DM habe und beauftragt den Anwalt, die Angelegenheit außergerichtlich zu regeln.
Als RA Zack den Schuldner durch Aufforderungsschreiben zur Zahlung aufgefordert hat, meldet sich für den Schuldner RA Denkste. Im weiteren Verlauf findet eine Besprechung im Beisein aller Beteiligten statt, in deren Rahmen zur Regelung der streitigen Fragen ein Vergleich derart geschlossen wird, daß der Schuldner Herrn Gutgläubig noch insgesamt 9.000,00 DM zahlt und jede Partei ihre Kosten selbst trägt.

Erstellen Sie die Kostenrechnung von RA Zack.

## Fall 14

Frau Lage beauftragt Rechtsanwalt Liebling in Dortmund mit der Vertretung ihrer Interessen in einem Rechtsstreit gegen sie auf Zahlung von 69.400,00 DM. Der Prozeßbevollmächte des Klägers hat Klage vor dem zuständigen Landgericht in Nürnberg erhoben. Rechtsanwalt Liebling beauftragt, im Einverständnis der Mandantin, Rechtsanwalt Treu in Nürnberg diese vor dem Landgericht in Nürnberg zu vertreten. Im Termin zur mündlichen Verhandlung wird streitig verhandelt und das Gericht verkündet einen Beweisbeschluß, wonach ein Zeuge beim Amtsgericht in Dortmund vernommen werden soll. Frau Lage bittet Rechtsanwalt Liebling, den Beweistermin wahrzunehmen. Nachdem der Zeuge in Anwesenheit von Rechtsanwalt Liebling vor dem Amtsgericht in Dortmund vernommen wurde, wird erneut Termin zur Verhandlung vor dem Landgericht in Nürnberg anberaumt, den RA Treu wahrnimmt. In diesem Termin verkündet das Gericht das Urteil.

Entwerfen Sie bitte die Kostenrechnungen der Rechtsanwälte Liebling und Treu.

**Fall 15**

Rechtsanwalt Heu wird beauftragt, Zahlungsklage in Höhe von 18.430,00 DM zu erheben.
Nachdem Rechtsanwalt Heu beim Landgericht Klage erhoben hat, beauftragt er Rechtsanwalt Schurke in Untervollmacht, den Termin zur mündlichen Verhandlung wahrzunehmen. Rechtsanwalt Schurke stellt auftragsgemäß den Antrag aus der Klageschrift. Der Beklagtenvertreter beantragt, die Klage abzuweisen.
Nach Erörterung der Sach- und Rechtslage sowie Beweisaufnahme verkündet das Landgericht ein klagestattgebendes Urteil.

Erstellen Sie die Kostenrechnungen für die Rechtsanwälte Heu und Schurke gegenüber der Mandantschaft, wobei unterstellt wird, daß die Klägerin vorsteuerabzugsberechtigt ist.

## 3. Mahnverfahren/ Zwangsvollstreckung/ Wechselprozeß

**Fall 16**

RA Schöngeist wird von den Eheleuten Hoffnung beauftragt, gegen die Eheleute Bank eine Forderung in Höhe von 39.000,00 DM einzutreiben. Die vorgerichtlichen Mahnkosten der Mandantin belaufen sich auf 46,00 DM. Nachdem Rechtsanwalt Schöngeist sowohl einen Mahnbescheid als auch einen Vollstreckungsbescheid erwirkt hat, beauftragt er den Gerichtsvollzieher mit der Zwangsvollstreckung gegen die Eheleute Blank als Gesamtschuldner.
Die Zwangsvollstreckung fällt fruchtlos aus. Die Gerichtsvollzieherkosten betragen für jeden Schuldner 65,00 DM.
Nunmehr beantragt Rechtsanwalt Schöngeist die Anberaumung eines Termins zur Abgabe der eidesstattlichen Versicherung gegen die Schuldner.
Der Rechtsanwalt stellt fest, daß die Schuldner vermögenslos sind und von der Sozialhilfe leben.

Die Mandantin bittet ihn, die Angelegenheit einzustellen und die Kostenrechnung zu übersenden.

**Fall 17**

Die Firma Anders hat einen Schuldtitel erwirkt über eine Hauptforderung in Höhe von 10.000,00 DM gegen den Schuldner Rainer Zufall. Rechtsanwalt Alf soll die Forderung einschließlich der Zinsen und bisherigen Kosten im Wege der Zwangsvollstreckung eintreiben.
Rechtsanwalt Alf beauftragt den Gerichtsvollzieher mit der Sachpfändung wegen der Hauptforderung zzgl. 1.000,00 DM Zinsen und der bisherigen Kosten 150,00 DM. Die Pfändung fällt fruchtlos aus. Die Gebühren des Gerichtsvollziehers betragen 95,00 DM.
Nunmehr stellt Rechtsanwalt Alf zu Lasten des Schuldners den Antrag auf Abgabe der eidesstattlichen Versicherung. Aus dem Vermögensverzeichnis ergibt sich, daß der Schuldner Eigentümer eines bebauten Grundstücks ist. Rechtsanwalt Alf stellt den Antrag auf Eintragung einer Zwangshypothek wegen des gesamten Anspruchs.
Im Anschluß daran beantragt er unter Vorlage des erwirkten Duldungstitels, wegen aller Beträge, die Zwangsversteigerung des Grundstücks.

Erstellen Sie die Kostenrechnung von Rechtsanwalt Alf einschließlich der von ihm verauslagten Gerichts- und Gerichtsvollzieherkosten.

**Fall 18**

Im Auftrag der Eheleute Schlotterhose erhebt Rechtsanwalt Syring Wechselklage über 20.000,00 DM. Der Beklagte erkennt den Anspruch im Wechselverfahren an, behält sich aber die Geltendmachung seiner Rechte und für das Nachverfahren vor.
Bei Eintritt in das Nachverfahren erhöht Rechtsanwalt Syring die Klage um 15.000,00 DM wegen eines zusätzlichen Anspruchs aus einem anderen Rechtsgrund. Wegen dieses Anspruchs erhebt das Gericht Beweis durch Zeugenvernehmung, bei der Rechtsanwalt Syring anwesend ist. Nach weiterer streitiger Verhandlung ergeht das Urteil.

Entwerfen Sie die Kostenrechnung von RA Syring.

## 4. Berufungsverfahren/ Zurückverweisung/ Anschlußberufung/ Vergleichsgebühr und Differenz-Prozeßgebühr

### Fall 19

Rechtsanwalt Robust wird in einer Verkehrsunfallangelegenheit von Herrn Knall mit der Schadensregulierung beauftragt. Nachdem die außergerichtlichen Regulierungsversuche erfolglos blieben, erhebt Rechtsanwalt Robust vor dem zuständigen Landgericht in Bochum Klage auf Schadensersatz in Höhe von 25.000,00 DM gegen den Fahrer, Halter und die Haftpflichtversicherung des unfallverursachenden Fahrzeugs.
Nach streitiger Verhandlung erläßt das Gericht ein Urteil, wonach die Beklagten zur Zahlung eines Teilbetrages von 10.000,00 DM verurteilt werden.
Die Beklagten legen hiergegen Berufung beim Oberlandesgericht Hamm ein.
Nach streitiger Verhandlung wird vom Oberlandesgericht die Berufung zurückgewiesen. In der zweiten Instanz wurde der Kläger von Rechtsanwalt Dr. Große Wentrup vertreten.
Nunmehr wird der Prozeß vor derselben Kammer des Landgerichts wegen des noch nicht ausgeurteilten Klageantrages fortgesetzt. Nach streitiger Verhandlung und Beweisaufnahme wird die Klage abgewiesen.

Erstellen Sie die Kostenrechnungen der Rechtsanwälte Robust und Dr. Große Wentrup.

### Fall 20

Rechtsanwalt Vorsichtig erhebt für seinen Mandanten Zahlungsklage über 9.000,00 DM als Teilkaufpreis für eine Mähmaschine aus einer Gesamtforderung in Höhe von 16.000,00 DM.
Der Beklagte wird von Rechtsanwalt Mutig vertreten, der Klageabweisung beantragt. Nach Erörterung der Sach- und Rechtslage schließen die Parteien einen Widerrufsvergleich, der vom Beklagtenvertreter im weiteren Verlauf widerrufen wird. Im zweiten Termin wird streitig verhandelt. Es ergeht ein Urteil gemäß Klageantrag.
Gegen das Urteil legt der Beklagte über Rechtsanwalt Mutig beim zuständigen Landgericht Berufung ein. Der Berufungsbeklagte wird auch in der zweiten Instanz von Rechtsanwalt Vorsichtig vertreten. Nachdem das Berufungsgericht das erstinstanzliche Urteil nach streitiger Verhandlung aufgehoben hat, verweist es den Rechtsstreit zurück an dasselbe Amtsgericht. Im Termin zur mündlichen Verhandlung wird dort die Sach- und Rechtslage mit den Parteien seitens des Gerichts ausführlich erörtert,

was dazu führt, daß die Parteien sich derart vergleichen, daß der Beklagte insgesamt 14.000,00 DM an den Kläger zahlt und somit auch die nicht anhängigen Ansprüche miterledigt sind.

Erstellen Sie die Kostenrechnungen von Rechtsanwalt Vorsichtig für beide Instanzen.

**Fall 21**

Rechtsanwalt Steinfort erhebt Klage für seine Mandantin aus einem Verkehrsunfall gegen den Fahrer, den Halter und die gegnerische Haftpflichtversicherung. Er beantragt, die Beklagten gesamtschuldnerisch zu verurteilen, an die Klägerin 12.000,00 DM Sachschaden sowie ein angemessenes Schmerzensgeld in Höhe von 7.000,00 DM zu zahlen.
Nachdem das Gericht den Streitwert antragsgemäß festgesetzt hat, meldet sich für die Beklagten Rechtsanwalt Wüst und kündigt schriftsätzlich Klageabweisungsantrag an. Vor dem ersten Termin nimmt Rechtsanwalt Steinfort die Klage gegen den Fahrer zurück.
Im Termin zur Hauptverhandlung verhandeln die Parteien streitig und am Schluß der Sitzung verkündet das Gericht ein Urteil, wonach die Beklagten als Gesamtschuldner den Sachschaden in Höhe von 12.000,00 DM sowie ein Schmerzensgeld in Höhe von 5.000,00 DM an die Klägerin zu zahlen haben, im übrigen wird die Klage kostenpflichtig abgewiesen.
Nunmehr legt Rechtsanwalt Steinfort, soweit die Klage abgewiesen wurde, Berufung ein. Rechtsanwalt Wüst legt Anschlußberufung ein, soweit der Klage stattgegeben wurde. In der Berufungsinstanz wird zur Frage des Sachschadens ein Zeuge vernommen und die Parteien verhandeln streitig.
Das Berufungsgericht verkündet ein Urteil, wonach die Beklagten gesamtschuldnerisch verurteilt werden, an die Klägerin unter Abänderung des erstinstanzlichen Urteils weitere 1.200,00 DM zu zahlen haben, die weitergehende Berufung und die Anschlußberufung werden jeweils zurückgewiesen.

Erstellen Sie die Kostenrechnungen für die Rechtsanwälte Steinfort und Wüst jeweils für die erste und zweite Instanz.

## 5. Probleme bei streitiger und nichtstreitiger Verhandlung/ Abgrenzung § 32 BRAGO zu § 118 BRAGO

### Fall 22

Rechtsanwalt Blau erhebt Klage über 10.000,00 DM. Im Termin zur mündlichen Verhandlung erscheint von der Beklagtenseite niemand. Es ergeht zu Gunsten des Klägers auf entsprechenden Antrag Versäumnisurteil gegen die beklagte Partei. Das Versäumnisurteil wird rechtskräftig.

RA Blau möchte wissen, wie seine Kostenrechnung aussieht.

### Fall 23

Rechtsanwalt Fleißig erhebt Klage über 10.000,00 DM. Im Termin zur mündlichen Verhandlung wird nach Erörterung der Sach- und Rechtslage sowie streitiger Verhandlung die Sache zunächst vertagt. Im weiteren Verlauf beraumt das Gericht einen weiteren Termin an, zu dem die beklagte Partei nicht mehr erscheint, so daß antragsgemäß zu Gunsten des Klägers ein Versäumnisurteil ergeht, das rechtskräftig wird.

Erstellen Sie die Kostenrechnung von RA Fleißig.

### Fall 24

Rechtsanwalt König erhebt Klage über 10.000,00 DM. Im Termin zur mündlichen Verhandlung wird streitig verhandelt und die anwesenden Zeugen werden vernommen. Da das Beweisverfahren noch nicht abgeschlossen ist, beraumt das Gericht einen weiteren Termin an, zu dem die beklagte Partei allerdings nicht erscheint. Zu Gunsten des Klägers ergeht auf Antrag von RA König ein Versäumnisurteil gegen den Beklagten. Hiergegen läßt der Beklagte über Rechtsanwalt Lästig Einspruch einlegen. Im anschließenden Termin wird die Zulässigkeit des Einspruchs festgestellt und die Beweisaufnahme fortgeführt, indem ein weiterer Zeuge im Beisein von RA König vernommen wird. Danach erörtern die Parteien nochmals die Sach- und Rechtslage mit dem Gericht und verhandeln streitig auch zum Ergebnis der Beweisaufnahme. Das Gericht urteilt aus, daß die Klage insgesamt begründet ist.

RA König möchte wissen, welche Gebühren und Auslagen er zur Kostenfestsetzung anmelden kann.

**Fall 25**

Rechtsanwalt Schön erhebt Klage über 10.000,00 DM. Im Termin zur mündlichen Verhandlung wird erörtert, streitig verhandelt und ein anwesender Zeuge vernommen. Das Gericht beraumt einen zweiten Termin an, zu dem der Beklagte nicht mehr erscheint. Auf Antrag von RA Schön ergeht ein Versäumnisurteil zu Gunsten des Klägers. Hiergegen läßt der Beklagte über seinen Anwalt Einspruch einlegen. Im anschließenden Termin wird im Beisein der Prozeßbevollmächtigten über die Zulässigkeit des Einspruchs streitig verhandelt und Beweis erhoben. Daraufhin nimmt der Beklagtenvertreter auftragsgemäß den Einspruch zurück.

Erstellen Sie die Kostenrechnung von RA Schön.

**Fall 26**

Rechtsanwalt Schnell wird von Herrn Listig gebeten, ihn in einem Rechtsstreit zu vertreten. RA Schnell soll bei einer am nächsten Tag stattfindenden mündlichen Verhandlung die Interessen des Listig wahrnehmen. Er nimmt das Mandat an, meldet sich jedoch nicht schriftsätzlich bei Gericht, sondern nimmt den Termin zur mündlichen Verhandlung wahr. Hier kommt es weder zu einer mündlichen Verhandlung noch zur Erörterung der Sach- und Rechtslage mit dem Gericht, da der Kläger nach Aufruf der Sache die Klage sogleich zurücknimmt, was der Vorsitzende zu Protokoll diktiert. Rechtsanwalt Schnell stellt keinen Kostenantrag.

Herr Listig meint nunmehr, Rechtsanwalt Schnell könne ihm gegenüber keinen Gebührenanspruch geltend machen, da der RA weder einen Schriftsatz eingereicht, noch im Termin irgendeine Erklärung abgegeben hat. Ist diese Ansicht zutreffend?

## II. Lösungen und Anmerkungen

### Lösung Fall 1

| | |
|---|---|
| *Streitwert: 5.300,00 DM* | |
| 10/10 Prozeßgebühr §§ 11, 31 I Nr. 1 BRAGO | 375,00 DM |
| 10/10 Verhandlungsgebühr §§ 11, 31 I Nr. 2 BRAGO | 375,00 DM |
| 10/10 Beweisgebühr §§ 11, 31 I Nr. 3 BRAGO | 375,00 DM |
| Auslagen § 26 BRAGO | 40,00 DM |
| Zwischensumme netto | 1.165,00 DM |
| zzgl. MwSt. (§ 25 II BRAGO) | |

- **Anmerkung**

Mit Einreichung des Klageschriftsatzes entsteht die volle (erstinstanzlich 10/10) Prozeßgebühr (§ 31 I Nr. 1 BRAGO). Zu beachten ist, daß die Gebühr für die nichtstreitige Verhandlung (§ 33 BRAGO) **nicht** zusätzlich angesetzt werden kann, da bereits eine volle Verhandlungsgebühr für die streitige Verhandlung (§ 31 I Nr. 2 BRAGO) über den Gesamtstreitwert entstanden ist.
Dies folgt aus dem allgemeinen Grundsatz, daß die Gebühren die gesamte Tätigkeit des RA vom Auftrag bis zur Erledigung der Angelegenheit entgelten und, daß der RA die Gebühren in **derselben Angelegenheit** nur einmal fordern kann (§ 13 I, II BRAGO Abgeltungsbereich der Gebühren). Aus § 13 III BRAGO folgt der Grundsatz, daß der RA in einer Angelegenheit nicht mehr als die aus dem Gesamtbetrag der Wertteile nach dem höchsten Gebührensatz berechnete Gebühr verlangen darf.

### Lösung Fall 2

- Kostenrechnung Rechtsanwalt Dr. Null

| | |
|---|---|
| *Streitwert: 17.000,00 DM* | |
| 10/10 Prozeßgebühr §§ 11, 31 I Nr. 1 BRAGO | 875,00 DM |
| 5/10 Verhandlungsgebühr §§ 11, 33 I 1, 38 II BRAGO | 437,50 DM |
| *Streitwert: 10.000,00 DM* | |
| 10/10 Verhandlungsgebühr §§ 11, 31 I Nr. 2 BRAGO | 595,00 DM |
| 10/10 Vergleichsgebühr §§ 11, 23 I 3 BRAGO | 595,00 DM |
| Auslagen § 26 BRAGO | 40,00 DM |
| Zwischensumme netto | 2.542,50 DM |
| zzgl. MwSt. (§ 25 II BRAGO) | |

- Kostenrechnung Rechtsanwalt Mutig

| | |
|---|---|
| *Streitwert: 10.000,00 DM* | |
| 10/10 Prozeßgebühr §§ 11, 31 I Nr. 1 BRAGO | 595,00 DM |
| 10/10 Verhandlungsgebühr §§ 11, 31 I Nr. 2 BRAGO | 595,00 DM |
| 10/10 Vergleichsgebühr §§ 11, 23 I 3 BRAGO | 595,00 DM |
| Auslagen § 26 BRAGO | 40,00 DM |
| Zwischensumme netto | 1.825,00 DM |
| zzgl. MwSt. (§ 25 II BRAGO) | |

- **Anmerkung**

Rechtsanwalt Dr. Null erhält für die nichtstreitige Verhandlung, auf die das Versäumnisurteil ergeht über den Streitwert von 17.000,00 DM eine gesonderte 5/10 Verhandlungsgebühr (**§ 38 II BRAGO),** weil nach dem Einspruch gegen das VU, das Dr. Null erwirkt hat, zur Hauptsache (Teilbetrag von 10.000,00 DM) streitig verhandelt wird. Über den Streitwert von 10.000,00 DM erhält er eine 10/10 Verhandlungsgebühr für die streitige Verhandlung (§ 31 I Nr. 2 BRAGO), ohne daß § 13 III BRAGO Anwendung findet.
Die **Vergleichsgebühr** entsteht über das Rechtsverhältnis (10.000,00 DM) über das sich die Parteien vergleichen, nicht über den Betrag (5.000,00 DM) auf den sie sich einigen.

**Lösung Fall 3**

| | | |
|---|---|---|
| *Streitwert: 2.950,00 DM* | | |
| 10/10 Prozeßgebühr §§ 11, 31 I Nr. 1 BRAGO | | 210,00 DM |
| *Streitwert: 800,00 DM* | | |
| 5/10 nichtstreitige Verhandlungsgebühr §§ 11, 33 I 1 BRAGO | 45,00 DM | 45,00 DM |
| *Streitwert: 2.150,00 DM* | | |
| 10/10 streitige Verhandlungsgebühr §§ 11, 31 I Nr. 2 BRAGO | 170,00 DM | |
| (Grenze 10/10 aus 2.950,00 DM | 215,00 DM | |
| = 210,00 DM | 210,00 DM | |
| §§ 11, 31 I Nr. 2, 33 I 1, 13 II BRAGO) | ./. 45,00 DM | |
| | 165,00 DM | 165,00 DM |

| | |
|---|---:|
| 10/10 Beweisgebühr §§ 11, 31 I Nr. 3 BRAGO | 170,00 DM |
| Auslagen § 26 BRAGO | 40,00 DM |
| Zwischensumme netto | 630,00 DM |
| zzgl. MwSt. (§ 25 II BRAGO) | |
| Gerichtskostenvorschuß | |
| Wert: 2.950,00 DM (3 x 130,00 DM) | 390,00 DM |

• **Anmerkung**

Zu beachten ist, daß sowohl eine 5/10 Gebühr für die **nichtstreitige Verhandlung** (Anerkenntnis) über den Gegenstandswert von 800,00 DM sowie eine 10/10 Gebühr für die **streitige Verhandlung** bezogen auf den Streitwert von 2.150,00 DM entsteht. Mithin ist die **Begrenzungsvorschrift** des **§ 13 III BRAGO** anzuwenden, da für verschiedene Teile des Gegenstandes (verschiedene Gegenstands-/Streitwerte) verschiedene Gebührensätze (5/10 und 10/10) in Rechnung zu stellen sind. Die Gebühren können gesondert in Rechnung gestellt werden, jedoch mit der Begrenzung, daß die insgesamt in Rechnung gestellten Gebühren nicht höher sein dürfen als die höchste Gebühr (höchster Gebührensatz hier 10/10) aus dem Gesamtstreitwert (hier 2.950,00 DM). Ist diese Grenze nicht erreicht, so kann der Gesamtbetrag der einzelnen Gebühren verlangt werden. Ist – wie vorliegend – die Summe der zusammengerechneten Gebühren höher (215,00 DM), so muß der Betrag gekürzt werden auf den Anspruch aus dem **höchsten Gebührensatz** (hier 10/10) bezogen auf den **Gesamtstreitwert** (hier 2.950,00 DM), so daß nur 210,00 DM (45,00 DM + 165,00 DM) berechnet werden dürfen.

Die **Gerichtskosten** sind nach der Mehrwertsteuer anzuführen. Aus der Anlage 1 zu § 11 GKG Nr. 1201 folgt, daß für das Verfahren im allgemeinen 3,0 Gebühren in Rechnung zu stellen sind. Für den Streitwert von 2.950,00 DM müssen daher 130,00 DM x 3 = 390,00 DM verauslagt werden.

**Lösung Fall 4**

| | |
|---|---|
| *Streitwert: 250,00 DM x 12 = 3.000,00 DM (§ 16 V GKG)* | |
| 10/10 Prozeßgebühr §§ 11, 31 I Nr. 1 BRAGO | 210,00 DM |
| 3/10 Erhöhungsgebühr §§ 11, 6 BRAGO | 63,00 DM |
| 10/10 Verhandlungsgebühr §§ 11, 31 I Nr. 2 BRAGO | 210,00 DM |
| 10/10 Beweisgebühr §§ 11, 31 I Nr. 3 BRAGO | 210,00 DM |
| 10/10 Vergleichsgebühr §§ 11, 23 I 3 BRAGO | 210,00 DM |
| Auslagen § 26 BRAGO | 40,00 DM |
| Zwischensumme netto | 943,00 DM |
| zzgl. MwSt. (§ 25 II BRAGO) | |

- **Anmerkung**

Der Streitwert ergibt sich bei Ansprüchen auf Erhöhung des Mietzinses für Wohnraum aus dem Jahresbetrag des zusätzlich geforderten Zinses, vorliegend 250,00 DM x 12 = 3.000,00 DM (§ 16 V GKG). Zu beachten ist die Erhöhungsgebühr (**§ 6 BRAGO**) für einen weiteren Auftraggeber, so daß sich die Ausgangsgebühr von 10/10 um 3/10 auf (10/10 x 3/10 = 30/100 = 3/10) für einen weiteren Auftraggeber erhöht.

**Lösung Fall 5**

- Rechtsanwalt Wucherpfennig

| | | |
|---|---|---|
| *Streitwert: 75.000,00 DM* | | |
| 10/10 Prozeßgebühr §§ 11, 31 I Nr. 1 BRAGO | | 1.845,00 DM |
| 3/10 Erhöhungsgebühr §§ 11, 6 BRAGO | | 553,50 DM |
| *Streitwert: 70.000,00 DM* | | |
| 10/10 Verhandlungsgebühr §§ 11, 31 I Nr. 2 BRAGO | 1.705,00 DM | 1.705,00 DM |
| 10/10 Beweisgebühr §§ 11, 31 I Nr. 3 BRAGO | | 1.705,00 DM |
| *Streitwert: 5.000,00 DM* | | |
| 5/10 nichtstreitige Verhandlungsgebühr §§ 11, 33 I 1, 13 III BRAGO | 160,00 DM | |
| | 1.865,00 DM | |

| | | |
|---|---|---|
| (Grenze 10/10 aus 75.000,00 DM | | |
| = 1.845,00 DM | 1.845,00 DM | |
| §§ 11, 31 I Nr. 2, 33 I 1, 13 III BRAGO) | ./. 1.705,00 DM | |
| | 140,00 DM | 140,00 DM |
| Auslagen § 26 BRAGO | | 40,00 DM |
| Zwischensumme netto | | 5.988,50 DM |
| zzgl. MwSt. (§ 25 II BRAGO) | | |
| Gerichtskostenvorschuß | | |
| Wert: 75.000,00 DM (3 x 835,00 DM) | | 2.505,00 DM |

- Rechtsanwalt Himmel

| | |
|---|---|
| *Streitwert: 70.000,00 DM* | |
| 10/10 Prozeßgebühr §§ 11, 31 I Nr. 1 BRAGO | 1.705,00 DM |
| 10/10 Verhandlungsgebühr §§ 11, 31 I Nr. 2 BRAGO | 1.705,00 DM |
| 10/10 Beweisgebühr §§ 11, 31 I Nr. 3 BRAGO | 1.705,00 DM |
| Auslagen § 26 BRAGO | 40,00 DM |
| Zwischensumme netto | 5.155,00 DM |
| zzgl. MwSt. (§ 25 II BRAGO) | |

- **Anmerkung**

Bei der Kostenrechnung für **Rechtsanwalt Wucherpfennig** ist zu beachten, daß die Prozeßgebühr über den höchsten Betrag entsteht, der im Verfahren anhängig war, nach **Klageerhöhung 75.000,00 DM**. Zu beachten ist die Erhöhung gemäß § 6 BRAGO. Für die streitige Verhandlung über 70.000,00 DM und die nichtstreitige Verhandlung über 5.000,00 DM können die Gebühren gesondert in Rechnung gestellt werden unter Beachtung des **§ 13 III BRAGO**. Insgesamt dürfen nicht mehr berechnet werden als der **höchste Gebührensatz** (10/10) aus dem **Gesamtbetrag** (75.000,00 DM). Mithin können für die jeweiligen Verhandlungen (streitige und nichtstreitige) insgesamt nicht mehr als (1.705,00 DM + 140,00 DM = 1.845,00 DM) verlangt werden. Die Beweisgebühr entsteht über den Wert, über den Beweis erhoben wird (70.000,00 DM). Der **Gerichtskostenvorschuß** beträgt für eine Gebühr bei dem Wert von 75.000,00 DM (Nachzahlungspflicht nach Klageerhöhung) 835,00 DM, sodaß 2.505,00 DM Gerichtskosten zu zahlen sind.

Für **Rechtsanwalt Himmel** entsteht die **Prozeßgebühr** über **70.000,00 DM**, da er nach der Klageerhöhung kein Tatbestandsmerkmal des § 32 I BRAGO positiv verwirklicht hat, so daß bereits bei der Prozeßgebühr die Klageerhöhung für

Rechtsanwalt Himmel unbeachtlich ist. Des weiteren entsteht für ihn die streitige Verhandlungsgebühr und die Beweisgebühr (§ 31 I Nr. 3 BRAGO). Diese entsteht nämlich, soweit objektiv ein Beweisaufnahmeverfahren stattgefunden an dem RA subjektiv teilgenommen hat. Mithin entsteht die Beweisgebühr nicht erst bei Gericht im Rahmen eines Termins zur Beweisaufnahme, sondern bereits vorher, soweit der RA den Beweisbeschluß in Empfang nimmt, ihn ordnungsgemäß überprüft und an die Mandantschaft weiterleitet. Diese Voraussetzungen sind vorliegend erfüllt. Darüber hinaus kann Rechtsanwalt Himmel noch Auslagen und Mehrwertsteuer beanspruchen.

**Lösung Fall 6**

| | |
|---|---|
| *Streitwert: 60.000,00 DM* | |
| 10/10 Prozeßgebühr §§ 11, 31 I Nr. 1 BRAGO | 1.565,00 DM |
| *Gegenstandswert: 35.000,00 DM* | |
| 10/10 Vergleichsgebühr §§ 11, 23 I 3 BRAGO | 1.185,00 DM |
| *Streitwert: 25.000,00 DM* | |
| 10/10 Verhandlungsgebühr §§ 11, 31 I Nr. 2 BRAGO | 1.025,00 DM |
| *Streitwert: 15.000,00 DM* | |
| 10/10 Beweisgebühr §§ 11, 31 I Nr. 3 BRAGO | 805,00 DM |
| Auslagen § 26 BRAGO | 40,00 DM |
| Zwischensumme netto | 4.620,00 DM |
| zzgl. MwSt. (§ 25 II BRAGO) | |
| Gerichtskostenvorschuß | |
| Wert: 60.000,00 DM (3 x 715,00 DM) | 2.145,00 DM |

Auch hier entsteht die Prozeßgebühr über den höchsten Betrag, der im Verfahren anhängig war und zwar nach **Klageerhöhung** 60.000,00 DM. Die **Vergleichsgebühr** entsteht über das Rechtsverhältnis (Sachschaden 35.000,00 DM), über das die Parteien sich vor Eintritt in die mündliche Verhandlung, ohne Erörterung auf Zahlung einen Betrages von 30.000,00 DM vergleichen. Die **Verhandlungsgebühr** entsteht über den Betrag, über den streitig verhandelt wird, 25.000,00 DM nach **Klageerhöhung**; die Beweisgebühr über den Betrag (15.000,00 DM), über den Beweis erhoben worden ist.

**Lösung Fall 7 (a)**

- außergerichtliches Verfahren

*Gegenstandswert: 55.000,00 DM*

| | | |
|---|---|---|
| 7,5/10 Geschäftsgebühr §§ 11, 12, 118 I Nr. 1 BRAGO | | 1.173,80 DM |
| 9/10 Erhöhungsgebühr §§ 11, 6 BRAGO | | 1.408,60 DM |
| Auslagen § 26 BRAGO | | 40,00 DM |

- Klageverfahren

*Streitwert: 25.000,00 DM*

| | | |
|---|---|---|
| 10/10 Prozeßgebühr §§ 11, 31 I Nr. 1 BRAGO | 1.025,00 DM | |
| 12/10 Erhöhungsgebühr §§ 11, 6 BRAGO | 1.230,00 DM | |
| | 2.255,00 DM | |
| abzüglich Anrechnung § 118 II BRAGO | 2.255,00 DM | |
| (16,5/10 aus 25.000,00 DM = 1.691,30 DM) | ./. 1.691,30 DM | |
| | 563,70 DM | 563,70 DM |
| 10/10 Verhandlungsgebühr §§ 11, 31 I Nr. 2 BRAGO | | 1.025,00 DM |
| 10/10 Beweisgebühr §§ 11, 31 I Nr. 3 BRAGO | | 1.025,00 DM |
| Auslagen § 26 BRAGO | | 40,00 DM |
| Zwischensumme netto | | 5.276,10 DM |
| zzgl. MwSt. (§ 25 II BRAGO) | | |

- **Anmerkung**

Soweit zum Zeitpunkt der **außergerichtlichen Tätigkeit kein Klageauftrag** vorlag, findet **§ 118 I Nr. 1 BRAGO** bezogen auf den Streitwert von 55.000,00 DM Anwendung. Zu beachten ist die Erhöhung gemäß § 6 BRAGO ausgehend von der **Mittelgebühr** (7,5/10 x 3/10 = 22,5/100 = 2,25/10 x 4 = 9/10). Die Auslagen können gesondert in Rechnung gestellt werden, da es sich durch die Teilzahlung (30.000,00 DM) insoweit um ein abgeschlossenes Verfahren handelt.
Die **Prozeßgebühr** entsteht über den Streitwert von 25.000,00 DM, auch hier gilt die Erhöhung gemäß § 6 BRAGO (10/10 x 3/10 = 30/100 = 3/10 x 4 = 12/10). Es findet nunmehr eine **Anrechnung (§ 118 II BRAGO)** statt, weil die in § 118 I Nr. 1 BRAGO bestimmte Geschäftsgebühr bereits für eine Tätigkeit außerhalb eines gerichtlichen Verfahrens entstanden ist, ist sie auf die entsprechenden Gebühren (hier Prozeßgebühr § 31 I Nr. 1 BRAGO) für ein **anschließendes gerichtliches Verfahren**

anzurechnen. Bei der Anrechnung ist die erhöhte Gebühr (16,5/10 aus 25.000,00 DM = 1.691,40), die bereits im Rahmen der außergerichtlichen Tätigkeit bezogen auf den Gegenstandswert von 55.000,00 DM enthalten ist anzurechnen, so daß nur noch der **Differenzbetrag** (2.255,00 DM – 1.691,30 DM = 563,70 DM) in Rechnung gestellt werden kann.
Die **Verhandlungsgebühr** und **Beweisgebühr** richten sich jeweils nach 25.000,00 DM, der Betrag über den streitig verhandelt und über den Beweis erhoben worden ist.

**Lösung Fall 7 (b)**

| | | |
|---|---|---|
| • außergerichtliches Verfahren | | |
| *Gegenstandswert: 30.000,00 DM* | | |
| 5/10 vorzeitige Beendigung §§ 11, 32 I BRAGO | | 552,50 DM |
| 6/10 Erhöhungsgebühr §§ 11, 6 BRAGO | | 663,00 DM |
| Auslagen § 26 BRAGO | | 40,00 DM |
| • Klageverfahren | | |
| *Streitwert: 25.000,00 DM* | | |
| 10/10 Prozeßgebühr §§ 11, 31 I Nr. 1 BRAGO | 1.025,00 DM | |
| 12/10 Erhöhungsgebühr §§ 11, 6 BRAGO | 1.230,00 DM | |
| | 2.255,00 DM | |
| (Grenze 22/10 aus 55.000,00 DM = 3.443,00 DM | | |
| §§ 11, 32 I, 31 I Nr. 1, 13 III BRAGO) d. h. | 552,50 DM | |
| | 663,00 DM | |
| | 1.025,00 DM | |
| | 1.230,00 DM | |
| | 3.470,50 DM | |
| | ./. 3.443,00 DM | |
| | 27,50 DM | |
| | 2.255,00 DM | |
| | ./. 27,50 DM | |
| | 2.227,50 DM | 2.227,50 DM |

| | |
|---|---|
| 10/10 Verhandlungsgebühr §§ 11, 31 I Nr. 2 BRAGO | 1.025,00 DM |
| 10/10 Beweisgebühr §§ 11, 31 I Nr. 3 BRAGO | 1.025,00 DM |
| Auslagen § 26 BRAGO | 40,00 DM |
| Zwischensumme netto | 5.573,00 DM |
| zzgl. MwSt. (§ 25 II BRAGO) | |

• **Anmerkung**

Lag bereits zum Zeitpunkt der **außergerichtlichen Tätigkeit Klageauftrag** vor, so ist **§ 32 BRAGO**, vorzeitige Beendigung des Auftrages, zu beachten. Danach erhält der Rechtsanwalt bezogen auf den Betrag der vorzeitigen Beendigung (30.000,00 DM) eine halbe (5/10) Prozeßgebühr. Zu beachten ist auch hier die Erhöhung gemäß § 6 BRAGO (5/10 x 3/10 = 15/100 = 1,5/10 x 4 = 6/10).
Der Streitwert im **Klageverfahren** beträgt 25.000,00 DM. Hier entsteht die **Prozeßgebühr** sowie die Erhöhung über § 6 BRAGO (3/10 x 4 = 12/10).
Es findet nunmehr die **Begrenzungsvorschrift** des **§ 13 III BRAGO** Anwendung, wonach der in Rechnung zu stellende Gebührenbetrag nicht höher sein darf als die **höchste Gebühr** (hier 22/10) aus dem **Gesamtbetrag** (hier 55.000,00 DM). Dadurch wird der Gesamtbetrag der in Rechnung zu stellenden Gebühren (§§ 11, 32 I, 31 I Nr. 1, 6 BRAGO) begrenzt auf 3.443,00 DM, so daß bezogen auf die Prozeßgebühr und die Erhöhung unter Beachtung des **§ 13 III BRAGO** hier nur ein verbleibender Restbetrag in Höhe von 2.227,50 DM geltend zu machen ist. Addiert man diesen Betrag zu den bereits im außergerichtlichen Verfahren in Rechnung gestellten 552,50 DM und 663,00 DM, ergibt sich der **Gebührenbegrenzungsbetrag** (22/10 aus 55.000,00 DM) in Höhe von 3.443,00 DM.

**Lösung Fall 8**

*Gegenstandswert: 8.000,00 DM*

| | |
|---|---|
| 10/10 Geschäftsgebühr §§ 11, 12, 118 I Nr. 1 BRAGO | 485,00 DM |
| 10/10 Besprechungsgebühr §§ 11, 12, 118 I Nr. 2 BRAGO | 485,00 DM |
| 10/10 Beweisaufnahmegebühr §§ 11, 12, 118 I Nr. 3 BRAGO | 485,00 DM |
| Auslagen § 26 BRAGO | 40,00 DM |
| Zwischensumme netto | 1.495,00 DM |
| zzgl. MwSt. (§ 25 II BRAGO) | |

- **Anmerkung**

Es handelt sich um ein Verfahren der **freiwilligen Gerichtsbarkeit**, so daß sich der Gebührenanspruch nach **§ 118 BRAGO** richtet. Unter Bezugnahme auf § 12 BRAGO (Rahmengebühr) kann ein **Gebührenrahmen** von 7,5/10 bis 10/10 akzeptiert werden. Da es sich um ein Gerichtsverfahren handelt, sollte eine 10/10 Gebühr in Rechnung gestellt werden, entsprechend den vollen (erstinstanzlich 10/10) Gebühren in bürgerlichen Rechtsstreitigkeiten.
Es sind entstanden die **Geschäftsgebühr** (§ 118 I Nr. 1 BRAGO), die **Besprechungsgebühr** (§ 118 I Nr. 2 BRAGO) sowie die **Beweisaufnahmegebühr** (§ 118 I Nr. 3 BRAGO), letztere für das Mitwirken bei der Beweisaufnahme, die von dem Gericht angeordnet worden ist.

**Lösung Fall 9**

- Prozeßkostenhilfeverfahren

| | |
|---|---|
| *Gegenstandswert: 17.269,00 DM* | |
| 10/10 Prozeßgebühr §§ 11, 31 I Nr. 1, 123 BRAGO | 475,00 DM |
| 10/10 Verhandlungsgebühr §§ 11, 31 I Nr. 2, 123 BRAGO | 475,00 DM |
| 10/10 Beweisgebühr §§ 11, 31 I Nr. 3, 123 BRAGO | 475,00 DM |
| Fahrtkosten § 28 I, II BRAGO | |
| (gefahrene km 180 x 0,52 DM) | 93,60 DM |
| Abwesenheitsgeld § 28 III BRAGO | 30,00 DM |
| Auslagen § 26 BRAGO | 40,00 DM |
| Zwischensumme netto | 1.588,60 DM |
| zzgl. MwSt. (§ 25 II BRAGO) | |

- Kostenfestsetzung

| | |
|---|---|
| *Gegenstandswert: 17.269,00 DM* | |
| 10/10 Prozeßgebühr §§ 11, 31 I Nr. 1 BRAGO | 875,00 DM |
| 10/10 Verhandlungsgebühr §§ 11, 31 I Nr. 2 BRAGO | 875,00 DM |
| 10/10 Beweisgebühr §§ 11, 31 I Nr. 3 BRAGO | 875,00 DM |
| Fahrtkosten § 28 I, II BRAGO | |
| (gefahrene km 180 x 0,52 DM) | 93,60 DM |
| Abwesenheitsgeld § 28 III BRAGO | 30,00 DM |
| Auslagen § 26 BRAGO | 40,00 DM |
| Zwischensumme netto | 2.788,60 DM |

| | |
|---|---:|
| abzgl. Erstattungsbetrag (netto) aus der Landeskasse | 1.588,60 DM |
| verbleibender Restbetrag | 1.200,00 DM |
| zzgl. MwSt. (§ 25 II BRAGO) | |

- **Anmerkung**

Zu beachten ist, daß der Gebührenanspruch nach Bewilligung der **Prozeßkostenhilfe** (§§ 11, 31 I, 123 BRAGO) ab einem Betrag von **7.000,00 DM** geringer ist als im Rahmen des Gebührenanspruchs aus §§ 11, 31 I BRAGO. Aus der Kostentafel**"Prozeßkostenhilfegebühren"** ergibt sich bei dem Gegenstandswert von 17.269,00 DM ein Gebührenanspruch gegenüber der Landeskasse von 475,00 DM jeweils für eine volle 10/10 Gebühr. Demgegenüber beträgt der Gebührenanspruch bei demselben Gegenstandswert im Rahmen der **Kostenfestsetzung** 875,00 DM je volle Gebühr (§ 11 BRAGO). Bei der Kostenfestsetzung ist die Erstattung aus der Landeskasse in Abzug zu bringen.

**Lösung Fall 10**

*Gegenstandswert: 19.000,00 DM*

| | |
|---|---:|
| 5/10 Prozeßgebühr §§ 11, 31 I Nr. 1, 51 I 1 BRAGO | 472,50 DM |
| 5/10 Verhandlungsgebühr §§ 11, 31 I Nr. 2, 51 I 1 BRAGO | 472,50 DM |
| 5/10 Beweisgebühr §§ 11, 31 I Nr. 3, 51 I 1 BRAGO | 472,50 DM |
| Auslagen § 26 BRAGO | 40,00 DM |
| Zwischensumme netto | 1.457,50 DM |
| zzgl. MwSt. (§ 25 II BRAGO) | |

- **Anmerkung**

Im **Verfahren über die Bewilligung von Prozeßkostenhilfe** erhält der RA gemäß **§ 51 I BRAGO** 5/10 der in § 31 bestimmten Gebühren. In diesem Verfahren und in dem Verfahren über die Aufhebung der Bewilligung der Prozeßkostenhilfe (§ 124 Nr. 1 ZPO), bestimmt sich der Gegenstandswert nach dem für die **Hauptsache** maßgebenden Wert (vorliegend 19.000,00 DM). Es sind entstanden eine Prozeß-, Verhandlungs- und Beweisgebühr sowie Auslagen und Mehrwertsteuer.

**Lösung Fall 11**

- Gegenstandswert für das Gerichtsverfahren

| | | |
|---|---|---|
| Ehescheidungsverfahren | 3 x 3.200,00 DM = | 9.600,00 DM |
| | 3 x 5.400,00 DM = | 16.200,00 DM |
| Versorgungsausgleich | 12 x 250,00 DM = | 3.000,00 DM |
| Unterhalt | 8 x 400,00 DM = | 3.200,00 DM |
| Gegenstandswert | | 32.000,00 DM |

- Kostenrechnung

| | |
|---|---|
| *Gegenstandswert: 32.000,00 DM* | |
| 10/10 Prozeßgebühr §§ 11, 31 I Nr. 1 BRAGO | 1.185,00 DM |
| 10/10 Verhandlungs-/Erörterungsgebühr §§ 11, 31 I Nr. 2, 4, 33 I Nr. 3, 31 II BRAGO | 1.185,00 DM |
| *Gegenstandswert: 28.800,00 DM* | |
| 10/10 Beweisgebühr §§ 11, 31 I Nr. 3 BRAGO | 1.105,00 DM |
| *Gegenstandswert: 3.200,00 DM* | |
| 10/10 Vergleichsgebühr §§ 11, 23 I 3 BRAGO | 265,00 DM |
| Auslagen § 26 BRAGO | 40,00 DM |
| Zwischensumme netto | 3.780,00 DM |
| zzgl. MwSt. (§ 25 II BRAGO) | |

- **Anmerkung**

Der Gegenstandswert für das **Ehescheidungsverfahren** ergibt sich aus dem in den letzten drei Monaten erzielten Nettoeinkommen der Eheleute (§ 12 II GKG), mindestens aber 4.000,00 DM.

Im Verfahren über den **Versorgungsausgleich** ist maßgebend der Jahresbetrag der Rente, die den zu übertragenden oder zu begründenden Rentenanwartschaften entspricht, mindestens jedoch 1.000,00 DM (§ 17 a Nr. 1 GKG).

Wegen des **Unterhaltsanspruchs** gilt § 17 I GKG, wonach bei Ansprüchen auf Erfüllung einer gesetzlichen Unterhaltspflicht der Jahresbetrag der wiederkehrenden Leistung maßgebend ist, wenn nicht – wie vorliegend – der Gesamtbetrag der geforderten Leistung geringer ist.

Über den Gegenstandswert von 32.000,00 DM entsteht eine 10/10 Prozeßgebühr sowie eine 10/10 Verhandlungs-/Erörterungsgebühr (§§ 31 I Nr. 2, 4, 33 I Nr. 3, 31 II BRAGO).
Der Gegenstandswert für die **Beweisgebühr** (§ 31 I Nr. 3 BRAGO) setzt sich zusammen aus der Addition Scheidungsverfahren und Versorgungsausgleich (9.600,00 DM + 16.200,00 DM + 3.000,00 DM = 28.800,00 DM), da die Angaben zum Versorgungsausgleich bestritten wurden und nach ergänzender Einholung der Auskünfte über den Versorgungsausgleich mit den Parteien auch insoweit eine mündliche Verhandlung und damit Parteianhörung gleich Beweisaufnahme (§ 613 ZPO) stattgefunden hat.
Die **Vergleichsgebühr** entsteht über das Rechtsverhältnis, über das die Parteien sich einigen (Unterhaltsanspruch 3.200,00 DM), wobei der Wert der Ehesache bei der Berechnung der Vergleichsgebühr außer Betracht bleibt (§ 36 I 2 BRAGO).

**Lösung Fall 12**

*Gegenstandswert: 150.000,00 DM*

| | |
|---|---|
| 5,5/10 Beratungsgebühr §§ 11, 12, 20 I 1, 2 BRAGO | 350,00 DM |
| zzgl. MwSt. (§ 25 II BRAGO) | |

- **Anmerkung**

Es findet § 20 BRAGO Anwendung. Auszugehen ist von der **Mittelgebühr** (1/10 -10/10 = 11/10: 2 = 5,5/10) bezogen auf den Gegenstandswert 150.000,00 DM.
Da die Tätigkeit jedoch Gegenstand einer **ersten Beratung** ist, kann der RA keine höhere Gebühr als **350,00 DM** fordern. Auslagen entstehen vorliegend wegen der mündlichen Beratung nicht, jedoch die Mehrwertsteuer.

**Lösung Fall 13**

*Gegenstandswert: 18.250,00 DM*

| | |
|---|---|
| 7,5/10 Geschäftsgebühr §§ 11, 12, 118 I Nr. 1 BRAGO | 708,80 DM |
| 7,5/10 Besprechungsgebühr §§ 11, 12, 118 I Nr. 2 BRAGO | 708,80 DM |
| 15/10 Vergleichsgebühr §§ 11, 23 I 1 BRAGO | 1.417,50 DM |
| Auslagen § 26 BRAGO | 40,00 DM |
| Zwischensumme netto | 2.875,10 DM |
| zzgl. MwSt. (§ 25 II BRAGO) | |

- **Anmerkung**

Der RA wurde beauftragt, die Angelegenheit **außergerichtlich** zu regeln, so daß kein Klageauftrag vorlag und mithin § 118 BRAGO Anwendung findet. Entstanden sind die **Geschäfts** und **Besprechungsgebühr** (§ 118 I Nr. 1, Nr. 2 BRAGO) sowie eine **Vergleichsgebühr**. Da der Gegenstand des Vergleichs nicht in einem gerichtlichen Verfahren anhängig ist, können hier **15/10** der vollen Gebühr in Rechnung gestellt werden (§ 23 I 1 BRAGO).

Der **Gegenstandswert** für sämtliche Gebühren beträgt 18.250,00 DM. Für die **Vergleichsgebühr** gilt auch hier, daß Gegenstandswert der Betrag ist, über den die Parteien sich vergleichen und nicht der Betrag, auf den sie sich einigen.

**Lösung Fall 14**

- Rechtsanwalt Treu (Prozeßbevollmächtigter)

*Streitwert: 69.400,00 DM*

| | |
|---|---|
| 10/10 Prozeßgebühr §§ 11, 31 I Nr. 1 BRAGO | 1.705,00 DM |
| 10/10 Verhandlungsgebühr §§ 11, 31 I Nr. 2 BRAGO | 1.705,00 DM |
| 10/10 Beweisgebühr §§ 11, 31 I Nr. 3 BRAGO | 1.705,00 DM |
| Auslagen § 26 BRAGO | 40,00 DM |
| Zwischensumme netto | 5.155,00 DM |
| zzgl. MwSt. (§ 25 II BRAGO) | |

- Rechtsanwalt Liebling (Korrespondenz-/Beweisanwalt)

*Streitwert: 69.400,00 DM*

| | |
|---|---|
| 10/10 Korrespondenzgebühr §§ 11, 31 I Nr. 1, 52 I, 54, 13 II, VI BRAGO | 1.705,00 DM |
| 5/10 Beweisgebühr §§ 11, 31 I Nr. 3, 54, 13 II, VI BRAGO | 852,50 DM |
| Auslagen § 26 BRAGO | 40,00 DM |
| Zwischensumme netto | 2.597,50 DM |
| zzgl. MwSt. (§ 25 II BRAGO) | |

- **Anmerkung**

Rechtsanwalt Treu ist **Prozeßbevollmächtigter** mit dem Gebührenanspruch aus § 31 BRAGO. Entstanden sind für ihn **Prozeß-, Verhandlungs-** und **Beweisgebühr** über den Streitwert von 69.400,00 DM.
Rechtsanwalt Liebling ist **Korrespondenz- und Beweisanwalt**. Für ihn ergibt sich unter Beachtung der §§ 52 I, 54, 13 II, VI BRAGO ein eigener Gebührenanspruch, nämlich eine 10/10 Korrespondenzgebühr sowie eine 5/10 Beweisgebühr.
Für die **Praxis** ist zu beachten, daß nur der Prozeßbevollmächtigte die Kostenfestsetzung vor dem zuständigen Landgericht (hier Nürnberg) beantragen kann. Grundsätzlich werden wegen § 91 ZPO die Kosten für den Korrespondenz-/Beweisanwalt nicht festgesetzt.
Festgesetzt werden jedoch die Kosten, welche Frau Lage dadurch erspart, daß sie nicht nach Nürnberg reisen mußte, um dort bei Rechtsanwalt Treu vorzusprechen, so daß die notwendigen Kosten für die ersparte Geschäftsreise nach dem Gesetz über die Entschädigung von Zeugen und Sachverständigen (**ZSEG**) in den Kostenfestsetzungsantrag als fiktive Reisekosten aufzunehmen sind.
Sind die Kosten für die eingesparte Geschäftsreise (ausnahmsweise) gleich oder höher als die Kosten des Korrespondenz-/Beweisanwalts bilden diese Kosten den Grenzbetrag und werden anstelle der fiktiven Reisekosten festgesetzt.

**Lösung Fall 15**

- Rechtsanwalt Heu (Prozeßbevollmächtigter)

*Streitwert: 18.430,00 DM*

| | |
|---|---|
| 10/10 Prozeßgebühr §§ 11, 31 I Nr. 1 BRAGO | 945,00 DM |
| 5/10 Verhandlungsgebühr §§ 11, 31 I Nr. 2, 4, II, 33 III BRAGO | 472,50 DM |
| Auslagen § 26 BRAGO | 40,00 DM |
| Zwischensumme netto | 1.457,50 DM |
| zzgl. MwSt. (§ 25 II BRAGO) | |

- Rechtsanwalt Schurke (Unterbevollmächtigter)

*Streitwert: 18.430,00 DM*

| | |
|---|---|
| 5/10 Prozeßgebühr §§ 11, 31 I Nr. 1, 53 BRAGO | 472,50 DM |
| 10/10 Verhandlungs-/Erörterungsgebühr §§ 11, 31 I Nr. 2, 4, II, 53 BRAGO | 945,00 DM |
| 10/10 Beweisgebühr §§ 11, 31 I Nr. 3, 53 S. 3 BRAGO | 945,00 DM |
| Auslagen § 26 BRAGO | 40,00 DM |
| Zwischensumme netto | 2.402,50 DM |
| zzgl. MwSt. (§ 25 II BRAGO) | |

- **Anmerkung**

Rechtsanwalt Heu ist **Prozeßbevollmächtigter** mit einem Gebührenanspruch aus § 31 BRAGO. Da er im Einverständnis mit der Partei die Vertretung in der mündlichen Verhandlung einem anderen Rechtsanwalt (dem Unterbevollmächtigten) übertragen hat, erhält er eine Gebühr in Höhe von 5/10 der dem Unterbevollmächtigten zustehenden Verhandlungs- oder Erörterungsgebühr, mindestens jedoch **3/10** der vollen Gebühr (§§ 53, 33 III BRAGO). Diese Gebühr wird allerdings auf die Verhandlungs- oder Erörterungsgebühr des Prozeßbevollmächtigten angerechnet, soweit er selbst (was vorliegend nicht gegeben ist) bereits in einem früheren Termin verhandelt oder erörtert hat, so daß der Prozeßbevollmächtigte maximal eine volle (10/10 13/10) Verhandlungs-/Erörterungsgebühr in Rechnung stellen kann (§§ 11, 31 I Nr. 2, 4 II, 33 III BRAGO).

Demgegenüber ist Rechtsanwalt Schurke **Unterbevollmächtigter** mit einem Gebührenanspruch aus § 53 BRAGO. Da ihm (nur) für die mündliche Verhandlung die Vertretung oder die Ausführung der Parteirechte übertragen wurde, erhält er vorliegend für die streitige Verhandlung in der ersten Instanz eine volle 10/10 Gebühr und eine 5/10 Prozeßgebühr. Die Prozeßgebühr erhält er auch dann, soweit sich der Auftrag vor der mündlichen Verhandlung erledigt hätte. Erstreckt sich, wie vorliegend, die Vertretung auf eine mit der mündlichen Verhandlung verbundenen Beweisaufnahme, so erhält der RA außerdem die volle 10/10 Beweisgebühr (§ 53 I 3 BRAGO).

Vorliegend ist zu beachten, daß bei der **Kostenfestsetzung** die Mehrwertsteuer nicht mit angegeben werden kann, da die Mandantschaft **vorsteuerabzugsberechtigt** ist. Die Mehrwertsteuer ist der Mandantin in Rechnung zu stellen. Außerdem muß noch bedacht werden, daß im Kostenfestsetzungsverfahren auch die Gebühren für den Unterbevollmächtigten grundsätzlich nicht festgesetzt werden (§ 91 ZPO).

**Lösung Fall 16**

- Mahnverfahren

| | |
|---|---|
| *Streitwert: 39.000,00 DM* | |
| 10/10 §§ 11, 43 I Nr. 1 BRAGO | 1.265,00 DM |
| 5/10 §§ 11, 43 I Nr. 3 BRAGO | 632,50 DM |
| Auslagen § 26 BRAGO | 40,00 DM |
| Zwischensumme netto | 1.937,50 DM |
| 16 % MwSt. (§ 25 II BRAGO) | 310,00 DM |
| Summe | 2.247,50 DM |
| Gerichtskostenvorschuß | |
| Wert: 39.000,00 DM (565,00 DM x 0,5) | 282,50 DM |
| | 2.530,00 DM |

- Vollstreckungsauftrag (je Schuldner)

| | |
|---|---|
| *Gegenstandswert:* | |
| *39.000,00 DM + 2.530,00 DM + 46,00 DM = 41.576,00 DM* | |
| 3/10 §§ 11, 57, 58 BRAGO | 403,50 DM |
| Auslagen § 26 BRAGO | 40,00 DM |
| Zwischensumme netto | 443,50 DM |
| zzgl. MwSt. (§ 25 II BRAGO) | |
| Gerichtsvollzieherkosten (je Schuldner 65,00) | 130,00 DM |

- eidesstattliche Versicherung (je Schuldner)

| | |
|---|---|
| *Gegenstandswert: 3.000,00 DM (§ 57 II 5 BRAGO)* | |
| 3/10 §§ 11, 57, 58 III Nr. 11 BRAGO | 63,00 DM |
| Auslagen § 26 BRAGO | 9,50 DM |
| Zwischensumme netto | 72,50 DM |
| zzgl. MwSt. (§ 25 II BRAGO) | |
| Gerichtskosten (Nr. 1643 Anlage 1 zu § 11 II GKG)* | 35,00 DM |

* Zu beachten ist, daß Nr. 1643 der Anlage 1 zu § 11 II GKG aufgehoben wird mit Wirkung vom 1.1.1999. Dann fällt das Verfahren auf Abgabe der eidesstattlichen Versicherung in die Zuständigkeit der Gerichtsvollzieher, die Kosten nach dem Gerichtsvollzieherkostengesetz erheben.

- **Anmerkung**

Rechtsanwalt Schöngeist kann Kostenrechnungen für insgesamt drei abgeschlossene Verfahren erstellen. Zu beachten ist, daß für jedes Verfahren die **Auslagen** und die **Mehrwertsteuer** gesondert in Rechnung gestellt werden können.
Der Gegenstandswert für das **Mahnverfahren** ergibt sich aus der **Hauptforderung** (39.000,00 DM), ohne daß Zinsen (§ 4 I ZPO) bzw. die vorgerichtlichen Mahnkosten zu beachten sind.
Für die Berechnung des Gegenstandswertes beim **Vollstreckungsauftrag** gilt § 57 II BRAGO, wonach sich der Gegenstandswert nach dem Betrag der zu vollstreckenden Geldforderung einschließlich der Nebenforderungen bestimmt. Es müssen demnach die Hauptforderung (39.000,00 DM), die Gebühren für das Mahnverfahren (2.530,00 DM) sowie die vorgerichtlichen Mahnkosten in Höhe von 46,00 DM addiert werden, so daß sich für den Vollstreckungsauftrag ein Gegenstandswert in Höhe von 41.576,00 DM ergibt. Die **Gerichtsvollzieherkosten** in Höhe von 130,00 DM entstehen erst durch den Vollstreckungsauftrag, so daß sie für den Gegenstandswert des Vollstreckungsauftrages unbeachtlich sind. Hinsichtlich der Abgabe der **eidesstattlichen Versicherung** ist der **Höchstbetrag** von **3.000,00 DM** für den Gegenstandswert zu beachten (**§ 57 II 5 BRAGO**).

## Lösung Fall 17

- Vollstreckungsauftrag

| | | |
|---|---|---|
| *Gegenstandswert: 11.150,00 DM* | | |
| 3/10 §§ 11, 57, 58 BRAGO | 199,50 DM | |
| Auslagen § 26 BRAGO | 30,00 DM | |
| Zwischensumme netto | 229,50 DM | |
| 16 % MwSt. (§ 25 II BRAGO) | 36,72 DM | |
| Summe | 266,22 DM | 266,22 DM |
| Gerichtsvollzieherkosten | | 60,00 DM |

- Verfahren auf Abgabe der eidesstattlichen Versicherung

*Gegenstandswert: 3.000,00 DM*

| | | |
|---|---|---|
| 3/10 §§ 11, 57, 58 III Nr. 11 BRAGO | 63,00 DM | |
| Auslagen § 26 BRAGO | 9,50 DM | |
| Zwischensumme netto | 72,50 DM | |
| 16 % MwSt. (§ 25 II BRAGO) | 11,60 DM | |
| Summe | 84,10 DM | 84,10 DM |
| Gerichtskosten* | | 35,00 DM |
| | | 119,10 DM |

- Sicherungshypothek

*Gegenstandswert:*

*11.150,00 DM + 266,22 DM + 60,00 DM + 119,10 DM = 11.595,32 DM*

| | | |
|---|---|---|
| 3/10 §§ 11, 57, 58 III Nr. 6 BRAGO | 199,50 DM | |
| Auslagen § 26 BRAGO | 30,00 DM | |
| Zwischensumme netto | 229,50 DM | |
| 16 % MwSt. (§ 25 II BRAGO) | 36,72 DM | |
| | 266,22 DM | 266,22 DM |

- Zwangsversteigerungsantrag

*Gegenstandswert:*

*11.595,32 DM + 266,22 DM = 11.861,54 DM*

| | | |
|---|---|---|
| 3/10 §§ 11, 68 I Nr. 1 BRAGO | 199,50 DM | |
| Auslagen § 26 BRAGO | 30,00 DM | |
| Zwischensumme netto | 229,50 DM | 229,50 DM |
| zzgl. MwSt. (§ 25 II BRAGO) | | |
| Gesamtbetrag | | 1.060,14 DM |

- **Anmerkung**

Auch hier gilt für die Berechnung der einzelnen **Gegenstandswerte § 57 II BRAGO**, wonach in der Zwangsvollstreckung sich der Gegenstandswert nach dem Betrag der zu vollsteckenden Geldforderung einschließlich der **Nebenforderungen** bestimmt. Mithin sind maßgeblich die **Hauptforderung**, die **Zinsen** sowie **bisher angefallene Kosten**. Bei dem Antrag auf Abgabe der eidesstattlichen Versicherung ist für den Gegenstandswert der **Höchstbetrag 3.000,00 DM** beachtlich.

Der Antrag auf Eintragung einer **Sicherungshypothek (§ 58 III Nr. 6 BRAGO)** sowie der **Zwangsversteigerungsantrag (§ 68 I Nr. 1 BRAGO)** sind jeweils eigenständige Angelegenheiten und können daher gesondert in Rechnung gestellt werden.

* Bezogen auf die Gerichtskosten vgl. Fall 16.

**Lösung Fall 18**

- Wechselprozeß

*Streitwert: 20.000,00 DM*

| | |
|---|---|
| 10/10 Prozeßgebühr §§ 11, 31 I Nr. 1 BRAGO | 945,00 DM |
| 3/10 Erhöhungsgebühr §§ 11, 6 BRAGO | 283,50 DM |
| 5/10 Verhandlungsgebühr §§ 11, 33 I BRAGO | 472,50 DM |
| Auslagen § 26 BRAGO | 40,00 DM |

- Nachverfahren

*Streitwert: 35.000,00 DM*

| | | |
|---|---|---|
| 10/10 Prozeßgebühr §§ 11, 31 I Nr. 1, 39 BRAGO | 1.185,00 DM | |
| 3/10 Erhöhungsgebühr §§ 11, 6 BRAGO | 355,50 DM | |
| | 1.540,50 DM | |
| (abzüglich 13/10 aus 20.000,00 DM = 1.228,50 | ./. 1.228,50 DM | |
| §§ 11, 31 I Nr. 1, 39, 6, 13 III BRAGO) | 312,00 DM | 312,00 DM |
| 10/10 Verhandlungsgebühr §§ 11, 31 I Nr. 2, 39 BRAGO | | 1.185,00 DM |

*Streitwert: 15.000,00 DM*

| | |
|---|---|
| 10/10 Beweisgebühr §§ 11, 31 I Nr. 3, 39 BRAGO | 805,00 DM |
| Auslagen § 26 BRAGO | 40,00 DM |
| Zwischensumme netto | 4.083,00 DM |
| zzgl. MwSt. (§ 25 II BRAGO) | |

- **Anmerkung**

Rechtsanwalt Syring kann für den **Wechselprozeß** und das **Nachverfahren** gesonderte Gebühren in Rechnung stellen, jeweils unter Beachtung der Erhöhung (§ 6 BRAGO).
Zu beachten ist jedoch, daß über **§ 39 BRAGO** die **Prozeßgebühr** (inklusive der Erhöhung) des Wechselprozesses auf die gleiche Gebühr des Nachverfahrens **anzurechnen**

ist, so daß nur der Differenzbetrag, vorliegend in Höhe von 312,00 DM, in Rechnung gestellt werden kann.
Die **Verhandlungsgebühr** entsteht gesondert über 35.000,00 DM, die **Beweisgebühr** über 15.000,00 DM.

**Lösung Fall 19**

- Rechtsanwalt Robust

| | |
|---|---|
| *Streitwert: 25.000,00 DM* | |
| 10/10 Prozeßgebühr §§ 11, 31 I Nr. 1 BRAGO | 1.025,00 DM |
| 10/10 Verhandlungsgebühr §§ 11, 31 I Nr. 2 BRAGO | 1.025,00 DM |
| *Streitwert: 15.000,00 DM* | |
| 10/10 Beweisgebühr §§ 11, 31 I Nr. 3 BRAGO | 805,00 DM |
| Auslagen § 26 BRAGO | 40,00 DM |
| Zwischensumme netto | 2.895,00 DM |
| zzgl. MwSt. (§ 25 II BRAGO) | |

- Rechtsanwalt Dr. Große Wentrup

| | |
|---|---|
| *Streitwert: 10.000,00 DM* | |
| 13/10 Prozeßgebühr §§ 11, 31 I Nr. 1 BRAGO | 773,50 DM |
| 13/10 Verhandlungsgebühr §§ 11, 31 I Nr. 2 BRAGO | 773,50 DM |
| Auslagen § 26 BRAGO | 40,00 DM |
| Zwischensumme netto | 1.587,00 DM |
| zzgl. MwSt. (§ 25 II BRAGO) | |

- **Anmerkung**

Für Rechtsanwalt Robust entstehen über den Streitwert von 25.000,00 DM die **Prozeß-** und **Verhandlungsgebühr**. Zu beachten ist, daß nach Durchführung der zweiten Instanz der Prozeß vor dem Landgericht (erste Instanz) wegen des noch nicht ausgeurteilten Betrages (15.000,00 DM) fortgesetzt wird. Es liegt **keine Zurückverweisung** im Sinne des § 15 BRAGO vor, wenn im ersten Rechtszug der Klageanspruch nur zum Teil für begründet erklärt wird und zwar auch dann nicht, wenn das Berufungsgericht unnötigerweise eine Zurückweisung ausgesprochen hat. Es entsteht vorliegend noch eine volle Gebühr für die **Beweisaufnahme** bezogen auf den noch nicht ausgeurteilten Betrag (15.000,00 DM).
Dr. Große Wentrup kann in der **Rechtsmittelinstanz** über § 11 I 3 BRAGO jeweils eine 13/10 Prozeßgebühr sowie eine Gebühr für die streitige Verhandlung geltend machen.

**Lösung Fall 20**

- I. Instanz

| | | |
|---|---|---|
| *Streitwert: 9.000,00 DM* | | |
| 10/10 Prozeßgebühr §§ 11, 31 I Nr. 1 BRAGO | | 540,00 DM |
| 10/10 Verhandlungsgebühr §§ 11, 31 I Nr. 2, 4, II BRAGO | | 540,00 DM |
| Auslagen § 26 BRAGO | | 40,00 DM |

- II. Instanz

| | | |
|---|---|---|
| *Streitwert: 9.000,00 DM* | | |
| 13/10 Prozeßgebühr §§ 11, 31 I Nr. 1 BRAGO | | 702,00 DM |
| 13/10 Verhandlungsgebühr §§ 11, 31 I Nr. 2 BRAGO | | 702,00 DM |
| Auslagen § 26 BRAGO | | 40,00 DM |

- Verfahren nach Zurückverweisung
- keine Prozeßgebühr (§ 15 BRAGO)

| | | |
|---|---|---|
| *Streitwert: 9.000,00 DM* | | |
| 10/10 Erörterungsgebühr §§ 11, 31 I Nr. 4, 15 BRAGO | | 540,00 DM |
| 10/10 Vergleichsgebühr §§ 11, 23 I 3, 15 BRAGO | 540,00 DM | 540,00 DM |
| *Gegenstandswert: 7.000,00 DM* | | |
| 15/10 Vergleichsgebühr §§ 11, 23 I 1, 13 III, 15 BRAGO | 645,00 DM | 645,00 DM |
| (Grenze: 15/10 aus 16.000,00 DM = 1.207,50 DM §§ 11, 23 I, 1, 23 I 3, 13 III BRAGO) | 1.185,00 DM | |
| 5/10 Differenz-Prozeßgebühr §§ 11, 32 II, 15 BRAGO | 215,00 DM | 215,00 DM |
| (Grenze: 10/10 aus 16.000,00 DM = 805,00 DM §§ 11, 31 I Nr. 1, 32 II, 13 III BRAGO) | ./. 540,00 DM | |
| | 755,00 DM | |
| Auslagen § 26 BRAGO | | 40,00 DM |
| Zwischensumme netto | | 4.544,00 DM |
| zzgl. MwSt. (§ 25 II BRAGO) | | |

- **Anmerkung**

Der **Streitwert** für die erste und zweite Instanz beträgt jeweils 9.000,00 DM. Für beide Instanzen fallen eine volle Prozeß- und eine streitige Verhandlungsgebühr an, die in der ersten Instanz 10/10 und in der zweiten Instanz 13/10 betragen.

Nach der **Zurückverweisung** an dasselbe Amtsgericht entsteht über § 15 BRAGO **keine Prozeßgebühr**. Es entsteht aber eine Gebühr für die Erörterung in Höhe von 10/10 (§§ 31 I Nr. 4, 15 BRAGO).
Nach dem Wert der Ansprüche, die gerichtlich anhängig sind (9.000,00 DM) entsteht eine **10/10 Vergleichsgebühr** (§ 23 I 3 BRAGO). Nach dem Wert der Ansprüche, die nicht gerichtlich anhängig sind (7.000,00 DM), aber durch den Vergleich miterledigt werden, entsteht eine **15/10 Vergleichsgebühr** (§ 23 I 1 BRAGO). Gemäß § 13 III BRAGO dürfen die beiden Vergleichsgebühren addiert nicht höher sein als eine 15/10 Gebühr aus dem Gesamtwert (9.000,00 DM + 7.000,00 DM = 16.000,00 DM), was vorliegend einen Begrenzungsbetrag in Höhe von 1.207,50 DM ergibt. Die für die Teile des Gegenstands nach den verschiedenen Gebührensätzen berechneten Gebühren von 540,00 DM und 645,00 DM ergeben einen Betrag von 1.185,00 DM, so daß die für die Teile gesondert berechneten Gebühren verlangt werden können, weil die nach dem Gesamtbetrag der Wertteile nach dem höchsten Gebührensatz berechnete Gebühr nicht erreicht bzw. nicht überschritten wird.
Da in den Vergleich auch die nichtanhängigen Ansprüche miteinbezogen werden, entsteht über § 32 II BRAGO eine **5/10 Differenz-Prozeßgebühr**. Zu beachten ist auch hier die **Begrenzungsvorschrift** des § 13 III BRAGO, so daß insgesamt nicht mehr in Rechnung gestellt werden darf als die aus dem **Gesamtbetrag** der Wertteile (16.000,00 DM) und den jeweiligen Gebührensätzen (10/10 und 5/10) nach dem höchsten Gebührensatz der sich widerstreitenden Gebühren (vorliegend 10/10) berechnete Gebühr. Der Grenzbetrag von 805,00 DM wird vorliegend nicht erreicht, bzw. nicht überschritten, so daß sowohl 540,00 DM (eine 10/10 Prozeßgebühr aus 9.000,00 DM) als auch 215,00 DM (eine 5/10 Differenz-Prozeßgebühr aus 7.000,00 DM) in Rechnung gestellt werden können, was 755,00 DM ergibt.

## Lösung Fall 21

- Rechtsanwalt Steinfort
- Erste Instanz

*Streitwert: 19.000,00 DM*

| | |
|---|---|
| 10/10 Prozeßgebühr §§ 11, 31 I Nr. 1 BRAGO | 945,00 DM |
| 10/10 Verhandlungsgebühr §§ 11, 31 I Nr. 2 BRAGO | 945,00 DM |
| Auslagen § 26 BRAGO | 40,00 DM |
| Zwischensumme netto | 1.930,00 DM |
| zzgl. MwSt. (§ 25 II BRAGO) | |

- Zweite Instanz

| | |
|---|---|
| *Streitwert: 19.000,00 DM (§ 14 GKG)* | |
| 13/10 Prozeßgebühr §§ 11, 31 I Nr. 1 BRAGO | 1.228,50 DM |
| 13/10 Verhandlungsgebühr §§ 11, 31 I Nr. 2 BRAGO | 1.228,50 DM |
| *Streitwert: 12.000,00 DM* | |
| 13/10 Beweisgebühr §§ 11, 31 I Nr. 3 BRAGO | 864,50 DM |
| Auslagen § 26 BRAGO | 40,00 DM |
| Zwischensumme netto | 3.361,50 DM |

- Rechtsanwalt Wüst
- Erste Instanz

| | |
|---|---|
| *Streitwert: 19.000,00 DM* | |
| 10/10 Prozeßgebühr §§ 11, 31 I Nr. 1 BRAGO | 945,00 DM |
| 6/10 Erhöhungsgebühr §§ 11, 6 BRAGO | 567,00 DM |
| 10/10 Verhandlungsgebühr §§ 11, 31 I Nr. 2 BRAGO | 945,00 DM |
| Auslagen § 26 BRAGO | 40,00 DM |
| Zwischensumme netto | 2.497,00 DM |
| zzgl. MwSt. (§ 25 II BRAGO) | |

- Zweite Instanz

| | |
|---|---|
| *Streitwert: 19.000,00 DM (§ 14 GKG)* | |
| 13/10 Prozeßgebühr §§ 11, 31 I Nr. 1 BRAGO | 1.228,50 DM |
| 3,9/10 Erhöhungsgebühr §§ 11, 6 BRAGO | 368,60 DM |
| 13/10 Verhandlungsgebühr §§ 11, 31 I Nr. 2 BRAGO | 1.228,50 DM |
| *Streitwert: 12.000,00 DM* | |
| 13/10 Beweisgebühr §§ 11, 31 I Nr. 3 BRAGO | 864,50 DM |
| Auslagen § 26 BRAGO | 40,00 DM |
| Zwischensumme netto | 3.730,10 DM |
| zzgl. MwSt. (§ 25 II BRAGO) | |

- **Anmerkung**

Der **Streitwert** für die **erste Instanz** richtet sich nach dem insgesamt geltend gemachten Betrag, der aus der Addition von Sachschaden (12.000,00 DM) sowie Schmerzensgeld (7.000,00 DM) 19.000,00 DM beträgt (§ 7 I, II BRAGO).

Für die **zweite Instanz** ergibt sich der Streitwert aus § 14 GKG, wonach im Berufungsverfahren sich der Streitwert nach den Anträgen des Rechtsmittelklägers richtet. Vorliegend wird Berufung und Anschlußberufung eingelegt, so daß die

einzelnen Klageanträge für das Berufungsverfahren ebenfalls zu addieren sind (§ 7 I, II BRAGO). Die Werte der einzelnen Anträge (Rechtsanwalt Steinfort 2.000,00 DM und Rechtsanwalt Wüst 17.000,00 DM) ergeben auch für das Berufungsverfahren den Gesamtbetrag in Höhe von 19.000,00 DM.
Zu beachten ist, daß hinsichtlich der zweiten Instanz die **Beweisgebühr** lediglich über 12.000,00 DM entsteht, da nur über die Frage des **Sachschadens** Beweis erhoben wurde.
Bei Rechtsanwalt Wüst sind sowohl in der ersten als auch in der zweiten Instanz die Erhöhungen gemäß **§ 6 BRAGO** zu beachten. In der **ersten Instanz** für insgesamt **drei Auftraggeber**, in der **zweiten Instanz**, nach **Klagerücknahme** hinsichtlich des Fahrers, nur noch für insgesamt **zwei Auftraggeber**.

## Lösung Fall 22

| | |
|---|---|
| *Streitwert: 10.000,00 DM* | |
| 10/10 Prozeßgebühr §§ 11, 31 I Nr. 1 BRAGO | 595,00 DM |
| 5/10 nichtstreitige Verhandlungsgebühr §§ 11, 33 I BRAGO | 297,50 DM |
| Auslagen § 26 BRAGO | 40,00 DM |
| Zwischensumme netto | 932,50 DM |
| zzgl. MwSt. (§ 25 II BRAGO) | |

- **Anmerkung**

Der **Streitwert ab Beispiel 22** beträgt jeweils **10.000,00 DM**.
Es entsteht die volle (erstinstanzlich 10/10) **Prozeßgebühr** für die Erhebung der Klage, d. h. die Einreichung des Klageschriftsatzes bei Gericht, womit ein Tatbestandsmerkmal des § 32 I BRAGO positiv verwirklicht wird, so daß die volle Prozeßgebühr (§ 31 I Nr. 1 BRAGO) entstanden ist. Darüber hinaus entsteht für die **nichtstreitige Verhandlung** (Versäumnisurteil, welches rechtskräftig wird) eine halbe (erstinstanzlich 5/10) Verhandlungsgebühr sowie Auslagen und Mehrwertsteuer.

**Lösung Fall 23**

| | |
|---|---|
| *Streitwert: 10.000,00 DM* | |
| 10/10 Prozeßgebühr §§ 11, 31 I Nr. 1 BRAGO | 595,00 DM |
| 10/10 streitige Verhandlungsgebühr §§ 11, 31 I Nr. 2 BRAGO | 595,00 DM |
| Auslagen § 26 BRAGO | 40,00 DM |
| Zwischensumme netto | 1.230,00 DM |
| zzgl. MwSt. (§ 25 II BRAGO) | |

- **Anmerkung**

Auch hier entsteht wie bei Beispiel 22 die volle Prozeßgebühr nach den o.a. Grundsätzen. Zu beachten ist, daß im ersten Termin eine **streitige Verhandlung** stattfindet, so daß hierfür eine volle (erstinstanzlich 10/10) Verhandlungsgebühr entstanden ist. Die im weiteren Verlauf zusätzlich entstehende Gebühr für die nichtstreitige Verhandlung (erstinstanzlich 5/10) für den Erlaß des Versäumnisurteils, welches rechtskräftig wird, ist **kostenrechtlich bedeutungslos**, da für den RA über den Gesamtbetrag von 10.000,00 DM bereits eine volle streitige Verhandlungsgebühr entstanden ist und nicht mehr verdient werden darf als die aus dem Gesamtbetrag nach dem höchsten Gebührensatz berechnete Gebühr.

**Lösung Fall 24**

| | |
|---|---|
| *Streitwert: 10.000,00 DM* | |
| 10/10 Prozeßgebühr §§ 11, 31 I Nr. 1 BRAGO | 595,00 DM |
| 10/10 streitige Verhandlungsgebühr §§ 11, 31 I Nr. 2 BRAGO | 595,00 DM |
| 10/10 Beweisgebühr §§ 11, 31 I Nr. 3 BRAGO | 595,00 DM |
| 5/10 nichtstreitige Verhandlungsgebühr §§ 11, 33 I, 38 II BRAGO | 297,50 DM |
| Auslagen § 26 BRAGO | 40,00 DM |
| Zwischensumme netto | 2.122,50 DM |
| zzgl. MwSt. (§ 25 II BRAGO) | |

- **Anmerkung**

Über den Streitwert von 10.000,00 DM entstehen jeweils eine volle (erstinstanzlich 10/10) **Prozeßgebühr**, eine **streitige Verhandlungsgebühr** sowie die **Beweisgebühr**.

Zu beachten ist, daß im Anschluß an den **Einspruch** gegen das **Versäumnisurteil** zur **Hauptsache** sowohl **streitig verhandelt** als auch die **Hauptsache erörtert** wird, so daß § 38 I BRAGO keine Anwendung findet, weil nunmehr § 38 II BRAGO gilt, wonach der RA, der das Versäumnisurteil erwirkt hat, die Gebühr für die Verhandlung, soweit auf diese das Versäumnisurteil ergangen ist, besonders in Rechnung stellen kann. Insoweit ist zu bedenken, daß es unerheblich ist, ob zur Hauptsache streitig bzw. nichtstreitig verhandelt oder die Hauptsache erörtert wird. Mithin kann RA König zzgl. eine weitere **5/10 nichtstreitige Verhandlungsgebühr** über §§ 33 I, 38 II BRAGO in Rechnung stellen.

## Lösung Fall 25

- Verfahren bis zum Einspruch

*Streitwert: 10.000,00 DM*

| | |
|---|---|
| 10/10 Prozeßgebühr §§ 11, 31 I Nr. 1 BRAGO | 595,00 DM |
| 10/10 streitige Verhandlungsgebühr §§ 11, 31 I Nr. 2 BRAGO | 595,00 DM |
| 10/10 Beweisgebühr §§ 11, 31 I Nr. 3 BRAGO | 595,00 DM |
| Auslagen § 26 BRAGO | 40,00 DM |
| zzgl. MwSt. (§ 25 II BRAGO) | |

- Verfahren nach dem Einspruch

*Streitwert: 10.000,00 DM*

| | |
|---|---|
| 10/10 streitige Verhandlungsgebühr §§ 11, 31 I Nr. 2, 38 I BRAGO | 595,00 DM |
| 10/10 Beweisgebühr §§ 11, 31 I Nr. 3, 38 I BRAGO | 595,00 DM |
| Auslagen § 26 BRAGO | 40,00 DM |
| Zwischensumme netto | 3.055,00 DM |
| zzgl. MwSt. (§ 25 II BRAGO) | |

- **Anmerkung**

Hier ist die Besonderheit zu beachten, daß nachdem über die **Zulässigkeit des Einspruchs** streitig verhandelt und Beweis erhoben wurde, der Beklagte den **Einspruch** gegen das Versäumnisurteil **zurückgenommen** hat. Mithin findet **§ 38 I BRAGO** Anwendung, weil zur Hauptsache weder verhandelt noch die Hauptsache erörtert wurde. Das **Verfahren über den Einspruch** gilt als **besondere Angelegenheit**. Die **Prozeßgebühr** des bisherigen Verfahrens wird jedoch auf die gleiche Gebühr des Verfahrens über den Einspruch **angerechnet**. Da in dem Verfahren bis zum Einspruch über den Gesamtbetrag von 10.000,00 DM bereits eine volle (erstinstanzlich 10/10) Prozeßgebühr entstanden ist und in dem Verfahren nach dem Einspruch der Gegenstandswert sich nicht durch eine Klageerhöhung verändert hat, kann insgesamt nur eine volle 10/10 Prozeßgebühr über 10.000,00 DM berechnet werden.

In dem Verfahren nach dem Einspruch entstehen über § 38 I BRAGO zusätzlich eine volle (erstinstanzlich 10/10) **streitige Verhandlungsgebühr** sowie eine volle **Beweisgebühr**. Die Auslagen (§ 26 BRAGO) können in beiden Verfahren berechnet werden.

**Lösung Fall 26**

Zu beachten ist, daß RA Schnell von seinem Mandanten den Auftrag erhielt, den Mandanten in einem **Rechtsstreit** auf der Beklagtenseite zu vertreten. Daher kann der RA keinen Gebührenanspruch über § 118 I Nr. 1 BRAGO in Rechnung stellen, weil dem RA ein **unbedingter Prozeßauftrag** vorlag und somit ausschließlich die Gebühren des **Dritten Abschnitts** (Gebühren in **bürgerlichen Rechtsstreitigkeiten** und in ähnlichen Verfahren) Anwendung finden, so daß ausschließlich **§§ 31 ff BRAGO** in Betracht kommen.
Aus **§ 32 I BRAGO** (Vorzeitige Beendigung des Auftrags) folgt. daß soweit der Auftrag endigt, bevor der RA die Klage, den ein Verfahren einleitenden Antrag oder einen Schriftsatz, der Sachanträge, die Zurücknahme der Klage oder die Zurücknahme des Antrags enthält, bei Gericht eingereicht oder bevor er für seine Partei einen **Termin** wahrgenommen hat, er nur eine halbe (erstinstanzlich 5/10) Prozeßgebühr erhält.
Da der RA ein Tatbestandsmerkmal des § 32 I BRAGO positiv verwirklicht hat, indem er auftragsgemäß den Termin zur mündlichen Verhandlung wahrnimmt, entsteht für ihn, auch wenn er zuvor keine Sachanträge schriftsätzlich angekündigt hat, eine volle (erstinstanzlich 10/10) **Prozeßgebühr**.
Für den Fall, daß Rechtsanwalt Schnell im Termin einen (nichtstreitigen) Kostenantrag (§ 269 III ZPO) gestellt hätte, wäre für ihn zu der 10/10 Prozeßgebühr zzgl. eine halbe (erstinstanzlich 5/10) nichtstreitige Verhandlungsgebühr (§ 33 II BRAGO) entstanden.
Darüber hinaus kann der RA Auslagen und die Mehrwertsteuer beanspruchen.

## Sachregister